Texte von DAVID ABULAFIA
OLIVER RACKHAM
MARLENE SUANO
MARIO TORELLI
GEOFFREY RICKMAN
JOHN PRYOR
MICHEL BALARD
MOLLY GREENE
JEREMY BLACK

belser

MITTELMEER
Kultur und Geschichte

DAVID ABULAFIA

Umschlagabbildung: Charles François Lacroix de Marseille, Morning, a capriccio of a Mediterranean port © Photo © Christie's Images / Bridgeman Images.

Seite 1: Schematische Darstellung der Welt, Isidor von Sevilla, 1472.

Seite 2–3: Der Meeresgott Okeanos, römisches Mosaik aus Sousse in Nordafrika, Museum Sousse, Tunesien.

*Titel der Originalausgabe:
The Mediterranean in History*

First published in the United Kingdom in 2003
by Thames and Hudson, Ltd.
181A High Holborn, London WC17QX
© 2003 by Thames and Hudson Ltd, London

© 2003, 2016 by Chr. Belser Gesellschaft für Verlagsgeschäfte GmbH & Co. KG, Stuttgart, für die deutschsprachige Ausgabe

Alle Rechte vorbehalten.

Bibliografische Informationen der Deutschen Nationalbibliothek.
Die Deutsche Nationalbibliothek verzeichnet diese Publikation in der Deutschen Nationalbibliografie; Detaillierte bibliografische Daten sind im Internet über http://www.dnb.ddb.de abrufbar.

ISBN 978-3-7630-2697-5

Übersetzung: Daniela Tivig
Lektorat und Redaktion: Astrid Huth, Daniela Tivig
Satz: Steffen Hahn Medien GmbH Medienservice, Kornwestheim

Printed and bound in China by Toppan Leefung Printing Limited

INHALT

Vorwort 9

Kultur und Geschichte 11
DAVID ABULAFIA

Geographische Lage: 33
OLIVER RACKHAM

Die frühen Handelsreiche: Vorgeschichte bis um 1000 v. Chr. 67
MARLENE LUANO

Die Schlacht um die Seewege: 1000–300 v. Chr. 99
MARIO TORELLI

Die Entstehung des Mare Nostrum: 300 v. Chr.–500 n. Chr. 127
GEOFFREY RICKMAN

Zerfall der mediterranen Welt: 500–1000 155
JOHN PRYOR

Ein christliches Mittelmeer: 1000–1500 183
MICHEL BALARD

Erstarkender Islam: 1500–1700 219
MOLLY GREENE

Das Mittelmeer als Schlachtfeld der europäischen Mächte:
1700–1900 251
JEREMY BLACK

Ein globalisiertes Mittelmeer: 1900–2000 283
DAVID ABULAFIA

Bibliographie (Auswahl) 313
Bildnachweis 316
Register 319

Unverwechselbar sind die Umrisse des Mittelmeeres, das von vielgestaltigen Küsten, Buchten, Halbinseln, kleinen Randmeeren und einer reichen Inselwelt geprägt ist. Dank seiner Lage im Schnittpunkt dreier sich begegnender Landmassen – Europa, Asien und Afrika – war es vorbestimmt, eine Schlüsselrolle in der Weltgeschichte der Menschheit zu spielen. In den letzten vorchristlichen Jahrhunderten besaßen die Griechen und Römer zwar eine genaue Vorstellung vom Mittelmeer, doch sind die ältesten überlieferten Karten eher schematische als realistische Darstellungen. Auf dieser Karte aus dem frühen 14. Jahrhundert (unten) verweisen lediglich beschriftete Vierecke auf die Inseln. Die Karte von Al-Idrisi (rechts), stammt von 1456, doch geht sie auf eine Vorlage aus dem 12. Jahrhundert zurück. Sie ist verhältnismäßig verlässlich, auch wenn z. B. die Britischen Inseln an völlig falscher Stelle auftreten. Nicht viel anders ist es der Fall bei der nur drei Jahre später entstandenen Karte von Fra Mauro (gegenüberliegende Seite, oben). Das Satellitenbild (gegenüberliegende Seite, unten) hingegen lässt die wohl vertrauten Umrisse des Mittelmeeres und der angrenzenden Regionen gestochen scharf erkennen.

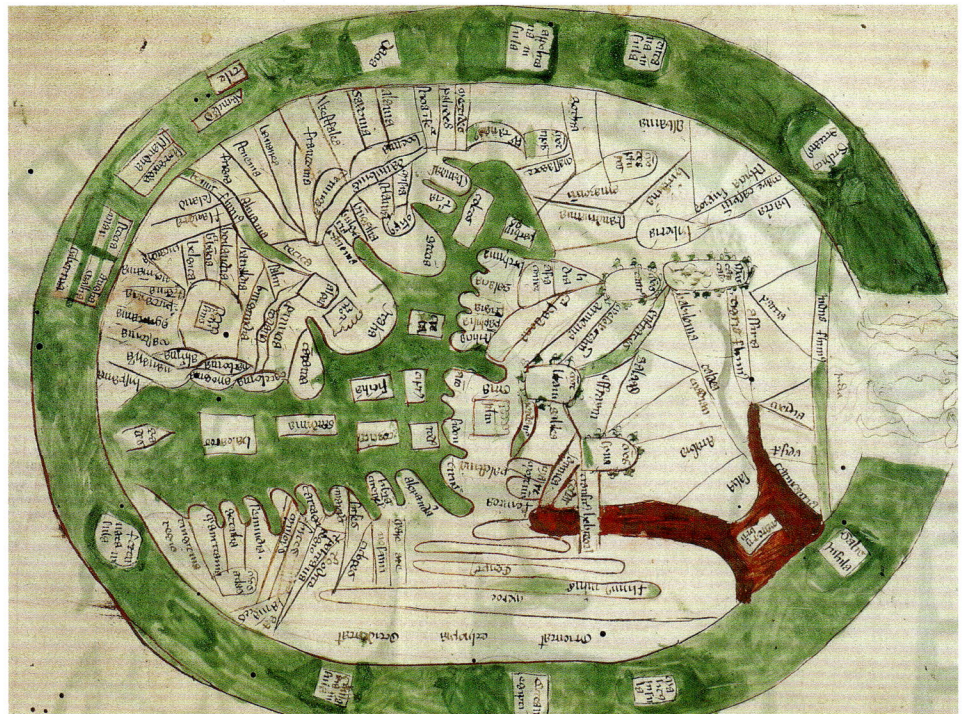

„Geweihter Grund ist hier,
wo ihr auch schreitet..."

(Byron – *Childe Harolds Pilgerfahrt*, II 88)

Vorwort

Die Geschichte des Mittelmeeres ist mehr als die Summe seiner Teile. Es gibt Autoren, die die Geschichte seiner Anrainerstaaten verfassen, und davon gibt es nicht wenige – in Europa, Nord- und Südamerika, in den Mittelmeerländern und zunehmend auch in Japan. Das vorliegende Buch will aber über den Rahmen einer Kompilation spanischer, nordafrikanischer, südfranzösischer, italienischer, griechischer, türkischer, levantinischer, ägyptischer Geschichte quer durch die Jahrhunderte hinausgehen. Es will die Entwicklung jener Länder zusammenführen, die das Mittelmeer voneinander trennte, und setzt einen Schwerpunkt auf die Inseln, die als Brückenkopf dazu beitrugen, die durch das Meer bedingten Entfernungen zu überwinden.

An den Küsten und in deren näherem Umkreis entwickelten sich in der Antike so glanzvolle Hochkulturen wie die der Ägypter, Minoer, Mykener, Griechen, Etrusker, Römer, um nur einige zu nennen, während von der levantinischen Küste nicht nur die Händler Phöniziens in See stachen; hier hat auch das Alphabet seinen Ursprung, das der Vorläufer unserer Schrift ist, und von hier verbreitete sich auch der Glaube an den einen Gott, der den Kern des Judaismus, Christentums und des Islam bildet. Dies muss uns daran erinnern, dass die mediterrane Welt der Schauplatz für das Aufeinanderprallen der Religionen war, denn ab dem 7. Jahrhundert begann ein Glaubens- und Machtkampf zwischen Islam und Christentum, der erst im 19. Jahrhundert endete, als christliche Mächte die muslimischen Küstenregionen des Mittelmeeres besetzten. Und nicht wenige meinen, dass der Glaubenskonflikt selbst heute, im 21. Jahrhundert noch lange nicht beigelegt sei, obwohl, wie ich im letzten Kapitel dieses Buches anführe, das „globalisierte Mittelmeer" unserer Tage sich in eine völlig andere Richtung hin zu bewegen scheint, als das eher abgeschottete Mittelmeer der vorangehenden Jahrtausende.

Die Verfasser der einzelnen Kapitel haben jeweils mit ihrer eigenen Stimme gesprochen, und zwar in dem Sinn, dass sie jeweils andere Schwerpunkte gesetzt haben; während der eine sich dem östlichen Mittelmeer widmete (etwa in der Epoche der frühen Hochkulturen oder des Osmanischen Reiches), beleuchteten die anderen insbesondere den Westen (z. B. zur Zeit der Römer und der auf sie folgenden Barbareneinfälle). Einige erhellen eher die politischen, ökonomischen oder kulturellen Entwicklungen. Für einige Epochen mussten die Erkenntnisse aus vereinzelten Bruchstücken zusammengesetzt werden, so etwa für das „Dunkle Zeitalter" zwischen der mykenischen und der archaischen Zeit in Griechenland.

Was jedoch die Autoren gemeinsam haben, das ist ihr Anliegen: bestimmte grundlegende Entwicklungen, die in einer Küstenregion auftreten, mit denen der gegenüberliegenden Küste in Verbindung zu setzen und zu zeigen, dass das Mittelmeer weitaus mehr ist als bloß eine Europa, Afrika und Westasien trennende Wasserfläche. Zwischen den Kapiteln habe ich meine Ansichten zu einigen Aspekten eingefügt, die sich nicht in den jeweiligen Beiträge nahtlos unterbringen ließen. Ein konstantes Thema dieser übergreifenden Texte war die Ausstrahlung der drei „abrahamitischen" Religionen – Judaismus, Christentum und Islam –, denn trotz der Spannungen zwischen ihnen und der unterschiedlichen Ausrichtungen innerhalb des jeweiligen Glaubens haben sie die Zivilisationen der mediterranen Welt und der angrenzenden Gebiete maßgeblich geprägt. Es mag vermessen sein, dass sich jemand, dessen Fachgebiet die mediterrane Welt im Spätmittelalter und in der Renaissance ist, zu den Minoern, Etruskern und Karthagern äußert. Nach dem Studium von Glyn Daniels Buchreihe *Ancient Peoples and Places* und der Beschäftigung mit den faszinierenden theoretischen Ansätzen der neuesten Archäologie fand ich es jedoch überaus verlockend, mich mit diesen alten Stätten wieder auseinander zu setzen.

Dieses Projekt hätte nicht ohne die nachhaltige Unterstützung eines großen Teams realisiert werden können. Erwähnen möchte ich neben den Mitverfassern dieses Buches den Rektor und die Dozenten des Gonville and Caius College Cambridge, die meine Forschungsreisen in den Mittelmeerraum gefördert haben, seitdem ich 1974 ihrem Institut beitrat. Schließlich bin ich meinen Kollegen an der Historischen Fakultät der Cambridge University zu besonderem Dank verpflichtet, die die Gründung einer Professur für Geschichte der mediterranen Welt ermöglicht haben.

David Abulafia
Gonville and Caius College, Cambridge, im Februar 2003.

Einführung Das Mittelmeer – ein vieldeutiger Begriff

DAVID ABULAFIA

Mittelmeer – Welche Assoziation weckt dieses Wort zu Beginn des 21. Jahrhunderts? Wasser und Sonne, Palmen, Marktplätze im Freien, Ruhe und Entspanntheit – alles Werte, wie sie Jean Puy in seinem Gemälde mit dem Markt von Savany so treffend eingefangen hat. Es stimmt zwar, dass der Tourist von heute die Kulturdenkmäler nicht vergisst, aber diese sind Zeugnisse der Vergangenheit. Nur wenige verlieren einen Gedanken darüber, dass das Mittelmeer die Wiege der westlichen Zivilisation war, ein Ort der Eroberungen, Schauplatz von Glaubenskämpfen und Rivalitäten zwischen den Mächten. Da das Mittelmeer heute nicht mehr den Mittelpunkt der Welt darstellt, ist es weitgehend eine beschauliche Region, die ihre Krisenzeiten überwunden hat.

Diese Aussage mag zunächst überraschen. Auf den ersten Blick scheinen die Grenzlinien des Mittelmeeres durch den Küstenverlauf genau bestimmt zu sein, der sich vom Felsen von Gibraltar über Spanien und Südfrankreich um Italien und Griechenland bis zur Türkei, dem Libanon, Israel entlangzieht und dann der gesamten nordafrikanischen Küste bis nach Ceuta, der spanischen Stadt an der Nordspitze Marokkos gegenüber Gibraltar, folgt. Das Mittelmeer darf jedoch nicht bloß auf seine Grenzlinien beschränkt werden. Zu ihm gehört eine Inselwelt, ohne die seine Geschichte undenkbar ist: Die größte davon ist Sizilien, dicht gefolgt von Sardinien, eine Schlüsselrolle kam aber auch Kreta und Zypern zu ebenso wie kleineren Inseln wie Santorin, wo einst eine frühe Hochkultur erblühte, oder Elba, wo die Etrusker Eisenerz abbauten. Zwischen dem griechischen und dem türkischen Festland liegen zahllose kleine Inseln verstreut, während andere die dalmatinische Küste säumen. Das Mittelmeer wird aber durch die Meerenge von Sizilien, die die Insel Sizilien von Tunesien trennt, in einen östlichen und einen westlichen Bereich geteilt, in dem die maltesischen Inseln liegen, die Heimat einer christlichen Gesellschaft, in der sich die Sprache ihrer arabischen Eroberer fast tausend Jahre lang erhalten hat.

Zunächst stellt sich die Frage, wie man die mediterrane Welt definieren muss – durch die Ausdehnung des Mittelmeeres, durch seine Inselwelt, seine Küsten oder eher durch die Kulturen und Staaten, die sich entlang seiner Küsten entwickelten. Für den berühmten französischen Historiker Fernand Braudel (1902–1985) war entscheidend, auf welche Weise sich die geographische Beschaffenheit des Mittelmeeres auf die Zivilisationen auswirkte, die an seinen Küsten und in deren Hinterland entstanden. Besondere Aufmerksamkeit schenkte er den geographischen Gegebenheiten, die die menschlichen Verhaltensweisen prägten. In seinem grundlegenden Werk *Das Mittelmeer und die mediterrane Welt in der Epoche Philipps II.* untersuchte er eingehend die Landschaftsformen, vor allem den Gegensatz zwischen Gebirge und Ebene, und wies fundamentale Unterschiede zwischen Gesellschaften nach, die sich im Bergland bzw. in der Ebene entwickelt hatten. Braudels Theorie war ein Ergebnis intensiven Studiums der Geographie und seiner Erfahrungen als junger Gelehrter im französisch besetzten Algerien. Die Betonung der *long durée*, der Langzeit, und der Tatsache, dass sich in der mediterranen Gesellschaft Wandlungen nur langfristig vollzogen, bestimmten Braudels Versuch, die Politik von Spaniens König Philipp II. im späten 16. Jahrhundert zu erklären, und sein Werk ist nach wie vor eher eine wertvolle Quelle für das Studium der Beziehung zwischen Geographie und Geschichte als für seine Informationen zu Philipp II. Die von Braudel begründete Schule der „Annales" wurde lange von jenen Historikern verachtet, die sich dem Studium der politischen Ereignisse widmeten. Und wer eine *histoire événementielle* schrieb, wurde vor allem unter französischen Historikern arg gerügt. Für Braudel erwies sich jedoch seine Einschränkung auf Philipp II. als richtig, denn der Sieg der Spanier über die osmanische Flotte hatte tiefere Wurzeln, die in der Geographie dieses mediterranen Landes lagen. Es war eine Geschichte, „in der aller Wandel sich langsam vollzieht, eine Geschichte konstanter Wiederholung und stets wiederkehrender Zyklen", und deshalb tritt der arme Philipp II. meist in den Hinter-

Fernand Braudel schuf eine neue Historikerschule und hinterließ seine Spuren auch in diesem Buch. Er verwarf die Theorie von der Geschichte als Abfolge „bedeutender Persönlichkeiten" und deutete Ereignisse nicht durch politische Faktoren, sondern aus der Sicht der Wechselbeziehungen mit der Geographie und der Landschaft, als langfristige kulturelle Evolution statt als Ergebnis individueller Entscheidungen.

grund, während das Mittelmeer in den Vordergrund rückt und zeitweise nicht nur Madeira, sondern auch Krakau umfasst.

Die Notwendigkeit, zum Verständnis der Geschichte des Mittelmeeres und seiner Wirtschaftsgeschichte, wie wir sie heute nennen würden, auch Persönlichkeiten heranzuziehen, wurde schon von Thukydides, einem der frühesten Historiker, erkannt. Seine *Geschichte des Peloponnesischen Krieges* ist bedeutsam, denn sie erklärt die Entstehung der Seemächte oder „Thalassokratien" und belegt die außerordentliche Fähigkeit Thukydides', das Wesen politischer Rivalitäten zu erkennen, was umso mehr erstaunt, als er am Anfang der Geschichtsschreibung stand und kaum Vorbilder hatte.

Zu Beginn seines Werkes zeichnet er ein Bild des vorgeschichtlichen Hellas, das dem Meer nur geringe Beachtung schenkte, und versucht die Veränderungen zu erklären, die eintraten, als der kretische König Minos das erste meerestaugliche große Schiff erbauen ließ. Seine Epoche war beherrscht von Piraterie, in der Raubzüge durchaus als legitimes Mittel zur Sicherung der Lebensunterhalts galten. Und Minos, sowie den ihm folgenden Herrschern von Mykene gelang es, laut Thukydides, die Piraten zu verjagen, in den ägäischen Inseln Statthalter einzusetzen und den Wohlstand der ganzen Region zu fördern. Vor unseren Augen entsteht das Bild einer maritimen Stabilität, die Thukydides als Ideal galt. Nach dem Trojakrieg dauerte es eine Weile, bis Korinth zur führenden griechischen Seemacht aufstieg und die Angriffe der Phöniker, Karer und anderer Völker abwehren konnte. Zugute kam ihm dabei seine strategisch günstige Lage an der Landenge von Korinth, die einen Zugang zum Meer vom Osten wie von Westen her ermöglichte und durch Handel Korinth Wohlstand und Reichtum bescherte. Ausdruck für Korinths Einfluss im zentralen Mittelmeer war die Gründung von Kerkyra (Korfu) und von Epidamnos (Durazzo, Durrës im heutigen Albanien) durch die Kerkyrer. In diesem Punkt nähern sich die literarischen und die archäologischen Zeugnisse ganz deutlich, wie Mario Torelli im vorliegenden Band überzeugend darlegt. Thukydides erläutert eingehend, wie ein Streit um eine relativ abgelegene Kolonie wie Epidamnos schließlich zur Anwesenheit der athenischen Flotte im Ionischen Meer führte. Wichtig ist hier Thukydides' „geopolitische" Sicht, wie wir sie heute nennen würden. Im Grunde erteilt Thukydides Braudel eine Abfuhr, indem er die personenbezogene, menschliche Komponente in der Geschichte des Mittelmeerraumes heraushebt.

Braudel zählte zum Mittelmeer nicht nur das Meer als solches, sondern auch die Küsten und ihr Hinterland. Das vorliegende Buch folgt einer etwas anderen Sichtweise. Eine Geschichte des Mittelmeeres könnte unschwer geschrieben werden im Licht unserer heutigen Kenntnisse von den Höhen und Tiefen der unzähligen Zivilisationen, die an dessen Küsten erblühten, z. B. den Ägyptern, Minoern, Mykenern, Griechen, Etruskern, Römern, Byzantinern, Arabern ... und ... und. Es entstünde eine Art Enzyklopädie der Menschheitsgeschichte in der Region, wo sich Europa, Asien und Afrika begegnen. Für die Kartographen des Mittelalters bedeutete das Mittelmeer sicherlich ein Aufeinandertreffen dreier Landmassen, von denen nur eine im Zeichen des Christentums stand. Dass dieser Raum von grundlegender Bedeutung für die Geschichte der gesamten Welt war, steht außer Zweifel: Hier liegen die Wurzeln der klassischen griechischen und römischen Antike, der italienischen Renaissance; die glaubensgeschichtliche Entwicklung der Welt wurde hier durch den Judaismus und seine beiden Tochterreligionen Christentum und Islam geprägt; er war Schauplatz der Entstehung mächtiger Reiche, in dem die Iberische Halbinsel eine Schlüsselrolle spielte, und hier erfuhr die Wirtschaftsgeschichte der ganzen Welt entscheidende Impulse durch die Venezianer, Genuesen und Katalanen, die heute noch gültige ökonomische Institutionen einführten.

Der vorliegende Band will nicht die Geschichte all dieser Gesellschaften aufzeichnen, die sich im Mittelmeerraum entwickelt haben, sondern will erklären, wie zeitgleiche Kulturen dank des Mittelmeeres zueinander in Beziehung traten. Räumlich weit entfernte und durch das Meer getrennte Länder knüpften enge wirtschaftliche, kulturelle, Handels- und sogar politische Beziehungen infolge der bequemen Kontaktmöglichkeiten, die das Meer bot. Ein treffendes Beispiel dafür ist das maurische Spanien. Hier blühte eine Zivilisation, die auf Vorbilder syrischer, ägyptischer und irakischer Herkunft zurückgriff, die zum Vorderen Orient enge Handelsbeziehungen unterhielt, die sich als Brücke zwischen den Kulturen verstand und dem Abendland durch Übersetzungen bedeutende Werke des antiken griechischen Erbes und arabischer Autoren wieder erschloss. Viele der Übersetzer waren selbst Juden oder christianisierte, in Spanien geborene Araber. Die Geschichte des Mittelmeeres ist somit nicht nur die wenn auch bedeutsame Geschichte von Flotten und Kaufleuten; sie umfasst auch die Welt der Ideen und Religionen, die miteinzubeziehen sind. Dieses Buch widmet sich also nicht lediglich der Politik, sondern auch der Art, wie Gedankengut und Gegenstände innerhalb dieses Raumes ausgetauscht wurden, d. h. auf dem Seeweg mit Handelsschiffen, mit den mitfahrenden Reisenden, aber auch auf dem Landweg entlang der Küstenrouten, was weit reichende Folgen haben konnte, wie im Fall des Zeitalters des osmanischen Aufstiegs. In so einer Geschichte kommt den Inseln eine besondere Rolle zu. Es mag klischeehaft sein, Inseln wie Sizilien etwa als Brückenköpfe zwischen den verschiedenen Kulturen der mediterranen Welt zu bezeichnen, doch trifft dies völlig zu, und zwar ebenso für unsere Tage, wo eine Migration von Nordafrika nach Europa stattfindet, als auch für das 9. und 10. Jahrhundert n. Chr. oder für die Antike, als Sizilien unter anderem von Griechen und Phöniken kolonisiert wurde.

In den meisten Kapiteln liegt der Schwerpunkt auf Politik und Handel sowie auf der Beziehung zwischen ihnen. In Anbetracht der Bandbreite, die ein Buch mit einem derart ehrgeizigen Ziel aufweist, schien es angemessen, zwischen den Kapiteln mit historischem Schwerpunkt Textabschnitte einzufügen, die themenübergreifend darauf eingehen, was sich über die Jahrhunderte hinweg als Element der Kontinuität präsentiert. Kontinuität, aber auch Einschnitte und Brüche treten z. B. oft in der Religionsgeschichte dieser Region zutage; daher finden sich in diesen überbrückenden Themen Erläuterungen zum Aufstieg

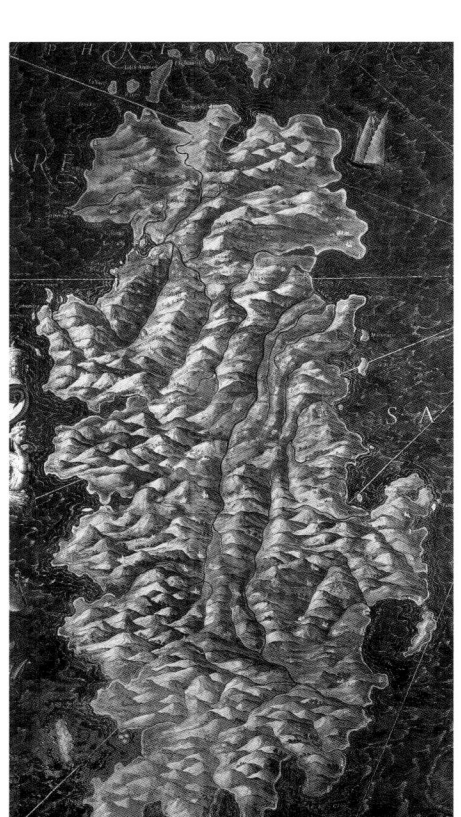

Sizilien und Malta (rechts, *in der Darstellung von Al-Idrisi*) sowie Sardinien (oben) *spielten einst eine wichtige Rolle im Kampf um die Vorherrschaft dieser Region. Sizilien war schon seit jeher ein Schmelztiegel verschiedener Kulturen.*

der drei monotheistischen Weltreligionen Judaismus, Christentum und Islam, welche die mediterranen Zivilisationen nachhaltig prägten und zahlreiche gemeinsame Bräuche und Vorstellungen aufweisen, nicht selten aber in bitterem Gegensatz zueinander standen.

Die Teile und das Ganze

„Liste der Güter auf dem Schiff des ersten Propheten des Amun unter der Obhut des Schatzschreibers Hori..." So beginnt eine über 3000 Jahre alte Urkunde, die viele Ähnlichkeiten mit den Informationen zu Frachtgut und Handel aufweist, welche in den Briefen jüdischer Kaufleute aus Alt-Kairo vor rund 1000 Jahren zu finden sind. Jahrein, jahraus sicherten die Überschwemmungen des Nils das Überleben im alten Ägypten und später unter den Römern, Byzantinern und zur Zeit des Islams. Diese uralte Kontinuität wurde erst mit dem Bau des Assuan-Staudamms unterbrochen. Es ist ein verlockender Gedanke, in den Phönikern die Vorläufer der genuesischen und venezianischen Herren der mediterranen Welt zu sehen; so verbanden die Phöniker das Mittelmeer mit dem Meer jenseits von Gibraltar, indem sie bis nach Cornwall zu den Zinnvorkommen segelten, ähnlich den Italienern, die fast zwei Jahrtausende später nach Hampshire fuhren, um Wolle einzukaufen. Die Ansicht, die Phöniker seien gewissermaßen die Vorläufer der späteren Kaufleute des Mittelmeeres gewesen, wirft dennoch Fragen zur Kontinuität aus ferner Vergangenheit bis in die jüngere Zeit auf. Dies setzt jedoch die Annahme voraus, das Mittelalter als Ganzes, als Einheit mit einer eigenen Geschichte zu betrachten. Es ist aber nicht zwingend die Art Geschichte, die wir etwa erwarten, keine Aneinanderreihung über die (angeblich) grausamen Spartaner, die ihre Söhne misshandeln, die Römer, die die italischen Völker vernichten, die Westgoten, die die Römer besiegen und in Schrecken versetzen, indem sie sich ranzige Butter ins Haar rieben ... Und, bezogen auf die Moderne, es ist nicht lediglich die Geschichte des griechischen Unabhängigkeitskampfes, der Jungtürken, des Faschismus in Italien, der Gründung Israels, der Radikalisierung der arabischen Welt, auch wenn all diese Entwicklungen den Mittelmeerraum – und auch darüber hinaus – entscheidend geprägt haben. Diese Ereignisse trugen sich zwar geographisch im Mittelmeerraum zu, erklären selbst aber nicht, wie sich die Interaktion zwischen Mensch und Meer in dieser Region abspielte. Daher wird dieses Buch ein Geschichtsbild umreißen, das, wo es angemessen scheint, den Schwerpunkt auf große Seereiche, „Thalassokratien", setzt, wie etwa die Seemacht Athen in der Antike, Venedig im Mittelalter, das Britische Empire im Mittelmeerraum zur Zeit von Admiral Nelson. Weniger bekannt sind dabei mitunter die Hauptakteure – z. B. karthagische und etruskische Kaufleute, Seeleute des mittelalterlichen Amalfi oder Mallorca, aus Spanien 1492 vertriebene sephardische Juden und moderne Migranten aus Afrika und Asien nach Europa, die allesamt neben Waren auch Gedankengut übers Meer brachten. Auch darf man nicht die zahlreichen Nordeuropäer vergessen, die der Faszination der mediterranen Welt verfielen. Die nordeuropäische (nordamerikanische) Präsenz hier erfuhr einen dramatischen Wandel ab den 1950er-Jahren, als mit dem Massentourismus Scharen von Bewohnern des Nordens ihren Urlaub auf Mallorca, den griechischen Inseln und in jeder noch so abgelegenen Ecke der Mittelmeerküste verbrachten. In dieser Zeit vollzog sich, wie auch das letzte Kapitel des Buches hervorhebt, der Wandel zum „globalisierten" Mittelmeer, ein Prozess, den die Öffnung des Suezkanals 1869 einleitete und die wirtschaftliche Integration innerhalb der Europäischen Union beschleunigte.

Den Begriff „Großes Meer" zur Bezeichnung des Mittelmeeres führten die Rabbis der Antike ein, als sie die Segensformel festlegten, die die Juden aufsagen mussten, wenn sie sich hinaus aufs offene Meer wagten und Gott, den „Schöpfer des Großen Meeres", prie-

Die griechische Wissenschaft der Antike wurde im Abendland vor allem durch Übersetzungen ins Arabische und danach ins Lateinische bekannt. Geistiger Mittelpunkt dieses kulturellen Austausches war das mittelalterliche Spanien, wo mehrsprachige Gelehrte, vor allem Juden, als Vermittler wirkten. Der oben abgebildete Text beschreibt und illustriert den Steinbrech.

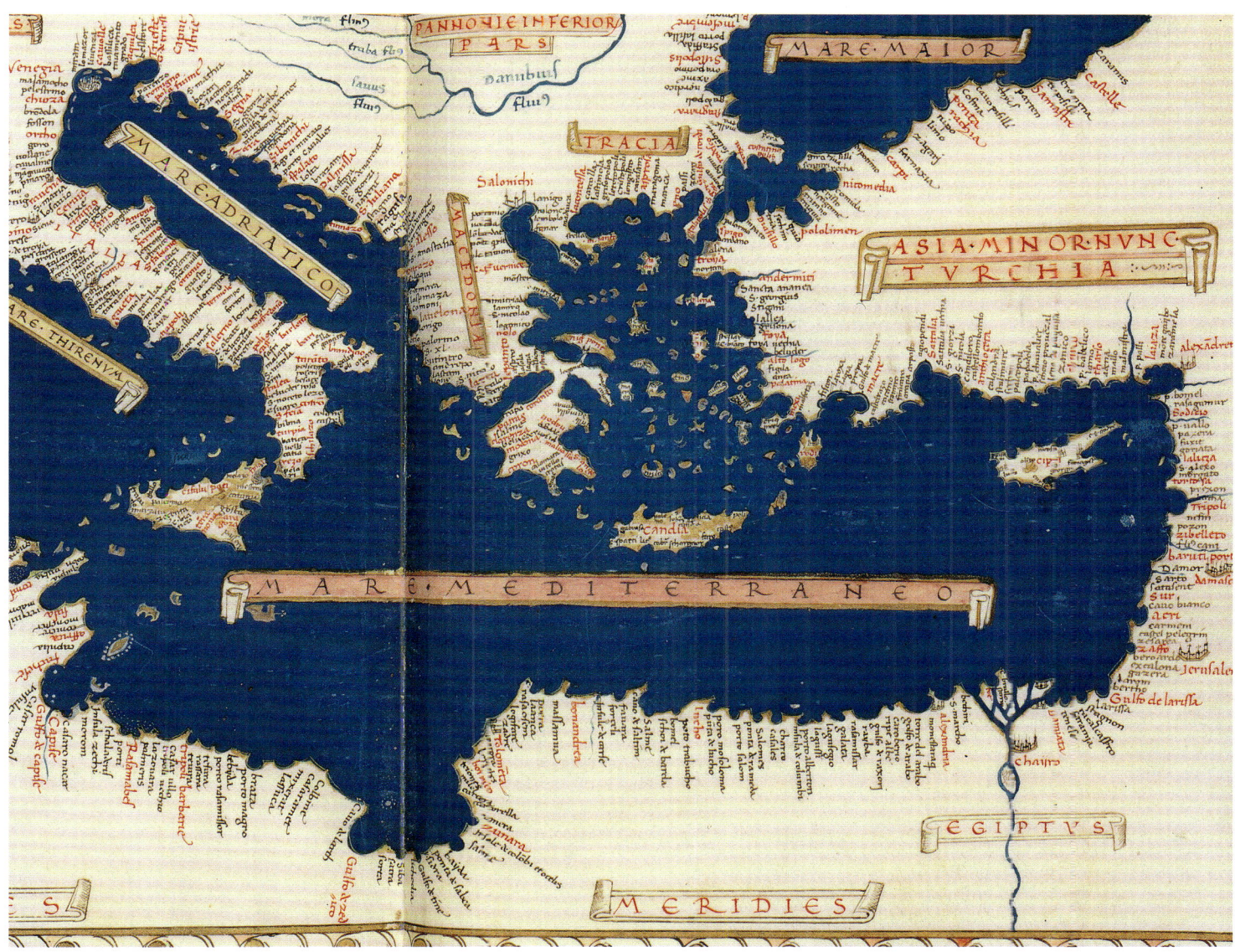

Das Mittelmeer ist die Gesamtheit einer Reihe kleinerer Meere, von denen ein jedes seinen unverwechselbaren Charakter hat, das „Große Meer" speist und von diesem genährt wird. Die Verbindung zum Schwarzen Meer ist, geologisch gesehen, erst jungen Datums. Das Adriatische Meer führt fast ein Eigenleben, während die Ägäis von einer Inselwelt übersät ist. Diese Karte der mediterranen Welt entstand Mitte des 15. Jahrhunderts.

sen. Aus Sicht der Autoren der Antike und des Mittelalters war dies tatsächlich das Meer, das sich im Mittelpunkt der Welt befand. Wie Geoffrey Rickman in diesem Buch überzeugend darlegt, scheint sich der Begriff *mare mediterraneum* zwischen dem späten 3. und dem 6. Jahrhundert eingebürgert zu haben, und die Römer selbst sprachen vom „Großen Meer", „Inneren Meer" oder einfach von *mare nostrum* „Unserem Meer". Der Ozean umgab Europa, Asien und Afrika, und selbst wenn die Seefahrer neue Länder entdeckten, waren es nur winzige, manchmal an Gewürzen reiche Eilande inmitten eines riesigen Ozeans, die außerhalb einer Welt lagen, deren Mittelpunkt das „Große Meer" war.

Daraus erwächst die Frage nach dem Status der anderen Meere mit einer Verbindung zum Mittelmeer. Das Adriatische Meer kann als ein Arm des Mittelmeeres betrachtet werden, und die Ägäis ist eindeutig eine von Inseln übersäte Ecke des Mittelmeeres. Diese beiden Meere befuhren die Seefahrer des Mittelmeeres, um entlegene Märkte zu erreichen; so boten griechische Kaufleute ihre Töpferwaren in Spina an der Nordküste Italiens an, und venezianische sowie ragusanische Händler brachten Gewürze von den Märkten der Levante. Das Schwarze Meer dagegen hatte in vielerlei Hinsicht eine eigene Identität; es verband die Welt der Steppen mit Osteuropa und hatte Zugang zum Mittelmeer durch eine geologisch noch junge Seestraße. Der älteste Kontakt mit der mediterranen Welt bestand vermutlich über Troja, dessen günstige Lage den Zugang zu den Dardanellen beherrschte. In späterer Zeit erfolgte dieser Austausch über jene Stadt, die sukzessive als Byzantion, Konstantinopel und Istanbul bekannt ist. Natürlich gab es Zeiten, wie etwa im 14. Jahrhundert, als über das Schwarze Meer große Mengen Getreide in Mittelmeerstädte, vor allem Genua ausgeführt wurden, sodass das Schwarze Meer in einem gewissen Grad in die mediterrane Welt ökonomisch integriert war (worauf Michel Balard in seinem Beitrag eingeht).

Fernand Braudel, der seinen Blick vor allem auf das 16. Jahrhundert richtete, deckt Verbindungen auf, die es rechtfertigten, so entfernte Städte wie das südpolnische Krakau in den Handelskreislauf der mediterranen Welt aufzunehmen, indem genuesische Kaufleute über Schwarzmeerhäfen mit dem Osten Europas Handel trieben. Die mediterrane Welt reichte auch jenseits der Heraklessäulen mit den befestigten Häfen Ceuta und Gibraltar bis zum „mediterranen Atlantik", den im späten Mittelalter Händler und Konquistadoren erschlossen, die auf Madeira, den Kanaren und Azoren aktiv waren. Seit der Entdeckung Amerikas durch Kolumbus kam der Wechselbeziehung zwischen Mittelmeer und Atlantik eine wesentliche Rolle zu: Die Entstehung einer „atlantischen Wirtschaft" um 1600 hatte tiefe Auswirkungen auf die Mittelmeerstaaten, die bis dahin die Märkte des Nordens versorgt hatten, prägte aber nachhaltig auch die spätere Zeit, wie Jeremy Black in seinem Beitrag hervorhebt: Das 18. und 19. Jahrhundert waren Schauplatz von Preiskonflikten zwischen Großbritannien, Frankreich und anderen Staaten im Mittelmeerraum.

Braudels weitgefasste mediterrane Welt spiegelt sich auf verschiedene Weise in den modernen Geschichtswerken. Zunächst war ein wachsendes Interesse für die Geschichte dieser Region von der Antike bis in die Gegenwart festzustellen. Betrachtet man nämlich nicht sosehr die dazu erschienenen Traktate, sondern die überraschend hohe Zahl von Periodika, die von der jüngeren Historikergeneration, den Schülern Braudels, publiziert werden, so lassen sich mehrere Schulen unterscheiden. Im Folgenden kommen die diversen Schulen, Meister wie Schüler, Professoren wie Protegés zusammen. Es liegt nahe, mit der *Mediterranean Historical Review* zu beginnen, herausgegeben erstmals 1986 von einem Historiker-Team aus Tel-Aviv unter der Leitung von Shlomo Ben-Ami, der als Experte für moderne Geschichte Spaniens begann und später auch politisch aktiv wurde. Sein Schwerpunkt ist das Studium der Geschichte der mediterranen Anrainerstaaten, doch erscheinen häufig auch themenübergreifende Beiträge, z. B. zu Handelsaspekten und zur Schifffahrt, wobei die Zeitschrift der Rolle der Juden als treibende Kraft ökonomischer, religiöser und kultureller Veränderungen in dieser Region breiten Raum widmet. Man kann behaupten, diese Zeitschrift vertritt die These, dass die Geschichte des Mittelmeeres im Wesentlichen nicht nur die Kollektivgeschichte der ans Mittelmeer grenzenden Länder und ihrer Wechselbeziehungen ist, sondern auch eine individuelle Geschichte, d. h. der internen Ereignisse aus Italien, Spanien, Griechenland oder Ägypten. Der Mittelmeerraum wird somit als eine weit gefasste Region mit zahlreichen eigenen Merkmalen betrachtet.

Jenseits dieser generösen Betrachtungsweise der mediterranen Geschichte gibt es die Sicht der seit den 1990er-Jahren in den USA bestehenden „Society for Mediterranean Studies". Deren Schwerpunkt liegt, vor allem in ihrer jährlichen Zeitschrift *Mediterranean Studies*, auf der mediterranen Kultur als Fundament einer Weltkultur. Diese Gesellschaft zeigt ein besonderes Interesse an der Beziehung zwischen dem Mittelmeer und Portugal, einem Land, das aus dem Kampf der Christen gegen den Islam auf der Iberischen Halbinsel hervorging und dessen Sprache auch lateinischer Herkunft ist. Es lassen sich mit Recht kulturelle, religiöse und andere Argumente finden, Portugal gewissermaßen als „Ehrenmitglied" der mediterranen Welt anzusehen. Diese Gesellschaft hielt zwei ihrer frühesten

Portugal gehörte in gewisser Hinsicht zur mediterranen Welt, war aber eher auswärts als nach innen gerichtet. Diese Elfenbeinarbeit aus Sri Lanka mit der Darstellung einer einheimischen Frau im Gespräch mit einem portugiesischen Edelmann spiegelt Elemente beider Kulturen. Dabei wirkt der Portugiese exotischer als die Einwohnerin aus Sri Lanka.

Veranstaltungen daher auch in Portugal ab; weitere fanden in Salvador de Bahia in Brasilien statt, einem Ableger eines Ablegers der Mittelmeerkultur. Denn auch Südamerika kann als kultureller Ableger der mediterranen Zivilisation betrachtet werden, wobei „mediterran" in diesem Fall „lateinisch" (wie im Begriff Lateinamerika) bedeutet. Die Geschichte des Mittelmeeres wird so zur Weltgeschichte, betrachtet aus der Sicht iberischer Übersee-Expansion. Diese erweiterte Sicht ist durchaus gerechtfertigt, doch folgt vorliegendes Buch nicht diesem Ansatz, sondern beschränkt seinen Schwerpunkt auf das „Innere Meer" und seine Randgebiete.

Ein weiterer „weltgeschichtlicher" Ansatz besteht darin, das Mittelmeer als eines von mehreren „Mittleren Meeren" zu betrachten, als eine Region, deren Landmassen voneinander durch Gewässer getrennt sind, über die Gebrauchsgegenstände, Rohstoffe, Ideen und Menschen regelmäßig befördert werden. So entwickelten sich mitunter Kontakte zwischen grundlegend verschiedenen Gesellschaften, die geographisch nicht aneinander grenzten. Der erfolgreichste Versuch, Braudels Betrachtungsweise der mediterranen Welt auf andere geographische Regionen anzuwenden, findet sich in den Schriften von Kurti Chaudhuri über den Indischen Ozean am Vorabend der europäischen Expansion und während der Epoche, in der Portugiesen, Niederländer und andere Mächte in ein Meer vordrangen, in dem der Handel bis dahin von Muslimen und Hindus dominiert war, wobei chinesische Kriegsschiffe im frühen 15. Jahrhundert hier nur gelegentlich aufkreuzten. Wie das „klassische" Mittelmeer, trafen auch hier Kontinente aufeinander (Ostafrika gegenüber den zahlreichen Gesellschaftsmodellen Südasiens), begegneten sich mehrere Religionen, darunter Buddhismus und Islam, die sich über riesige Räume ausbreiteten. Ein ähnlicher Vergleich ließe sich für die Ära vor Kolumbus mit der Karibik mitsamt dem Golf von Mexiko als eine Art Mittelmeer aufstellen, da neben Waren aller Art auch Migranten zwischen den Inseln wanderten und nicht Isolation, sondern der Kontakt das Hauptmerkmal dieser Region war.

Ein weiteres Beispiel ist das vom Japanischen und dem Ostchinesischen Meer gebildete „Mittelmeer", das Korea und China mit den Inseln Japans verbindet. So wie Italien das Mittelmeer fast zur Hälfte teilt, so besteht auch zwischen Korea und Japan eine Meerenge, über die Waren und Gedanken im Mittelmeer zirkulierten, wobei der japanische Seehafen Hakata in Fukuoka als Umschlagplatz für koreanische und chinesische Güter galt, in dem

Das Mittelmeer – ein vieldeutiger Begriff

sich auch chinesische Kaufleute niedergelassen hatten. Über diese Seerouten wurden auch Bücher und religiöse Ideen ausgetauscht; ferner bildeten sie die Basis für die Verbreitung des Buddhismus in Japan. Angesichts der Gemeinsamkeiten zwischen diesem „japanischen Mittelmeer" und dem klassischen Mittelmeer kann eine vergleichende Betrachtung der Seegeschichte dieser beiden Meere überaus aufschlussreich sein.

Es gibt aber auch Beispiele, die einen direkteren Bezug zur Geschichte des Mittelmeeres haben, denn diese anderen „Mittelmeere" waren einst durch bedeutende Handels- und kulturelle Beziehungen eng mit dem klassischen Mittelmeer verknüpft. Roberto Lopez, ein namhafter Kenner des Mittelmeeres im Mittelalter, bezeichnete (wenn auch konfus) die Ost- und Nordsee als „Mittelmeer des Nordens", da sich auch dort ähnliche Handelsstrukturen wie im klassischen Mittelmeer entwickelt hatten.

Skandinavische und friesische Kaufleute spielten die Rolle der frühen Amalfitaner und Venezianer aus dem Mittelmeer (in der von John Pryor behandelten Epoche), während die Hanse gewisse Parallelen mit den Unternehmungen genuesischer, katalanischer und venezianischer Händler des späten Mittelalters aufweist, wobei sie weitaus straffer organisiert war, als es die italienischen Kaufleute je gewesen sind. Dieses Mittelmeer des Nordens unterhielt Kontakte zum südlichen Mittelmeer auf Handelsrouten, die von Brügge zum Mittelmeer über den Landweg oder (nach 1270) durch die Meerenge von Gibraltar führten. Nicht nur Pelze oder Bernstein fanden ihren Weg nach Süden und Gewürze nach Norden, ausgetauscht wurden auch technische Errungenschaften und Ideen verschiedenster Art, so z. B. die von den flämischen Meistern eingesetzte Maltechniken oder die von der Renaissance wiederbelebte Ideenwelt der Antike. Vielleicht ahmten die Schiffsbauer des Südens auch die nordeuropäischen Koggen nach, die bis ins Mittelmeer segelten.

Wie wir gesehen haben, ist auch das Schwarze Meer eine Erweiterung des Mittelmeeres bzw. ein eigenständiges kleines Mittelmeer, das die so kontrastreichen Ufer Europas mit denen Mittelasiens verbindet. „Mittelmeere" müssen nicht zwangsweise Gewässer sein: Auch die Sahara ist ein „Mittelmeer", das mit der mediterranen Welt in engen Wechselbeziehungen stand und von den Karawanen mit „Wüstenschiffen", den Dromedaren, durchzogen wurde; sie brachten Gold aus Schwarzafrika an die Küste des Maghreb und zogen von Oase zu Oase wie Schiffe von Insel zu Insel. So wurden die „Mittelmeere" zum Schauplatz kultureller Interferenzen und eines Austausches von Menschen und geistigen Gütern. Diesem Thema widmet sich in einer vergleichenden Studie des Historiker Philip Curtin. Diese Vervielfältigung des Mittelmeeres ist aber nicht das Thema dieses Buches.

Eine weitere Herangehensweise ans Mittelmeer findet sich in den Beiträgen der Zeitschrift *Al-Masāq: Islam and the Medieval Mediterranean*, gegründet vom unermüdlichen, aus Malta stammenden Gelehrten Dionysius Agius, der an der Universität von Leeds das „Centre of Mediterranean Studies" gründete. Diese Zeitschrift ist in der Tat neuartig, da sie die christlich-islamische Trennlinie des Mittelalters zu überbrücken versucht und kommerzielle wie religiöse Kontakte aus der Sicht der Muslime im Mittelmeerraum untersucht. Mit *Al-Masāq* scheint es, dass wir uns einer Geschichte des Mittelmeeres und der darin ablaufenden Wechselbeziehungen nähern und nicht einer endlosen Aufzählung von Ortsnamen, denn sie behandelt die Begegnung von Kulturen im normannischen Sizilien oder muslimischen Spanien, um venezianische Kaufleute in islamischen Ländern usw.

Dennoch hat die Idee einer endlos langen Aufzählung von Ortsnamen auch was für sich: Die britischen Historiker Peregrine Horden und Nicholas Purcell meinen, dass die Orte selbst wesentlicher Teil der mediterranen Wechselbeziehungen seien, und ihrer Theorie, dargelegt in dem umfassenden Band *The Corrupting Sea,* wenden wir uns nun zu.

Eine große Vielfalt an Klima- und Landschaftsformen findet sich entlang der Mittelmeerküsten, die auf verschiedenste Weise genutzt wurden. Die Sumpfgebiete um Valencia bieten auch heute noch ideale Bedingungen für den Reisanbau.

Neue Betrachtungsweisen einer mediterranen Welt

Braudels Sicht vom Mittelmeer war zwar ehrgeizig, aber die Theorie von Horden und Purcell ist noch eine Stufe höher und allgemeiner angesiedelt. Chronologisch führt uns ihr Buch vom antiken Hellas bis in die Neuzeit, mit gelegentlichen Exkursen in frühere bzw. spätere Zeiten. Sie vertreten, kurz gesagt, die Theorie der Vielfalt in der Einheit. Sie betonen die Beziehung zwischen den Siedlungen am Mittelmeer und dem Netzwerk, das die Orte untereinander zusammenhält. Paradoxerweise ist die ungewöhnliche Komplexität dieser Region das fundamentale geographische Merkmal des Mittelmeeres. Komplexität bedeutet Reichtum, Vielfalt in einem sehr positiven Sinn und fördert den Austausch über kürzere oder größere Entfernungen. Wie abwechslungsreich die natürliche Umwelt sein kann, wird am Beispiel Westsiziliens ersichtlich; im Spätsommer kann man aus den feuchtwarmen Salzpfannen von Trapani in die kühle, wolkenbedeckte Stadt Erice mit ihrem eigenen Mikroklima aufsteigen. Diese Region zeichnet sich ferner durch zerklüftete Küsten aus, durch im Meer verstreute, oft winzige Inseln (sodass die Seefahrer bei Schönwetter selten nicht Land in Sicht haben), deren Bewohner auf einen Warenaustausch zur See angewiesen sind.

Vielfältig ist auch die Beschaffenheit des Küstenstreifens. Wir begegnen sumpfreichen Küstenabschnitten wie dem für den Reisanbau bekannten spanischen *horta* um Valencia oder der unwirtlichen Meeresküste Albaniens mit seinen Salzvorkommen; geradezu dramatisch überlagern sich entlang der Küste oft Ebenen mit Bergzügen und gehen eine enge Wechselbeziehung ein, die in der Fernweidewirtschaft deutlich zum Ausdruck kommt, wenn Schafherden aus dem Tiefland auf saftige Bergweiden ziehen. Purcell und Horden haben sich von Braudels berühmter Charakterisierung der Berggemeinschaften als isoliert und erstarrt distanziert und unterstrichen, dass die Berge stärker und nicht schwächer miteinander „vernetzt" sind: Die Notwendigkeit des Warenaustausches verbindet die Berg-

Die jährliche Wanderung großer Schafherden aus den Ebenen auf die Bergweiden und wieder zurück, auch als Fernweidewirtschaft (Transhumanz) bezeichnet, war seit ältesten Zeiten eine der Hauptbeschäftigungen im Mittelmeerraum und besteht, Ländergrenzen überschreitend, auch heute noch. Dieses frühe Foto zeigt eine typische Szene in den mittelfranzösischen Cevennen. Die Lebensweise der Schäfer, die diese Herden begleiteten und ein einfaches, karges Dasein führten, wurden von Anthropologen eingehend studiert, da man in der Transhumanz ein einzigartiges Relikt der Vorgeschichte sah.

regionen mit dem Rest der mediterranen Welt, und Routen durch die Berge erweisen sich nicht als Hindernisse, sondern als ein Mittel, den montanen Lebensraum in umfassende ökologische Strukturen einzubinden. Isolierte Enklaven sind eine Seltenheit in meeresnahen Gegenden. Bergzüge wie die Apenninen mögen, so diese Autoren, ein Hindernis für die Heere gewesen sein, nicht aber für die Maultierkarawanen, die Getreide und Salz aus der Romagna ins Florenz des 13. Jahrhunderts brachten.

Dennoch erwies sich das Meer als der flexibelste Kommunikationsweg, auch wenn die sich ändernden Jahreszeiten manchmal (wenn auch viel seltener als allgemein angenommen) den Seeverkehr zeitweilig unterbanden oder auf die Notfälle beschränkten. Dieser regelmäßige Austausch hatte eine verändernde oder „korrumpierende" Wirkung auf die Gesellschaften, die auf Handels- und Tauschsysteme angewiesen waren; dabei suggeriert der Begriff „korrumpierend" einen negativen Wandel, doch was Purcell und Horden beschreiben, ist in vielerlei Hinsicht ein höchst positiver Sachverhalt. Statt von einem „korrumpierenden Meer" zu sprechen, wäre es richtiger, von einem „bereichernden" Meer zu reden, bereichernd im übertragenen Sinn, so wie eine Gesellschaft Nutzen zieht aus dem kulturellen Kontakt mit ihren Nachbarn und mit Gesellschaften jenseits des Meeres, aber auch im eigentlichen Sinn, da die Händler mit dem Tausch lebenswichtiger Güter wie Getreide und Salz hohe Gewinne machten. Diesen Autoren zufolge habe eine Geschichte der mediterranen Welt den Schwerpunkt nicht auf die großen Handelswege zu legen, auf denen Gewürze und Farbstoffe aus dem Osten (häufig sogar aus Fernost) eingeführt wurden, sondern auf Tauschsysteme, die der Versorgung mit lebenswichtigen Gütern wie Getreide, Wein, Öl, Metalle und Bauholz dienten. Die ökologische Diversität des östlichen Mittelmeeres veranlasste Ägyptens Herrscher in der Antike und im Mittelalter, aus politischen wie ökonomischen Gründen Bauholz für ihre Schiffe und andere Zwecke aus den Wäldern des Libanon und Kilikiens zu beziehen. Der Bedarf an Metallen lockte griechische Kaufleute in die von Etruskern bewohnten Regionen, wo es auch heute noch riesige Schlackenhalden gibt – Hinterlassenschaften der antiken Metallarbeiter, die das Eisen der Insel Elba in der Gegend um Populonia (unweit des heutigen Piombino) verarbeiteten. Für Purcell und Horden war es genau diese Notwendigkeit eines lokalen Warentausches innerhalb eines so vielfältigen ökologischen Systems, die die mediterrane Welt der Antike und des Mittelalters miteinander verband.

Der Austausch mit Regionen jenseits des Meeres und zwischen den Küstenorten und dem Umland mag in der Tat zur Entstehung von Kolonien und von Seereichen beigetragen haben; aber Horden und Purcell betonen auch, dass es eine grundlegende Kontinuität quer durch die Zeit gab. Umweltkatastrophen, meinen sie, waren nie so heftig, dass sie zu einer fundamentalen Änderung der ökonomischen Struktur einer Region geführt hätten, und stimmen so mit Oliver Rackham überein, dessen Essay zur Umwelt des Mittelmeerraumes dieses Buch einleitet. Horden und Purcell führen an, dass die Zerstörung Pompejis außerhalb eines kleinen, sehr begrenzten Raumes ohne wirtschaftliche Langzeitwirkungen blieb, wo die massiven Mengen an ausströmender Lava den Boden anreicherten. Jedenfalls ist es möglich, dass andere Vulkanausbrüche, vor allem jener, dem Santorin zum Opfer fiel, ungleich zerstörerischer waren, und das Ende der minoischen Kultur wird auch jenem Vulkanausbruch zugeschrieben, worauf Marlene Suano und Mario Torelli in ihren Beiträgen hinweisen. Dennoch teilen Purcell und Horden nicht die herkömmliche Meinung, wonach Schwemmlandablagerungen im Laufe der Zeit das Landschaftsbild veränderten, indem sie Ressourcen, die die Lebensgrundlage der Menschen bildeten, zerstörten oder neu schufen. Diese Ansicht vertrat mit Nachdruck der Geographiehistoriker Claudio Vita-Finzi in der Studie *The Mediterranean Valleys*, auch wenn er wenige ausgewählte Fälle aus Westanatolien und Nordafrika untersuchte. Vita-Finzis Ansatz wurde schnell aufgegriffen von Byzantinologen und anderen Historikern, die nach Erklärungen für Wirtschaftskrisen und ökonomischem Niedergang suchten. Purcell und Horden sind aber überzeugt: „Schwemmlandablagerung ist eine bedeutende Konstante des mediterranen Lebens." Es gibt, mit anderen Worten, Schwankungen und Umwege. Es gibt keine dunkle Geschichte der Menschheit, die ein irdisches Paradies durch Umweltinkompetenz zerstören würde. Das ist ein von den mediterranen Gesellschaften verbreiteter Mythos; aber der Mythos ist kein getreues Abbild einer physischen Realität. In einem Kapitel dieses Buches sowie in einer umfangreichen Studie aus dem mit A. T. Grove verfassten Buch *The Nature of Mediterranean Europe* hat Oliver Rackham ähnliche Zweifel geäußert, was die von den Menschen verursachten Schäden an der Umwelt anbelangt. Sein Ansatz ist geprägt durch eine intime Kenntnis der Umweltproblematik und durch das Studium von Beispielen u. a. aus Sardinien. Purcell und Horden sehen also die Gesellschaften unterschiedlich schnell voranschreiten; einige werden durch den Zugang zu neuen Rohstoffquellen in ihrer Entwicklung gefördert, anderen wird der Zugang dazu verwehrt (möglicherweise infolge politischer Faktoren wie Invasionen und Kriege sowie aufgrund geologischer Änderungen). Parallel mit einer Intensivierung menschlicher Tätigkeiten verzeichnet man auch Fälle von Abweichungen davon; Letztere sind dabei nicht sosehr ein allgemein mediterranes Merkmal, sondern eher lokale Trends, sodass Mikroregionen untereinander aus dem Takt geraten und, was noch wichtiger ist, „eine Langzeitänderung verläuft fast nie nur in einer Richtung". Es scheint berechtigt zu behaupten, dass gerade diese Störungen die Innovation und Experimentierfreudigkeit der Menschen fördern. So z. B. hatte der osmanische Aufschwung im späten Mittelalter, der den italienischen Kaufleuten den Zugang zum östlichen Mittelmeer erschwerte, zur Folge, dass er indirekt die Verbreitung der Zuckerrohrplantagen auf Sizilien und in Spanien förderte, da die Italiener gezwungen waren, für die Gewinnung dieses wertvollen Rohstoffs neue, abseits der Konfliktzonen liegende Quellen zu erschließen. Darauf und auf die Langzeitfolgen der türkischen Anwesenheit im Mittelmeerraum geht Molly Greene in ihrem Beitrag ein.

Die mediterrane Küche verdankt vieles den Einflüssen des Islams. Dazu zählt auch die Aubergine, hier in einer Handschrift des 14. Jahrhunderts (oben). Unten: *Das Gemälde „Marktszene" von Alessandro Mascagno zeigt das reiche Warenangebot eines südländischen Marktes; zu sehen sind u. a. Käselaibe, Pflaumen, Äpfel und Pfirsiche links im Bild, sowie rechts Salat, Möhren, Gurken, Riesenspargel, Eier und Pilze.*

Als Reaktion auf lokale Katastrophen wie Umweltveränderungen oder politische Unruhen reagierte der Mensch mit der Entwicklung neuer Strategien, und selbst in der scheinbar verzweifelten Strategie der Emigration aus den betroffenen Regionen sollte man ein weiteres Beispiel einer „Vernetzung" sehen, die die mediterrane Welt zusammenhielt. Die Bevölkerungsmigration, sei es als Sklaverei oder infolge wirtschaftlicher Not, stellt für Purcell und Horden einen jener Faktoren dar, der die Mittelmeerwelt verbindet. Wir könnten noch weiter gehen und behaupten, dass sogar die Eroberungszüge reelle Kontinuitäten verhüllen. Die Verbreitung des Islams führte dazu, dass die neuen Eroberer, die Muslime, von ihren unterjochten Vorgängern, den Byzantinern und Persern, diverse Bräuche und Praktiken übernahmen. Tatsächlich bewirkte diese Invasion der Osmanen keinen allzu großen Bruch in den Kontinuitäten, und vor allem nicht in der Verwaltung. Die Araber hätten das von ihnen 640 n. Chr. eroberte Ägypten nie ohne die Hilfe der Kopten, Griechen und Juden regieren können, die den neuen Herren zeigten, wie das Land verwaltet werden müsse. Andererseits stimulierte der Siegeszug der Araber nicht nur die Migration von Arabern nach Westen; auch Berber, östliche Christen und Juden zogen nach Nordafrika, Sizilien und Spanien, und sie brachten u. a. Pflanzen mit, die, wenn auch nicht unbekannt, nie zuvor jedoch so intensiv angebaut wurden; genannt sei nur die von den arabischen Eroberern eingeführte Wassermelone. Schon ein Blick auf das arabische Erbe im Bereich der von ihnen eingeführten Lebensmittel lässt uns klarer erkennen, wie die mediterrane Welt als Treffpunkt dreier Kontinente und dreier Religionen funktionierte.

Das Erbe der arabischen Eroberer erkennt man nicht nur in der Moschee von Córdoba, auch Zitronen, Zucker und Marzipan sind dafür ein Beleg. Viele heute allbekannte Ge-

Zitronen wurden in Europa zunächst im maurischen Spanien gezüchtet. Dies erklärt vielleicht auch, weshalb sie auf spanischen Stillleben so häufig anzutreffen sind. Auf diesem Gemälde des Malers Melendez aus dem 18. Jahrhundert nehmen die mit kraftvoller Intensität gemalten Zitronen den Vordergrund ein. Das Fass rechts im Bild könnte Oliven enthalten, der Krug Olivenöl und die Flasche Wein.

müse- und Obstsorten gelangten aus dem Orient zunächst nach Sizilien und Spanien, bevor sie weiter nach Europa vordrangen. Orangen, Limonen, Artischocken, Bananen, Auberginen, Wassermelonen, Spinat und Reis – sie stammen aus Persien oder gar Indien und wurden schon bald in den arabisch besetzten Gebieten angebaut. Einige standen in der Gunst der frühen Kalifen von Bagdad und wurden Teil der gehobenen Kochkunst, deren Einfluss bis nach Spanien reichte. Der Aubergine wurden in der arabischen Dichtung sogar Loblieder entgegengebracht. Ein spanischer Muslim schrieb einst, „der Prinz müsse sich vergewissern, dass der Bodenbearbeitung höchste Aufmerksamkeit zuteil werde", und die Landwirtschaft stand im maurischen Spanien im Rang einer Kunst, die mit Leidenschaft betrieben wurde. Die Verbreitung dieser Kulturen veränderte das Landschaftsbild, da es umfassende Bewässerungsanlagen zur Bewirtschaftung der trockenen Böden des Vorderen Orients und Südspaniens erforderte. Durch ausgeklügelte unterirdische Stollen *(Qanat)* wurde das Wasser gesammelt und weitergeleitet ohne zu verdunsten. Beim Bau die-

Das Mittelmeer – ein vieldeutiger Begriff **23**

ser sehr robusten Systeme nutzte man vermutlich auch viel ältere lokale Erfahrungen, die bis in die Römerzeit und zu den Tunnelbauern Etruriens zurückreichten. Entscheidend waren aber die in Asien gewonnen Erfahrungen: Südarabien war lange Zeit der Mittelpunkt einer hoch entwickelten Bewässerungstechnik, und Siedler aus dem fernen Jemen brachten den Spaniern bei, eine blühende Landschaft rund um Córdoba zu errichten, dessen Orangengärten im 10. Jahrhundert nicht nur die begehrten Früchte lieferten, sondern auch dekorative Zwecke erfüllten. Palastgärten mit blühenden Obstbäumen, Blumen und Brunnen galten als irdisches Abbild des Paradieses. Im Córdoba des 10. Jahrhunderts bewunderte der jüdische Dichter Dunash bin Labrat, wie „Granatäpfel, Datteln, Tamarisken, Trauben und anmutige Anemonen" die Gartenbeete zieren, und der Garten wurde im maurischen Spanien zu einem Hauptthema arabischer und jüdischer Dichtung.

Im späten 13. Jahrhundert erntete man auf überschwemmten Feldern um Valencia den bis dahin unbekannten Reis, der bis ins ferne England ausgeführt wurde; ebenso baute man mallorquinische Feigen an, eine weitere von den Arabern eingeführte Frucht. Es gab den berühmten Hartweizen, der gemahlen wurde und der Erzeugung von Couscous und Pasta diente. Aus dem arabischen Wort *fidawsh* für Nudeln entstand der heute noch verwendete spanische Namen *fideos*. Auch die Namen anderer Obst- und Gemüsesorten sind arabischer Herkunft: die Artischocke, spanisch *alcarchofa,* stammt von *kharshuf* ab und wurde vermutlich zuerst in Nordafrika angebaut, bevor sie nach Spanien gelangte.

Den nachhaltigsten Einfluss hatte aber der Zucker. Seine Heimat ist der Ferne Osten, doch verbreitete er sich rasch in der ganzen islamischen Welt. Um 1400 war levantinischer Zucker eine begehrte Ware, die die islamischen Kaufleute nach England, Flandern und Deutschland verkauften. Seit dem Vordringen der Türken nach Europa waren die Kaufleute bestrebt, den Zucker in Westeuropa einzukaufen, und Zuckerrohrpflanzungen entstanden auf Sizilien, im maurischen Granada und sogar auf Madeira. Im 16. Jahrhundert stieg die Neue Welt zum wichtigsten Zuckerproduzenten auf, aber es war der Islam, dem das Abendland die Vorliebe für Zucker verdankte. Gemixt mit Schnee aus dem Hochgebirge

und mit Fruchtsäften, bildete Zucker die Basis für die Herstellung von Sorbet (Scherbet), dem die Kreuzritter erstmals im Vorderen Orient begegnet waren. Interessanterweise kauften im Gegenzug um 1400 die islamischen Länder des östlichen Mittelmeeres Honig vor allem aus Narbonne. Auf diese Weise wurden, im Einklang mit Purcells und Hordens Theorie, Warenengpässe in einer Region durch Handel mit anderen Gebieten kompensiert.

Im Mittelalter waren die islamischen Länder eine Hauptquelle für den Gewürzhandel mit Europa. Nur wenige Gewürze wurden im Mittelmeerraum selbst angebaut; Pfeffer und Ingwer gelangten von den Gewürzinseln entlang der Küste des Indischen Ozeans nach Alexandria, wo sie an christliche Händler verkauft wurden und den Wohlstand Ägyptens im Mittelalter begründeten. So gesehen, sind die Gewürze Teil der Geschichte des Mittelmeeres. Andererseits war der Westen Hauptlieferant eines begehrten Gewürzes, das vor allem von Kaufleuten aus San Gimignano und Volterra gehandelt wurde. Diese beiden toskanischen Städte bildeten im 13. Jahrhundert das Anbau- und Verkaufszentrum von Safran. Später kamen auch Orte in den Abruzzen und nördlich der Alpen hinzu.

Die größte Nachfrage nach exotischen Kräutern und Gewürzen gab es im Mittelmeerraum, und die Konzentration darauf erklärt auch den Aufstieg vieler Städte und Regionen zu führenden Handelszentren im Mittelalter und der frühen Neuzeit, darunter Genua, das zunächst nur mit Getreide und Tuch handelte und dafür in der Levante Pfeffer und Ingwer einkaufte, und Venedig, dessen einfache Fisch- und Salzhändler zu den bedeutendsten Händlern des 15. Jahrhunderts aufstiegen. Bis zur ersten Afrikaumsegelung durch Vasco da Gama 1497 konnten diese Güter nur über die ans Mittelmeer angrenzenden islamischen Staaten bezogen werden und dienten nicht nur der Verfeinerung von Speisen, sondern auch als Arzneimittel und Farbstoffe. Es gab Güter, die von den Mittelmeerküsten schnell weitertransportiert wurden ins Innere Europas, um in der Champagne, in Flandern, Deutschland, England und dem Rest des „nördlichen Mittelmeeres" verkauft zu werden; aber auch dies belegt, wie das Mittelmeer als Mittler zwischen den Wirtschaftssystemen des Ostens und Westens funktionierte.

Purcells und Hordens Bild vom Mittelmeer ist von Braudel gar nicht so weit entfernt: Dessen *long durée*, die Langzeit, hat erheblich länger gedauert, während die Einwohner dieser Region wie Wellen kamen und gingen. Verständlicherweise muss eine regionale Geschichte auch die oft erheblichen Folgen lokaler Politik und individuellen Verhaltens betonen. Der „Katalysator" gewissermaßen kann ein z. B. grober makedonischer König aus dem Hinterland sein, ein arabischer General, der sich über seine Vorgesetzten hinwegsetzt oder ein genuesischer Kaufmann, der ein Auge auf das Alaunmonopol geworfen hat. Dieses Mittelmeer der Menschen stand im Forschungsmittelpunkt des namhaften jüdischen Islamgelehrten Shlomo Goitein (1985). Sein fünfbändiges Werk *A Mediterranean Society* stützte sich auf Urkunden aus der Kairoer Genizah, mit zahllosen Stapeln mittelalterlicher Handschriften (meist aus der Zeit von 950 bis 1200), die vor 100 Jahren in einer Kairoer Synagoge entdeckt wurden und großteils in der Universitätsbibliothek von Cambridge aufbewahrt werden. Obwohl Purcell und Horden Goitein als einen Forscher würdigen, dem wir ein neues Verständnis von der Geschichte des Mittelmeerraumes verdanken, betonen sie, dass dessen Bedeutung eher in Detailfragen als in einer umfassenden Gesamtschau mediterraner Geschichte liegt. Goitein ließ auf brillante Weise die Welt jener jüdischen Kaufleute zu neuem Leben erstehen, die zwischen Indien und Sizilien Handel trieben. Und die von ihm untersuchten Briefe betrafen nicht nur Transaktionen mit Seide und Gewürzen, sondern auch familiäre Beziehungen – die Hoffnungen und Ängste jüdischer Generationen aus allen Gesellschaftsschichten. Wie typisch sie für die ,Mittelmeergesell-

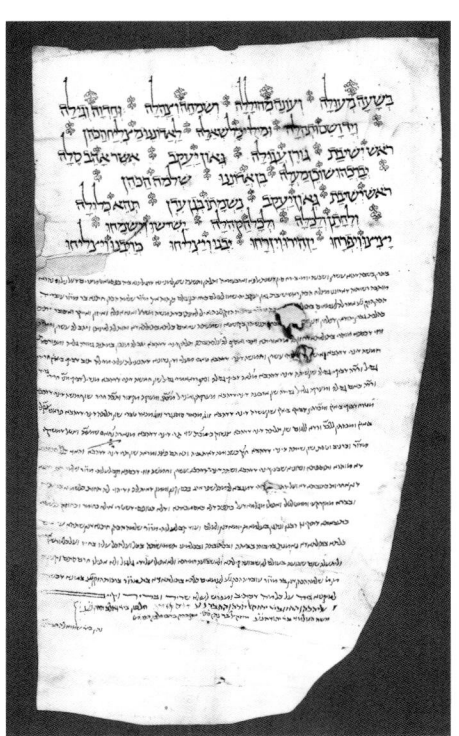

Der jüdische Alltag in Kairo gewann an Lebendigkeit, als im 19. Jahrhundert im Lagerraum (Genizah) einer alten Synagoge über 100 000 alte Handschriften gefunden wurde, von denen die frühesten bis ins 10. Jahrhundert zurückreichen. Sie wurden nach Cambridge verbracht und vom jüdischen Gelehrten Solomon Schechter (gegenüberliegende Seite) neu geordnet. Unter den erhaltenen Urkunden befindet sich auch dieser Heiratsvertrag (oben) *aus dem Jahr 1128.*

schaften" waren, darauf kann niemand eine Antwort geben, doch mieden diese jüdischen Kaufleute sicherlich jene Geschäfte, die von den Muslimen oder Kopten besonders gepflegt wurden, wie z. B. der Handel mit Weizen. Diese jüdischen Einwohner waren Teil der mediterranen Gesellschaft, sie lebten nicht gettoisiert, und ihr Leben kann viel eingehender untersucht werden als das der Muslime. Dennoch bildeten sie nicht sosehr „eine mediterrane Gesellschaft", sondern waren eher Teil einer größeren, weiter gefassten mediterranen Gesellschaft. Indem es sich dem Individuum, der Gemeinschaft und der Familie ebenso wie den Wirtschaftsbeziehungen zuwendet, erinnert Goiteins Werk daran, wie wichtig es ist, einzelnen Menschen den ihnen in der Geschichte das Mittelmeeres gebührenden Platz wieder zuzuweisen.

Das grundlegende Merkmal dieses und anderer Mittelmeere (wie des bereits erwähnten japanischen Beispiels) war die relative Nähe der gegenüberliegenden Küsten, aber auch die deutliche Trennung zwischen ihnen, was den verschiedenen dort angesiedelten Kulturen die Möglichkeit bot, jenseits der sie trennenden und mitunter als unüberwindbar geltenden Barrieren miteinander in Kontakt zu treten, wie etwa Christen und Muslime, die das Mittelmeer trennte. Verringert wurden Entfernungen auch durch das Vorhandensein der Inseln, die in der Tat als Brückenköpfe zwischen Kulturen und Wirtschaftsformen des Mittelmeeres dienten; als Beispiele mögen das minoische Kreta im Bronzezeitalter und das katalanische Mallorca im späten Mittelalter gelten. Manche Inseln entwickelten sich, zugegebenermaßen, zu geschlossenen, von der Außenwelt relativ unberührten Gesellschaften. Diese Abschottung wird auch deutlich in der Art und Weise, wie Sardinien nur allmählich als Ergebnis der italienischen Kolonialisierung in die kulturelle und politische Welt des europäischen Mittelalters integriert wurde, oder darin, dass auf Malta der anderswo längst untergegangene arabische Dialekt des frühmittelalterlichen Sizilien lebendig blieb. Aber selbst diese in mancherlei Hinsicht konservativen Gesellschaften wurden vom Handel beeinflusst und mussten ihre Produktion an die veränderten Bedingungen anpassen, um ihre Erzeugnisse verkaufen zu können; im Fall Maltas war es Baumwolle und im Fall Siziliens Getreide, Leder und Pecorino-Käse.

Natürlich trennen Meere die Landmassen, gleichzeitig bringen sie sie aber zusammen. Im Fall des Mittelmeeres ist aber wichtig, dass innerhalb seiner Grenzen eine Fortbewegung im Vergleich zu den grenzenlosen Weiten des Ozeans überschaubar und relativ einfach ist. Diese Leichtigkeit hat Folgen: Die Geschichte des Mittelmeeres ist eine Geschichte politischer, kultureller, religiöser und ökonomischer Koexistenz, aber auch eine der Konfrontation zwischen Nachbarn, die sich oft der Macht ihrer ethnischen, ökonomischen und religiösen Unterschiede bewusst waren. Natürlich dürfen Umweltfragen nicht ausgeklammert werden; für den Historiker sind sie zunächst dahingehend von Bedeutung, als sie die Lebensbedingungen der Bewohner einer Region prägen und zweitens in der Art und Weise, wie es den Menschen gelang, ihre Umwelt zu verändern. Entscheidend ist, dass eine Geschichte der mediterranen Welt eine Geschichte ihrer Menschen sein muss, die ihren Ausdruck in den kommerziellen, kulturellen und religiösen Wechselbeziehungen innerhalb ihrer Grenzen findet.

Die südländische Lebensart war ein bevorzugtes Thema der Künstler des Nordens. Besonders faszinierte sie das milde Klima, die blaue See und die ungezwungene Lebensweise der Einwohner. Martinus Rørbye verließ 1834 Dänemark und reiste nach Rom, wo es eine Kolonie dänischer Künstler gab, sowie nach Neapel und Amalfi. 1837 kehrte er nach Dänemark zurück, doch die Sehnsucht nach Italien zog ihn 1840 erneut in den Süden. Er besuchte Sizilien, wo er Skizzen für sein großformatiges Gemälde Morgen auf der Piazza Marina, Palermo (entstanden 1846 in Kopenhagen) anfertigte. Die Art, wie die Lichtverhältnisse eingefangen wurden, und die Sehnsucht nach der italienischen Lebensart machen es zu einem Meisterwerk des dänischen „Goldenen Zeitalters".

Das Mittelmeer – ein vieldeutiger Begriff

Das Mittelmeer ist eine Welt in Miniatur – diese Feststellung wirkt, zugegebenermaßen, klischeehaft, sie ist aber völlig zutreffend. Zu Landschaften dieses Großraums zählen hohe, schroffe Bergketten, weite, fruchtbare Ebenen, aber auch unwirtliche Wüsten. Die gängige Vorstellung von einem Klima mit „milden, feuchten Wintern und heißen, trockenen Sommern" mag auf die Verhältnisse in anderen Regionen der Welt zutreffen, nicht aber auf den Mittelmeerraum. Die Vielgestaltigkeit der Landschaftsformen – und vor allem der Küsten mit ihren zahllosen Inseln, Halbinseln, Buchten – sowie das enge Nebeneinander natürlicher Gegensätze zwangen die Menschen, unterschiedlichste Lösungen zur Landnutzung zu finden.

Ungewöhnlich ist nicht nur die große Zahl eigenständiger Kulturen, die hier ihren Ursprung haben, sondern auch die Art und Weise, wie sie im Laufe der Zeit auf verhältnismäßig engem Raum zueinander in Beziehung traten. Nicht zufällig liegt hier die Wiege der abendländischen Zivilisation. Die nebenstehende Luftaufnahme des norditalienischen Dorfes Corniglia ist besonders vielsagend. Geschützt vor Angriffen zur See durch eine Steilküste, liegen die Häuser des Ortes dicht beieinander auf einem Plateau der Gebirgskette „Cinque Terre". Um das Land ringsum landwirtschaftlich nutzen zu können, legten die Bewohner in mühseliger Arbeit komplexe Terrassen an, auf denen heute Zitronen und Wein angebaut werden. Zusammen mit anderen ebenfalls so abseits gelegenen Ortschaften war Corniglia früher nur mit dem Boot erreichbar; heute führen schmale Stichstraßen und eine Bahnlinie dorthin.

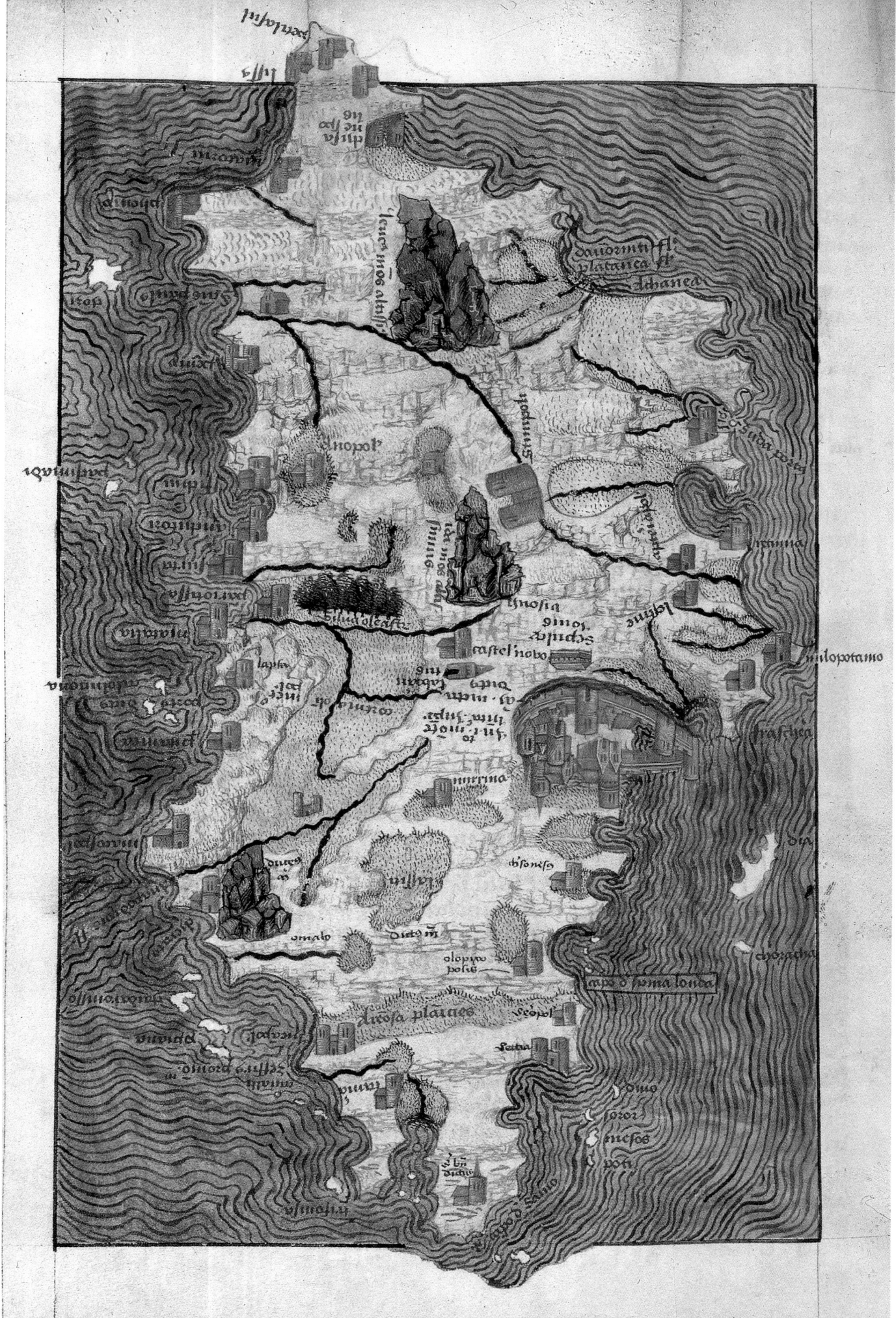

Geographische Lage

OLIVER RACKHAM

Die Inseln führten oft ein Eigenleben. Korsika und Sardinien liegen zwar in unmittelbarer Nachbarschaft, sind aber völlig verschieden in ihrer geologischen Beschaffenheit und der Kultur. So etwa weisen die Nuraghen (Mitte des 2. Jt. v. Chr. bis zum 6. Jh. v. Chr.) keine Parallelen mit den Zeugnissen anderer früher Hochkulturen auf. Ihre kennzeichnenden Merkmale sind die kegelförmigen Türme aus großen Steinblöcken sowie die stark gelängten bronzenen Votivfiguren (siehe S. 81). Und die nachfolgende Geschichte Sardiniens ist ein Spiegelbild der Geschichte der mediterranen Welt. Nach der Besiedlung durch Phöniker und Griechen geriet es unter karthagische und später römische Herrschaft, kam anschließend in byzantinischen Besitz und wurde danach von den Sarazenen überrannt. Pisaner und Genuesen befreiten die Insel, wurden aber von den Katalanen vertrieben. Im 18. Jh. schließlich kam es als „Königreich Sardinien" an das Haus Savoyen. Die Landkarte von Cristoforo Buondelmonti stammt aus dem Jahr 1415.

Eine Möglichkeit, den Mittelmeerraum zu definieren, ist der Bezug auf sein Klima. Die Sommer sind heiß und trocken, die Winter milde und feucht, ohne viel Frost. In tiefen Lagen sind Winter und Frühling Zeiten des Wachstums und der Sommer eine Zeit des Stillstandes. Das für diese Region so typische Klima ist nicht einheitlich, sondern weist viele Varianten auf. Je nördlicher man geht, desto kälter sind die Winter und desto heißer und trockener die Sommer. Nach Süden und Osten hin erfolgt ein allmählicher Übergang zum Wüstenklima. Die Küstengebirge lassen wüstenhafte bzw. niederschlagreiche Gebiete entstehen, z. B. die trockenste Region Europas (Almería in Südostspanien) und die regenreichste (Crkvice in Montenegro). Die Gebirge kennen ein Klima mit zwei „toten" Jahreszeiten: Den kalten, schneereichen Winter trennt der nur einige Wochen dauernde Frühling vom trocken-heißen Sommer.

Zusammen mit den vielgestaltigen Bergregionen, geologischen Strukturen und der Vielfalt menschlicher Kulturen bietet die Mittelmeerregion ein ungemein buntes Bild. Daher sollte man mit Verallgemeinerungen vorsichtig umgehen. So etwa sind die Inseln nicht bloß Verlängerungen des Festlandes. Kreta, etwa 250 km lang und 50 km breit, ist ein Erdteil in Kleinformat mit Hochgebirge, Wüsten, Dschungel und tropischen Schluchten, bizarren Pflanzen, die nirgendwo sonst anzutreffen sind. Obwohl die einheimischen Tierarten fast alle seit langem schon ausgestorben sind, sind ihre Auswirkungen auf die Pflanzenwelt, die überlebt hat, überall erkennbar.

Die Inseln haben auch eigene Formen menschlicher Kultur entwickelt. Kreta mit seinen gefährlichen, von Piraten heimgesuchten Küsten hat sich eher nach innen hin entwickelt. Die Eisenzeit hinterließ auf Sardinien Tausende von Nuraghen genannte Türme, die auf der Nachbarinsel Korsika fehlen. Die menschlichen Lebensformen blieben auf diesen beiden Inseln bis auf den heutigen Tag zutiefst verschieden.

Die Mittelmeerregion erlebt heute eine für ihre Geschichte untypische Zeit des Wandels. Fast überall im europäischen Teil des Mittelmeeres war eine Abwanderung der Menschen aus der Bergregionen in die Städte und an die bis dahin unwirtlichen und gefährlichen Küstengebiete erkennbar. Es war dies kein Phänomen eines Küsten- oder Stadttourismus. Die Mechanisierung beschränkte die Landwirtschaft auf relativ flaches Land, wo Traktoren und andere Landmaschinen einsetzbar sind und wo durch Bewässerungsanlagen in Gewächshäusern Gemüse für den Markt angebaut werden kann. Feuchtgebiete, einst zu Terrassen angeordnet, liegen nun brach und verwildern wieder, abgelegenes Weideland hingegen wird aufgegeben. Flüsse werden reguliert (was einen Rückzug ihrer Deltamündung zur Folge hat), Grundwasser wird oft so lange gepumpt, bis es durch den Gehalt an Salz und Giftstoffen unverwertbar wird.

Als Vergleichsbasis mit der Vergangenheit eignet sich nicht der gegenwärtige Zustand, sondern die Lage vor der jüngsten Zeit der Mechanisierung, Urbanisierung und Landaufgabe. Jedenfalls darf nicht angenommen werden, dass die Landschaft, die dem jetzigen Zustand vorangig, die „traditionelle", seit der Antike unveränderte Landschaft gewesen sei. Die heute rückläufige Dorfbevölkerung muss betrachtet werden im Verhältnis zu den Zeiten von Übervölkerung im späten 19. und frühen 20. Jahrhundert, die mit einer früheren Phase der Globalisierung der technischen Revolution zusammenfielen.

Klima und Klimageschichte

Das Mittelmeerklima weist starke Schwankungen auf. Die Niederschlagsmenge kann in einer Jahreszeit das Doppelte bzw. weniger als die Hälfte der üblichen Durchschnittsmengen betragen. Manche Berge, wie Mont-Aigoual in Südfrankreich, neigen besonders stark zu sintflutartigen Regenfällen; hier geht mitunter die halbe jährliche Regenmenge oder mehr in knapp zwei Tagen nieder. Das Klima ist auch trocken und oft staubig. Sandstürme aus der Sahara transportieren Staubpartikel in große Höhen, die z. B. auf Kreta als „roter Regen" in erheblicher Menge niedergehen. Jedenfalls scheint das Klima in seiner heutigen Ausprägung erst seit wenigen tausend Jahren zu bestehen. Den Nachweis dafür liefern Pollenanalysen sowie Veränderungen in den Alpengletschern und in Afrika. In der ersten Hälfte des Holozäns war das Klima, wenn man die Vegetation betrachtet, geringeren saisonalen Schwankungen unterworfen und nicht so trocken. Zwischen 4800 und 2400 v. Chr. fand ein Wandel zu zunehmender Trockenheit und stärkerer jahreszeitlicher Ausprägung statt, wie wir sie heute beobachten. Überschwemmungen kamen gehäuft in bestimmten Perioden vor, so z. B. im frühen 14., späten 16., späten 17. und frühen 19. Jahrhundert. Diese Phasen unstabilen Wetters sind durch Aufzeichnungen und durch die hinterlassenen Spuren bestätigt. Belege dafür gibt es auch für frühere Zeiträume,

Es kann heiß werden. Im subtropisch geprägten Klima Andalusiens (unten: die Stadt Moguer bei Huelva) gedeihen u. a. Weinreben und Eukalyptus besonders gut. Die Architektur weist häufig maurische Züge auf, während im Stadtbild der nordafrikanische Charakter unverkennbar ist.

Es kann kalt werden. *Die frostigen Winter Norditaliens unterscheiden sich nicht von der weißen Jahreszeit in Deutschland oder in den Bergregionen Frankreichs. Selbst in Mittelitalien sinken die Temperaturen manchmal unter den Gefrierpunkt und verwandeln Kunstwerke von Menschenhand – wie den Neptunbrunnen von Ammanati in Florenz – in seltsame Eisskulpturen.*

z. B. für etwa 1600 v. Chr. und 700 n. Chr. Die letzten 80 Jahre, für die es verlässliche Aufzeichnungen der Niederschläge gibt, scheinen – übrigens wie die römische Epoche auch – auf ein ungewöhnlich stabiles Wetter hinzuweisen.

In trockeneren Regionen führen die Flüsse nur wenige Tage Wasser und das auch nicht jedes Jahr. Ganzjährig Wasser führende Flüsse werden durch Zuflüsse außerhalb der Region (z. B. die Rhône) oder durch Quellen gespeist. Die Zunahme der Bewässerungsanlagen und der Bau von Staudämmen haben eine geringe Durchflussmenge oder sogar die völlige Austrocknung vieler Flüsse zur Folge gehabt. Es gibt Belege dafür, dass in der kleinen Eiszeit mehr Flüsse ganzjährig Wasser führten.

Geographische Lage 35

Halbwüsten im Südosten Spaniens prägen den parallel zur Küste verlaufenden Streifen zwischen Almería und Alicante und verleihen der unwirtlichen Landschaft dennoch einen eigenartigen Reiz. Zu den Faktoren, die die Entstehung dieser Halbwüsten begünstigt haben, zählen neben den extrem geringen Niederschlagsmengen der felsige Untergrund des Bodens, der die Feuchtigkeit nicht speichern kann.

Berge, Erdbeben und Wüsten

Der Mittelmeerraum ist in geologischer Hinsicht überaus aktiv; er ist eine Bruchzone, wo die eurasische und afrikanische Platte aneinander stoßen und sich überlagern. Der alpine Gürtel von Gebirgen reicht von Marokko über die Pyrenäen und Alpen bis zur Türkei und darüber hinaus; kleine Ableger bilden die Bergketten Spaniens, Italiens, Griechenlands, die Vulkane Siziliens und die Inselwelt der Ägäis. Das Mittelmeer selbst ist ein Relikt eines viel größeren Meeres der Tertiärzeit von vor etwa 70 Millionen Jahren. Tektonische Hebungen (und lokale Senkungen) haben Erdbeben zur Folge, die weite Teile dieses Raumes häufig heimsuchen. Sie bilden die mächtigste Kraft unter den Erosionsformen (außer der Winderosion), die die Landschaften gestalten.

Die geologische Struktur des Mittelmeerraumes ist überaus vielfältig. Weite Teile bestehen aus Kalkstein, der die verschiedenen Landschaften formte. Ausgedehnte Landstriche sind vor allem in geringen Höhen von Sedimenten bedeckt, die durch Erosionen in frühen Phasen der Erdgeschichte hier abgelagert wurden. Paläozoisches Vulkan- und metamorphes Gestein findet sich begrenzt im Inneren Spaniens, in Sardinien, Libyen und Ägypten, in Gebieten, die nicht den tertiären Bewegungen unterworfen waren. Die Böden entstanden teilweise durch Verwitterung von darunter liegendem Gestein (oder von darüber liegenden, heute aber verschwundenen Felsen), und zum Teil durch von Wasser oder Wind herbeigeführtes Material, wie etwa Vulkanasche oder Saharastaub. Gletscherablagerungen sind völlig unerheblich. Alte und neue Erosionsprozesse verlagerten die bodenbildenden Sedimente, die sich an Stellen ansammelten, wo sie Ackerbau ermöglichten.

Die Pflanzenwelt ist besonders abhängig vom Feuchtigkeitshaushalt, den die Niederschläge, die Wasserdurchlässigkeit des Grundgesteins und des Bodens sowie die Fähigkeit der Wurzeln, in tiefere Bodenschichten vorzudringen, beeinflussen. Letztere ist besonders wichtig z. B. für den Weinbau und andere Kulturen, die auf zertrümmerten Kalksteinböden angelegt werden.

Der mediterrane Raum besitzt etliche kleine und seltsame Wüstengebiete. Manche liegen in extrem regenarmen Regionen wie Südostspanien und im Südosten Kretas. Andere bilden sich dort, wo das Gestein die Niederschläge nicht speichern kann, so z. B. die Hochlandwüste im Westen Kretas; andere entstehen infolge der mangelnden Fähigkeit des Wurzelwerkes, den Boden zu durchdringen. Massives, hartes Kalkgestein, das keine Risse oder Aushöhlungen hat, in denen sich fruchtbarer Boden ansammeln und Pflanzen mit ihren Wurzeln verankern könnten, zeigt sich manchmal als leuchtend weiße oder rosa Wüstenlandschaft. Selbst weichere Kalksteinböden, wie etwa die Mergelböden Zentralkretas, weisen mitunter nur spärlichen Pflanzenbewuchs auf, wenn die Wurzeln hier nicht Boden fassen können. Durch Lösungsvorgänge von Wasser im Kalk kommt es zur Verkarstung, wobei sich oberirdisch u. a. Karren und Dolinen bilden können. Karstgebiete führen oft Vegetation. Die Karsthöhlen bilden wichtige vorgeschichtliche Fundstätten.

Badlands finden sich an tief eingeschnittenen Wasserläufen, die sich oft kreuzen und scharfe Kämme entstehen lassen. Sie sind eine Folge der Wassererosion vor allem in Lehmböden, die hier in früheren geologischen Zeitaltern abgelagert, durch spätere Hebungen wieder aufgeworfen wurden und heute instabile Strukturen bilden. Badlands können auch hervortreten, wenn ein Fluss die Wassermenge in seinem Oberlauf verringert und ein sedimentgefülltes Becken durchbricht. Diese außergewöhnlichen Landschaftsformen standen in prähistorischer Zeit, in der Antike und in der Neuzeit in ganz spezifischen Beziehungen zu den Einwohnern jener Regionen.

Die Zypresse ist der für Kreta typische Baum, insbesondere rund um die Weißen Berge. Sie ist äußerst genügsam und gedeiht sogar an den unzugänglichsten Stellen. Durch die Einwirkung der starken Winde oft seltsam verkrümmt, können sie an geschützten Stellen mehr als 30 Meter hoch wachsen. Zypressen sind überaus langlebig, manche werden über 1000 Jahre alt.

Leuchtend grüne Täler bilden einen wirkungsvollen Kontrast zu den mächtigen kahlen Bergketten im Hintergrund wie hier in den Apuanischen Alpen der Toskana zwischen dem Küstenort Massa und Castelnuovo di Garfagnano.

Veränderungen im Küstenverlauf

Das Mittelmeer ist mit dem Atlantik schon seit mindestens 5 Millionen Jahren verbunden. Dadurch wird ihm ozeanisches Wasser in einer Menge zugeführt, die den Verlust durch Verdunstung ausgleicht. Die Verbindung zum Schwarzen Meer ist die Folge eines Durchbruchs aus dem frühen Holozän. Das Aussehen des Küstenverlaufs hängt vom allgemeinen Wasserspiegel der Ozeane ab, der während der letzten Eiszeit etwa 100 m niedriger lag und vor etwa 7400 Jahren sein heutiges Niveau erreichte.

Seither entstanden durch Bodenerosion Sedimente, die in Buchten sowie in den Mündungen und Deltas der Flüsse abgelagert wurden. Der Küstenverlauf ist immer noch nicht völlig angepasst an den ansteigenden Meeresspiegel. In historischer Zeit vollzogen sich viele Änderungen, z. B. die Versandung antiker Häfen an der türkischen Küste und das Auftreten des über dem Meeresspiegel liegenden Ebrodeltas. Diese lokalen Veränderungen sind abhängig u. a. von der Erodierbarkeit flussaufwärts gelegener Ablagerungen, der Versorgung mit Sedimenten und dem Vorhandensein oder Fehlen von Badlands.

Den einzigen Zugang des Mittelmeeres zum Ozean bildet die Straße von Gibraltar. Die Luftaufnahme zeigt den ins Meer hinausragenden Felsen von Gibraltar mit der tief eingeschnittenen Bucht von Algeciras; auf der gegenüberliegenden, afrikanischen Seite erhebt sich das Massiv des Dschebel Musa mit der Stadt Ceuta auf der ins Meer vorspringenden Halbinsel. Die beiden Halbinseln wurden in der Antike als Säulen des Herakles bezeichnet.

Veränderungen im Küstenverlauf kommen aus geologischer Sicht recht häufig vor. Heute befindet sich das Meer an den meisten Stellen im Rückzug. Gelegentliche dramatische Veränderungen treten als Folge von Erdbeben oder Vulkanausbrüchen auf. Vor rund 1500 Jahren geriet ganz Kreta in Bewegung, als sich der Westteil der Insel anhob und der Ostteil senkte. Das Luftbild (rechts) zeigt deutlich den vielgestaltigen Küstenverlauf in Südfrankreich bei Cap Ferrat, vom Dorf Eze aus gesehen.

Die Küstenlinie wird auch unmittelbar beeinflusst von lokalen tektonischen Aktivitäten wie Hebungen oder Senkungen. So etwa hob sich die Westhälfte Kretas im 6. Jahrhundert n. Chr. plötzlich um über 9 m an, während der Ostteil der Insel sich senkte. Große Flussdeltas wie das des Nil, der Rhône und des Po neigen dazu, sich unter ihrem eigenen Gewicht zu senken; mitunter ist ein Gleichgewicht erkennbar zwischen dem Absinken eines Deltas, der Menge an zugeführten Sedimenten und lokalen tektonischen Aktivitäten. Ein berühmtes Beispiel dafür ist Thermopyle, der Ort, wo die bekannte Schlacht stattfand, dessen Topographie sich infolge der Wechselwirkung dieser Faktoren dramatisch verändert hat. Im 20. Jahrhundert haben sich die meisten Küstenlinien zurückgezogen. Zugeschrieben wird dies der Stauung der Flüsse: Die Sedimente, die einst in einem Delta oder an einer Flachküste ablagerten, füllen nun stattdessen die Dämme auf. Deltas entstanden in der jüngsten Vergangenheit und dürften in naher Zukunft verschwinden.

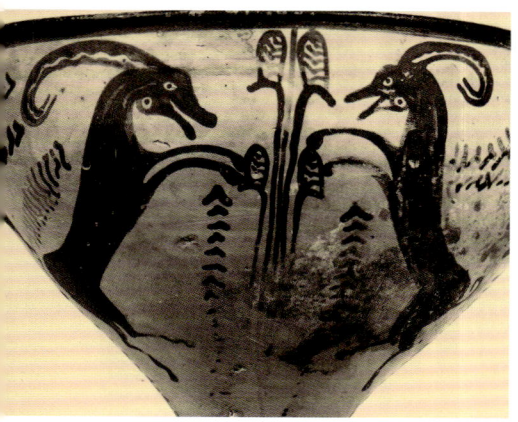

Ziegen sind die Feinde der Vegetation – als solche wurden sie offensichtlich bereits in mykenischer Zeit betrachtet, wie auf diesem Becher, entstanden um 1400 v. Chr., anschaulich dargestellt wird. Sie bevorzugen Eichen- und Eschenblätter, und die Pflanzen überleben nur dank der Triebe, die außerhalb der Reichweite der Tiere wachsen.

Überraschend artenreich – die Pflanzenwelt

Die mediterrane Flora weist eine besondere Vielfalt auf. Obwohl dieser Raum auch die Folgen der Vergletscherung des Pleistozäns erfahren hat, so war die ihn bedeckende Eisschicht nie so dick gewesen, als dass sie alles Pflanzenleben zerstört hätte. Die hohen, auf engem Raum aufragenden Gebirge und bergige Inseln haben die Entstehung neuer Arten gefördert, was durch die zahlreich endemisch vorkommenden Arten belegt wird, die für die Region eine Insel oder ein Kliff typisch sind. Mehr als ein Achtel der Flora Kretas ist endemisch. Auch hier sind Verallgemeinerungen fehl am Platz, denn Vegetation ist nicht überall dieselbe. Jeder, der die mediterrane Pflanzenwelt studiert, muss zunächst Bescheid wissen über das Verhalten von etwa einem Dutzend verbreiteten Baumarten und fast zwei Dutzend Sträuchern und darüber, welche Auswirkungen die Aktivitäten der Menschen auf sie haben.

Die mediterrane Flora ist ungenügend angepasst an ein Klima, das so seit knapp mehr als 5000 Jahren besteht. Nur wenige Pflanzen, z. B. *Euphorbia dendroides*, haben den Trick entwickelt, ihr Laub im Sommer abzuwerfen. Typische Mittelmeerbäume sind, so die allgemeine Vorstellung, immergrün; ihre Blätter werfen sie nach etwas mehr als einem Jahr ab (oder auch weniger, wie im Fall der Korkeiche). Dennoch werfen viele Bäume ihr Laub im Winter ab und haben ihre Wachstumsphase im trockenen Sommer – vermutlich ein Relikt ihrer Vorfahren aus einer Zeit, in der das Klima größere jahreszeitliche Unterschiede aufwies. Pflanzen reagieren unterschiedlich auf Entlaubung (durch wilde oder durch Haustiere) und Abforsten. Pinien sterben, wenn man sie fällt; die meisten Eichen dagegen treiben. Ziegen lieben Eschenlaub und Eichenblätter, verschmähen aber die übel schmeckenden Zypressen und Salbei, bis sie wohlschmeckende Pflanzen finden. Manche Pflanzen schützen sich durch Dornen, strenge Gerüche, Gifte und Ekel erregenden Flaum. Die Anpassungen, die sich innerhalb einer vieltausendjährigen Evolution vollzogen, sind vermutlich eher eine Antwort auf Bedrohungen durch Hirsche, Elefanten usw. als durch Haustiere.

Viele Mittelmeerbäume und -sträucher gehören je nach Gegebenheit derselben Art an. Kermeseiche (*Quercus coccifera*) etwa kann ein stattlicher Baum, aber auch ein nur wenige Zentimeter hoher Strauch sein, je nachdem wie häufig er zurückgeschnitten, gefällt oder von den Tieren abgefressen wird. Wenn sich die konkreten Bedingungen ändern, kann sich aus einem Strauch ein Baum entwickeln.

Feuer zerstört nicht zwangsweise alle Bäume. Manche haben unterschiedliche Überlebensstrategien entwickelt, während andere, wie etwa die Aleppokiefer, zwar absterben, aber ihre Samen werden dadurch zum Keimen angeregt.
Rechts: *Waldbrandschaden in der Provence.*

Die üppige Vegetation *der mediterranen Welt hat den Maler Jan van Eyck zutiefst beeindruckt, als dieser 1428 als Gesandter des Herzogs von Burgund Portugal besuchte. Auf einem der Flügel des 1432 vollendeten Genter Altars bildete er im Hintergrund äußerst lebendig und detailgetreu einige dieser exotischen Pflanzen ab, die so verschieden waren von denen seiner niederländischen Heimat.*

Brände sind ein wichtiges Element im mediterrranen Ökosystem. Sie sind eine Anpassung, nicht ein Unglücksfall. Bei Bäumen und anderen Pflanzen, die in Brand geraten, geschieht dies, weil sie chemische entzündliche Substanzen freisetzen. Die meisten leicht entflammbaren Bäume sind auf verschiedene Weise angepasst, Bränden zu widerstehen oder nach einem Waldbrand zu neuem Leben zu finden. Die Aleppokiefer ist extrem entzündlich und fällt Bränden leicht zum Opfer; ihre Samen in den Zapfen könnten dadurch aber zu Wachstum angeregt werden. Geschlossene Waldgebiete kommen in der Mittelmeerregion vor allem in Berglandschaften vor.

Es gibt aber auch andere Vegetationsformen. Die *Macchia (Maquis)* umfasst zu Sträuchern verkümmerte Bäume, meist Immergrüne, wie z. B. die Kermeseiche, es kommen aber auch Laub abwerfende Bäume vor; *Phrygana* (oder *Garrigue*, aber dieser Begriff wird auch angewandt auf die kleineren Wucherformen der Macchia) mit Strauchheiden sowie kurzlebige Holzarten, die eigentlich nicht Bäume sind, z. B. Zistrosen, Kermeseichen und Lippenblütler, die der mediterranen Landschaft ihre Farbenpracht und den Duft verleihen; die *Steppe*, eine baumlose Vegetationsform aus dürreharten Gräsern, denen v. a. Halbsträucher, Stauden, Kräuter beigemischt sind. Häufig sind auch löwenzahnartige Knollenarten und Zwiebelpflanzen; die *Savanne ("Pseudo-Savanne")*, vereinzelter Baumbestand inner-

Die Wildpflanzen *der Mittelmeerinseln kommen besonders auf Rhodos und Kreta in einer einmaligen Artenvielfalt vor. Landschaften wie die hier abgebildete im Süden von Rhodos werden als Phrygana bezeichnet. Sie zeichnen sich u. a. durch niedrig wachsende Gebüschformationen aus der Familie der Zistrosen und Lippenblütler aus; zu Letzteren zählen so bekannte und wohlriechende Heil- und Gewürzpflanzen wie Lavendel, Majoran, Melisse, Salbei und Thymian.*

halb der Phrygana oder Steppe, z. B. in der portugiesischen *Montado* oder der spanischen *Dehesa*. Ein Großteil der Weiden ist abhängig von der Macchia und Steppe.

Diese Vegetationsformen kommen geschlossen vor, aber auch als buntes Mosaik von Macchia, Phrygana und Steppe, je nach Feuchtigkeitshaushalt und wie tief die Wurzeln in den Boden eindringen. In der mediterranen Welt gedeihen die Bäume oft auf felsigem Untergrund und die anderen Pflanzen auf kleinen Flecken fruchtbaren Bodens. Sträucher ebenso wie Bäume wachsen nicht selten über verschütteten archäologischen Stätten, wo sich ihre Wurzeln in unterirdischen Spalten verankern können. Die Sträucher haben Flachwurzeln entwickelt; die Steppenvegetation zieht fruchtbarere Böden vor. Savanne und Macchia sind teils natürliche, teils künstlich entstandene Vegetationsformen. In Feuchtgebieten bilden die Bäume Wälder und wachsen zu voller Größe. Wo nicht ausreichend Wasser und Nährstoffe vorhanden sind, verkümmern die Bäume zu Sträuchern (in der Macchia) oder wachsen in großen Abständen voneinander, damit ihre Wurzeln die benötigte Feuchtigkeit einer größeren Fläche entnehmen können. In noch unwirtlicheren Gegenden fehlen sogar Sträucher.

Historiker aus Nordeuropa oder solche unter dem Einfluss nord- und mitteleuropäischer Anschauungen neigen dazu, die mediterrane Landschaft als „degradiert" anzusehen.

Die Estremadura im Westen Spaniens wird durch eine weite, savannenähnliche Landschaft geprägt, Dehesa genannt, in der lichter Baumbestand mit Wildpflanzen abwechselt.

Die ursprüngliche Vegetation, so ihre Argumentation, bestand aus Waldgebieten, aus „herrlichen Wäldern", wie manche meinen. Die heute „typischen" Vegetationsformen Macchia, Phrygana, Steppe und Savanne werden traditionell als durch Rodung und Waldbrände entstandene Abkömmlinge der Waldgebiete betrachtet. Ein Großteil dieser Veränderung scheint jüngeren Datums zu sein. Die Gelehrten meinen, diese „Entartung" schreite unaufhaltsam fort: Diese Veränderungen, entstanden durch die hier sukzessiv angesiedelten Kulturen, von der jüngeren Steinzeit bis ins Zeitalter der Eisenbahn, haben sich im Lauf der Zeit überlagert und die heute sichtbare „ruinierte Landschaft" entstehen lassen.

Diese Theorie ist weitgehend unhaltbar. Es ist schwierig, diese „Degradierung" als ein historisches Ereignis zu deuten: Nur selten konnte nachgewiesen werden, dass ein heutiges Phrygana-Gebiet einst von Macchia bedeckt war, dass sich früher ein geschlossenes Waldgebiet ausdehnte, wo sich heute Macchia erstreckt. Natürlich gibt es unzählige Berichte über Menschen, die Wälder abforsteten, doch ohne das Wissen über Neuwuchs lässt sich nicht sagen, ob dies eine Degradierung des Waldes war. Das Römische Reich mit seiner hohen Einwohnerzahl und den brennstoffintensiven Tätigkeiten verbrauchten Bauholz in einem zuvor nie gekannten Ausmaß, doch weiß man nicht, ob es zum Schluss mehr oder weniger Waldgebiete gab als zu Beginn.

Die mediterrane Vegetation ist überaus widerstandsfähig. Sobald Abholzen, Brandrodung oder Abgrasen enden, wandeln sich Macchia und Savanne zu Waldlandschaften, Sträucher nehmen Baumwuchs an, und Bäume füllen die Lücken in der Savanne. Steppenvegetation bleibt oft als solche erhalten, und aufgegebenes Kulturland wird zu Phrygana oder Waldbestand: Oft sind die nachgewachsenen Bäume bereits als Sträucher in den Terrassenmauern vorhanden. Diese Veränderungen finden zumindest so schnell statt wie in der gemäßigten Klimazone, haben aber auch andere Auswirkungen. Bäume und Sträucher in aufgelassenen Gegenden, vor allem Kiefern und Zistrosen, sind besonders leicht entflammbar. Böden, die heute nicht mehr abgeweidet oder bebaut werden, neigen dazu, von Bränden heimgesucht zu werden. Die moderne Forstwirtschaft fördert diese Tendenz, denn Förster und Waldbewohner hassen Ziegen, lieben hingegen Pinien und Eukalyptusbäume, die sich jedoch leicht entzünden.

Geographische Lage **45**

Die Tierwelt des Mittelmeerraums war in der Antike viel artenreicher als heute. Recht häufig kommt noch das Wildschwein vor, hier gezeigt in einem spätrömischen Mosaik aus Nordafrika (oben). Dieser Krebs schmückt einen etruskischen Trinkbecher von etwa 525 v. Chr. (unten).

Die mediterrane Tierwelt

Die einheimischen Säugetierarten der mediterranen Welt unterscheiden sich nicht allzu sehr von denen der angrenzenden eurasischen und afrikanischen Regionen. Ihre Zahl und Vielfalt ging allmählich und ungleich, vermutlich infolge der Einwirkung durch den Menschen, zurück. In der älteren Steinzeit verschwand der Elefant aus Europa und Asien; Löwen haben in Griechenland bis in die Antike und in Algerien bis in die Neuzeit überlebt; und selbst Braunbären kommen noch in abgelegenen Regionen vor. Wildschweine, die ja Wasser liebende Tiere sind, kommen zahlreich in sehr trockenen Landstrichen Spaniens sowie in Italien, nicht aber in Griechenland vor. Hier gibt es immer noch den Schakal, und auf dem Berg Athos ist er sogar recht stark vertreten.

Das bekannteste eingewanderte Tier ist die schwarze Ratte, die in der Antike aus Indien eingeschleppt wurde, mit allen fatalen Folgen, vor allem hinsichtlich der Seuchen. Die wichtigsten Haustierarten scheinen außerhalb des Mittelmeerraumes domestiziert worden zu sein und haben seit der Jungsteinzeit die einheimischen großen Pflanzenfresser weitgehend verdrängt. Der letzte Zuzug war die Hauskatze. Rinder waren einst ebenso weit verbreitet wie Schafe und Ziegen, ihre Zahl ging aber zurück.

Anders verhält es sich mit den Inseln. Auf den meisten lebten Säugetiere, die meist zufällig die Inseln besiedelt hatten, danach eine eigene Entwicklung durchmachten und sich von ihren Artgenossen auf dem Festland unterschieden. Nicht bekannt ist, weshalb die großen Fleischfresser nicht die Inseln besiedelten, sodass die Fauna sehr ungleich ist. Auf Kreta etwa, lebten einst kalbsgroße Elefanten, Wasser scheuende Nilpferde von der Größe

Rind und Hirsch *erscheinen auf griechischen und hellenistischen Münzen (Ersteres auf einer makedonischen Münze um 500 v. Chr., Letzerer auf einer Münze aus Ephesos, um 300 v. Chr.). Oben rechts: Die Eule, das Symbol Athens, schmückt diese attische rotfigurige Vase um 480–470 v. Chr. Unten rechts: Löwenkopf auf einem byzantinischen Mosaik des 15. Jahrhunderts aus dem Großen Palast von Konstantinopel. Große Raubtiere waren einst auf dem griechischen Festland verbreitet, kamen aber nie auf den Inseln vor.*

des Hausschweins, mehrere Hirscharten, die laufunfähig waren, etliche verwilderte Nager, aber keine Fleischfresser größer als ein Dachs. Überlebt haben nur eine Hausmausart und eine Spitzmaus. Die Menschen besiedelten erst spät die Inseln, und manchmal lebten sie jahrhundertelang Seite an Seite mit einheimischen Säugetierarten, bevor sie sie ausrotteten, wie es auf Sardinien und Zypern geschah. (Auf Kreta stammen die ältesten menschlichen Siedlungsspuren aus dem Neolithikum.) Es ist sehr wahrscheinlich, dass bei der Ankunft der ersten Siedler auf den Inseln die Zahl der Pflanzenfresser durch die Nahrungsvorräte und nicht durch natürliche Feinde beschränkt war.

Geographische Lage

Pomona, die römische Göttin der Gärten und des Obstanbaus, trägt auf diesem Mosaik des 3. Jahrhunderts n. Chr. auf dem Haupt einen Flechtkranz aus Baumfrüchten und Blumen. Schon früh ergänzten die Mittelmeervölker ihren Speiseplan durch fremde Erzeugnisse. Weizen und Gerste wurden aus dem Vorderen Orient eingeführt, während Zuckerrohr, Zitrusfrüchte und Maulbeeren aus noch entfernteren Regionen Asiens stammten.

Geschichte des Ackerbaus – eingeführte Pflanzen

Unter den Nutzpflanzen sind Oliven und einige Gemüsesorten jene, die in Teilen des Mittelmeerraumes heimisch sind. Weizen und Gerste stammen aus dem Vorderen Orient, wo ähnliche Bedingungen wie im Mittelmeerraum herrschten, sodass ihre Anpassung im Neolithikum ohne größere Schwierigkeiten erfolgt sein muss. Jennifer Moody betont, dass die Weinrebe trotz ihrer mitteleuropäischen Herkunft von wilden Sorten aus der Zeit vor der Aridisation stammt, die im Westen Kretas überlebt haben.

Im Mittelmeer wurden Nutzpflanzen aus fast aller Welt, außer den „mediterranen" Regionen Chiles, Südafrikas und Australiens, mit ähnlichen klimatischen Verhältnissen heimisch. In der Antike brachte man Pfirsiche, Johannisbrot und Maulbeerfeige (Ficus

Die Oliven sind im Mittelmeerraum beheimatet und werden, zu Öl gepresst, vielfach verwendet. Diese attische schwarzfigurige Vase zeigt anschaulich, wie ein Mann auf den Querbalken der Olivenpresse klettert, um dadurch den Druck der Ölpresse zu vergrößern.

Weizenähren liegen dem Motiv zugrunde, mit dem ein minoischer Künstler um 1500–1450 v. Chr. diesen Krug dekoriert hat.

sicomorus) aus dem Vorderen Orient und Dattelpalmen aus Afrika mit. Im Mittelalter kam der ursprünglich in Zentralasien beheimatete Apfelbaum nach Mitteleuropa, Zitrusfrüchte, Reis, Zuckerrohr, die dunkle Maulbeere und Baumwolle aus Südostasien und China. Seit dem späten Mittelalter waren Teile Italiens und Spaniens genauso vom Reis abhängig wie Japan. In den letzten 150 Jahren wurden die Aubergine und Kanadische Pinie aus Afrika eingeführt, Bananen und Kiwi aus den tropischen Breiten Südostasiens. Der Eukalyptus stammt aus den nicht mediterranen Breiten Australiens.

Der Kontakt mit Amerika wirkte nachhaltig auf die Landnutzung und in geringerem Maß auf die Landschaft. Nach der Entdeckung Amerikas gelangten der Mais und später die Tabakpflanze nach Europa. Im 18. Jahrhundert schafften Feigenkaktus und Agave den Durchbruch; Tomate, Kartoffel, Sonnenblume, Feuerbohnen und amerikanische Baumwollsorten setzten sich endgültig erst im 19. Jahrhundert durch. Zu den später eingeführten Pflanzen zählen die Monterey-Kiefer und die Avocado. So basiert die griechische Küche heute auf in Amerika heimische Pflanzen.

Fremde Kulturpflanzen sind (mit Ausnahme von Weizen und Gerste) fast alle schlecht ans mediterrane Klima angepasst, was zum Teil den Brauch erklärt, sich den Unterhalt durch Anbau auf sehr kleinen Parzellen fruchtbaren Bodens zu sichern, während der Rest als Weideland belassen wird. Die meisten dieser Böden werden durch eine uralte und ausgeklügelte Bewässerungstechnik mit Wasser versorgt. Selbst der Weinbau erfordert eine Reihe regelmäßiger Arbeiten, um die Weinreben am Leben zu halten.

Neben den bewusst in den Mittelmeerraum eingeführten Pflanzen gelangten etliche auch rein zufällig in diese Region. Ein Beispiel ist Nickender Sauerklee, jene südafrikanische Pflanze, die die Olivenhaine bedeckt, und die Mohrenhirse (*Sorghun halepense*), eines der „weltweiten tropischen Unkräuter" in bewässerten Obstgärten. Die Robinie aus Afrika und der Himmelsbaum (*Ailanthus altissima*) aus China sind Bäume, die sich durch Schößlinge verbreiten und in einer Umgebung überhand nehmen, die sich stark von jener unterscheidet, an die sie ursprünglich angepasst waren. Der Mittelmeerraum ist von fremden Unkräutern nicht so stark überwuchert wie andere mittelmeerähnliche Regionen. Auch die Pflanzenkrankheiten wurden mehrheitlich von anderen Kontinenten eingeschleppt, vor allem im 19. Jahrhundert aus Amerika, wie Kartoffelfäule, Kastanienfäule, Philloxera und Mehltau.

Die Dattelpalme ist ein Segen für die Bewohner jener Trockengebiete, in denen wegen Wassermangels keine anderen Pflanzen mehr gedeihen können. In diesem Dattelhain südlich von Kairo werden die Datteln gesammelt und zur Trocknung ausgebreitet. Frisch gepflückt, sind sie gelb und rötlich, in der Sonne nehmen sie aber allmählich eine bräunliche Farbe an. Nachdem der Trocknungsprozess abgeschlossen ist, werden sie in Flechtkörben aus Palmblättern verpackt.

Der Terrassenanbau reicht bis in vorgeschichtliche Zeit zurück. Das Anlegen von Terrassenfeldern ist zwar äußerst arbeitsintensiv, doch nur so lassen sich steile Hänge landwirtschaftlich nutzen. Dieser Stich aus dem 16. Jahrhundert ist die älteste Darstellung des Terrassenanbaus und zeigt eine Landschaft in Piemont, einst Teil des Herzogtums von Savoyen.

Eine uralte Kunst – der Terrassenanbau

Der Mittelmeerraum weist eine Vielfalt an Landnutzungssystemen auf. Die meisten Anbauflächen haben einen unregelmäßigen Grundriss; mitunter überlagern sich mehrere Systeme der Landaufteilung, wie z. B. in der Frangokastello-Ebene auf Kreta.

Die Centuriation bezeichnet den römischen Brauch, den Boden ungeachtet seiner Topographie in genaue, von Nord nach Süd (und gelegentlich in 45 Grad) ausgerichtete Quadrate von 709 m² aufzuteilen. Sie ist immer noch weit verbreitet in der Poebene und in den Bergregionen Kroatiens. Es sind auch frühere, bzw. spätere Beispiele so strenger Landaufteilung bekannt (die des klassischen Griechenland in Basilicata sowie das venezianische System in der Lassithi-Ebene auf Kreta). Ein anderer Typus ist die Streifenpflanzung, die sich im Mittelalter über ganz Europa verbreitete. Dabei wurde das Land in 200 mal 10 m große (oder größere) Streifen aufgeteilt, die den verschiedenen Eigentümern zugewiesen und mit kommunalen Mitteln bewirtschaftet wurden. Dieser Typus wurde rigoros auf Sardinien angewandt und kommt dort auch heute noch oft vor; Varianten dieser Aufteilungsart sind sogar in Griechenland und auf Kreta anzutreffen.

Im 19. und 20. Jahrhundert boten „Landreformen" den Planern Gelegenheit, doktrinäre Theorien in die Praxis umzusetzen, die ihren Ursprung in der nordeuropäischen Aufklärung des 18. Jahrhunderts hatten. Gemeindeland wurde als Nachteil betrachtet und daher privatisiert. Sumpfgebiete wurden trockengelegt, in der Hoffnung, dadurch ließe sich Malaria bekämpfen (obwohl die niederländische Erfahrung das Gegenteil bewies). Waldgebiete wurden vom Staat übernommen und verwaltet, als seien sie vom jeweiligen Staat abhängig. Zahlreiche Landaufteilungssysteme wurden reorganisiert unter Berücksichtigung des Centuriationssystems. Die herkömmliche Ökologie geriet in den Hintergrund, vor allem wenn sie, wie im Fall der Savanne, nicht in die vorgefertigten Ansichten passte. Das Ausmaß dieser Veränderungen war davon abhängig, wie tief die Ideen der Aufklärung in dem jeweiligen Land Fuß gefasst hatten. Mehr Zeugnisse aus voraufklärerischer Zeit finden sich in Spanien, auf Kreta und Korsika als auch auf Sardinien oder in Italien.

Der Terrassenanbau ist das unverkennbare, aber auch am wenigsten bekannte Merkmal so mancher mediterraner Landschaft. Er weist zahlreiche Ausprägungen auf, z. B. die überfluteten Terrassen in Südostspanien, die überaus geschickt das Wasser und den mitgeführten nährstoffreichen Schlamm auffangen. Man findet sie auch in der Provence, in Ligurien, Kroatien, auf Mallorca und Kreta; unbekannt sind sie in fast ganz Spanien (mit Ausnahme der Alpujarras) und in Sardinien (mit Ausnahme von Barbagia). Die Entstehungszeit der Terrassen lässt sich nur schwer bestimmen. Sie sind kaum vertreten in historischen bildlichen Darstellungen oder Urkunden. Auch archäologische Zeugnisse sind kaum verwertbar, doch gibt es einige datierbare Beispiele, die auf ein Bestehen bereits im bronzezeitlichen Kreta und antiken Griechenland hinweisen. Schriftliche und Bildzeugnisse sind erst ab etwa 1500 belegt.

Niemand weiß heute genau, warum die meisten Terrassenarten angelegt wurden. Die häufigste Erklärung, sie seien als Mittel zur Verringerung der Bodenerosion errichtet worden, ist nur ein Aspekt, erklärt aber kaum die mangelnde Verbindung zwischen der terrassenförmigen Landschaftsgestaltung und der Erodierbarkeit des Bodens; Terrassen sind z. B. verbreitet im erosionsresistenten Kreta, fehlen dagegen in Basilicata, wo die Böden sehr leicht erodierbar sind. Terrassen dienten auch dazu, das Grundgestein aufzubrechen, damit die Wurzeln es durchdringen können. Terrassen sind ein Beispiel dafür, wie Menschen Arbeit investierten, um die Ertragsfähigkeit des Bodens zu steigern. Vielerorts erreichte der Terrassenanbau seine Blüte im späten 19. Jahrhundert.

Die Weingärten Frankreichs (rechte Seite) gehen bis in römische Zeiten, wenn nicht gar früher, zurück. Hier in der Provence tragen selbst alte Rebstöcke noch beste Weintrauben.

Weinbau stellt in vielen Mittelmeerländern den Haupterwerbszweig dar. Die Trauben finden eine vielfache Verwendung: Man isst sie frisch als Obst, sie werden zu Rosinen getrocknet, die Weinblätter füllt man mit Fleisch und Reis zu Dolmades, und vor allem wird ihr Saft als Wein getrunken. Weintrauben galten schon früh als Symbol der Ernte und des Reichtums der Erde. Auf dem Gemälde „Herbst" von Francesco del Cossa (links) steht eine Winzerin in der Pose einer heidnischen Fruchtbarkeitsgöttin. Im Buch Numeri aus dem Alten Testament werden Trauben als Zeichen des Überflusses angesehen, wie er im verheißenen Land herrschen soll. Die Miniatur (unten) stammt aus der Alba-Bibel, entstanden in Spanien um 1422–30.

54 Geographische Lage

Menschen und Siedlungen

Die Ursachen für den Aufstieg und Niedergang der mediterranen Zivilisationen sind nicht in Umweltfaktoren zu suchen. Nicht alle Veränderungen sind schriftlich belegt. Die hohe Bevölkerungsdichte und kulturelle Entwicklung Kretas in spätrömischer Zeit sowie die der minoischen Epoche erschließen sich meist aus archäologischen Funden. Die herrliche Architektur des römischen Spaniens ist fast nicht erwähnt in schriftlichen Zeugnissen. Versuche, den Aufstieg oder Verfall dieser Kulturen durch Umweltfaktoren zu erklären, brachten nur dürftige Ergebnisse. Was auch immer den Niedergang Roms bewirkt haben mag, es war sicherlich nicht eine plötzliche Dürre und auch nicht die Pest.

Die Besiedlung kann vielfältige Formen annehmen: Städte in einer ansonsten kaum bevölkerten Landschaft (Sardinien), Dörfer (Griechenland), Weiler (Westen Kretas) oder verstreut liegende Bauernhöfe (in Teilen Italiens). Die Siedlungsformen hängen eher von kulturellen und sozialen Faktoren als von der Umwelt ab und können sich im Laufe der Zeit unerwartet ändern. In der Eisenzeit war Sardinien ein Land der Weiler, wie es Korsika heute noch ist. Im Mittelalter verließen einige Bewohner ihre verstreut liegenden Höfe und zogen in Dörfer, die oft eine Festung (ital. *incastellamento*) hatten. Die Menschen des Mittelmeerraumes zogen es meist vor, sich unweit von Wasserquellen niederzulassen.

Das Mittelmeer mit seinen Stürmen, zerklüfteten Vorgebirgen und den wenigen sicheren Häfen war für die Schifffahrt der Antike sehr tückisch, wie es auch Xerxes und der Apostel Paulus selbst erleben konnten. In der Antike beschränkte sich die Seefahrt auf die Hälfte des Jahres. Erst im späten Mittelalter verringerten die Verbesserungen im Schiffbau und an der Takelage die Risiken einer Schiffsreise.

Das Piratenwesen bildete zu Land wie zu Wasser ein Risiko. Es hatte Hochkonjunktur fast in der gesamten Antike, bis die Römer den Seeräubern das Handwerk legten und das Meer für die nächsten Jahrhunderte sicher blieb. Im Mittelalter und lange Zeit danach befand sich das Mittelmeer zur Hälfte in christlicher bzw. muslimischer Hand. Das Piratenwesen wurde institutionalisiert in Person der Korsaren, die es als ihre Pflicht betrachteten, die Schiffe der Andersgläubigen zu plündern und deren Küsten zu verwüsten. In Spanien, auf Sardinien und Kreta mieden es die Menschen, an der Küste zu siedeln, es sei denn, sie zogen in befestigte Städte, und nicht einmal diese boten immer Schutz. Erst im 19. Jahrhundert wagten sie es, wieder an die Küsten zu ziehen, um in den Ebenen Ackerbau zu treiben und die Küstenschifffahrt wieder aufzunehmen.

Die verschiedenen Siedlungsmuster wurden vor Tausenden von Jahren von den natürlichen Gegebenheiten geprägt und haben ihrerseits das heutige Aussehen der Städte beeinflusst. In abgeschiedenen Regionen wie Sardinien mit seiner geringen Bevölkerungszahl überwiegen kleine, verhältnismäßig isolierte Ortschaften (links: Ozieri). Griechische Städte hingegen, die in einem dichten Handelsnetz eingebunden waren, hingen in ihrer Entwicklung vom ungehinderten Zugang zum Meer sowie von Verteidigungsmöglichkeiten gegen Angriffe ab. Daher wurden sie meist in strategisch günstiger Lage auf einer Anhöhe als Akropolis (griech. „Oberstadt") mit einem Hafen zu ihren Füßen angelegt; so etwa Athen, Korinth oder Lindos (unten) *auf der Insel Rhodos.*

Geographische Lage

Die Vegetation und ihre Geschichte

Die Geschichte der Vegetation in der mediterranen Welt unterscheidet sich von jener Nordeuropas. Das Wirken der Menschen tritt nicht so deutlich zutage; es überlagert sich mit klimatischen Veränderungen und lässt sich von diesen nicht klar trennen. Das Mittelmeerklima ist wenig geeignet für den Erhalt fossiler Pollenspuren. Sie sind recht selten und stammen vorwiegend aus Höhenlagen oder Randzonen, wie z. B. aus Nordgriechenland. Viele wichtige Mittelmeerpflanzen, besonders Sträucher, erzeugen wenig Pollen. Die Tendenz, Pollenablagerungen vor allem an den feuchtesten Stellen der Landschaft vorzufinden, tritt besonders ausgeprägt in den halbtrockenen Regionen zutage. Es gibt keine eindeutigen Kriterien zur Differenzierung zwischen Waldgebiet, Niederwald, Macchie und Savanne: eine Kermeseiche erzeugt Pollen – ob als Baum im Wald, als frei stehender Baum oder als Strauch von weniger als 1 m Höhe.

Sehr wenige endemische Arten sind Schatten spendend; die große Mehrheit sind Phrygana-Arten, die auf Klippen, Wüsten und in Bergregionen oberhalb der Baumgrenze wachsen. Mediterrane Wälder haben eine eher karge Pflanzenwelt mit wenigen endemischen Arten; entwicklungsgeschichtlich betrachtet, scheint die ursprüngliche Vegetation keine Wälder umfasst zu haben.

Die der letzten Eiszeit entsprechende Ära war hier ausgesprochen trocken und kalt. Den vorherrschenden Vegetationstyp bildete die Steppenflora mit vereinzeltem Baumbestand. Die Bäume zogen sich auf für sie günstige Böden zurück. Das Klima war nicht so kalt, um alle kälteempfindlichen endemischen Arten zu vernichten, besonders war dies auf Kreta der Fall, wo sich endemische Arten auf Böden zurückgezogen hatten, die der damals niedrigere Wasserspiegel freilegte. Nach der letzten Eiszeit bildeten die Bäume erneut (sofern sich dies durch Pollenfunde feststellen lässt), eine noch baumreichere Landschaft als in historischer Zeit. Zumindest im östlichen Mittelmeer waren Laubbäume und geschlossene Waldgebiete (vor allem Eichen) verbreitet und stellenweise mitunter sogar vorherrschend. Doch war nicht alles Land bewaldet; es gab auch die Savanne, und die Phrygana scheint seltener gewesen zu sein als heute. Mitteleuropäische Bäume, etwa Linde, Haselnuss und Birke, reichten einst bis Kreta.

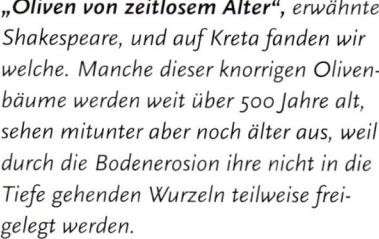

„Oliven von zeitlosem Alter", erwähnte Shakespeare, und auf Kreta fanden wir welche. Manche dieser knorrigen Olivenbäume werden weit über 500 Jahre alt, sehen mitunter aber noch älter aus, weil durch die Bodenerosion ihre nicht in die Tiefe gehenden Wurzeln teilweise freigelegt werden.

Kreta ist das Land der Schluchten. *Zum Teil sind sie ein Ergebnis der völlig unüblichen Verteilung der Niederschläge. „Es regnete anderthalb Tage", bemerkte Oliver Rackham 1986, „und es fiel ein Regen von jener Sorte, der einen Regenschirm durchdringt, als gäbe es ihn gar nicht. Das unscheinbare Rinnsal, durch dessen Bett seit Jahren kein Wasser mehr durchgeflossen war, schwoll an und riss die Brücke mit der Hauptstraße mit sich, während stattliche Tamarisken majestätisch flussabwärts in Richtung Meer schwammen. Und aus Felsspalten stürzten Wassermassen, höher als die Niagarafälle, in die Tiefe der Schlucht."*

Gemeinhin wird vermutet, dass die Menschen der Alten und Mittleren Steinzeit ihre Umwelt nur in geringem Maß geprägt haben, da sie keinen Ackerbau trieben und ihre Zahl auch sehr gering gewesen sein muss. Sie beeinflussten ihre Umgebung wohl dahingehend, dass das Abbrennen der Wälder viel häufiger stattfand als heute und sie große Säugetiere wie z. B. Elefanten ausrotteten.

Ein Wandel hin zu einer Landschaft, die der heutigen ähnelt, begann im Neolithikum und dauerte bis in die Bronzezeit, d. h. von etwa 6000 bis um 1000 v. Chr.. Er war zum Teil das Ergebnis der allmählichen Verbreitung von Ackerbau und Haustierhaltung. Die Laub abwerfende Eiche mag der charakteristische Baum fruchtbarer Böden gewesen sein, sie wurde aber vermutlich vernichtet, weil sie dem Ackerbau weichen musste. Heute, wo die landwirtschaftlich genutzten Flächen wieder zurückgehen, gewinnt sie erneut an Boden. Mitteleuropäische Bäume verschwanden allmählich und völlig ungleich aus den Pollenfunden. Ihre überlebenden Nachfahren neigen dazu, sich vor allem an kühlen Orten wie nach Norden ausgerichteten Felshängen anzusiedeln, was anzeigt, dass nicht die Tätigkeit des Menschen die Ursache ihres Rückgangs ist. Wäre die Linde besonders empfindlich auf Abbrennen und Abholzen gewesen, so hätte sie auf Felshängen im Allgemeinen überleben müssen und nicht nur an bestimmten Stellen. Dies zeigt, dass

Geographische Lage 59

außer dem zunehmenden Einfluss der Tätigkeit der Menschen es zwischen 4800 und 2400 v. Chr. auch einen Wechsel hin zu einem trockeneren und strengeren Klima mit ausgeprägten jahreszeitlichen Schwankungen gab.

Das Phänomen der Austrocknung lässt sich am besten am Beispiel Griechenlands nachweisen, wo es der Verlagerung der Vegetationszonen nordwärts um rund 500 km entspricht. Es trat auch in Spanien sowie offenbar in Nordafrika auf. Italien war davon weniger betroffen, denn selbst an der Südspitze des Landes begegnet man noch Erlen.

Die Erosion in der mediterranen Welt war in Verruf geraten. Gemeinhin galt sie als Auswirkung der menschlichen Tätigkeit, vor allem als eine Folge der Abholzung der Wälder und des Ackerbaus. Ursprünglich (so wird behauptet) sei die Landschaft bewaldet und stabil gewesen. Die dünne fruchtbare Bodenschicht bekomme Halt durch die Wurzeln der Bäume; wenn die Menschen die Bäume jedoch rodeten, so bilden sich Macchie oder Savanne, die Böden werden abgetragen und ins Meer geschwemmt oder ausgewaschen und ihrer Nährstoffe beraubt. Folgt man dieser Theorie bis zur letzten, pessimistischen Konsequenz, so ist Ackerbau nicht zu rechtfertigen. Sie erklärt aber nicht, wie es den Böden gelungen war, die „Entwaldung" der letzten Eiszeit zu überstehen. Diese Theorie übersieht die Tatsache, dass ein guter Teil der Erosion keine Bodenerosion darstellt, denn in den Badlands z. B. graben sich die Wasserläufe ihr Bett nicht in die fruchtbare, obere Bodenschicht, sondern ins Grundgestein.

Man unterscheidet mehrere Formen von Erosion: die durch flächenhafte Abspülung wirkende Schichterosion bei nur geringer Geländeneigung; die Rillenerosion, die Runsen- und Graben- oder Gullyerosion auf stärker geneigten Flächen, die oft in Pflugfurchen einsetzt; ferner die Winderosion und die Verkarstung (bei der Regenwasser Kalk auflöst). In einer tektonisch so aktiven Region wie dem Mittelmeerraum ist die Erosion eine unweigerliche Naturgewalt. (Ihr Ausbleiben würde Landschaften von spitzen Bergen und hoch aufragenden Felshängen im Landesinneren entstehen lassen, wie es auf Kreta tatsächlich der Fall ist.) Sedimentansammlungen aus früherer Erosionstätigkeit haben den Großteil der landwirtschaftlichen Nutzflächen entstehen lassen, z. B. in den Flussdeltas

Die Winde waren für die Bewohner der Mittelmeerländer seit alters her von Interesse. Die Römer personifizierten sie als Göttinnen, aus deren Mund die Winde entspringen. Die obige Darstellung stammt aus einer osmanischen Arbeit des 15. Jahrhunderts. Einerseits waren die Winde lebenswichtig für die Schifffahrt, andererseits trieben sie die Bodenerosion voran und veränderten das Aussehen einer Landschaft. Anschaulich wird dieser Prozess auf dem Hintergrund eines Gemäldes (rechts) *von Giovanni Bellini* verdeutlicht.

Das Vorhandensein von Wasser *spielte stets eine Schlüsselrolle. Römische Baumeister lösten die Frage der Wasserversorgung durch den Bau riesiger Aquädukte, von denen einige bis heute erhalten blieben (ganz oben: Segovia, Spanien). In Algerien (oben) wurde es durch unterirdisch verlaufende Rohre geleitet, während in Ägypten außer im Niltal eine Bodennutzung nur in Oasen möglich war (rechts).*

(von denen alle in den letzten 7400 Jahren seit dem Anstieg des Meeresspiegels entstanden sind).

Die Erosion steht in Beziehung zu geologischen Strukturen, jedoch nicht zur Intensität der Tätigkeit des Menschen. Badlands z. B. bilden sich in bestimmten Sedimenten, die ihrerseits die Folge früherer Erosionstätigkeit sind, die während der Gebirgsentstehung stattfand, sowie häufig unweit instabiler Regionen wie um den Golf von Korinth. Badlands sind nicht an bestimmte Vegetationsformen gebunden und treten nicht selten in Waldgebieten auf. Sie sind nicht sonderlich verbreitet in der Umgebung von Rom oder Athen und sind nicht das Endprodukt intensiven Landanbaus.

Einige Arten menschlicher Tätigkeit begünstigen bestimmte Erosionsarten, wenn auch nicht in dem Maß, wie jene Autoren behaupten, die auf prähistorische (nicht näher bezeichnete) Tätigkeiten hinweisen, wie etwa die „Bodenabtragung von Berghängen". Solche Behauptungen hängen oft von einem zufälligen Zusammentreffen zwischen dem Zeitpunkt der Erosion und einer Phase menschlicher Tätigkeit ab, die ihrerseits oft nur schwer datierbar ist. Eine wichtige menschliche Aktivität scheint der Ackerbau und nicht die Abholzung zu sein. Nicht nur die Bäume haben die Fähigkeit, dem Abtragungsprozess des Bodens vorzubeugen; eine ebenso wichtige Rolle spielen Teppiche aus Moosen, Flechten, Selaginella und anderen kleinwüchsigen Pflanzen, von denen einige nur wenige Millimeter hoch sind und an exponierten, unzerstörten Sedimentoberflächen wachsen.

Die Erosion durch Wasser scheint nur zeitweilig stattgefunden zu haben: ein Jahrhundertregen kann mehr Sedimente in Bewegung setzen als übliche Regenfälle in 100 Jahren. Eine starke Überschwemmung vernichtet die Mechanismen, die die Landschaft im Gleichgewicht halten. Überschwemmungen und damit einhergehende Ablagerungen können datiert werden, nicht nur anhand historischer Aufzeichnungen, sondern auch aufgrund archäologischer Zeugnisse, die darin enthalten sind. Diese Ablagerungen sind meist örtlich begrenzt, doch scheinen sie in bestimmten historischen Epochen gehäuft aufzutreten, so etwa in der kleinen Eiszeit.

Als die ersten Boote vor 8000–9000 Jahren die Flussmündungen verließen und hinaus ins Meer glitten, begann die wahre Geschichte des Mittelmeeraums. Ganze Heerscharen, von Alexander dem Großen bis Mussolini, fegten über seine Küsten hinweg, aber sein Schicksal bestimmten vor allem die Seemächte und der Seehandel. Vor dem 3. Jahrtausend v. Chr. gibt es nur spärliche Zeugnisse über die Geschichte der Seefahrt im Mittelmeer. Das Grab des Meket-re in Theben, eines ägyptischen Adligen aus der Zeit um 2000 v. Chr., enthält besonders reichhaltige Beispiele. Dazu zählen Wandgemälde und Modelle verschiedener Boote, die zum Fischfang und zur Fahrt auf dem Nil verwendet wurden. Einige benutzten zwar ein Segel, hatten aber so geringe Maße, dass sie sich nicht jenseits des Nildeltas hinauswagen konnten. Das rechts abgebildete Modell wird nur durch Ruderer vorangetrieben, verfügt über ein Steuerruder nach Steuerbord und einen kabinenähnlichen Aufbau mit Sitzgelegenheit für den Eigentümer.

Winde und Strömungen *bestimmten die Fortbewegung des Menschen auf dem Meer sowie das Leben in seinen Tiefen. In der Vorstellung der Griechen lenkten die Götter auch die Winde, in diesem Fall war es Äolus. Die Darstellung auf dieser Vase aus dem 5. Jahrhundert v. Chr. zeigt ihn als Schäfer, der die Winde in Gestalt dreier Jungfrauen in eine Höhle lockt, um sie dort einzuschließen und erst wieder loszulassen, wenn die Zeit reif sei, sie in den Dienst der Menschen oder gegen sie einzusetzen.*

Im Mittelmeer wimmelte es an Fischen und anderem Getier, wie dies anschaulich auf einem Mosaik aus Pompeji geschildert wird. Manche davon sind Tiefseelebewesen, die nur durch die Straße von Gibraltar eingedrungen sein können. Mit der Inbetriebnahme des Suezkanals im 19. Jahrhundert drangen auch Fischarten aus dem Indischen Ozean ins Mittelmeer ein.

Das Mittelmeer verstehen — das bedeutet, darin mehr als nur eine Ansammlung zusammenhängender Salzwassermassen zu sehen. Der australische Historiker John Pryor hat angemerkt, dass das Mittelmeer eine Reihe kennzeichnender Merkmale aufweist, die sich aus seiner Beschaffenheit als eingeschlossenes Meer ergeben. In moderner Zeit verliert es durch Verdunstung viel mehr Wasser, als ihm durch die darin mündenden Flüsse zugeführt wird, was nicht weiter erstaunt, wenn man überlegt, wie wenig Wasser einige dieser Flüsse mitunter führen, so z. B. die kleinen Wasserläufe Siziliens und Sardiniens, die historisch klangvollen, aber von ihrer Durchflussmenge völlig unbedeutenden Tiber und Arno, wobei Letzterer stromaufwärts von Florenz im Sommer zu einem Rinnsal verkommt.

Es stimmt, dass dem Mittelmeer große Mengen Wasser durch den Nil und dessen Zuflüsse sowie durch Po und Rhône zugeleitet werden. Indirekt profitiert es auch von der Donau und dem großen russischen Flussnetz, denn das Schwarze Meer wird durch einige überaus wasserreiche Ströme gespeist. So kommt es, dass das Schwarze Meer einen Überschuss an nicht verdunstendem Wasser aufweist, was zur Bildung einer starken Strömung führt, die durch den Bosporus in die nordöstliche Ägäis gelangt. Doch selbst diese zusätzliche Wasserzufuhr deckt kaum den zwanzigsten Teil der verdunsteten Gesamtmenge des Mittelmeers, sodass die Hauptquelle, die diesen Verlust ausgleicht, der Atlantische Ozean ist. Er sichert einen ständigen Zufluss kalten atlantischen Wassers, doch selbst diese Zufuhr wird in einem gewissen Maß durch den Abfluss von Mittelmeerwasser aufgehoben, das (infolge Verdunstung) salzhaltiger und somit schwerer ist.

Der Umstand, dass das Mittelmeer an zwei Seiten offen ist, erweist sich für sein Fortbestehen als lebenswichtig. In frühen geologischen Zeitaltern war das Mittelmeerbecken geschlossen, und es verdunstete so viel Wasser, dass es im Jungtertiär für eine Zeit lang eine tief liegende trockene Wüstenlandschaft war. Die dritte Öffnung, der Suezkanal, spielt nur beschränkt eine Rolle, da das Wasser Kanäle und Schleusen passiert; dennoch hat dieser Zugang erkennbare Auswirkungen gehabt, da Fischarten aus dem Indischen Ozean ins östliche Mittelmeer vorgedrungen sind. Natürlich besitzt das Mittelmeer auch eigene Fischressourcen, obwohl sie wegen des stark salzhaltigen Wassers nicht so reich sind. Häufig kommen Tunfisch und Schwertfisch vor, während Schalen- und

Weichtiere ebenfalls auf dem Speiseplan der Mittelmeervölker vertreten sind.

Der äußere Zufluss von Wasser war genügend stark, um in der Vergangenheit die Seefahrer davon abzuhalten, einen ständigen Seeweg durch die Straße von Gibraltar einzurichten; dennoch schreckten Wikinger, Kreuzritter und andere nicht zurück, ins Mittelmeer vorzudringen. Das Buch wird zeigen, wie spät erst sich der Seeverkehr durch die Straße von Gibraltar und jenseits davon entwickelte. Die Hauptströmungen verlaufen von Gibraltar entlang der nordafrikanischen Küste, vorbei am heutigen Israel und Libanon und rund um Zypern, umkreisen sodann die Ägäis, das Adriatische und das Tyrrhenische Meer und gelangen entlang der französischen und spanischen Küste wieder zurück zur Meerenge von Gibraltar.

Diese Meeresströmungen haben es den Schiffen entscheidend erleichtert, mithilfe der Windkraft sowie durch Rudern das ganze Mittelmeer zu umfahren. Unter Nutzung der Strömungen konnte man sogar gegen den Wind segeln; mit den Winden konnte man im Frühling Frachtgut aus den Häfen zwischen Barcelona und Pisa südwärts nach Sizilien, Sardinien und in die Levante befördern. Im Mittelmeer neigt das Wetter dazu, sich von Westen nach Osten hin zu verändern, auch wenn es im Winter vor allem unter dem Einfluss der nordatlantischen Wettersysteme steht, im Sommer dagegen vom subtropischen atlantischen Hochdruckgebiet über den Azoren bestimmt wird. Im feuchten Winter bringt der *Mistral* Kaltluft in die Täler der Provence, und mit ihm verwandt sind die *Bora* oder *Tramontana*, die sich in Italien und an der Adria entlang der Küste des ehemaligen Jugoslawiens bemerkbar machen. John Pryor zeigt, dass der Golf du Lion in Südfrankreich seinen Namen nach dem Mistral hat, dessen Pfeifen an brüllende Löwen erinnert. Man sollte daher die Kraft der Windstürme im Winter nicht unterschätzen, die mehr als nur unangenehm werden können und nicht selten dem heutigen Klischee eines von der Sonne verwöhnten Urlaubsparadieses widersprechen. Darauf wird das letzte Kapitel des vorliegenden Buches eingehen.

Gelegentlich ziehen über der Sahara entstehende Tiefdruckgebiete nordwärts als *Scirocco* (Italien), *Xaloc* (Katalonien) oder *Hamsin* (Israel, Ägypten), wobei große Mengen roten Sandstaubs in den Mittelmeerländern niedergehen können. Besonders gefürchtet war bei den Seefahrern die nordafrikanische Küste wegen der kräftigen Nordwinde, die die Schiffe an die Sandbänke und Riffe der südlichen Mittelmeerküste zu schleudern drohten, während, wie Pryor feststellte, die Seefahrer – und über lange Zeiten hinweg auch die Seeräuber – daher die steileren Nordküsten mit ihren geschützten kleinen Buchten vorzogen.

Insgesamt gesehen, war die Fahrt von Westen nach Osten, der berühmte levantinische Handel, leichter, wenn die Schiffe im Frühling in See stachen, den nördlichen Küsten folgten und Sizilien, Kreta und Zypern umschifften. Um von Genua oder Marseille aus Ägypten zu erreichen, segelte man in vergangenen Tagen nur selten quer übers Meer direkt zur Nilmündung. Natürlich kann der saisonale Charakter der Schifffahrt im Mittelmeer überbewertet werden, und es lässt sich nachweisen, dass vor Mallorca aus ab dem 13. und 14. Jahrhundert Schiffe das westliche Mittelmeer ganzjährig, und zwar selbst im Januar und Februar, kreuz und quer befuhren. Natürlich waren große Segelschiffe auf Fernrouten auf die Nutzung der für sie günstigen Winde verstärkt angewiesen.

Auch können wir nicht sicher sein, dass diese Winde und Strömungen mehr oder weniger stets gleich blieben. Die zunehmende Landnutzung sowie leichte Kalt- und Warmphasen (z. B. die von manchen Forschern festgestellte Abkühlung in Europa im Spätmittelalter) beeinflussten Aussehen und Wassermenge der Flüsse und damit auch den Pflanzenwuchs und Waldbestand. Der Eingriff der Menschen durch Rodung für Schiffsbauholz führte mancherorts zu Veränderungen, die Witterungsstörungen zur Folge haben konnten. Staudämme, allen voran der große Assuan-Staudamm am Nil in Oberägypten, haben sich auf die traditionellen Fließmuster der Flüsse und in der Folge auf Wasserströmungen und die allgemeine Feuchtigkeit infolge der entstandenen Stauseen ausgewirkt. Im Grunde war es in moderner Zeit der Mensch, der den jahreszeitlich bedingten Lebenszyklus des Nils und damit auch das Wirtschaftsleben Ägyptens radikal veränderte. Der Mensch setzte den jährlichen Überschwemmungen des Nils ein Ende, die die alten Ägypter als Werk der Götter betrachteten. Und diesen Anfängen der Menschheitsgeschichte im Mittelmeerraum wenden wir uns nun zu.

Die frühen Handelsreiche: Vorgeschichte bis um 1000 v. Chr.

MARLENE SUANO

Die antike mediterrane Welt reicht, geographisch und historisch gesehen, von den Säulen des Herakles (Straße von Gibraltar) bis zum Fruchtbaren Halbmond. Die kulturellen Strömungen, Handelsrouten und politischen Bewegungen der antiken Welt mündeten in den mediterranen Raum ähnlich den Flüssen. Die Vielzahl an Kulturen, Staaten und Epochen ebenso wie verschiedenste überlieferte Zeugnisse müssen aber zusammen betrachtet werden, wenn man aus den Entwicklungen in der frühen mediterranen Welt Schlüsse ziehen will. Dieses Kapitel will daher nicht einen allgemeinen Überblick über die Entwicklung der einzelnen Völker bieten, sein Ziel ist vielmehr, die Verbindungen zwischen ihnen aufzudecken. Wenn jemand nämlich versucht, die Geschichte des Mittelmeeres zu verstehen, so begegnen einem, bildhaft gesprochen, seltsame Knotenpunkte, die eine isolierte Geschichtsbetrachtung nicht aufzudecken vermag. Indem wir uns diesen speziellen Fragen der Wechselbeziehungen zuwenden, könnten wir in der Geschichte dieser Region einen bestimmten Sinn erkennen.

Der britische Archäologe Stuart Piggott bemerkte 1965, dass es angesichts der herkömmlichen Schwerpunkte auf die Stein- und Metallzeitalter die technologischen Betrachtungen waren, die in den vergangenen hundert Jahren das Studium der fernen Vergangenheit vorrangig bestimmt haben. Dieses Ergebnis bildete einen chronologischen Rahmen, dem man unmöglich entkommen konnte. Für einen anderen Betrachtungsansatz entschied sich J. G. D. Clark; er wies 1952 nach, dass es lohnender wäre das ökonomische Leben und Fragen zur Sicherung der Existenzen zu untersuchen. Eine solche Sicht gab es bereits, wenn auch etwas undeutlich, schon in der französischen Archäologie des 19. Jahrhunderts; sie versuchte, die Menschen nicht bloß unter dem Aspekt ihrer Artefakte zu klassifizieren, sondern auch im Hinblick auf das Großwild, von dem ihre Existenz abhing (ein Mammut-Zeitalter, ein Rentier-Zeitalter). Die technologische Sicht war jedoch so tief verankert, dass man von ihr nicht abkam und weiterhin auf sie zurückgriff.

Clark, der eine lange europäische Tradition fortsetzte, lieferte einen sehr brauchbaren Ansatz, indem er die Umwelt der prähistorischen Menschen mit einbezog und ein neues Modell zur Betrachtung der Vorgeschichte aufstellte. Ihm ist es zu verdanken, dass die verschiedenen ökologischen Rahmenbedingungen innerhalb Europas und die Entwicklungsphasen, die das Wirtschaftsleben durchlief, z. B. der Übergang von der Gemeinschaft der Jäger und Sammler zu Ackerbau treibenden Gesellschaften, deutlich als Grundlage angesehen wurde, auf der die materielle Kultur baute. Jede Region hatte andere ökonomische Schwerpunkte, sodass in einem Gebiet die Jagd und das Sammeln dominierten, während anderswo sich der Ackerbau stärker entwickelte. Wichtig ist auch, den Einfluss von Clarks Ansichten auf Braudel zu erwähnen. Obwohl seine Kommentare über die prähistorische mediterrane Welt aufgrund neuester Erkenntnisse einer Korrektur bedürfen, müssen seine grundlegenden Ansichten berücksichtigt werden: Clarks Ziel war es zu zeigen, dass man mediterrane Erfahrungen und Erfolge nur dann verstehen konnte, wenn man sie als Ganzes betrachtete, und – mehr noch – dass man sie zueinander in Beziehung setzen müsse, so wie dies im vorliegenden Kapitel angestrebt wird.

Geheimnisvolle Skulpturen *frühgeschichtlicher Kulturen, die keine schriftlichen Zeugnisse hinterlassen haben, stellen Archäologen vor oft unlösbare Probleme. Die steinernen Gestalten aus den Kykladen im Ägäischen Meer werden dank der Reduktion der menschlichen Züge auf das Wesentliche zu Recht als frühe Kunstwerke gepriesen und auf die Zeit um 2500 v. Chr. datiert. Die links abgebildete Gestalt spielt auf einem harfenähnlichen Instrument, doch weiß man nicht, wer er oder sie war.*

Die ältesten bildhaften Darstellungen sind die Felsmalereien aus den Höhlen Zentralfrankreichs und Spaniens; sie entstanden vor rund 20 000 bis 30 000 Jahren und erlauben Rückschlüsse auf die Beziehungen der Menschen zu den sie umgebenden Tieren, aber darüber hinaus ist alles nur Mutmaßung. Gesichert ist lediglich, dass die frühen Künstler, die sie ausführten, bereits der heutigen Gattung Homo sapiens sapiens angehörten.

Die Frühzeit

Beim Versuch, die Beziehung Meer und Mensch im Mittelmeerraum zu verstehen, müssen neben der Vegetation auch wirtschaftliche Aspekte des Küsten- und Fernhandels berücksichtigt und mit unseren Kenntnissen zur Umwelt der jeweiligen Epoche abgeglichen werden; so etwa im Fall der nachgewiesenen Robbenjagd in der späten Altsteinzeit in den Höhlen der Dordogne, etwa 200 km landeinwärts von der Küste entfernt, oder bei anderen unerklärlichen archäologischen Zeugnissen. Flüsse und Küstenverläufe müssen zusammen untersucht werden, um das Ausmaß zu erkennen, in dem sich die Menschen der Frühzeit fortbewegt und den geographischen Raum erschlossen haben. Flüsse dienten als natürliche Transportwege, so wie auch der römische Geschichtsschreiber Strabon erkannte. Von dem mediterranen System von Kommunikationswegen kann man Rückschlüsse ziehen auf das europäische Transportsystem großer Wasserläufe wie Rhein und Donau. Und es überrascht tatsächlich, wie weit im Inneren Europas ägyptische und kretische Zeugnisse gefunden wurden. Obwohl die Flüsse, anders als Clark annahm, nicht immer der Haupttransportweg des Binnenhandels waren, spielte die Donau eine herausragende Rolle als Bindeglied zwischen Ost und West, noch bevor das Mittelmeer zum wichtigsten verbindenden Element dieser Regionen aufstieg. Diese Zeit dauert etwa 25 000 Jahre, von etwa 35 000/30 000 bis um etwa 10 000/8000 v. Chr..

Eine so lange und komplexe Periode der Menschheitsgeschichte kann nicht in wenigen Worten zusammengefasst werden; und es wäre falsch anzunehmen, dass es in dieser ganzen Zeit keinen kulturellen Austausch gegeben hätte. Archäologische Grabungsstätten in Israel offenbaren eine Steinzeitkultur, die jener aus dem westlichen Mittelmeerraum, aus den Kalksteinhöhlen Spaniens, Frankreichs und Norditaliens, ähnlich ist. Der Schädel von Galiläa und die im Karmelgebirge freigelegten Skelette sind überaus ähnlich denen des europäischen Neandertalers, dessen Knochen sogar bei Gibraltar gefunden wurden;

die erste Entdeckung menschlicher Knochen, die dem Neandertaler zugeordnet wurden, fand tatsächlich in Gibraltar statt, aber die „Frau von Gibraltar" wurde zunächst nicht als das erkannt, was sie eigentlich war. Der Neandertaler war weitgehend ein Phänomen der Eiszeit, ein Hominide, der an das rauhe Klima der späten Altsteinzeit bestens angepasst war, sich aber weniger erfindungsreich als der moderne Homo sapiens gezeigt hatte, der den Neandertaler verdrängte und die herausragenden Höhlenmalereien von Lascaux in Südfrankreich, Altamira in Nordspanien und vielen anderen Orten schuf.

Dass bald auch Italien, Spanien und Griechenland besiedelt wurden, steht fest, aber welche Sprachen sich bei diesen Menschen entwickelten und wie es dazu kam, dass sich die ethnischen Gruppen so stark unterscheiden, bleibt ein Geheimnis. Es ist durchaus denkbar, wie der Genetiker Cavalli-Sforza erläutert hat, dass das Baskische ein Relikt der in weiten Teilen Europas gesprochenen Sprachen in der späten Altsteinzeit ist.

Die Levante verdient besondere Aufmerksamkeit, obwohl sie in dieser frühen Zeit noch nicht unter den nachhaltigen Einflüssen Ägyptens und Mesopotamiens stand, die die Zivilisation dieser Region später zu Beginn der urkundlich belegten Geschichte so entscheidend prägten. Die Levante wird heute als Ort betrachtet, wo im späten 11. und bis zum 10. Jahrhundert v. Chr. erstmals Kulturpflanzen angebaut wurden.

Hier sowie in Anatolien bildeten sich im Grunde die ältesten Städte heran. So wurden in Jericho eindrucksvolle Gebäudereste des Neolithikums freigelegt, davon viele mit polierten Böden und Wänden, einem Portikus mit hölzernen Pfeilern, aber keine Keramik, obwohl sich in den letzten sieben (von insgesamt 17) Schichten Kupferwerkzeuge fanden. Die in Jericho freigelegten Werkzeuge aus Feuerstein und Kupfer eigneten sich für landwirtschaftliche Arbeiten, ein Umstand, der Zweifel aufkommen lässt an der bisherigen Annahme, dass Ackerbau und Töpfereiwesen aufs Engste verflochten seien. Denn tatsächlich dauerte die Herausbildung der „Neolithischen Revolution", die allgemein die Domestizierung der Tiere und Entstehung der Kulturpflanzen bezeichnet, mehrere tausend Jahre; sie begann im Paläolithikum und erreichte ihren Höhepunkt, soweit es die heute verfügbaren Daten nahe legen, mit der Gründung Ackerbau treibender Dörfer in Südasien um 10 000–7000 v. Chr.. Die Forschungen in diesem Bereich liefern immer wieder verblüffende Ergebnisse: Die Daten, die wir benötigen, sind nachweisbar vom Zagros-Gebirge bis nach Zentralanatolien, vom Fruchtbaren Halbmond bis zur Levante und finden sich auch heute vor allem in der Levante und in Anatolien, z. B. in Çatal Hüyük.

Es gibt nur spärliche Kenntnisse über die Nutzung des Mittelmeeres im Neolithikum. Bestimmt erkundeten die Menschen jener Periode das Meer, um es als Nahrungsquelle zu nutzen, wenn Dürrezeiten das Festland heimsuchten und Ernten ausfielen. Sicherlich fingen sie Tunfisch, der in großen Mengen im Schwarzen Meer und Mittelmeer vorhanden war. Zwar blieben keinerlei Boote für die Seefahrt jener Zeit erhalten, aber einige Forscher vermuten, dass die Menschen jener Periode Konstruktionen kannten, ähnlich den *papirella* (Schilflößen, die auf Korfu auch heute noch in Gebrauch sind und von denen eines 1988 mit fünf Mann an Bord von Laurion nach Melos gelangte), oder Flöße, die mit luftgefüllten ledernen Säcken über Wasser gehalten wurden. Schilfflöße waren in Ägypten bis ins 20. Jahrhundert bekannt, und der Einbaum liegt am Anfang der vieltausendjährigen Tradition des Schiffsbaues. Es ist bemerkenswert, dass der Ausdruck „zusammenfügen" der häufigste Begriff im Wortschatz des ägyptischen Schiffsbaus ist. So wird unsere Aufmerksamkeit auf die Umwelt gelenkt, auf die Ressourcen an Bauholz und Metallen sowie auf die Werkzeuge und Techniken zur Zusammenfügung, vor allem auf Nietverbindungen, Nägel und Stangen aus Metall, denn, wie Gordon Childe bemerkte, erst Axt und Meißel

Schilfboote *wurden bis in jüngster Zeit auf dem Nil und einigen griechischen Inseln eingesetzt. Aus dem alten Ägypten sind Beschreibungen und bildhafte Darstellungen von Schilfbooten überliefert, die aus gebündelten Papyrusstauden bestanden. Dieses Relief aus dem Grab des Ukh-hotep (20. Jahrhundert v. Chr.) zeigt einen Mann, der sich müht, Payrusstauden zusammenzubinden.*

Die frühen Handelsreiche

ermöglichten den Bau echter Schiffe. So wurden Ressourcen des Festlandes und des Wassers im wahrsten Sinne des Wortes durch die Menschen miteinander verbunden als Voraussetzung für ihre Mobilität und die Eroberung des mediterranen Raumes.

Die Bronzezeit

Sie ist eine der überwältigendsten Phasen der Entwicklungsgeschichte der Menschheit, und das östliche Mittelmeergebiet war ihr Mittelpunkt. Spricht man von Bronzezeit, so muss klar sein, dass es dafür keine einheitliche Definition gibt. In Mitteleuropa reicht sie vom 14. bis zum 8. Jahrhundert v. Chr., und diese Datierung wurde dank nuklearer und dendrochronologischer Methoden revidiert. Das mediterrane Europa stützte seine Chronologie auf die Kombination mitteleuropäischer Daten mit jenen der ägäischen Welt, die ihrerseits an die ägyptische und mesopotamische Geschichte gekoppelt sind: Diese auch „historisch-archäologisch" genannte Chronologie platziert die Bronzezeit zwischen 3000 und 1200 v. Chr. Nicht alle sind glücklich mit den gegenwärtigen Datierungen, und die C-14-Methode sowie Dendrochronologie, Archäomagnetismus und Thermolumineszenz führen dazu, dass die Chronologie der mediterranen Welt allmählich neu geschrieben wird. Die Ergebnisse der C-14-Datierung für Anatolienfunde können in Bezug gesetzt werden zu den Kulturen der südägäischen Bronzezeit, und obwohl weitere Studien noch nötig sind, wird allgemein akzeptiert, dass beide Chronologien – die „klassische" und die „Dendrochronologie" – in ihren Grundzügen übereinstimmen.

Nicht nur die Levante, sondern auch die Gebiete von Anatolien bis zum Iran hatten eine wichtige Rolle in der Entwicklung von Ackerbau, Handel und in der Schaffung eines bis dahin noch nie gekannten Wohlstandes. Einige Merkmale des Zusammenwirkens von Macht und Wohlstand finden sich in Anatolien, zeitgleich auch in Mesopotamien und im Ägypten des 3. Jahrtausends v. Chr.. Denn zu einer Zeit, als das westliche Mittelmeer und Kontinentaleuropa mehrere verschiedene Phasen der jüngeren Steinzeit durchliefen, bildeten sich im östlichen Mittelmeer jene Merkmale heraus, die zur Entstehung der eindrucksvollsten und ausgeglichensten politischen Machtstruktur der Antike führten. Diese neue politische Struktur kann aus vier Blickwinkeln betrachtet werden und lässt sich schematisch als ein Kreuz verdeutlichen, dessen vier Arme die Zivilisationen des hethitischen Anatolien, des pharaonischen Ägypten, der minoischen Ägäis und die Mesopotamiens darstellen. Zusammen betrachtet, bilden sie die „Reiche der Bronzezeit".

Diese vier geographischen Großräume funktionierten auf der Basis einer zentralen Autorität (Großkönig, Pharao), der die regionale Macht an kleinere Könige oder Fürsten übertrug. Diese Struktur bedeutete, dass das große, übergeordnete Territorium in kleinere Reiche oder Königtümer mit lokalen Dynastien aufgeteilt war, die einer höheren Autorität, der zentralen Palastmacht, unterstanden. Diese trug auch die Verantwortung für die Hauptaspekte des politischen und ökonomischen Lebens. Obwohl es erhebliche Unterschiede zwischen diesen Großreichen gab, lassen die Gemeinsamkeiten untereinander auf ein in seinen Grundzügen ähnliches System schließen. Im Osten erblühte die Zivilisation der Sumerer, und ihre metallverarbeitende Industrie produzierte Bronze (für Werkzeuge, Waffen, Ornamente, andere Gefäße). Spätere mesopotamische Reiche wie die der Akkadier, Babylonier und Assyrer waren abhängig vom Fernhandel, und zwar sowohl hinsichtlich der Rohstoffe (v. a. Metalle) als auch der Ausfuhr selbst erzeugter Produkte (Textilien, bronzenen Werkzeugen, diversen kunsthandwerklichen Erzeugnissen), die nach Ägypten, Syrien, Anatolien, in die Ägäis und sogar bis nach Mitteleuropa gelangten. Der Fernhandel stellte auch ein Bindeglied zu Ägypten dar, das stets vom Handel mit Mesopotamien

Vier Königtümer – die so genannten Reiche der Bronzezeit – besaßen ein politisches System, das auf einer autokratisch herrschenden zentralen Autorität basierte: Hethiter, Ägypter, Minoer und die Bewohner des Zwischenstromlands. Jedes dieser Reiche wurde von einem Großkönig regiert; in Ägypten war es der Pharao. Die Kolossalstatue von Pharao Ramses II. vermittelt eindrucksvoll die absolute Macht, die von ihm ausging.

Das sagenumwobene Troja *beherrschte die Küstenebene und hatte auch die Meerenge der Dardanellen unter seiner Kontrolle. Die Stätte, die am besten Homers Beschreibung entspricht, liegt bei Hissarlik, und Ausgrabungen haben Siedlungsspuren aus unterschiedlichen Epochen zutage gefördert. Die Geschichte des Trojanischen Krieges spiegelt vermutlich einen historischen Konflikt wider, und überraschend viele Details aus Homers Epos wurden durch archäologische Funde bestätigt. Heute steht fest, dass die auf der Anhöhe erbaute Befestigung eine viel ausgedehntere „Unterstadt" in der Ebene überragte.*

abhängig war und enge Kontakte zu den syrischen Fürsten unterhielt. Im Norden spielten die Hethiter, die Herrscher Anatoliens, deren Macht sich von Nordsyrien bis ans Ufer des Schwarzen Meeres erstreckte, in der Bronzezeit und vor allem in ihrer Endkrise eine Schlüsselrolle. Im Westen dehnte sich die ägäische Welt aus, beherrscht von Troja, der letzten Bastion in Anatolien, an der Außengrenze des ägäischen Reiches gelegen. Die Geschichte des ägäischen Imperiums, das eine herausragende Bedeutung für die Entstehung der abendländischen Kultur hatte, war eng verknüpft mit dem restlichen Mittelmeerraum. Die Archäologie verlegte Troja aus dem Reich der Sage in die Wirklichkeit einer Stadt mit neun Besiedlungsschichten, einer befestigten Stadtanlage, die den Eingang zu den Dardanellen und damit zum Schwarzen Meer überwachte.

Im Zentrum des Großraumes dieser vier Reiche lag die Levante mit bedeutenden Fürstentümern wie Ugarit an der syrischen Küste und Zypern; Letzteres hatte schon früh die Begehrlichkeiten der Hethiter und Ägypter geweckt, die wiederholt nach der Herrschaft über die Insel strebten, ganz zu schweigen vom Einfluss der ägäischen Wirtschaftsmacht in und um Zypern sowie in der Levante. Diese kleineren Machtzentren standen ihrerseits wie gleichrangige Partner zueinander in engem Kontakt und legten die Grundlagen für eine Reihe von Vereinbarungen über die „richtigen" Beziehungen zwischen einem „Großkönig" und „Bruder", d. h. einem anderen Großkönig, zwischen einem Kleinkönig und einem Großkönig, dem „Vater", sowie zwischen einem Kleinkönig und einem „Bruder", einem anderen Kleinkönig. Ein bekanntes Beispiel, wenn auch aus späterer Zeit, für solche Beziehungen unter Kleinkönigen ist das Verhältnis von Salomo, dem König der Israeliten, zu Hiram, König von Tyrus, worüber die Bibel im Buch der Könige berichtet.

Die Welt der Hethiter wurde als letzte Zivilisation des östlichen Mittelmeerraumes erschlossen. Griechische Texte haben sie nie erwähnt, und ihre Existenz war bis ins späte 19. Jahrhundert unbekannt, als mit der Entdeckung der Briefe von Amarna zum ersten Mal die Existenz eines mächtigen anatolischen Königreiches aus dem 2. Jahrtausend v. Chr. bekannt wurde. Die unter deutscher Leitung 1905 in Boğazkale begonnenen Grabungen brachten die Archive von Hattusa, der Hauptstadt des Reiches Hatti, ans Licht. Seither wuchs das Wissen um die Hethiter erheblich: In Hattusa wurden u. a. 26 Tempelbauten freigelegt, und bei jüngsten Ausgrabungen fand man über 300 Stempelsiegel.

Neben der palastgebundenen Wirtschaftsstruktur, einem wichtigen gemeinsamen Merkmal dieser Gesellschaften, erschließt sich das Ausmaß der Wechselbeziehungen zwischen ihnen durch das Studium der heroischen Schöpfungsmythen. Diese verbinden das Reich Hatti – die 31 Söhne der Königin von Karkemisch schwimmen in Schilfkörben stromabwärts – mit Ägypten, den Israeliten (siehe die Geschichte von Mose und seiner Aussetzung in einem Binsenkorb), Mesopotamien (mit ähnlichen Mythen zur Kindheit von König Sargon II.), wobei diese Themen in zahlreichen Versionen in viel späterer Zeit wiederkehren, so z. B. in Persien (über Kyros) und sogar in Rom (über Romulus und Remus). Stets handelt es sich um das ausgesetzte Kind, um die mütterliche Fürsorge der Natur (das Wasser, gütige wilde Tiere), das Aufwachsen ohne das Wissen um die eigene Herkunft und schließlich das Schicksal als Gründer eines Volkes. Bei diesen so ähnlichen Motiven handelt es sich nicht um bloßen Zufall oder um Nachahmung. Das Bewusstsein um diese tiefe Wechselbeziehung erschient auch im Mythos von Europa: Eine phönikische Prinzessin wird von Zeus, der in Gestalt eines weißen Stiers erscheint, nach Kreta entführt,

Die Hethiter, über ein Jahrtausend die vorherrschende Macht in Kleinasien, traten erst verhältnismäßig spät aus dem Schatten der Geschichte heraus. Ihre Hauptstadt Hattusa (heute Boğazkale) besaß Paläste und Tempel und war von einer 6 km langen Festungsmauer umschlossen. Das Flachrelief dieses Kriegers stammt von einem der Stadttore, während das so genannte Löwentor mit Tierdarstellungen die Kunst der Assyrer vorwegnimmt.

Der Mythos von Europa, einer Prinzessin aus Tyrus, die von Zeus in Gestalt eines weißen Stieres nach Kreta entführt wurde und Minos gebar, scheint die griechische, phönikische und minoische Kultur zu einigen, obwohl er unterschiedlich gedeutet werden kann. Er hat schon früh, im archaischen Griechenland, die Fantasie der Künstler beflügelt. Obiges Relief stammt aus dem Heratempel des antiken Selinus (heute Selinunte) auf Sizilien, Mitte des 5. Jahrhunderts v. Chr.

wo sie Minos, den großen ägäischen König und obersten Herrscher über die Meere, gebiert. Der bekanntesten Version dieser Sage zufolge, begaben sich ihre Mutter und ihre Brüder (darunter auch Kadmos, der spätere Gründer von Theben in Böotien) auf die Suche nach ihr, doch ohne Erfolg. Keiner von ihnen kehrte je wieder heim in die Levante, sondern zog es vor, im Westen zu bleiben. Neuesten Studien zufolge könnte die Geschichte sich aber gerade in umgekehrter Richtung abgespielt haben: Europa könnte ein nordgriechischer Name sein, und der Heldin wurden orientalische Attribute verliehen, einschließlich eine phönikische Herkunft, aufgrund eines späteren Missverständnisses, den der Name ihres Vaters Phönix hervorrief. Ungeachtet dieser Widersprüche lieferte die Sage von Europa wertvolle Erkenntnisse zum tief verankerten Bewusstsein von Kreta als einer Wiege der Kultur mit einer wichtigen Rolle als Bindeglied zwischen Ost und West.

Das Wirtschaftssystem in der Bronzezeit

Die Periode, die uns hier am meisten beschäftigt, ist die der Heranbildung der ersten Handelsreiche, allen voran das mykenische und das phönikische Handelsnetz, da diese beiden Mächte als Erste das Mittelmeer beherrschten und eine Schlüsselrolle in dessen kultureller Ausprägung spielten. Natürlich liegen die Anfänge der Seefahrt im Mittelmeer noch vor der Bronzezeit. Auf dem griechischen Festland in der südlichen Argolis wurden Obsidiansplitter von der Insel Melos gefunden – der älteste bisher bekannte Beleg dafür, dass es bereits um 7000 v. Chr. Schifffahrt auf dem Mittelmeer gab.

Jedenfalls hing die Schifffahrt in der Antike von den natürlichen Gegebenheiten ab. Späte Frühlings- und Sommerwinde, z. B. die Etesien, ermöglichten eine sichere Navigation, sodass eine Reise von Kreta nach Ägypten mitunter nur fünf Tage dauerte, wie es u. a. kein geringerer als Odysseus im 14. Buch der *Odyssee* bezeugt. Zweifellos dominierte in der Frühzeit die Küstenschifffahrt, und zwar sowohl bedingt durch die technischen Voraussetzungen als auch durch die Notwendigkeit, die Süßwasservorräte für die Seeleute regelmäßig zu erneuern. Küstensiedlungen und Häfen nahmen daher eine Schlüsselrolle in der Entstehung bestimmter Seerouten ein. Überreste von Häfen und Siedlungen aus dem Neolithikum und der frühen Bronzezeit, verbunden mit anderen Artefakten und dem Studium der Winde und Entfernungen, lassen auf drei Hauptwege schließen: eine nördliche Route von Attika nach Anatolien über Kea, Tinos, Mykonos, Ikaria und Samos; eine mittlere Route von der Argolis nach Anatolien über die Kykladen und eine südliche Route über Kreta, wobei man von Insel zu Insel bis Rhodos und Anatolien „hüpfte". Was größere Entfernungen anbelangt, so führte vermutlich der am meisten befahrene kreisförmige Seeweg der Antike von rechts nach links: von der Ägäis nach Kreta und Ägypten, zur Levante, nach Zypern, zur anatolischen Küste, den Kykladen, Kreta und zurück in die Ägäis. Natürlich gab es auch andere, regionale Routen (Ägäis – Italien, Kreta – Ägypten, Ägypten – Zypern, Zypern – Levante) sowie Alternativen wie z. B. von Ägypten nach Kreta über die Küste Libyens. Die Reste steinerner Kais und Funde an den Küsten bezeugen eine seefahrerische Aktivität in der gesamten Ägäis seit der frühen Bronzezeit und die Nutzung der Inseln als „Brückenköpfe" bei größeren Entfernungen. Dies ermöglichte die Entstehung eines regionalen Handelsnetzes, förderte aber auch den Fernhandel.

Obwohl bisher keine Reste ägäischer Schiffe gefunden wurden, gibt es von ihnen eine Vielzahl bildlicher Darstellungen. Die ältesten davon scheinen die auf Naxos erhaltenen Zeichnungen von Langbooten zu sein, datiert auf das 3. Jahrhundert v. Chr., obwohl einige Forscher meinen, es handle sich um Einbaumdarstellungen und nicht um richtige Schiffe. Dieselbe Zeichnung erscheint auf den so genannten Kykladenpfannen aus Terrakotta,

Neun Bootstypen zeigt dieses Fresko in einem freigelegten Haus auf der ägäischen Kykladeninsel Thera (Santorin), wobei auf einigen der Boote auch Speere tragende Männer erkennbar sind. Um 1628 v. Chr. bedeckte ein gewaltiger Vulkanausbruch die Insel mit Lava- und Aschedecken, vor allem mit einer bis zu 30 m dicken Schicht von Bimssteintuff. Erste Ausgrabungen begannen 1967.

deren Bedeutung unbekannt ist und die, wie der Name schon sagt, von den Kykladen und dem griechischen Festland bis nach Anatolien reichen. Es gibt noch andere Darstellungen mit Langschiffen und ihrer technologischen Evolution, erkennbar auf minoischen Siegeln und auf Töpfereiwaren. Bislang fehlen Nachweise über minoische Kriegsschiffe. Das mittelhelladische Bruchstück eines Pithos aus Aegina mit dem einzigen Abbild eines bewaffneten Seemannes sowie die Miniaturfresken aus Thera lassen aufgrund der vom Krieger gehaltenen Speere schließen, dass es sich nicht um bewaffnete Seeleute handelte, sondern um Angreifer, bereit für Kämpfe an der Küste. Die Fresken von Thera zeigen allein auf dem Nordfries neun verschiedene Schiffstypen, und eine derartige Vielfalt ließ einige Experten vermuten, es handle sich um eine religiöse Prozession. Abgesehen davon, dass die Seefahrer ihrer Beziehung zur See und den Naturgewalten eine kultische Bedeutung beimaßen, wird die Tatsache, dass diese Schiffe durchaus seetüchtig waren, auch von einem auf das Ende des 18. Jahrhunderts v. Chr. datierten Text aus Mari belegt, der besagt, ein Kaftoriter (Kreter) habe im Hafen Ugarit eine Ladung Zinn übernommen.

Die bisherigen Kenntnisse über die bronzezeitliche Schifffahrt wurden eindrucksvoll von Wachsmann zusammengefasst, der die damaligen Schiffbautechniken, Navigationskenntnisse, Seewege und Seekriege jener Zeit studierte. Die Vielfalt an schiffbautechnischen Lösungen belegt eindrücklich die Eigenständigkeit der kulturellen Entwicklung bei den Mittelmeervölkern jener Zeit. Die verfügbaren Informationen, einschließlich schriftlicher Quellen wurden aus der Perspektive einer vermuteten minoischen Seevorherrschaft oder Thalassokratie studiert. Eine derartige Betrachtung hatte sich fast 2500 Jahre gehalten, angefangen von den Kommentaren des Thukydides über König Minos und dessen Seemacht. Gleichzeitig werden aber im *Chronikon* des Eusebios noch weitere 16 Thalassokratien erwähnt, darunter Rhodos, Lydien, Zypern, Phönikien u. a..

Ausgehend von älteren Quellen beschreibt er darin die Ausübung militärischer und politischer Kontrolle über Gebiete des Mittelmeeres in der späten Bronze- und der Eisenzeit. Allerdings wurde der Begriff der Thalassokratie zum Teil aufgrund archäologischer Zeugnisse revidiert, wie wir noch sehen werden, und weil zum Teil diese Idee einer politischen Macht, die das Meer zum Schutz des Handels kontrolliert, allzu stark dem Vorbild des klassischen Athen nachempfunden ist. Dieses und nicht etwa Thukydides' tiefe Einsicht in die Entwicklungen einer fernen Zeit, die gut 1000 Jahre zurücklag, mag die Vorlage gewesen sein für seine Feststellung: „Minos selbst machte sich zum Herrn der griechischen Gewässer und unterwarf die Kykladen, indem er die Karer verjagte und an ihrer Stelle seine Söhne zur Aufsicht über die neu gegründeten Siedlungen einsetzte; und natürlich tat er alles, was er nur konnte, um die sichere Beförderung seines Gewinnes zu gewährleisten, und unterdrückte die Piraterie."

Es gibt tatsächlich viele „minoische" Merkmale auf diesen Inseln (Baukunst, Töpferei, Bestattungsriten, Religion), und die Befestigungsanlagen auf vielen von ihnen (z. B. Melos, Keos, Aegina) haben Historiker veranlasst, die Kykladen als einen Schutzwall für das nicht befestigte Kreta zu betrachten. Da wir aber nicht sagen können, wer schließlich diese Inseln regierte, könnten sie genauso gut minoische Bollwerke oder aber von Kreta unabhängige Siedlungen sein. Wir müssen uns daher in gewissem Maß von der herkömmlichen Sicht der minoischen „Kolonisierung" der Gewässer rund um Kreta trennen und uns eher eine Betrachtung zu eigen machen, die die soziale und ökonomische Rolle des Handels hervorhebt.

Ein stilisiertes Boot *ist auf diesem Terrakottagefäß mit unbekannter Verwendung abgebildet, das aus dem 3. Jahrtausend v. Chr. stammt. Bisher wurden keinerlei Wrackspuren solcher Boote gefunden.*

Die frühen Handelsreiche

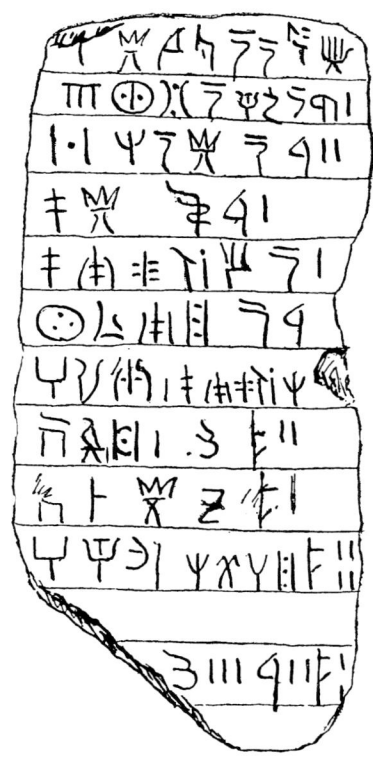

Das Rätsel der kretischen Schriften wurde teilweise gelöst, als 1952 M. Ventris und J. Chadwick die Schrift Linear B aus Knossos und dem Mutterland entzifferten und nachwiesen, es sei eine Form des Frühgriechischen. Das Tontäfelchen (oben) veröffentlichte Sir Arthur Evans 1900, er konnte es aber nicht lesen. Noch älter ist die vermutlich mit semitischen Sprachen verwandte Schrift Linear A. Wohl unentziffert wird die Tonscheibe (Diskus) von Phaistos (ganz oben) bleiben. Gegenüberliegende Seite: Große Vorratsgefäße („Pithoi") aus Knossos.

Der Fernhandel

Die minoische Bevölkerung trieb seit der Jungsteinzeit Handel mit den Nachbarinseln und seit der frühen Bronzezeit mit den Liparischen Inseln, Sizilien, Ägypten und der Levante. Häfen und Küstensiedlungen, die die Basis für den viel verwendeten Begriff der „Kolonie" bildeten, wurden im Lichte der Theorien über das Wesen des Handels einer Neubewertung unterzogen, wobei der Schwerpunkt nicht mehr auf die materiellen Folgen der Handelskontakte gelegt wurde, sondern auf deren Bedeutung, die begründet sein kann im Bedürfnis nach Prestigegütern bei den aufstrebenden Eliten. Die Präsenz der Minoer ist z. B. bis ins ferne Transsilvanien (Siebenbürgen) und entlang der Donau belegt sowie in Italien von der frühen bis zur späten Bronzezeit auf den äolischen Inseln (die so genannte Capo-Graziano-Kultur), auf Sizilien (Castelluccio-Kultur) und auf Sardinien; in anderen Regionen sind ihre Spuren jedoch überaus spärlich.

Der Übergang von der minoischen zur mykenischen Kultur erfordert besondere Aufmerksamkeit, denn neueste Grabungsergebnisse deuten darauf hin, dass die beiden Kulturen sich nicht allzeit gegenseitig ausschlossen, obwohl um 1450 v. Chr. die mykenische Kultur dominant wurde. Der Kaftor der Mari-Tontafeln und aus der Bibel, die Kephtin oder Kefti bei den Ägyptern pflegten Handelskontakte mit den Hethitern aus Zentralanatolien, mit Ägypten, Mitanni und den Königen Mesopotamiens. Die großen Palastanlagen von Knossos und Mallia auf Kreta und jene von Pylos auf dem griechischen Festland zeugen zweifelsfrei von dem ungewöhnlichen Wohlstand und der Macht des minoischen Staates. Man vermutet, dass der Vulkanausbruch auf Thera (1628 v. Chr.) erheblich zum Niedergang der minoischen Macht beitrug und danach Bevölkerungsgruppen vom griechischen Festland und aus Westanatolien die Vorherrschaft über die geschwächte Insel übernahmen. Wie sie das taten, bleibt allerdings ungeklärt. Die Existenz einer neuen Schrift ab dem 15. Jahrhundert v. Chr., bekannt als Linear B, ließ manche Forscher vermuten, dass die Festlandeinwohner die Insel tatsächlich übernommen hatten, und seither spricht man daher auch von einem minoisch-mykenischen und danach nur vom mykenischen Raum. Die Linear-B-Täfelchen von Knossos waren verfasst in einer Frühform des Griechischen, das auch auf dem Mutterland gesprochen wurde, während die ältere und bisher nur teilweise entzifferte Linear-A-Schrift durchaus verwandt gewesen sein könnte mit den an der Westküste von Asia Minor gesprochenen Sprachen, vor allem dem Luwischen. Neueste Forschungen heben Gemeinsamkeiten zwischen der Linear-A-Schrift und antiken semitischen Sprachen hervor, wobei etliche Wörter zwischen ihnen praktisch identisch sind. Alles bleibt jedoch höchst umstritten; zu den epigraphischen Zeugnissen zählt die Inschrift auf dem berühmten Diskus von Phaistos, die in einer mysteriösen, sonst nirgendwo angetroffenen Schrift verfasst ist. Es wäre natürlich falsch anzunehmen, dass alle Kreter dieselbe Herkunft hatten und sich derselben Sprache bedienten: Die Bibel etwa nennt Kaftor als Heimat der Philister, und später lebten auf der Insel Bevölkerungsgruppen, z. B. Eteo-Kreter und, nach Homers Berichten aus der *Odyssee*, die Pelasger, deren Kultur und Abstammung von der anderer Kreter verschieden sein könnten. Jedoch könnte sich genauso gut eine Bewegung in entgegengesetzter Richtung vollzogen haben, wenn man nach der verblüffenden Ähnlichkeit des bronzezeitlichen Palastes von Mari in Nordmesopotamien mit den Palastanlagen von Kreta aus derselben Zeit urteilt.

Indem die Mykener die minoischen Handelswege, Häfen, „Kolonien" und Kunden übernahmen, erweiterten sie ihren Einflussbereich. Ihre Kontakte mit dem östlichen und dem westlichen Mittelmeer waren differenziert, denn die Partner, die sie im Osten bzw. im Westen fanden, waren auch grundverschieden. Von ihren östlichen Partnern besitzen wir

Die frühen Handelsreiche

Der Alltag im minoischen Kreta ist uns in überraschend vielen Details bekannt. So etwa zeigen kleine Mosaikplatten zwei- bis dreistöckige Wohnhäuser, die zum Teil Fachwerk aufzuweisen scheinen. Da diese Häuser im Erdgeschoss fensterlos sind, wird vermutet, dass sich hier Lagerräume befanden.

nicht nur schriftliche Zeugnisse hoch organisierter Gesellschaften, die strukturelle Gemeinsamkeiten aufweisen. Hingegen lebten die Einwohner Italiens, Sardiniens und Siziliens in einer völlig anders organisierten Gesellschaft, und daher gestalteten sich auch ihre Beziehungen zu den Mykenern anders. Anhand von Studien kann man erkennen, wie die zwei verschiedenen Sozialstrukturen dieselbe materielle Kultur in unterschiedlichen Wirtschaftssystemen verwendeten; als Beispiel sei das System der Lagerung von Waren in Wohnbauten genannt, wie es in mykenischen Siedlungen in Italien verwendet wurde und das nicht auf eine ägäische Erfahrung zurückging.

Die Mykener gingen in Italien daran, die natürlichen Gegebenheiten, die ihnen vertraut waren, auf die bestmögliche Weise zu nutzen; dazu zählten die Inseln und Archipele an der Küste des Tyrrhenischen Meeres nördlich von Sizilien (die Äolischen Inseln, Lipari, Filicudi, Panarea, Salina) und bis zum Golf von Neapel (Vivara, Ischia). Die Anwesenheit der Mykener in Italien ist nachweisbar vom späten 15. bis ins 12. Jahrhundert v. Chr. und konzentriert sich auf über 60 Stätten, davon ein Viertel am Golf von Tarent und an der südlichen Adriaküste. Es überrascht, dass obwohl nach Ansicht der Gelehrten die Suche nach Metallen der Hauptgrund dieser Kontakte darstellt, im zentralen tyrrhenischen Gebiet, dem Mittelpunkt der Metallverarbeitung in dieser Region Italiens, es nur drei Fundstellen gibt: Luni sul Mignone, San Giovenale und Monte Rovello. Metallerze wurden weder auf Sardinien noch auf Kalabrien vor der italienischen Spätbronzezeit, also nicht vor dem 11.–10. Jahrhundert v. Chr. ausgebeutet. Abgesehen von der Datierung solcher Zeugnisse konzentrierte sich die Diskussion besonders auf den Charakter der mykenischen Siedlungen und viele Forscher sind sich darin einig, dass sie eher der dauerhaften Besiedlung dienten. Zwei Aspekte bleiben allerdings offen: ihre Entfernung von der an Erzvorkommen reichen Zone und daher der Sinn ihrer Ankunft in Italien.

Die Vermutung, die einheimische Elite habe diese Kontakte mit den Mykenen unterstützt, um in den Besitz begehrter Luxusgüter zu gelangen, ist recht verbreitet unter den anthropologisch orientierten Archäologen wie Knapp, Marazzi und Sestieri. Aber angesichts des niedrigen Anteils an Luxusgütern mykenischer Herkunft und des hohen Anteils lokaler, in mykenischem Stil hergestellter Luxusgüter, was gemeinhin als Beleg für eine dauerhafte Besiedlung gilt, nehme ich Folgendes an: Bei diesem Austausch könnte es sich um eine Art Lehrling-Meister-Beziehung gehandelt haben; als Gegenleistung für die berufliche Ausbildung in mykenischen Werkstätten z. B. für Metallverarbeitung durften die Mykener die Häfen nutzen, um den Handel mit den zahlreichen Gütern (Zinn und Kupfer, Bernstein, Leder, Salz, Bauholz u. a.), die diese Routen passierten, zu überwachen. Dieser Sachverhalt ist übrigens an der syrischen Küste bereits in der Spätbronzezeit erkennbar und wird gestützt durch das bei Kap Gelidonya gefundene Schiffswrack aus der Bronzezeit, das neben Werkzeug zur Metallverarbeitung und Metallabfällen auch Gießereiausrüstungen enthielt, die zum Zeitpunkt, als das Schiff sank, in Betrieb waren. Diese Möglichkeit sollte in Beziehung gesetzt werden zum Austausch anderer Güter wie Öl, Wein, Parfüm. Jedenfalls muss die Chronologie dieser fast 300 Jahre wesentlich überarbeitet werden, um das Verständnis des Besetzungsprozesses in diesen Gebieten zu vertiefen. Derzeit wissen wir nur, dass die mykenische Präsenz auf Sardinien später als in anderen Regionen Italiens einsetzte und dass es zu einer Intensivierung der Kontakte ab der Mitte des 13. bis zum 11. Jahrhundert v. Chr. kam. Die Idee eines für den Fernhandel so wichtigen Stützpunktes auf dem Festland sollte erneut überprüft werden im Lichte der Handelswege, denen ein solcher Stützpunkt gedient hätte. Wichtig ist es auch zu berücksichtigen, dass die Handelsplätze (Faktoreien) auf den Inseln nicht bloß bei Bedarf genutzte Häfen waren,

Drei Anbeter bringen zwei Ochsen und ein Boot als Opfergaben einer Gottheit oder einer verstorbenen Person dar, die vor ihrem Grab steht. Die Szene ist auf einem Steinsarkophag gemalt, der auf Mitte des 2. Jahrtausends v. Chr. datiert und in Hagia Triada, Südkreta, gefunden wurde.

sondern richtige Handelspartner als Teil eines weitverzweigten Netzes. Unter den Anhängern der theoretischen Betrachtungsweise der Vorgeschichte des Mittelmeerraumes fand ein erheblicher Sinneswandel statt: An die Stelle der ökonomischen Modelle für das Studium der Handelsbeziehungen trat ein neuer Schwerpunkt, und zwar die Betonung der Koexistenz von Geschenktausch und vom Palast kontrollierten Handel einerseits und dem rein kommerziellen, profitorientierten Handel andererseits. Neu waren auch die Begriffe von den Wechselbeziehungen zwischen dem Zentrum (bzw. den Zentren) und der Peripherie sowie die Ideen des ungleichen Austausches, der „gateway communities", die sich am Rande anderer Kulturen und in Gemeinschaften von Minderheiten heranbilden. Diese Begriffe werden sich für unsere letzte Erklärung als extrem wichtig erweisen, umso mehr als auch so namhafte Archäologen wie Colin Renfrew sie eingesetzt haben, der auf Immanuel Wallensteins Untersuchung zum Problem der Beziehungen zwischen dem Zentrum und der Peripherie in der frühen Neuzeit zurückgriff.

Die frühen Handelsreiche

Die Nuraghen auf Sardinien *zählen zu den großen Geheimnissen der antiken Welt. Diese aus massiven Steinblöcken errichteten kegelförmigen Türme sind über die ganze Insel verstreut; bisher wurden über 6500 identifiziert. Sie könnten hinweisen auf das Bestehen unabhängiger Kleinstaaten, die sich untereinander befehdeten. Vor allem, wenn sie zu mehreren gruppiert erscheinen, könnten sie als Burgen für die Verteidigung vor phönikischen oder punischen Angriffen gedient haben. Die Nuraghen entstanden etwa 1500 v. Ch. bis 500 v. Chr..*

Die Inseln

Die Mittelmeerinseln scheinen im allgemeinen Bild von der Bronzezeit eine eigene Rolle zu spielen. Im Folgenden widmen wir uns den Inseln des westlichen Mittelmeeres, obwohl nicht vergessen werden darf, dass Sardinien die Heimat einer ungewöhnlichen Zivilisation, der Nuraghen-Kultur, war. Deren Zeugnisse sind die Nuraghen genannten Türme mit den umliegenden Dörfern, die von einer kriegerischen und aufgesplitterten Gesellschaft errichtet wurden, die es vermutlich aber auch zu Wohlstand gebracht hatte. Welch hohen Grad die Kunst der Metallbearbeitung bei der Nuraghen-Kultur erreicht hatte, das belegen die zahlreichen erhaltenen Bronzefiguren, die zwischen dem 15. und dem 6. Jahrhundert v. Chr. entstanden. Während Sizilien und Sardinien deutlich als Brückenköpfe auf der westlichen mediterranen Handelsroute dienten, bildete Kreta eine Drehscheibe, gewissermaßen ein Tor zum Mittelmeer, das den Osten mit dem Westen verband. Kretas Rolle als Zentrum und nicht als Peripherie wird durch die Struktur seiner Palastanlagen, die materielle Kultur ganz allgemein und seinen Beitrag am Funktionieren dieses bronzezeitlichen Netzwerkes, dessen westlicher Pol es war, unterstrichen.

Die Kykladen und Rhodos waren Brückenköpfe zwischen Kreta und Anatolien. Eines der interessanten Merkmale der Kykladen in jener Zeit war ihr blühendes Wirtschaftsleben (Ackerbau, Metallbearbeitung, Silberbergbau, Handel) und das Vorkommen von sowohl dörflichen als auch städtischen Siedlungen. Die Stadt Akrotiri auf Thera (Santorin), einst ein wichtiger ägäischer Hafen, wird auch als Pompeji der antiken Ägäis bezeichnet, da sie nach dem gewaltigen Vulkanausbruch um 1628 v. Chr. unter Lava- und Aschedecken hervorragend erhalten blieb. Dazu zählen neben dem erstaunlichen urbanen Grundriss der Siedlung die mehrstöckigen Bauten, wie sie in solcher Dichte erst rund tausend Jahre später in Delos anzutreffen sind. Zypern bot ein anderes Bild. Seine Nähe zu Ägypten, zu Hatti und zur Levante machte Zypern zum Bindeglied zwischen der mittleren und späten Bronzezeit. Zypern erscheint in Keilinschriften und ägyptischen Urkunden unter dem Namen „Alashiya". Auch die Personennamen der Einwohner von Zypern belegen die vielfachen Bindungen zur Levante, obwohl die Bevölkerung eine multi-ethnische Struktur

Die Nuraghen-Kultur hinterließ keine schriftlichen Zeugnisse, dafür aber kunstvoll gearbeitete Keramik und zahlreiche stark überlängte Bronzefiguren, die Aufschluss über die Sozialstruktur der Bewohner jener Zeit geben. Die oben dargestellte Figur zeigt vermutlich einen Stammeshäuptling, der einen Umhang über einer kurzen Tunika trägt. In der Hand hält er ein Schwert und an der Brust trägt er einen Dolch.

aufwies: Ägypter, Semiten, Hethiter, Hurriter usw. Zyperns Rolle im mediterranen Regionalhandel war nicht nur durch seine Lage bestimmt, sondern auch durch seine reichen Kupfererzvorkommen. Im ägyptisch-hethitischen Konflikt um die Vorherrschaft in der Levante im 14. und 13. Jahrhundert v. Chr. blieb Zypern zwar neutral, dennoch gelang es nicht, die hethitische Herrschaft völlig zu vermeiden oder ägyptische und andere Vorstöße, wie die Ugarits, gänzlich abzuwehren.

Rhodos und der Dodekanes müssen genauer archäologisch erschlossen werden, obwohl wir zum Nordwesten der Insel eine Fülle von Daten besitzen. Die mittelbronzezeitliche Siedlung Trianda weist zahlreiche kulturelle trojanische Elemente auf; die spätbronzezeitliche Siedlung erstreckt sich über eine Fläche, die mehr als die Hälfte des heutigen Ortes Akrotiri auf der Insel Thera darstellt. Trianda war eine bedeutende Hafenstadt sowohl für den Seeweg von Kreta nach Anatolien als auch für den östlichen Handel. Die 125 in mykenischen Stil erbauten Grabkammern unweit von Ialysos bereichern unser Wissen um die Zeit zwischen 1400 und 1300 v. Chr. Die Fülle an Zeugnissen bewog einige Forscher, diese Siedlung als einen der wichtigsten mykenischen Standorte dieser Inseln zu betrachten und darin das *Land des Ahhiyawa* zu sehen, das wiederholt in hethitischen Texten des 15.–13. Jahrhunderts v. Chr. erwähnt wird. Ihm wenden wir uns nun zu.

Das sagenumwobene Land des Ahhiyawa

Über 70 Jahre lang haben Gelehrte die Frage erörtert, ob das „Land des Ahhiyawa" aus den hellenistischen Texten mit Achaia, dem Land der Achäer, oder, mit anderen Worten, der frühen Griechen identisch sei. In mehreren hethitischen Texten über das östliche Anatolien wird ein Volk erwähnt, das auf dem Seeweg nach Ahhiyawa zog, einem unbekannten Königreich, das nicht Hatti untergeordnet war und als Anstifter eines Aufstandes in westanatolischen hethitischen Gebieten galt. Die Könige von Hatti und Ahhiyawa waren beide „Großkönige", die sich gegenseitig mit „Mein Bruder" anredeten. Und da nur noch ein einziger Großkönig westlich der anatolischen Küste bekannt ist, nämlich der von Mykene, schien die Identifizierung mit den frühen Griechen zunächst Erfolg versprechend. Es war aber auch möglich, Ahhiyawa in der Troas, im Nordwesten Anatoliens, zu suchen, sodass das Wiluša aus den Hethitertexten mit Ilias, einem anderen Namen Trojas, gleichgesetzt wurde, wobei man es in vorklassischer Zeit als Wilios schrieb. Diese Zuordnung, die Ahhiyawa mit Troja gleichsetzt, fand nur wenig Anhänger, da es in hethitischen Texten begründete Hinweise auf ein Volk gibt, das Millawanda (Milet) auf dem Seeweg nach Ahhiyawa verließ. Sprachwissenschaftliche Untersuchungen heben jedoch hervor, dass das Wort *Ahhiyawa* den Begriff *Akw-a* („Wasser") enthält und die Form *Ahhiya(kwa)* somit „Gebiet von Inseln" bedeutet. Daher bezeichnete das hethitische Wort Ahhiyawa höchstwahrscheinlich sowohl die Ägäis als auch Mykene. Ohne den Wert einer solchen Diskussion infrage stellen zu wollen, neige ich eher zur Annahme, dass die einfache „Flucht zur See"(oder im Boot) von Millawanda/Milet, für sich allein gesehen, kein hinreichend konsistentes Argument zur Lokalisierung von Ahhiyawa außerhalb Anatoliens darstellt. Wann immer diese Fluchtmigrationen stattgefunden haben, so flohen die Verfolgten vor den hethitischen Heeren, die natürlich zunächst die Landwege hinter der Küste besetzten. Obwohl wir Hinweise haben, dass die Hethiter ihre Krieger auch auf dem Seeweg beförderten, darunter den Brief des Königs von Ugarit an den König von Alashiya, datiert auf das späte 13. Jahrhundert, der darüber berichtet, dass die Flotte von Ugarit sich vor der Küste von Lukka befand und bereit war, zusammen mit den Fußtruppen und Reitern Ugarits zugunsten der Hethiter anzugreifen, dennoch müssen wir davon ausgehen, dass die

Der Fall von Troja wird von Homer geschildert, auch wenn das Ereignis in anderen, heute verlorenen Epen beschrieben wurde. Es wurde aber in der griechischen Kunst bildhaft dargestellt. Ein Relief auf einem Pithos aus dem 6. Jahrhundert v. Chr. aus Mykonos zeigt anschaulich das Trojanische Pferd. Während die Profile einiger griechischer Krieger durch die Öffnungen aus dem Bauch des Pferdes sichtbar sind, haben andere das Pferd bereits verlassen und einige schwingen Schwerter und Schilde.

Fußtruppen sich sicherlich meist auf dem Landweg fortbewegten, sodass die Nutzung des Seewegs als Fluchtroute, um diesen Heeren zu entkommen, sinnvoll erscheint.

Das hethitische Wiluša steht jedenfalls im Mittelpunkt der Diskussion um Troja und den Trojanischen Krieg. Zahllose Studien versuchten, den „echten" Trojakrieg hinter Homers *Ilias* zu finden. Carl Blegen, der im Erdwall von Hissarlik im Nordosten Anatoliens neun Schichten freilegte, identifizierte Troja VII mit der sagenumworbenen Stadt. Seither flammte die Diskussion wieder auf. Es stellt sich die Frage: Wenn die Achäer/Ahhiyawas in den hethitischen Texten auftreten, wo sind dann in jenen Quellen die Hinweise auf den Trojanischen Krieg? Michael Wood, der alle verfügbaren Daten einer ernsthaften Abwägung unterzog, versucht in seinem Buch *In Search of the Trojan War* diese Frage zu beantworten. Eines der wichtigsten verfügbaren Dokumente stellen die *Tuthaliya-Annalen*, datiert um 1440–1404 v. Chr., dar. In diesem Dokument zählt der Großkönig des Reiches Hatti, der *Arzawa* in Westanatolien erobert hatte, 22 Staaten auf, die sich mit *Aššuwa* gegen Hatti verbündet hatten. Man vermutet, dass diese Namen in der Reihenfolge von Süden nach Norden erwähnt werden, beginnend mit *Lukka* (Lykien), über das *Šeha-Flussland* bis zu den beiden als Letzte genannten Namen *Wilušiya* und *Taruiša*. Obwohl eine phonetische Assoziation von *Wilušiya* mit *Wilios-Ilios* und *Tarui-a-Truisa-Troja-Troia* möglich erscheint, stehen einige Gelehrte ihr dennoch skeptisch gegenüber.

Da Homer beide Namen verwendet, d. h. Troja (meist mit Bezug auf die Stadt) und Ilias (für das Land), scheint die Überlegung berechtigt, dass sich im 14.–13. Jahrhundert v. Chr. die Ruinen der heute als Troja bekannten Siedlung von Hissarlik so fest im Griff der Hethiter befanden, dass Wiluša zur Zeit von König Muwatalli (um 1290–1273 v. Chr.) mit dem Reich Hatti ein Bündnis schloss. Einige Einzelheiten darin verdienen unsere

Aufmerksamkeit. Zunächst heißt der dort erwähnte König von Wiluša Alakšandu, ein recht seltener Name für einen anatolischen König, der uns außerdem sogleich an den Prinzen Alexandros, besser bekannt als Paris, aus der *Ilias* erinnert. Gestützt wird diese Annahme außerdem durch die am Schluss dieses Vertrages als Zeugen angerufenen Götter von Wiluša und Hatti: *Apaliunas* ist vermutlich eine ältere Form von Apollo (zypriotisch Apeilon, dorisch Apellon), der Beschützer des homerischen Troja. Wie Woods feststellt, können Achaiwoi/Akkawoi/Ahhiyawa/Alakšandu/Alexandros, Taruiša-Troja, Wiluša-Wilios-Ilios von den Skeptikern als zufällige Ähnlichkeiten angesehen werden aber „vier Ähnlichkeiten führen den Zufall zu weit". Bezüglich der Chronologie platziert Herodot den Trojanischen Krieg in die Mitte des 13. Jahrhunderts, während 1184 v. Chr. aufgrund antiker Quellen als Datum für den Fall Trojas oft zitiert wird. Blegens Schicht Troja VIIa, die von den meisten Gelehrten als das homerische Troja betrachtet wird, wird auf 1250 v. Chr. datiert, während die Hinweise auf das, was in den Hethitertexten Troja sein soll, der Schicht Troja VI als die vermutete Stadt der Sage entsprechen würden.

Wir müssen uns der Tatsache bewusst bleiben, dass es sehr wahrscheinlich einen trojanischen Krieg, wie ihn Homer in der *Ilias* schildert, überhaupt nie gegeben hat. Etliche Forscher scheinen dem Umstand zuzustimmen, dass die so genannte „homerische Gesellschaft", wie sie Homer in seinem Epos schildert, in sich Elemente dreier verschiedener Epochen vereint: der mykenischen Bronzezeit, des griechischen Dunklen Zeitalters und der Früheisenzeit. Die Entstehung des Epos vom Trojakrieg würde somit mehrere hundert Jahre gedauert haben und eine Summe der „allmählichen Ansammlung von Traditionen" sein, von denen viele auf historische Ereignisse zurückgehen, aber keine exakt lokalisierbar seien. Selbst wenn man davon ausgeht, dass die westanatolische Archäologie noch in ihren Anfängen steckt, so scheinen neue Hinweise eine Identifikation Trojas in den hethitischen Quellen zu stützen. Es gibt Beweise, dass es ernste Konflikte zwischen den Ahhiyawans/Achäern und den Hethitern im westanatolischen Gebiet gab. In der Tat hinderte das Alakšandu-Bündnis die Hethiter nicht daran, Wiluša kurz nach Vertragsunterzeichnung anzugreifen, so wie dies überdeutlich im Manapa-Tarhunta-Brief und im Tawagalawa-Brief, beide in die Mitte des 13. Jahrhunderts v. Chr. datiert zum Ausdruck kommt.

Besonders aufschlussreich ist der Tawagalawa-Brief, da er ein Friedensabkommen nach einem älteren Konflikt über Wiluša zwischen Hatti und Ahhiyawa erwähnt. Dieser Brief dient heute als Hauptbeleg für den Nachweis der Ahhiyawa-Mykene-Expansion in Westasien, denn der Bruder des Großkönigs von Ahhiyawa, Tawagalawa (oder Tawakalawa, den manche gleichsetzen mit Eteowokelewes, Eteokles) unterstützte einen Aufstand unter den westanatolischen Vasallen des Hatti-Reiches, indem er dem verstoßenen hethitischen König Piyramandu beistand. Hattusili III. ist offensichtlich jener Hethiterkönig, der diesen Brief einem namentlich nicht genannten König von Ahhiyawa schrieb und ihn darin aufforderte, ihm Piyramandu auszuliefern, da dieser zusammen mit Tawagalawa aus Millawanda-Milet nach Ahhiyawa geflohen war. Was feststeht, das ist der fast ständig dauernde Konfliktzustand in Westanatolien zwischen 1450–1430 v. Chr., dem Datum der so genannten Anklage des Madduwata, eines Kleinkönigs aus Westanatolien, aus seinem Land von Attarissiyas, „dem Mann aus Ahhiyawa", vertrieben worden war. Abgesehen davon, dass dies die älteste Nennung Ahhiyawas darstellt, müssen wir diesen Dauerkampf um die Macht berücksichtigen, wenn wir den Niedergang der Bronzezeit verstehen wollen. Auch sollten wir die Ähnlichkeiten zwischen dem Namen Attarissiyas und dem von Agamemnons Vater Atreus nicht unbeachtet lassen. Diese blieben selbst in Ägypten nicht

Die Flucht des Äneas *aus dem brennenden Troja, bekannt aus Vergils Heldenepos „Äneis", wird auf dieser schwarzfigurigen attischen Amphora (um 510 v. Chr.) aus einem etruskischen Grab bei Vulci dargestellt. Äneas trägt seinen betagten Vater Anchises auf dem Rücken und hält seinen jungen Sohn Ascanius an der Hand. Diese Geschichte erfreute sich bei den Etruskern großer Beliebtheit, da sie Teil anderer Überlieferungen über ihre Wanderung von Kleinasien nach Italien war.*

Die frühen Handelsreiche **83**

Die Völkerwanderungen der frühen und mittleren Bronzezeit führten im östlichen Mittelmeer zu fast ständigen kriegerischen Auseinandersetzungen. Dies wird auch durch die erhalten gebliebenen Artefakte jener Zeit belegt, in denen Waffen und Rüstungen besonders häufig vorkommen. Dieser Elfenbeinkopf aus einem mykenischen Grab zeigt einen dicht mit Hauern verzierten Helm. Ein Helmbusch dürfte die Spitze geschmückt haben. Derartige Helme werden auch in Homers „Ilias" beschrieben.

unbemerkt, wo es Hinweise gab auf „die ruhelosen Inseln des Großen Grünen (Meeres)". Außerdem nennen die ägyptischen Quellen erstmals eines der großen Rätsel bezüglich der Zivilisationen im östlichen Mittelmeerraum in jener Epoche – das der „Seevölker".

Die Krise der Bronzezeit und die Seevölker

Während der frühen und insbesondere der späten Bronzezeit war das Leben im östlichen Mittelmeerraum durch einen Dauerkriegszustand geprägt. Lokal geführte Kriege zwischen schwächeren Nachbarn, Kleinkönigen und rebellierenden Untertanen wechselten mit militärischen Konfrontationen zwischen mächtigen Königreichen (Ägypten gegen Hatti, Hatti gegen Mitanni, Ägypten gegen Mitanni, Hatti gegen Babylon). Ein wenn auch prekäres Gleichgewicht kam auf und ermöglichte den Aufstieg jener Großreiche, die uns bis heute Bewunderung und Ehrfurcht abringen. Dieses Gleichgewicht wurde aufrechterhalten mithilfe eines umfassenden Heeres von Berufsdiplomaten und Beamten, die das Akkadische als „Amtssprache" verwendeten; es verband die einzelnen Länder und lieferte die Mehrheit der erhaltenen schriftlichen Quellen. Dann (nach traditioneller Sicht „urplötzlich") brach diese Welt im 12. Jahrhundert v. Chr. in sich zusammen und markierte damit das Ende der Bronzezeit im östlichen Mittelmeer. Dies haben namhafte Gelehrte wie de Rougé, Maspero, Petrie und Macalister um die Wende zum 20. Jahrhundert vertreten, und so wurde es in den letzten 100 Jahren weiter vermittelt.

Diesen Forschern verdanken wir die ersten modernen Erklärungen für die Umwälzungen, die das östliche Mittelmeer während seiner Krise so heftig erschüttert haben, dass ihr Ausmaß mit dem Niedergang Roms verglichen wurde. Ihre Überlegungen basierten auf einem Mix aus schriftlichen (meist ägyptischen und hethitischen) Quellen, griechischen Sagen und anderen Überlieferungen (mit Schwerpunkt auf Homers Epen) und ikonographischem Material (vor allem aus Ägypten). Seither plädierten die Forscher für die eine oder andere „Ursache" eines so plötzlichen Untergangs einer historischen Epoche. Auf akademischen Tagungen wurden die verschiedensten Faktoren kontrovers diskutiert – Naturkatastrophen, Missernten, Dürrezeiten, Hungersnöte und Massenmigrationen. Eine wichtige Perspektive betrifft die Seevölker mit ihrer zerstörerischen Macht und ihre daraus resultierende Verantwortung für den Untergang der bronzezeitlichen Hochkulturen in diesem Teil des Mittelmeeres. Jedes neu entdeckte Dokument wurde entweder gleich den vorhandenen Theorien zugeordnet, um diese zu untermauern, oder zur Begründung neuer Theorien verwendet. Unterschiedliche Übersetzungen, neue Interpretationen, wechselnde Datierungen, sie alle steigerten das Verwirrspiel um diese Epoche.

Die schriftlichen Aufzeichnungen, vorwiegend in Hethitisch und ägyptischen Hieroglyphen, aber auch in der Linear-B-Schrift und in Akkadisch verfasst, und nicht zuletzt die Bibel haben die alles entscheidende Datierungsfrage sowie das ebenso knifflige Problem der Ortsnamen und ihrer unterschiedlichen Bezeichnungen in der jeweiligen Sprache aufgeworfen. Nach langwierigen Diskussionen gelten einige dieser Zuschreibungen als gesichert, so z. B. Keftin/Caphtor/Kaftor (Kreta), Kati/Kitti/Ketta (Hatti oder Khatti), Peleset (Philister), Lukki/Lukka (Lykien), Millawatha/Millawanda (Milet), Alasiya/Alashiya (Zypern oder zumindest seine größte Stadt); bei anderen besteht eine geringe Unsicherheit, z. B. bei Ahhiyawa/Akkaywoi (Achäer), während andere nach wie vor heftig umstritten sind, etwa Danuna/Danaans (Danaer), Teresh/Tursha/Tyrsenoi (Tyrrhener, Etrusker), Taruiša/Truisa (Troja), Shekelesh/Shekels (Sikulen, Sizilier), Sherden/Shardana (Sarden), um nur einige zu nennen. Dies ist weder der Ort, um die Historiographie der Seevölker zu untersuchen, seitdem de Rougé 1867 den Begriff „Seevölker" erstmals einführte, noch um

Marschierende Krieger: Auf einer Vase aus einem mykenischen Rundgrab (um 1200 v. Chr.) winkt eine Frau zum Abschied den Kriegern zu, die in die Schlacht ziehen. Sie sind mit Speeren und Helmen bewaffnet und tragen einen mit einem Horn versehenen Helm und eine Rüstung. Wir wissen nicht, was der am Speer befestigte Beutel enthalten könnte: Proviant oder auch Wein.

die Diskussion über ein jedes dieser Seevölker und ihre Herkunft und spätere Entwicklung neu aufzurollen. Es genügt zu erwähnen, dass die Herstellung einer Verbindung zwischen Sherden und Sardinien, zwischen Shekels und den Sikulen Siziliens und der Teresh mit den Etruskern auf die Anfänge in diesem Forschungsbereich zurückgeht, und noch ist ein Ende der Diskussion nicht in Sicht. Ähnlichkeiten in der Beschreibung von Raubzügen zur See in Homers Epen und in ägyptischen Quellen wurden als Zufälle abgetan oder als unbestrittener Nachweis für die Art dieser Angriffe gedeutet. Neue Erkenntnisse versprechen DNA-Tests, linguistische Untersuchungen und andere neue Forschungswerkzeuge.

Zunächst gilt es jedoch, einige Aspekte zu klären. Der Erste ist die Definition des Begriffes „Seevölker" und ihre Ankunft von den „Inseln" des *Großen Grünen*. Manche Gelehrten heben die Unzulänglichkeit solcher Ausdrücke hervor und versuchen, im „Großen Grün" nicht das Meer, sondern das an das Land Punt angrenzende Sumpfgebiet zu sehen, oder sie suggerieren, dass das Word „Insel" eine Falschübersetzung sei, da die Ägypter, die keine Inseln hatten, auch kein Wort dafür entwickelt hätten. Diese Einwände lassen sich aber eindeutig widerlegen. Das „Große Grün" bezeichnete das Mittelmeer und die Ägypter hatten sicherlich Kenntnis von Inseln (vor allem von Keftin/Kreta). Die ältesten schriftlichen Zeugnisse betreffend diese Seevölker – Söldner im Dienste der Ägypter in Byblos – finden sich in den in Keilschrift verfassten Amarnabriefen, die ins 14. Jahrhundert v. Chr. datiert werden. Es gibt auch eine Stele mit einer Inschrift, die den Sieg von Pharao Sethos I. im Jahr 1300 v. Chr. über Plünderer aus den Ländern östlich des Jordans feiert.

Dies war nichts Neues für die Ägypter: Asiatische Plünderer oder vielleicht auch nur von Durst getriebene Hirten waren im oder rund um das Nildelta seit der 6. Dynastie bekannt. Die so genannten Hapiru (ein Wort, das manche mit dem Begriff „Hebräisch" in Verbindung bringen, obwohl es mehrere Bedeutungen hatte) und die „hubshu", besitzlose Ausgestoßene, waren ein Problem für die Ägypter, während die Söldner, „mariannu" genannt, wie z. B. die Sherden/Sherdana, in der Regel im ägyptischen Heer Dienst taten.

Aus Ägypten stammen drei Arten von wichtigen Urkunden: a) die Inschriften und Reliefbilder über die Schlacht von Kadesch (1274 v. Chr.), vor allem jene aus dem Tempel Abu Simbel; b) die Aufzeichnungen über die Angriffe der Libyer und ihrer Verbündeten auf Ägypten während der Herrschaft von Merenptah (um 1224–1214 v. Chr.), vor allem die große Karnak-Inschrift, die Athribis-Stele, der Obelisk von Kairo, die *Siegeshymne*; die Aufzeichnungen über den Angriff auf Ägypten durch ein Bündnis mehrerer Völker während der Zeit von Ramses III. (um 1184–1155 v. Chr.), z. B. der Harris-Papyrus und die Reliefs des Totentempels Ramses' III. aus Medinet Habu.

Auf diese Quellen stützen die meisten Forscher ihr Wissen über die „Seevölker", obwohl Aufzeichnungen (z. B. die *Siegeshymne*) die Präsenz von „Nordbewohnern aus allen Ländern" bezeugen, die mit Karren, Zelt, Frauen, Kindern und Herden umherzogen. Der Karnak-Inschrift zufolge waren es Angehörige der Ekwesh, Shekelesh, Teresh/Tursha, Meshwesh, Lukka und Sherden/Shardana, angeführt vom Libyer Meryey, Sohn des Ded. Sie wurden besiegt und Meryey fiel in der Schlacht. Während die Reliefbilder von Medinet Habu den Sieg von Ramses III. über die Peleset, Shekelesh, Weshesh, Denyen und Sikala feiern, führt der Harris-Papyrus zusätzlich auch die Sherden/Shardana in der Liste jener Völker und Staaten an, die aus dem Norden zu Wasser oder auf dem Landweg gekommen waren. Die Inschrift von Medinet Habu gilt hierfür als klassischer Nachweis:

Die Schlacht von Kadesch am oberen Orontes wurde 1274 v. Chr. zwischen Ägyptern und Hethitern ausgetragen. Ihr Ausgang ist nicht überliefert, aber die Tatsache, dass sie sowohl in Abu Simbel als auch in Abydos überaus detailreich dargestellt wurde, lässt den Schluss zu, dass sie zugunsten der Ägypter endete.
Gegenüberliegende Seite: *Der Streitwagen von Pharao Ramses II. erdrückt die Feinde unter seinen Rädern; rechts: Ein Verteidiger schleudert Steine von den Festungsmauern.*

„Die fremden Länder machten in ihren Inseln eine Verschwörung. Entfernt und in Kämpfen verstrickt waren die Länder um eine Zeit. Kein Land konnte ihren Waffen widerstehen, von Hatti, Kode (Kizzuwatna), Karkemisch, Yereth (Arzawa) und Yeres (Alashiya). Sie waren isoliert. Ein Lager wurde in Amor/Amurru) aufgeschlagen. [...] Sie kamen, während die Flamme vor ihnen, vorwärts in Richtung Ägypten vorbereitet wurde. Ihr Bündnis umfasste Peleset, Tjeker, Shekelesh, Denyen und Weshesh, die vereinten Länder. Sie legten ihre Hände über die Länder bis an dem Rand der Erde." Diese ägyptischen Quellen helfen uns nicht nur, uns ein Bild von der Ideologie und Propaganda Ägyptens zu machen, sondern konfrontieren uns mit interessanten Aspekten, die einem

Die frühen Handelsreiche **87**

Zu Ägyptens Feinden, hier in einer Hieroglypheninschrift aufgezählt und in einem Tempelrelief dargestellt, gehörten eine Reihe von Völkerschaften, die nicht leicht zu identifizieren sind, so auch die immer noch mysteriösen „Seevölker". Dazu zählten auch die besser bekannten Philister, die an den Tempelmauern von Medinet Habu als Gefangene mit einem Federschmuck auf dem Kopf gezeigt werden.

besseren Verständnis jener Periode dienen, die als „Krise der ausgehenden Bronzezeit" bekannt ist. Insbesondere werden die Lukka, in den Amarnabriefen als Angreifer auf Ägypten genannt, die Dörfer auf Zypern einnahmen, und in der Schlacht von Kadesch als Verbündete der Hethiter gegen die Ägypter kämpften, nicht zusammen mit jenen Völkern erwähnt, die Ägypten während der Herrschaft von Merenptah und Ramses III. angriffen. Die Sherden, hingegen, die bei Kadesch gegen Ramses II. gekämpft hatten, griffen Ägypten unter Merenptah und Ramses III. an, was nahe legt, dass es zumindest während dieser 200 Jahre keine dauerhaften Bündnisse gab. Die Reliefs mit der Schlacht von Kadesch und jene von Medinet Habu enthalten eine Fülle von Hinweisen zu den Eigenheiten der Seevölker bis hin zu ihrer Haartracht und der Beschaffenheit ihrer Waffen. Sie ermöglichen den Forschern, sogar die ethnische Zugehörigkeit der dargestellten Personen

Geschichtsträchtige Mauern: *Der Totentempel von Ramses III. in Medinet Habu am Westufer des Nils gegenüber Luxor verzeichnet die zahllosen Kriege und Siege dieses Pharaos. Kunstvolle Reliefbilder verewigen u. a. eine Seeschlacht, in der die Seevölker besiegt wurden.*

vorzunehmen. Berücksichtigt man diese Umstände, so tritt die Frage auf, wie es möglich ist, Berichte von der grausamen Seeräubern mit Aufzeichnungen im Einklang zu bringen, die sie als entwurzelte Ackerbauern mit Familien und Viehherden beschreiben.

Die Archive von Ugarit nennen ausdrücklich das Meer und berichten von den „Sikala/ S-K-L/Shekels, die auf Schiffen leben"; die Stadt fordert schließlich den Beistand des Königs von Alashiya wegen „sieben ankommender feindlicher Schiffe". Die herkömmliche Interpretation, wonach die Wanderungen der Seevölker eine Folge der Zerstörung des mykenischen Palastes im ausgehenden 13. Jahrhundert v. Chr. seien, wird weithin geteilt. Diese nach Süden vordringenden kriegerischen Wandervölker, die auf der Suche nach neuen Ländern waren, um sie auszuplündern oder sich dort niederzulassen, werden von vielen Forschern immer noch als ein Relikt aus den Zeiten nach dem Trojakrieg gedeutet. Sicher ist jedenfalls, dass die Seevölker ein wesentliches Element im Zusammenbruch der Bronzezeit im östlichen Mittelmeerraum darstellten und eine noch bedeutendere Rolle in der Herausbildung der neuen politischen und ökonomischen Strukturen spielten, die zur Entstehung der klassischen Antike beitrugen. Die natürlichen Ursachen dieses Zusammenbruchs, den viele als die „Katastrophe" bezeichnen, sind ausgiebig diskutiert worden, und heute werden lediglich nur noch Dürrezeiten, anhaltende Missernten und Hungersnöte als wichtige Faktoren für den Niedergang der Hethiter angesehen, auch wenn sie allein nicht hinreichend den totalen Zusammenbruch eines Systems erklären können, das so viele mächtige Reiche miteinander verband.

Es ist interessant festzuhalten, dass die Forscher heute die Art und Weise, wie die Geschichte dieser Epoche geschrieben wurde, einer Neubewertung unterziehen, bevor sie die Frage angehen, wie sie sich zugetragen haben könnte. Diese Neubewertung folgt zwei parallelen Linien. Die Erste widmet sich vorrangig der historischen Verlässlichkeit der ägyptischen Quellen, während die Zweite der Frage nachgeht, wie diese Quellen von der modernen Geschichtsschreibung genutzt wurden. Von vielen auch heute noch als Hauptbeweismittel angesehen, wurde die Verlässlichkeit ägyptischer Quellen über die Seevölker ernsthaft infrage gestellt mit der Begründung, dass Ramses III. seinem berühmten Namensvetter und Vorgänger nicht nachstehen wollte und nach ähnlichem Ruhm wie jener strebte. Neue Untersuchungen warnen daher vor der Gefahr, ägyptische ikonographische Quellen als „historische" Dokumente zu verwenden. Dennoch erstaunt, dass ihr Austausch durch neue Erklärungsversuche immer noch in den Anfängen steckt. Seit etwa zehn Jahren sind wir Zeugen der ungewönlichen Wiederbelebung eines aus viktorianischer Zeit stammenden Deutungsversuches, der die kreative und „zivilisatorische" Rolle der Seevölker hervorhebt. Gefördert wurde dieser Ansatz durch Gezer, der die Philister (vermutlich identisch mit dem Seevolk der Peleset) als „die einzige kulturelle oder künstlerische Masse, die je den Boden Palästinas besetzt hatte", bezeichnete.

Gestützt auf Ausgrabungen in Zypern und Israel haben namhafte Forscher wie Raban, Mazar, Moshe und Trude Dothan die Seevölker „rehabilitiert", da sie in ihnen nicht mehr plündernde Nomaden sahen, sondern Erbauer von Städten, und auch nicht mehr als „Ursache" für den Niedergang der Bronzezeit, sondern als stimulierende und vitale Kraft inmitten einer zusammenbrechenden Welt betrachteten. Für die konstruktive Rolle der Seevölker in der Levante und ihren Beitrag zur Zivilisation jenes Raumes spricht vor allem die Überzeugung, dass die Quadersteinbauweise und die mykenische III-B- und III-C-Keramik von Seevölkern ägäischer Herkunft, den P-L-S, oder Philister oder Peleset, über Zypern nach Kanaan befördert wurden. Diese Hypothese wird gestützt durch den Bezug auf die Philister der Bibel, bei denen deutliche Spuren ägäischer Kultur nachweisbar sind. Dort heißt es, dass Gott die Philister aus Kaftor (Kreta) brachte, so wie er die Israeliten aus Ägypten in Kanaan ansiedelte. Schließlich erkennen wir hierin den nachdrücklichen Beweis für den Bruch, den die vordringenden Seevölker verursacht haben.

Der Niedergang der Bronzezeit als mediterrane Kettenreaktion
Es gibt zumindest einen Punkt, in dem heutige Forscher übereinstimmen: Das staatlich kontrollierte soziale und ökonomische System der Bronzezeit, das große und kleine Reiche im östlichen Mittelmeer aufs Engste zusammenhielt, zerbrach und wurde gleichsam sofort durch eine neue Ordnung ersetzt, in der der Staat zugunsten einer viel offeneren, unternehmerisch ausgerichteten Wirtschaft in den Hintergrund trat. Die meisten Gelehrten betrachten den Verfall als ein Ergebnis von mehreren Faktoren – dem Auseinanderbrechen der palastorientierten Zivilisationen, von Naturkatastrophen, dem Vordringen der Seevölker oder Änderungen in der Kriegsführung oder in einem Zusammenspiel mehrerer der genannten Umstände. Wird dagegen einer dieser Faktoren als eine *Folge* des Niedergangs interpretiert, muss die Frage anders formuliert werden, und man erhält neue, verblüffende Antworten. Einige Forscher versuchen den Kollaps als Folge interner Faktoren zu deuten, und in diesem Fall werden wir die Erklärungsmodelle betrachten müssen, die über die Ereignisse hinausgehen und die uns helfen, die neuen Strukturen, in die die Ereignisse eingebettet werden, zu verstehen. Gehen wir kritisch von der Idee aus, dass der Niedergang der Bronzezeit nur durch seine innere Schwächung verursacht worden war, werden wir aufzuzeigen versuchen, worin diese Schwachpunkte bestanden und wie sie zur Entstehung der neuen Ordnung beitrugen.

Pereira de Castro bezeichnete 1977 den Zerfall der souveränen Staaten, der lange Zeit für den Fortbestand des palastgebundenen Fernhandels verantwortlich gemacht worden war, als den Hauptfaktor für den Zusammenbruch der Bronzezeit. Ein solcher Prozess dauert eine Weile, bis er sich entwickelt, und einer der ihn beschleunigenden Faktoren war die wachsende Unabhängigkeit der Urnenfelderkulturen im Innern Europas, die sich von einer mit Metallerzen handelnden Struktur zu einer metallverabeitenden sozialen und ökonomischen Gesellschaft wandelten.

Das erste von dieser Umwälzung betroffene Zentrum dürfte der Ägäisraum gewesen sein, der Kupfer und Zinn aus dem Vorderen Orient einführen musste, um die eigene Metallproduktion weiterführen zu können. Das Schiffswrack von Kap Gelidonya, das Kupfer und Zinn aus der Levante geladen hatte und unterwegs in die Ägäis war, half Pereira de Castro, diese Hypothese aufzustellen. Ihr zufolge brachen in den westanatolischen Vasallenstaaten Unruhen aus und sie begannen, unterstützt durch Ahhiyawa, ihre Abhängigkeit vom Reich Hatti abzuschütteln. Der Zusammenbruch der ökonomischen Abhängigkeit dürfte verstärkt worden sein durch die Verfügbarkeit von Eisen, die das Netz der Fernhandelswege für Kupfer und Zinn wohl überflüssig werden ließ. Childe vertraute auf die „Demokratie" der Eisenverarbeitungstechnologie, die sich rasch ausbreitete und nicht mehr auf die palastabhängige, für den Fernhandel mit Kupfer und Zinn notwendige Organisation angewiesen war. Einige Forscher widersprachen ihm: Sie unterstrichen, dass sie erst nach dem Kollaps des Bronzezeithandels einsetzte. Abgesehen davon, dass der Gedanke eines hethitischen Monopols auf die Eisenherstellung sich seit langem als unhaltbar erwiesen hatte und Eisenerzeugnisse bereits im 14. und 13. Jahrhundert im ganzen östlichen Mittelmeer nachweisbar sind, verfügen wir heute über wichtige Daten, die bestätigen, dass Zypern eines der Hauptzentren der Eisenproduktion jener Zeit war; außerdem sind Eisenfunde bereits im 15. Jahrhundert v. Chr. auf dem Nordbalkan belegt.

Ägypten überdauerte alle anderen „Reiche der Bronzezeit". Aus den Ruinen dieser Epoche bildete sich eine neue mediterrane Welt heran, in der sich der Aufstieg der Phöniker, Griechen, Etrusker und Römer zu einflussreichen Mächten vollzog. Gegenüberliegende Seite: Pharao Ramses II. (1279–1213 v. Chr) packt die von ihm unterworfenen Völker der Nubier, Libyer und Syrer am Haarschopf.

Neueste Funde aus Zypern untermauern eine interessante, von Sheratt aufgestellte Theorie zum Untergang der Bronzezeit: Auf Zypern bestand ein Gemeinwesen, das Bronze, Keramik sowie Eisen für Gerätschaften erzeugte, die parallel mit dem staatlich kontrollierten Handel in Umlauf kamen und daher wie ein subversiver Faktor wirkten, der das ökonomische Netzwerk der Großreiche untergrub und damit zu ihrem endgültigen Niedergang beitrug. Betreiber dieses „verdeckten" wirtschaftlichen Systems waren keine Geringere als die Seevölker, mit dem Hauptsitz auf Zypern, einer Insel, die, soweit wir wissen, keine Palaststruktur aufwies. Eine derartige Erklärung lässt sich bestens durch jenen Amarnabrief untermauern, in dem der Pharao sich beim König Alashiya über die Lukka und Alashiyer beklagt, dass diese gemeinsam Ägypten angreifen würden. Daraufhin antwortete der König von Alashiya, dass dies nicht stimme, denn die Lukka hätten in den Jahren davor immer neue Städte der Alashiyer in ihren Besitz gebracht.

Obwohl Pereira de Castro und Sheratt wie die meisten anderen Forscher Anhänger der Theorie waren, wonach die Heimat der Seevölker irgendwo im Westen Anatoliens gelegen haben muss, erklären sie nicht, was die Seevölker zum Vordringen nach Süden veranlasst haben könnte. Ich schlage deshalb vor, einen genaueren Blick auf die Geschichte des Reiches Hatti zu werfen. Es ist klar, dass der Reichtum der Hethiter nicht durch den bescheidenen Ackerbau und die Haustierhaltung erklärt werden konnte. Seinen Wohlstand verdankte es vielmehr dem Handel – meist als Vermittler – und dem ungezügelten Eroberungsdrang: Neue Länder, neue Völkerschaften wurden unterworfen, neue

Semitische Kriegsgefangene in Ägypten, zweite Hälfte des 14. Jahrhunderts v. Chr.. In der kosmopolitischen Welt der großen Reiche brachte der Sklavenhandel den größten Gewinn. Viele antike Quellen – die Täfelchen von Pylos, die hethitischen Verwaltungsurkunden und die Reliefbilder ägyptischer Tempel – beziehen sich auf den hohen Nutzen männlicher und weiblicher Sklaven. Im Verlauf der Geschichte hat ein in großem Stil betriebener Sklavenhandel stets zu einer neuen ethnischen Zusammensetzung geführt.

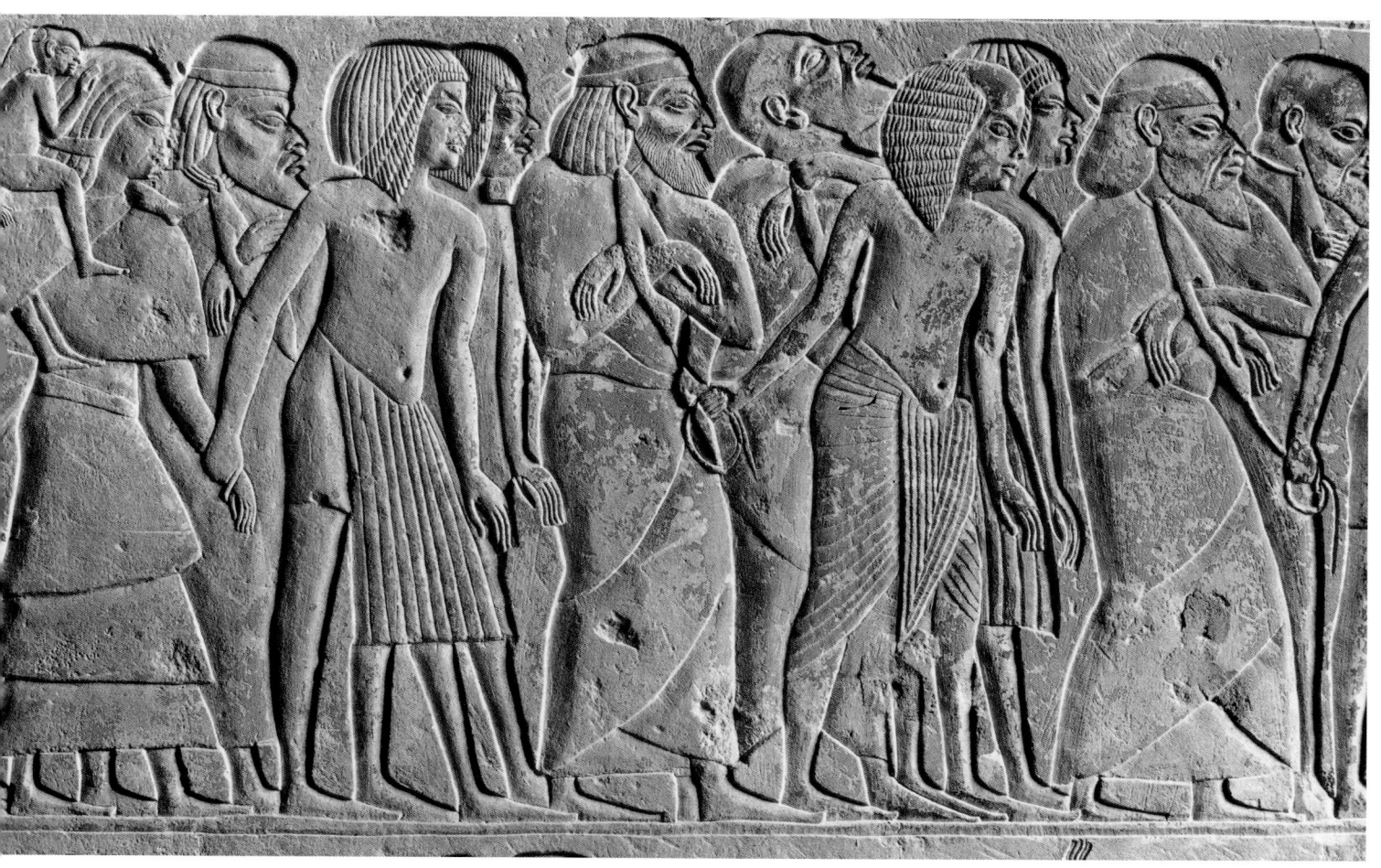

Als Symbol einer neuen Welt entsteigt Aphrodite, Tocher des Zeus, Göttin der Schönheit und der Liebe, dem Mittelmeer. Der Kult um sie ist wohl orientalischen Ursprungs. Sie verkörpert alles bereits Gewesene, sie ist Ischtar und Astarte, Aschdoda und der Genius Griechenlands ... sie ist die westliche Zivilisation.

Tribute aufgezwungen, neue Arbeitskräfte und Krieger gewonnen, um das bestehende kulturelle Netzwerk der Inbesitznahme auszubauen. Die *Taten der Könige* oder Erinnerungen der wichtigsten hethitischen Großkönige (mitunter auf deren Befehl oder den ihrer Nachfahren verfasst), beschreiben in stolzen Worten diese Eroberungszüge, die gewaltsame Aufteilung von Feindesland oder der Territorien aufbegehrender Vasallen durch Zerstörung, Inbrandsetzung, Versklavung von Männern, Frauen und Kindern.

Dass in der Bronzezeit Menschen ein kostbarer Besitz waren, das bestätigen die Pylos-Täfelchen (mit ihren ausführlichen Namenslisten von Sklavinnen unterschiedlicher mediterraner Herkunft), hethitische Verwaltungsurkunden sowie Homers Beschreibungen von Raubzügen, deren Hauptziel es war, die einheimische Bevölkerung zu verschleppen, so wie Odysseus es im Nildelta übrigens tat. Auffallend ist jedoch die geradezu obsessive Aufmerksamkeit, die in sämtlichen hethitischen Verträgen und anderen Urkunden den Kriegsgefangenen, Flüchtlingen, Verschleppten und Entflohenen geschenkt wird. Meiner Ansicht nach ging der Aufstieg des hethitischen Reiches nicht nur mit einem fast 400 Jahre währenden Dauerkrieg und einer rücksichtslosen Eroberungspolitik einher, sondern hatte auch eine Masse rebellierender, land- und rechtloser Menschen zur Folge, die ihrem Los dadurch entkamen, dass sie wahrscheinlich „auf Schiffen lebten", wie die Ugarit-Tafeln über die Shekel/Shikala berichten, die in Trockenregionen Zyperns Siedlungen errichteten, welche jenseits der Reichweite der (auf Zypern übrigens nicht bekannten) Palaststrukturen lagen und wo sie ihre Güter herstellten und außerhalb des offiziellen Handelsnetzes vertrieben. Dies bewirkte eine Lockerung der Abhängigkeitsverhältnisse, untergrub die herrschenden Strukturen und beschleunigte den Niedergang des alten Systems.

Betrachtet man die Epoche aus dieser neuen Sicht, könnte man die unterschiedlichen Muster von Zerstörung und Landaufgabe (der Ägäis, des Großteils von Hatti, von Teilen der syrischen Küste, des Königreichs Ugarit), von Zerstörung und Wiederaufbau (in Teilen der levantinischen Küste und Zyperns) und unbesiedelt gebliebener Landstriche (in Teilen Zyperns, der syrischen und südanatolischen Küste) als ein Ergebnis der langfristigen feindlichen – oder fallweise auch freundlichen – Haltung der Seevölker diesen gegenüber angesehen werden. Die bloße Tatsache, dass Zypern kein einheitliches Zerstörungsmuster aufweist und dass Mesopotamien diese Katastrophe unbeschadet überstand, scheint diese Interpretation zu untermauern. Übrigens besaß Mesopotamien keine Eisenerzlager und blieb weiterhin abhängig von den Fernhandelswegen, um in den Besitz von Eisenerz zu gelangen. Daher muss sich der Blick auf Zypern und die Levante richten, um die Geburt einer neuen Ära, der Eisenzeit, sowie die Vorherrschaft freier Kaufleute zu verstehen, die sich in Städten wie Byblos und Sidon, aber auch in ländlichen Siedlungen festsetzten. Dank Herodot gingen sie in die Geschichte als Phöniker ein, nannten sich selbst aber Kanaaniter. Westliche Gelehrte pflegten hinter Homers Epen nach dem historischen Kern zu suchen, versäumten es aber, diese als Teil eines Repertoires anzusehen, das der breiteren mediterranen Kultur zugehörig war. Im Grunde wurde nicht nur Helena, sondern auch Sara in den Palast des Philisters Gerar (Gen 12,15 und 20,2) entführt. Die zwei Frauen wurden von ihren Ehemännern König Menelaos bzw. König Abraham wiedergefunden.

Immer wieder stellt man verblüfft fest, wie klein das Mittelmeerbecken war. Eine der Hauptgestalten des klassischen griechischen Götterpantheons wird in Verbindung gebracht mit der nahöstlichen Gottheit Ischtar/Astarte/Aschdoda; es ist Aphrodite, Göttin der Fruchtbarkeit, Schutzherrin der Seeleute und Fischer, aus einer Muschel auf Zypern geboren, mit Hephaistos, dem Gott des Feuers und der Schmiedekunst vermählt – eine vielgesichtige Gottheit des östlichen Mittelmeerraumes, der Geist des Mediterranen.

Die frühen Handelsreiche

Die Etrusker lieferten der Nachwelt ein zwiespältiges Bild von sich selbst. Vor dem Aufstieg Roms (750–400 v. Chr.) waren sie eine der Großmächte im westlichen Mittelmeer; sie besaßen eine große Flotte und unterhielten enge Handelsbeziehungen zu Griechenland. Ihre Zivilisation hinterließ uns keinerlei literarische Zeugnisse, dafür aber eine hochentwickelte Malerei und Plastik, deren Schwerpunkt vor allem der private Alltag und seine Freuden sind.

Ihre Kultur wurde in hohem Maß von Griechenland beeinflusst. Sie übernahmen im 7. Jahrhundert das griechische Alphabet, um ihre Sprache, die nach heutiger Kenntnis mit keiner anderen Sprache des Mittelmeerraums verwandt ist, aufzuzeichnen. Das etruskische Alphabet ist seinerseits die Quelle des lateinischen Alphabets.

Wie die Griechen waren auch die Etrusker politisch nicht geeint. Sie bildeten Stadtstaaten, verschwanden aber mit dem Aufstieg Roms aus der Geschichte. Erhalten blieben vor allem intime Einblicke in ihr festliches wie tägliches Leben, wie z. B. nebenstehendes Fresko aus Tarquinia mit der Darstellung eines Ehepaares bei einem Leichenschmaus. Der Mann überreicht der Frau ein Ei, vermutlich das Symbol des sich erneuernden Lebens.

Für die frühen Griechen bedeutete eine Seereise ein Abenteuer, in dessen Verlauf man mit natürlichen und mit überirdischen Gefahren rechnen musste. Besonders eindrücklich kommt dies in der Geschichte von der Irrfahrt des Odysseus zum Ausdruck: Der Held hat mit der Eifersucht der Götter zu kämpfen, er muss sich gegen den Kyklopen Polyphemos behaupten, den Verlockungen der Circe widerstehen, die Menschen in Tiere zu verwandeln vermag, und dem Gesang der Sirenen, die die Schiffer ins Verderben locken. Die letztgenannte Gefahr überstand Odysseus, indem er seinen Männern die Ohren mit Wachs verschloss und sich an den Schiffsmast band, um nicht der Verlockung durch die Sirenen mit ihrem Vogelleib zu erliegen. Diese Szene findet sich auf einer griechischen rotfigurigen Vase aus Vulci.

DER AUFSTIEG UND DER NIEDERGANG DER IMPERIEN, die Reisen der ersten Händler, die Verbreitung der ägyptischen Kultur und anderer Zivilisationen im östlichen und später im westlichen Mittelmeerraum – das waren die großen Themen, welche die Geschichtsschreiber seit Herodot und Thukydides bewegt haben, Themen, die sich auch umfassend in den archäologischen Ausgrabungen spiegeln. Zugleich findet sich dieser Themenkreis, überlagert von Mythen und Phantasien, in Homers Epen wieder: das durch die Belagerung von Troja geschwächte mykenische Reich der Spätzeit, die Irrfahrten des Odysseus quer durch das Mittelmeer, während andere Mythen um die sagenhaften Abenteuer Jasons im Schwarzen Meer kreisen. Sowohl etruskische als auch römische Überlieferungen berichten von Wanderungen aus dem Osten: auch die Reise des Trojaners Äneas über Karthago nach Latium scheint ein Hauptmotiv der Etrusker gewesen zu sein, während Herodot berichtet, wie ein lydischer Fürst namens Tyrsenos die Hälfte seines Volkes aus dem von einer Hungersnot heimgesuchten Land westwärts führt und die tyrrhenischen Städte Etruriens gründet. Obwohl die Gelehrten lange Zeit im Zweifel darüber waren, ob alle Etrusker oder nur einige Einwanderer aus dem Osten waren oder lediglich Nachahmer östlicher Lebensweisen, Kultur und Kunst, interessiert uns hier die eindrückliche Feststellung, dass die Bronzezeit mit Einsetzen der Wanderungen ganzer Völker ein Ende fand. Zentren einst blühender Kulturen wie die der Nuraghen auf Sardinien gingen unter. Kreta, das jahrhundertelang unter den Minoern eine Blüte erlebte und Ausgangspunkt der frühesten griechischen Zivilisation der Mykener war, ging seinem Verfall entgegen, sei es bedingt durch unvorstellbar heftige Vulkanausbrüche in der Ägäis oder infolge innerer oder äußerer politischer und ökonomischer Krisen. Das späte 2. Jahrtausend v. Chr. ist in ägyptischen Quellen das Zeitalter der Seevölker, deren Namen uns die Bezeichnungen von Ländern und Völkerschaften des Mittelmeerraumes in Erinnerung rufen; genannt werden die Shardana, die manche mit Sardinien in Verbindungen brachten, die Tursha, die mit den tyrrhenischen Bewohnern aus der Ägäis verwandt sein könnten, die Peleshet, die oft mit den Philistern gleichgesetzt werden, aber auch mit den „Pelasgern", einem Namen, mit dem antike griechische Autoren alle nicht griechischen Völker der Ägäis bezeichneten. Mit Sicherheit lebten in der Ägäis in klassischer Zeit nicht griechische Völker; dies belegt auch eine Inschrift aus dem 6. Jahrhundert aus Lemnos, die in einer dem Etruskischen verwandten, aber doch davon unterschiedlichen Sprache verfasst ist. Sie ist der einzige Beweis, dass das Etruskische mit anderen Sprachen der antiken mediterranen Welt verwandt war. Eigentlich dürften wir nicht überrascht sein festzustellen, dass die Mittelmeerwelt ethische und sprachliche Enklaven umfasste, die das Ergebnis jahrhundertelanger Migrationsbewegungen, kriegerischer Konflikte und Neubesiedlungen waren. Die ethnische und sprachliche Homogenität vollzog sich erst spät, sofern sie überhaupt eintrat.

Eine Wanderbewegung fand zwar nur geringen Widerhall auf die Verfasser offizieller Inschriften in Ägypten und dessen Nachbarländern, hatte dafür aber umso tiefere Auswirkungen auf die Zivilisation des Mittelmeerraums und die gesamte Welt als die den Philistern, Tyrrheniern und anderen zugesprochene Migration: die Ankunft der Israeliten im Lande Kanaan. Neuere Forschungen neigen dazu, die Geschichten der Bibel eher als literarische Produkte denn als historische Quellen anzusehen, und die Archäologie konnte bisher nicht genau nachweisen, wo genau Abraham, Mose und die anderen biblischen Helden sich niederließen. In der frühen Eisenzeit jedenfalls identifizierten sich die semitischen Bewohner des Hochlandes Kanaan mit den zwölf Stämmen Israels, die mithilfe des einen wahren Gottes und Weltenschöpfers der Sklaverei in Ägypten entkommen waren. Auch diesbezüglich gibt es viele Diskussionen, wann die Israeliten begonnen haben, in diesem einen Gott den einzigen Gott im gesamten Universum zu sehen, obwohl frühe Geschichten von Elija und anderen Propheten sicherlich über falsche Götter spötteln, und zwar in einer Weise, die nahelegt, dass sie wohl kaum an ihre Existenz glaubten. Widersprüchlich bleibt auch die wirkliche Bedeutung der von diesen Stämmen begründeten Königreiche: Die biblischen Texte übertrieben wohl die Größe von Davids Reich, aber die Berichte von den alltäglichen Konflikten zwischen den Bronzewaffen tragenden Israeliten und den Eisenwaffen verwendenden eindringenden Philistern, während Ägypten, Assyrien und andere Großreiche jener Zeit um die Vorherrschaft in der Region kämpften, scheinen real gewesen zu sein. Wahr scheinen auch die Berichte über verschiedene Kultzentren zu sein, wie jenes von Schiloch, und über die Versuche, um das Jahr 1000 v. Chr. Gott im neuen Tempel von Jerusalem anzubeten. In dieser Zeit bildete sich auch eine schriftkundige Elite heran, die das phönikische Alphabet anpasste; um die Zeit

Kanaans Besiedlung durch die Israeliten wird in assyrischen Urkunden kaum erwähnt, aber der Bibelbericht scheint einen wahren Kern zu enthalten. Israeliten leisten König Salmanassar III. Tribut (Relief, 850 v. Chr.).

des Babylonischen Exils (586 v. Chr.) sammelten und verarbeiteten der Prophet Jeremias und der Schreiber Baruch die Überlieferungen und Gesetze der Hebräer. Obwohl traditionsgemäß die ersten fünf Bibelbücher Mose zugeschrieben werden, der sie aus Gottes Hand erhalten haben soll, neigt die Mehrheit christlicher und jüdischer Gelehrter dazu, in ihnen ein Sammelwerk verschiedener priestlicher Überlieferungen zu sehen, die durch den Schreiber Ezra gegen Ende des 6. Jahrhunderts v. Chr. zusammengefasst wurden, als die Juden (wie man sie fortan bezeichnen kann) nach dem Exil in Babylon wieder in ihre Heimat zurückkehrten. Das von den Juden bewohnte Land eignete sich zum Anbau von Weizen und Gerste, für die Viehzucht (Schafe und Ziegen), und die archäologischen Funde belegen, dass mit Ausnahme einiger Luxusgüter, die wahrscheinlich einem Fürstenhof gehörten, das Leben hier sehr bescheiden gewesen sein muss. Erzeugt wurden vor allem religiöse Gedanken, Glaubensvorstellungen und nicht materielle Luxusgüter. Obwohl einige der Ideen, die in frühen hebräischen literarischen Texten auftreten, Gemeinsamkeiten mit den Nachbarkulturen aufweisen – oft wurde das Gesetzbuch des Hammurabi mit dem Gesetzestext des Pentateuch verglichen –, einzigartig blieb doch die zweifache Betonung auf Gottes Forderung nach einem ethisch fundierten Leben und die Anbetung des einen Gottes.

Die hebräische Religion und das jüdische Volk, die stets im Spannungsfeld zwischen Ägypten, Assyrien und Babylon standen, spielten auf diese Weise eine entscheidende Rolle im östlichen Mittelmeer. Obwohl die Hebräer Ägypten ablehnten und vor den Verlockungen Babylons warnten, bilden ihre Erfahrungen und Kontakte mit Ägypten und Mesopotamien die Wurzel ihrer Überzeugung, in der Geschichte das Wirken Gottes zu sehen.

Die Schlacht um die Seewege: 1000–300 v. Chr.

MARIO TORELLI

IN DER ZWEITEN HÄLFTE des 2. Jahrtausends v. Chr. sind wir Zeugen eines besonders lebhaften und profitablen Schiffsverkehrs quer durchs Mittelmeer, das gewissermaßen ein riesiger „Binnensee" war, der Südeuropa, Nordafrika und den Vorderen Orient miteinander verband. Die Hauptakteure waren die Völker der Ägäis, allen voran die Minoer Kretas und danach die Mykener. Ihr vorrangiges Interesse galt dem Vorderen Orient als Lieferanten kostbarer Güter, vor allem von Tuch und Luxuswaren aus Ägypten, Mesopotamien und Anatolien, aber auch von Rohstoffen, wie z. B. Kupfer aus den reichen Bergwerken Zyperns und Edelsteine aus dem Gebiet des Fruchtbaren Halbmonds. Die Seefahrer der Ägäis beherrschten das Mittelmeer im 14.–12. Jahrhundert v. Chr.; sie widmeten sich der Versorgung der Fürstenhöfe, der Kriegsherren des Festlandes oder der Inseln mit Gütern und besonders dem Fernhandel zwischen der Ägäis und den Küsten Palästinas und Syriens, indem sie diese Regionen mit dem zentralen Mittelmeer verbanden und sogar die Iberische Halbinsel erreichten. In den letzten 40 Jahren nahmen die Funde, die eine mykenische Präsenz in Süditalien, Sizilien und Sardinien belegen, dermaßen zu, dass es in vielen Fällen nicht übertrieben scheint, von authentischen Siedlungen von Gruppen oder Individuen mykenischer Herkunft zu sprechen. Auch wenn diese Seefahrer nicht allzu viele Orte ansteuerten, verblüfft doch der frühe Zeitpunkt, zu dem sie diese erreichten, sowie die Menge und die vorzügliche Qualität der mykenischen Funde aus bewohnten Stätten oder aus Grabmälern, die auf eine permanente Präsenz der Mykener in diesem Raum schließen lassen. Die Untersuchung tausender Stücke mykenischer Keramik in der Grabungsstätte der späteren griechischen Kolonie Metapontion in Süditalien bei Termitito ergab, dass neben eingeführter Keramik aus der mykenischen Welt, vor allem aus der Region um Argos, ein beträchtlicher Teil der Töpfereiwaren aus lokalen Werkstätten stammte.

Trotz äußerst dürftiger Nachweise setzen moderne Beobachter diese weit entfernten Unternehmen in Beziehung zu den Geschichten über die griechischen Helden, die sich in der Fremde mit der einheimischen Bevölkerung vermischten, um auf diese Weise die griechische Eroberungen neuer Gebiete zu legitimieren und diplomatische Beziehungen mit den Barbarenvölkern zu knüpfen. Diese Unternehmungen können auch als Grundlage jener Merkmale dienen, die das Handelsleben im Mittelmeerraum in vorrömischer Zeit charakterisierten: die Verknüpfung von Handelskontakten mit der kolonialen Besiedlung. Die Seewege der Phönikier und später der griechischen Kaufleute folgten weitgehend denen ihrer mykenischen Vorgänger, gingen aber darüber hinaus unter Bedingungen, die zum Teil von diesen vorbestimmt waren. So wie in der Bronzezeit schafften es die Händler, die weit höher entwickelten Kulturen des Vorderen Orients mit Rohstoffen und anderen benötigten Gütern zu versorgen, und bezogen dafür Luxusgüter, die weiter westlich äußerst begehrt waren. Gleichzeitig beschränkten sich die Kontakte der Händler mit den Völkerschaften des westlichen Mittelmeeres nicht auf den Warenaustausch, sondern diversifizierten sich rasch. Wenn es geeignete Bedingungen gab, das heißt, wenn die Einheimischen relativ schwach waren, aber über reiche landwirtschaftliche Ressourcen verfügten, so gestaltete sich der Übergang vom bloß merkantilen Kontakt zu einer Koloniegründung als

Der griechische Ideenreichtum übertrifft alle Erwartungen, denn es verblüfft, wie es den Künstlern jener Zeit gelang, die Einflüsse scheinbar gegensätzlicher Nachbarkulturen zu verarbeiten. Gewissermaßen ein Symbol dafür ist dieser im Original nur 4,5 cm große goldene Ohrring: Eine Harpyie oder Sirene mit einem Oberkörper in Vogelgestalt und der unteren Körperhälfte eines Raubvogels, die in scharfen Krallen endet, spielt auf der Kithara. Der Ohrring stammt vermutlich aus dem östlichen Mittelmeerraum aus dem 4. Jahrhundert v. Chr..

Ihre Handelsniederlassungen gründeten die Phöniker an strategisch günstigen Stellen, die leicht zu verteidigen waren. Das heutige Cádiz in Spanien, einer ihrer frühesten Handelsplätze (gegründet um 1100 v. Chr.), war nur über einen schmalen Landvorsprung zugänglich, den landeinwärts ein Sumpfgebiet schützte. Die Siedlung war Teil eines verzweigten Netzwerks von Handelsplätzen, mit dessen Hilfe die Phöniker im 1. Jahrtausend v. Chr. ihr Wirtschaftsimperium verwalteten.

Motya bewahrt immer noch die Grundmauern der einstigen phönikischen Siedlung. Sie wurde im 8. Jahrhundert v. Chr. auf einer Insel inmitten eines ausgedehnten Sumpfgebiets an der Westküste Siziliens, genau gegenüber von Karthago, der berühmtesten aller phönikischen Kolonien, gegründet.

ein natürlicher Vorgang. Wenn die einheimische Bevölkerung jedoch die militärische Macht besaß, um die Gründung neuer Kolonien abwehren zu können, bildeten die Handelsbeziehungen den entscheidenden Weg für einen Transfer an technischem Know-how durch die Ankunft von eben solchen Personen, die über derartiges fortgeschrittenes Wissen verfügten, das die Einheimischen nicht besaßen, dafür aber schätzten.

Hinsichtlich ihrer Motive und Methoden folgten spätere Kontakte quer übers Mittelmeer den Mustern aus mykenischer Zeit, und dies gilt für Phöniker ebenso wie für Griechen. Im Grund gibt es nur geringe Unterschiede zwischen der Vorgehensweise dieser zwei Gruppen. Selbst wenn sie unterschiedliche Seerouten befuhren, so stammten diese noch von ihren mykenischen Vorgängern aus der Bronzezeit. Wir treffen auf Siedlungen auf Inseln oder Halbinseln, die sich unweit von dem Festland befanden, das Zielort des Handels war: In der Bronzezeit waren es die Phlegräischen Inseln mit Vivara im Golf von Neapel oder Thapsos auf der Halbinsel Magnisi auf Sizilien, im 1. Jahrtausend die Inseln von Pithekussai, dem ersten griechischen Stützpunkt im Tyrrhenischen Meer, die Inseln

Die älteste karthagische Koloniegründung erfolgte 654 v. Chr. auf der Baleareninsel Ibiza. Diese geheimnisvolle Tonfigur wurde dort in einem Grab gefunden und zeigt eine Frau oder Gottheit, die einen kunstvollen Halsschmuck und exotische Kleidung trägt. Ähnliche Darstellungen finden sich nur in der griechischen und ägyptischen Kunst.

San Pantaleo mit dem antiken Motya und Ibiza als phönikische Außenposten auf Sizilien und die Landzunge von Cádiz in Spanien, die von umgebenden Sumpfgebieten geschützt war. Wie die Mykener so waren auch Phöniker und Griechen an den Erzlagern zur Metallgewinnung interessiert, und wie jene handelten sie mit Luxusgütern.

Der Handel im frühen 1. Jahrtausend v. Chr.: Tyrrhenier, Phöniker, Euböer

Das Ende der Bronzezeit und der Beginn des „Dunklen Zeitalters" wurde durch tief greifende Veränderungen im gesamten östlichen Mittelmeer geprägt. Großreiche in Griechenland und Anatolien – die Mykener und die Hethiter – brachen zusammen, und eine neue politische und ethnische Ordnung setzte sich auf dem griechischen Festland, den Inseln und in Kleinasien durch. Die mykenischen Seereisen, die Griechenland mit der Ägäis und dem Vorderen Orient jahrhundertelang verbunden waren, brachen zwischen dem 12. und 11. Jahrhundert v. Chr. plötzlich ab. Beweise für einen Handel zwischen dem westlichen und dem östlichen Mittelmeerraum scheint es nur vereinzelt zu geben: In den Fundstätten auf der italienischen Halbinsel, auf Sizilien und Sardinien fehlen die einstigen Spuren von Gütern aus dem Osten. In den Wirren dieser stürmischen Neuordnung im Mittelmeer ging es nicht nur um die viel diskutierten „Seevölker", die die Küsten unsicher machten und die ehemals geregelten Handelskontakte zwischen Ost und West erheblich behinderten. Die so genannte „Liste der Thalassokratien", eine abgegriffene Chronologie der Seemächte, die in der *Chronik* des Eusebios von Cäsarea übermittelt wurde, beschäftigt sich mit dieser obskuren Zeit um die Jahrtausendwende und insbesondere mit der Zeit zwischen 1174 v. Chr. und 961 v. Chr.; darin bezieht sich Eusebios auf die sukzessive Vormacht zur See der Lydier und Pelasger, das heißt auf zwei legendäre Völker, die mit den Tyrrheniern und Etruskern in Verbindung stehen. Diese beiden Völkerschaften, verbunden durch eine gemeinsame Sprache – das Tyrrhenische wurde auf Lemnos, Imbos und im Osten der Halbinsel Chalkidike gesprochen und das Etruskische in Etrurien – scheinen beträchtliche Neuerungen im Bereich der seit langem bestehenden Handelsnetze eingeführt zu haben. Ägyptische Quellen erwähnen sie als Teilnehmer an den Raubzügen der „Seevölker" unter den Namen *Trshwa* oder *Tursha* und mit ihnen setzt ein neues Element im Handel mit Metallgegenständen ein. In der Tat zeichneten sich die Tyrrhenier sowohl aus der Ägäis als auch jene von der italienischen Halbinsel durch eine ungewöhnliche Fertigkeit in der Metallbearbeitung aus, die umfassend durch archäologische Funde dokumentiert ist. Die Niederlassungen der beiden Zweige der Tyrrhenier zeigen, dass die Ortswahl wohldurchdacht war; vermutlich spielten dabei der Zugang zu Metallvorkommen und direkte oder indirekte Nähe zu bestimmten Handelswegen eine Rolle: Die „Tyrrhenier" im Westen waren, wie Ephoros belegt, aktiv in der Piraterie vor Ankunft der griechischen Kolonisten auf Sizilien, während die „Tyrrhenier" aus der Ägäis eher an die Erzvorkommen aus dem Kaukasus gebunden waren, an die die Sagen von den Argonauten erinnern.

Der Zerfall Mykenes führte zusammen mit einer Migrationsbewegung auf dem Balkan, die in verschiedenen Quellen als „Rückkehr der Heraklidai" bezeichnet wird, auf dem griechischen Festland zu einer neuen ethnischen Struktur und vermutlich zur definitiven Besiedlung der kleinasiatischen Küste durch die Griechen. Dies war von herausragender Bedeutung für den späteren Seehandel. „Die Rückkehr der Heraklidai" ist eng verknüpft mit den großen Umwälzungen im materiellen Bereich, vor allem mit der Verbreitung des Eisens und den Änderungen im Produktionsprozess, der auf den Machtverlust der mykenischen Kriegsfürsten folgte. Berücksichtigen muss man auch die Migration jener Bevölkerungsgruppen, die eine ionische Form des Griechischen sprachen, nach Kleinasien, in

Griechische Kontakte zur Kaukasusregion, woher Edelmetalle bezogen wurden, reichen bis in die älteste Zeit zurück. Vermutlich bilden sie den Hintergrund der Argonautensage und der gefahrvollen Reise Jasons nach Kolchis, östlich vom Schwarzen Meer, auf der Suche nach dem Goldenen Vlies. Dieser Mythos findet sich auch auf einem attischen rotfigurigen Krater (Mitte des 7. Jahrhunderts), einem Werk des Talas-Malers.

ein Gebiet also, das im 2. Jahrtausend v. Chr. die Träger der mykenischen Kultur bereits geprägt hatten. Diese Wanderbewegungen wurden als „Migration" oder Kolonisation bezeichnet und in die Mitte des 9. Jahrhunderts v. Chr. datiert. Diese „ionische Kolonisation" muss im engen Zusammenhang mit der Entstehung der *Polis* gesehen werden, jener politischen Organisationsform, die dem klassischen Griechenland eigen war und deren Anfänge verlässlich in den ionischen Siedlungen Kleinasiens anzusiedeln sind.

Im Zuge der Völkerwanderungen, die durch die Kolonisierung Kleinasiens ausgelöst wurden und vermutlich in Verbindung mit dem Auftreten neuer merkantiler Elemente (wie der „Tyrrhenier" und der Phöniker), wird ein weiterer Faktor erkennbar, der in den griechischen *emporia* (Handelsplätzen) des frühen 1. Jahrtausends v. Chr. eine nachhaltige Rolle spielte: die Euböer. Die Insel Euböa war nicht unmittelbar von der „Dorischen Wanderung" betroffen und scheint im Vergleich zur ionischen Expansion in Kleinasien von eher untergeordneter Bedeutung gewesen zu sein. Dennoch übernahm Euböa mit seinen beiden wichtigsten Zentren Chalkis und Eretria eine führende Rolle im Wiederaufleben des griechischen Handels. Euböische Siedler zeigten ein besonderes Interesse für die nordöstliche Ägäis um die Halbinsel Chalkidike und befanden sich in offener Rivalität zu den dortigen Tyrrheniern. Die Euböer dürften außerdem die Ersten gewesen sein, die ins Tyrrhenische Meer im Westen vordrangen und eine symbiotische (wenn auch spannungsreiche) Beziehung mit den Etruskern eingingen; sie tauchten außerdem an den Küsten Syriens und Palästinas auf, wo einst die Phöniker eine Vormachtstellung gehabt hatten. Es war kein Zufall, dass Chalkis eine doppelte Rolle zukam: als Riegel zur Kontrolle des Zugangs aus dem Schwarzen Meer in die Ägäis und als Bindeglied zu Thrakien, dem im 1. Jahrtausend v. Chr. wichtigsten Lieferanten von Edelmetallen, Sklaven und Holz, die für die ökonomisch höher entwickelten Zentren des Mittelmeeres benötigt waren. Euböische Seereisen an die Küsten Siziliens und Italiens reichen bis ins 9. Jahrhundert v. Chr. zurück; dies wird belegt u. a. durch das Vorhandensein der mittelgeometrischen-II-Keramik in etruskischen, kampanischen und sizilischen Grabungsstätten. Dies war auch die Zeit, als sich Kontakte zur Küste Syriens und Palästinas zu entwickeln begannen, z. B. bei al-Mina an der Mündung des Orontes. Der Beginn des 1. Jahrtausends v. Chr. war somit geprägt durch eine neue Welle von Handelskontakten, die auf den Ruinen der älteren, aus mykenischer Zeit stammenden Verbindungen aufbaute. Es war eine Phase, in der die Tyrrhenier aus der Ägäis und Etrurien, die euböischen Griechen und die „roten" Phöniker die Vormachtstellung innehatten. Dieses Wiederaufleben der Fernhandelsrouten, begleitet vom Vordringen des Eisens in den Alltag und in den Handel, von Navigation quer übers Mittelmeer sowie dem Ansteigen der Piraterie (der Kehrseite des Handels gewissermaßen), muss untersucht werden zusammen mit den Schlüsselmomenten in der Geschichte des Dunklen Zeitalters – der Migration der Dorer und der ionischen Kolonisation – sowie mit dem ursprünglichen Konflikt und der nachfolgenden Intregration vordorischer oder einheimischer, „achäischer" Elemente in Griechenland und der Urbevölkerung Kleinasiens. Dieses sind die Voraussetzungen, die die Entwicklung der *Polis,* des griechischen Stadtstaates, dem Hauptpfeiler der klassischen Antike, ermöglicht haben.

Die uralten Seewege aus mykenischer Zeit wurden nicht bloß wiederaufgenommen, sondern erweitert und reichten sogar bis jenseits der Straße von Gibraltar. Auf den Seewegen zu den Eisenerzvorkommen aus dem Kaukasus und aus Italien stießen zwei Gruppen aufeinander: zum einen die Tyrrhenier der Ägäis und aus Italien, die bald eine getrennte Entwicklung durchmachten (die der Ägäis gingen einem rapiden Verfall entgegen, während die Tyrrhenier Italiens einen unaufhaltsamen Aufstieg erlebten); zum anderen

Klazomenai, eine ionische Stadt am Südufer des Golfs von Izmir, war wie viele andere kleinasiatische Städte auch der ständigen persischen Bedrohung ausgesetzt, die erst mit dem entscheidenden Sieg Athens im Jahr 469 v. Chr. endete. Die obige Münze stammt aus dem späten 5. Jahrhundert und zeigt auf der Rückseite einen Eber, das Symbol der Stadt Klazomenai.

die Euböer, die die Rolle der Vorreiter der griechischen Kolonisation im Westen übernahmen. Die gescheiterten Versuche des Pentathlos (um 570 v. Chr.) und Doriens (um 510 v. Chr.), Kolonien zu gründen, erinnern an das Bestreben der Griechen, ihre Kolonisation zur Unterbindung des Handels entlang den Seewegen im südlichen Mittelmeer einzusetzen, die sich unter der Kontrolle der Phöniker befanden. Deren Interesse galt weiterhin den Bergwerken Sardiniens, den afrikanischen Luxusgütern und spanischen Edelmetallen, und daher gaben sie den im Süden des Mittelmeeres verlaufenden Handelsrouten den Vorzug, wo sie die Vorherrschaft bis zum Aufstieg Roms zur Seemacht innehatten. Um diese Ziele zu erreichen, gründeten die Phöniker Handelsplätze, die rasch zu Kolonien aufstiegen: Karthago und die Handelszentren in Libyen sowie Motya in Westsizilien schienen geeignet als Kontrollpunkte für den Zugang zur Meerenge von Sizilien; Soluntum in Sizilien und die zahlreichen Häfen, die sie in Sardinien rund um Sulcis nutzten, bildeten eine Schranke, die den Zugang zum südwestlichen Mittelmeer versperrte, eine Region, die die Phöniker wie einen Hausbesitz betrachteten. Gestärkt wurde die Position der Phöniker ferner durch ihre Siedlungen im Westen, z. B. Ibiza auf den Balearen, Cádiz jenseits der Straße von Gibraltar sowie durch die Faktoreien an der marokkanischen Küste.

Dagegen befanden sich die zentralen und nördlichen Regionen des westlichen Mittelmeeres über lange Zeit hinweg im Machtbereich der etruskischen Flotte. Die Ausbreitung des etruskischen Handels von Ligurien in die Provence vom 7. bis zum 4. Jahrhundert v. Chr. ist reich belegt durch archäologische Funde aus den ligurischen und keltischen Oppida entlang der Küste und dem Unterlauf der Rhône. Dieses Netzwerk sollte in späterer Zeit von den Griechen kopiert werden. Schließlich übernahmen diese die vollständige Kontrolle über die Seefahrt im Arabischen Meer, und mit der Besetzung der Straße von Messina hinderten die Griechen die etruskischen Seeräuber am Vordringen ins Ionische Meer. Die chalkidischen Stützpunkte, von Pithekussai und Kyme (Cumae), die vor der Expansion Sybaris' gegen Ende des 7. Jahrhunderts v. Chr. keine unmittelbaren Nachfolger hatten, stellten nur eine schwache Präsenz im mittleren und südlichen Tyrrhenischen Meer gegen die etruskischen Raubzüge dar, jedenfalls zumindest bis Syrakus seine Bedeutung als Seemacht in der Schlacht von Cumae (474 v. Chr.) bewies. Selbst später, Ende des 7. Jahrhunderts, wurde die etruskische Macht über den zentralen und südlichen Teil des Tyrrhenischen Meeres durch den phokäischen Handel herausgefordert, der sich in derselben Region behaupten wollte. Auf diese Weise entstand das etruskisch-phönikische Bündnis, das (zusammen mit den Karthagern als Nachfolgern der Phöniker) gegen die Griechen aus Magna Graecia (Süditalien) und Sizilien gerichtet war. Diese Konfrontation dauerte bis Ende des 4. Jahrhunderts v. Chr., als sich nicht nur das Machtverhältnis wandelte, sondern auch die Bedürfnisse, der Lebensstil und die Ökonomie der Griechen, Etrusker und Karthager, was sich nachhaltig auf die politischen und ökonomischen Beziehungen zwischen ihnen auswirkte.

Schifffahrt und Austausch in archaischer Zeit: das phönikische Vorbild

Wir können nun erkennen, dass der phönikische Handel, wie er sich um 1000 v. Chr. und in den 200 Jahren danach präsentierte, ein Modell darstellte für die Art und Weise, wie die Griechen und Etrusker ihren Mittelmeerhandel organisierten. Santo Mazzarino meint in seiner Studie *Between East and West* (1947), dass die Phoinikes des 2. und 1. Jahrtausends v. Chr. nicht auf eine Weise miteinander verwechselt werden dürften, die die Leistung der mykenischen Seefahrer vergessen macht, denn diese befuhren dieselben Handelswege und hatten mit der ansässigen Bevölkerung Kontakte geknüpft, die sie in der zweiten Hälfte des 2. Jahrtausends v. Chr. angetroffen hatten. Unbestritten bleibt, dass die Phoinikes aus den

Zwei Schiffstypen, ein griechisches und ein etruskisches Schiff, sind hier vermutlich dargestellt. Das griechische Schiff, an dessen Bug ein Steuerruder mit einem aufgemalten Auge sichtbar ist, wird von den fünf Ruderern nach rechts fortbewegt. Detail des Arithonos-Kraters, Mitte des 7. Jahrhunderts v. Chr..

historischen Quellen eben die Phöniker sind. Aus ihrem Mutterland mit den Städten Byblos, Tyrus und Sidon sowie aus Zypern, das ebenfalls unter ihrem Einfluss stand, breiteten sich die Phöniker im Mittelmeerraum aus und gelangten ab dem 11. Jahrhundert v. Chr. bis nach Spanien, Nordafrika, Sardinien, Sizilien; ägyptische Urkunden bezeichnen sie um diese Zeit bereits als Händler, und sie blieben eine Handelsmacht bis ins späte 8. Jahrhundert, als die assyrische Expansion und die wachsende Präsenz der Griechen ihre Vormachtstellung brachen.

Die phönikische Präsenz im Westen ist in mehrfacher Hinsicht von Bedeutung. Vor allem für die Griechen, aber auch für die Etrusker, die italischen Völker, die Libyer und die Iberer bildeten die Phöniker ein mächtiges Vorbild für die Art, Handel zu treiben; auch trugen die Phöniker zur Verbreitung kultureller Modelle, sozialer Institutionen und Strukturen und einer bestimmtem Lebensweise bei. Die Verbreitung begehrter Luxusgüter erfolgte auch über ein komplexes Handelsnetz und war engstens verknüpft mit dem Austausch von Rohstoffen, u. a. Metallen, aus Ländern mit reichen Lagerstätten. Die vielseitigen Interessen der Phöniker werden in den Bibeltexten eingehend erwähnt, so z. B. im Buch Ezechiel und dem Buch der Könige, ganz zu schweigen von den klassischen Geschichtsschreibern Herodot (über Wein), Pseudo-Aristoteles (über Öl) und Silius Italicus (über Holz). Die Luxusgüter, die sie beförderten, dienten auch als Mittel zur Verbreitung von Ideologien, wie wir noch sehen werden. Und die eigentliche Struktur des Warentausches, die in östlichen Modellen verankert war, wurde rasch auf jene Gebiete übertragen, in denen die Phöniker auf ansässige Gruppen stießen, und entwickelte sich zu einer bedeutenden Quelle für die Verbreitung östlicher Kultur.

Das etruskische Schiff ist offensichtlich bereit, einen Seeangriff abzuwehren. Der Arithonos-Krater, Mitte des 7. Jahrhunderts v. Chr. entstanden, mit der Darstellung einer Seeschlacht, scheint sich auf eine Epoche zu beziehen, als die Griechen mit bereits im östlichen Mittelmeerraum ansässigen Völkern kämpften.

Die Phöniker waren Träger einer uralten, hoch entwickelten und spezialisierten handwerklichen Tradition, die ihren Ursprung in Phönikien selbst oder zumindest im Gebiet Libanon, Syrien, Zypern hatte, aber auch Vermittler von Vorbildern aus Ägypten, Anatolien, Mesopotamien und Urartu waren. Zu den von den Phönikern hergestellten Gütern zählen Erzeugnisse aus kostbaren Materialien wie Metall, Elfenbein, Edelhölzer, Trinkgefäße aus Bronze, Silber und Gold, große Behälter für Zeremonien, wie z. B. Räucherfässer, Kessel, Dreifüße, Duftfläschchen aus Fayence, Glas oder Alabaster, Möbel mit Metall- oder Elfenbeinbeschlägen sowie *athyrmata*, „Töpferware", Straußeneier, die durch Hinzufügung von elfenbeinernen Füßen, Mund oder Kragen zu Tierfiguren gestaltet werden, oder Siegel und Skarabäer aus Fayence oder Halbedelsteinen. Der Kauf solcher Objekte durch hohe Würdenträger, die Kontakte zu den phönikischen Händlern pflegten führte bei Ersteren zu einem tief greifenden Wandel im Lebensstil dieser Eliten, die sich schließlich nicht mit der Nachahmung von Bräuchen und Gepflogenheiten (z. B. Bankettzeremonien oder Kochen von Fleisch in großen Kesseln) aus dem Fruchtbaren Halbmond begnügten, sondern den gesamten Lebensstil übernahmen, der eine Machtideologie ähnlich jener der mächtiger Herrscher aus dem Vorderen Orient voraussetzte. In völliger Übereinstimmung damit treten unter den aus dem Osten eingeführten kunsthandwerklichen Erzeugnissen auch Objekte auf, die unmissverständlich das zeremonielle Bildnis des Königs enthielten, wie es an östlichen Höfen verbreitet war, z. B. Thron, Fußstützen, Zepter, Brustplatten, Armreifen, Federbusch, golddurchwirkte Stoffe und Purpurkleidung usw. Dank dem Fortleben dieser Symbole durch ihre ununterbrochene Weitergabe von den Etruskern an die

Der kunstvoll gearbeitete Kessel aus vergoldetem Silber gelangte aus dem phönikischen Raum, möglicherweise Zypern, in eine etruskische Stadt. Um den Kesselkörper verlaufen zwei erzählende Friese, bewaffnete Fußtruppen, Reiter, Krieger in einem Streitwagen sowie Jagdszenen und Ausschnitte aus dem Landleben darstellend. Die aufwärts gerichteten Schlangen am Kesselrand verraten ein viel geringeres Können und wurden vermutlich von einem etruskischen Handwerker nachträglich hinzugefügt.

Römer und danach an die Menschen des Mittelalters bilden viele dieser Gegenstände Machtsymbole der Könige und Würdenträger bis weit über die Antike hinaus.

Die Eliten von Tartessos auf der Iberischen Halbinsel bildeten eine Gruppe, die aufgrund ihrer engen und dauerhaften Kontakte mit den phönikischen Siedlungen in Südspanien in ihre traditionelle Bronzezeitkultur, in der der Ahnenkult eine Schlüsselrolle gespielt hatte, zahlreiche Elemente der phönikischen Kultur assimiliert haben. In griechischen Siedlungen und Kolonien ebenso wie in etruskischen und italischen (von wo sie sich über ganz Europa ausbreitete) wurde die von den Phönikern mitgebrachte orientalisierende Kultur auf lokaler Ebene bald nachgeahmt, so wie dies auch die keltischen Fürstengräber von Vix in Frankreich, Asperg und Hochdorf in Deutschland belegen. Diese Kultur wurde zu einem unverzichtbaren Instrument der Machtausübung in den archaischen

Die winzigen, zentimeterhohen Reliefs aus vergoldetem Silber sind Teil eines Armreifs aus Süditalien (um 500 v. Chr.) und zeigen mythische Szenen mit Helden, die gegen Ungeheuer kämpfen.

Dieses Duftfläschchen, das in einem Löwenkopf endet und dessen Körper mit Kriegern und einer Jagdszene dekoriert ist, wurde in Theben gefunden und gehört dem frühkorinthischen Stil an.

Gesellschaften, die sich von den primitiven Ideen königlicher Macht zu einer Herrschaft der aristokratischen Elite entwickelten, deren Macht und Autorität auf einem servilen Abhängigkeitsverhältnis basierte. Es treten erste, von den östlichen Kulturen geprägte Zeremonien auf, die sich auf Riten einer königlichen Priesterschaft stützten, ferner die ganze Opulenz und Zurschaustellung von Ritualen, die auf orientalische Modelle zurückgehen (einschließlich der gelegentlichen Verwendung der Schrift). Offensichtlich entsprachen sie den frühen Strukturen, der Machtteilung unter der aufstrebenden Adelselite und wurden zum Vorbild für die spätere Nachahmung von Sozialstrukturen dieser Art, die von dem aus Phönikien eingeführten kulturellen Modell beeinflusst waren.

Die Ausbreitung einer orientalisierenden Kultur hing somit von der Art der Kontakte ab, die bereits zwischen diesen Völkern durch das von den Phönikern begründete Handelsnetz bestanden, obwohl die Handelszentren (wie man aufgrund ihrer relativen Randlage ersehen kann) noch nicht den Entwicklungsstand des Mutterlandes erreicht hatten. Was hier zählte, war die Art des stattgefundenen Austausches und die soziale Ordnung der Mutterländer, mit denen die Händler in Kontakt traten. Im Falle nur gelegentlicher Kontakte mit stark unterentwickelten sozialen Strukturen bestand das Standardmodell im „stummen Handel", ohne direktes Zusammentreffen von Personen, wie etwa beim Handel der Phöniker mit den Libyern. Untersucht man jedoch die stabileren Beziehungen mit komplexeren Gesellschaften, so stützte sich die Präsenz der phönikischen Händler auf die mit den einheimischen Führern vereinbarte Kontrolle der Häfen an den Küsten und vor allem auf den Inseln, wo sie Faktoreien gründeten. Diese Art der Beziehung wird deutlich am Beispiel Siziliens vor Ankunft der Griechen und am Fall des Ortes Cerne (vermutlich dem heutigen Essaouira oder Mogador in Marokko); Archäologen haben lokale Handelsplätze mit Werkstätten zur Metallverarbeitung und ihnen angegliederten Handwerkervierteln freigelegt, z. B. bei Toscanos und Trayamar in Spanien. Es waren Stützpunkte, Faktoreien, von wo aus die phönikischen Händler ihre Kontakte zu den lokalen Anführern unterhielten. Dies scheint sich, wenn auch einige Jahrhunderte später, zu spiegeln in den Beziehungen der phokäischen Kaufleute mit den Tarquiniern Roms; als Beleg dafür dient ein berühmter Abschnitt aus Justinus, der auf Pompeius Trogus zurückgeht, einem Geschichtsschreiber aus Marseilles, der über die phokäische Kolonisation und Siedlungen genaue Kenntnisse hatte.

Übereinstimmend mit der Beschreibung des Thukydides über die Art, wie Amphipolis von einer Faktorei zu einer *Polis* aufstieg, entwickelten sich diese Handelsstützpunkte zu richtigen Kolonien; zu ihren Merkmalen zählen eine starke seefahrerische Tradition und die stets strategisch günstige Lage auf Inseln, Halbinseln oder leicht zu verteidigenden Küstenbereichen, die von Sumpfgebieten oder Lagunen umgeben waren, wie z. B. in Cádiz (Spanien), Utica, Lixus und Karthago in Afrika, Solunthum und Palermo auf Sizilien, Nora, Cagliari, Bithia, Sulcis und Tharros auf Sardinien. Ein Indiz für den umfassenden Einfluss dieser Kolonien ist die Nachhaltigkeit, mit der punische Elemente die Kultur der einheimischen Bevölkerung Spaniens, Afrikas und Sardiniens (sowie in geringem Maß in Sizilien) durchsetzten und die noch in der Zeit des Römischen Reiches in Numidien und den Regionen der Libyer und Berber bemerkbar war.

Die phönikischen Faktoreien, die sich im ganzen Mittelmeerraum eines hohen Ansehens erfreuten – davon berichten auch die *Ilias* und die *Odyssee* –, waren organisiert um eine Kultstätte herum, die, selbst wenn sie der Kontrolle der einheimischen Bevölkerung unterstand, der Anbetung phönikischer Gottheiten diente und Schauplatz traditioneller syrisch-phönikischer Glaubensrituale war. Antike Quellen, aber auch moderne Untersuchungen schreiben die Gründung wichtiger und weithin bekannter Kultstätten aus klassischer Zeit der Ankunft der Phöniker zu; dazu zählen die Heiligtümer der Ischtar/Aphrodite in Kythera, Korinth, und der etruskische Hafen von Pyrgi, des Sid/Sardus Pater auf Sardinien sowie des Melkart/Herkules in Gades (Cádiz), Spanien, und an der Tibermün-

Särge, die die Körperform der Menschen nachahmten, waren vermutlich Teil des Ahnenkults, sie haben ihren Ursprung in Phönikien und verbreiteten sich im gesamten Mittelmeerraum. Dieses Beispiel stammt aus der phönikischen Kolonie Cádiz.

Eine ungewöhnliche Zärtlichkeit strahlt dieses Ehepaar auf einem etruskischen Sarkophag aus, das mit aufgerichteten Oberkörpern auf einem Bett liegt und den Eindruck vermittelt, als würde die Frau eine gewisse Gleichberechtigung und soziale Achtung genießen. Die Römer sahen darin jedoch nur ein Symbol etruskischer Verweichlichung.

Ein seltener Bronzethron aus dem 7. Jahrhundert v. Chr. belegt das hohe kunsthandwerkliche Können der Etrusker. Die Sitzfläche ist restauriert; lediglich die mit abstrakten Reliefornamenten ausgeschmückte Lehne ist original.

dung bei Rom. Indem von diesen und ähnlichen Heiligtümern bedeutsame religiöse Rituale ausgingen und von der Lokalbevölkerung übernommen wurden, trugen sie wesentlich zur Ausbreitung von Gedanken und Ideen bei, die Ausdruck orientalischer Machtstrukturen waren. Deutlich wird dies im Fall der heiligen Heiratsrituale in Bezug zu Adonis, deren Ursprung im phönikischen Byblos liegt, wo der Königskult besonders ausgeprägt war, und die sich in der gesamten griechisch-römischen Welt ausbreiteten und bis zum Ende der Antike überall präsent waren.

Die phönikischen Faktoreien wurden später zum Vorbild der griechischen Gründungen: die Griechen befuhren weiterhin die von den Phönikern eröffneten Seewege sowie andere, früher weniger genutzte Handelsrouten. Auch übernahmen sie aus der semitischen Sprache der Phöniker verschiedene Handelsbegriffe sowie ein Alphabet, das nicht zuletzt die Kommunikation und die Durchführung von Geschäften erleichterte. Dem Vorbild syrischer Händler fol-

Halsband aus getriebenem Gold aus Byblos, 2. Jahrtausend v. Chr., als sich Phönikien unter ägyptischer Herrschaft befand. Der Horusfalke mit weit geöffneten Schwingen in der Mitte ist ein typisch ägyptisches Motiv, das Eierstabornament am unteren Rand hingegen ein phönikisches Element, das sich später in der griechischen Kunst wiederfindet.

gend und (vor allem in der Frühphase) beeinflusst von den Phönikern, deren Handelsmethoden sie zunächst nachahmten, begannen die Griechen, in die Levante vorzudringen. Vorreiter waren die euböischen Händler vom 9. bis 7. Jahrhundert v. Chr., gefolgt im 7. und 6. Jahrhundert v. Chr. von Ionien und Ägina, die bedeutende Faktoreien an der phönikischen Küste zwischen Tell Sukas im Königreich Hama und Bassit (dem antiken Posideion), in al-Mina an der Orontesmündung sowie bei Naukratis in Ägypten gründeten. Danach wandten sich die griechischen Kaufleute dem Westen zu; sie zogen an die Küsten Italiens, Frankreichs und Spaniens und standen dabei in harter Konkurrenz zu den Phönikern, die mit denselben Gütern handelten und nicht nur nahöstliche Waren, sondern auch griechische Erzeugnisse, vor allem Keramik, vertrieben. Die Folge war, dass griechische Produkte zwischen dem späten 7. und dem 4. Jahrhundert v. Chr. im Mittelmeerraum die verbreitetsten Güter waren.

Phönikische Handelszentren dienten den Griechen als Vorbild für ihre eigenen Gründungen und waren meist auf Inseln angelegt oder von einer Mauer (*teichos*) umgeben. Dies wird auch am Beispiel der ältesten griechischen Niederlassung im Westen deutlich: Pithekussai. Das Siedlungsmodell, das ihr zugrunde liegt, war im gesamten Mittelmeerraum bekannt, von der Schwarzmeerküste und Südthrakien bis Südfrankreich (Marseille) und Südspanien, wo wir einer Siedlung begegnen, die zu einer eigenständigen Stadt heranwuchs – Emporion, das heutige Ampurias (Empuries). Dieses Modell entwickelte sich mit dem klaren Ziel, die politische und steuerliche Anatomie des Handelszentrums in seinen Beziehungen zur lokalen Bevölkerung zu sichern. Wenn dagegen ein Handelszentrum in einem Gebiet gegründet wurde, das unmittelbar oder mittelbar der Kontrolle eines Lokalführers unterstand, so organisierten die Griechen, ähnlich wie die Phöniker, ihre Tauschstrukturen in enger Abstimmung mit den lokalen Strukturen, mit denen sie in Verbindung traten. So z. B. unterstand in Gesellschaften mit einer Stammesstruktur der Handelsaustausch direkt den lokalen Händlern; wenn aber, wie etwa in Etrurien und Latium im 7. und 6. Jahrhundert, die Lokalstrukturen komplexer waren (mit Lokalfürsten als Erben der vor-

Die Schlacht um die Seewege

Handelsalltag: Eine verblüffend realistische Szene zeigt diese in Vulci gefundene lakonische Schale des Arkesilas-Malers, um 560 v. Chr.: Der links thronende Arkesilas, König von Kyrene, überwacht das Abwiegen von Handelsware. Weiße, buschige Ware wird nach dem Abwiegen in Säcke gestopft und in tiefere Räume gelagert. Vermutlich handelt es sich hierbei um Silphion, eine Gewürz- und Heilpflanze, das wichtigste Handelsgut Kyrenes, das nur an dessen Küste in Nordafrika wuchs.

Exakte Gewichtsmaße waren unabdingbar im Geschäftsleben. Dieses Bronze- und Bleigewicht aus einem etruskischen Grab in Cerveteri ist mit einer Inschrift versehen, die vermutlich den Namen des Besitzers enthält und darauf hinweist, dass es als Opfergabe für ein Heiligtum dargebracht wurde.

geschichtlichen Monarchien und mit typischen Siedlungsstrukturen), dann neigte die Faktorei dazu, dem klassischen phönikischen Modell oder, im Besonderen dem von Naukratis zu folgen.

Den Siedlungsmittelpunkt bildete hier das Heiligtum, das Schutzrecht gewähren konnte und so für die Sicherheit der Handelspartner und des Verwalters der dem Heiligtum dargebrachten Opfergaben sorgte, was die früheste Form einer Besteuerung darstellt. Es gibt eine Reihe treffender Beispiele für diesen Typus von Faktorei: Pyrgi, der Hafen Caere und die Heiligtümer von Aphrodite, Hera, Demeter und Apollo in Gravisca, dem Hafen von Tarquinii, wo die Neigung zur Nachahmung des phönikischen Modells reich belegt ist. Mit diesen Kultzentren lassen sich auch andere heiligen Stätten in Italien in Verbindung bringen, in denen Waren getauscht und sogar Eheverbindungen geschlossen wurden, was die soziale und kulturelle Integration vorantrieb. Diese Tendenz zur kollektiven Kontrolle des Warenaustausches wurde in den etruskischen Städten durch die Schaffung republikanischer Regierungsformen noch verstärkt und besiegelte das Ende der persönlichen Beziehung zwischen den Händlern und dem König (Tyrannen). Ausdruck dieser Tatsache sind die Bestimmungen des Vertrages zwischen Rom und Karthago aus dem Jahre 509 v. Chr., den Polybios erwähnt: Wie in den griechischen Städten verlagerte sich das Handelstreiben aus dem Bezirk des Heiligtums in die Agora oder ins Forum und unterstand fortan der öffentlichen Aufsicht der Behörden, während es den Händlern untersagt war, länger zu verweilen als unbedingt nötig, "um ihre Opfer darzubringen und Wasservorräte für die Reise zu laden".

Das Modell einer Faktorei im Heiligtumbereich als Mittelpunkt eines „kolonialen" Handels oder als Handelszentrum einer ganzen Region wurde neu belebt durch das Aufkommen des Marktplatzes, der der Aufsicht der Stadt unterstand, und wurde fortgeführt durch die regelmäßig abgehaltenen Gütermessen und *nundinae* (Markttage), die an religiöse Feste gebunden waren – ein europaweit angetroffenes System, das auch nach der Antike fortbestand. Es war auch besonders langlebig, wie es die Aufzeichnungen Strabos belegen: Er berichtet, dass er die ehemalige römische Kolonie von Fregellae rund 150 Jahre nach ihrer Zerstörung besuchte und dabei Zeuge war, wie die Einwohner der Nachbarorte entlang der Via Latina „in Fregellae zusammenkommen, um einen Markt abzuhalten und bestimmte religiöse Rituale zu zelebrieren."

Von der Vorherrschaft Euböas zum Aufstieg Groß-Ioniens: 7.–6. Jahrhundert v. Chr.

Wie wir gesehen haben, lieferten die von den Phönikern zwischen dem 11. und 8. Jahrhundert v. Chr. geschaffenen Formen von Handelsaustausch ein Modell, auf das ihre größten Rivalen, die Griechen, zurückgriffen, die an leicht zu verteidigenden Stellen ihre eigenen Handelsstützpunkte gründeten, welche auch als Kultstätten dienten. Die neue Komplexität der Handelsbeziehungen ist zugleich Ausdruck der zunehmenden sozialpolitischen Organisation der griechischen Welt. Auf dem griechischen Festland als auch an der ionischen Küste spiegelt sich der nachhaltige Aufschwung der Städte und der urbanen Institutionen im 8. und 7. Jahrhundert v. Chr. in der militärischen Organisation mit den Hopliten als Kern ihres Heeres wider, sowie in der politischen Organisation, indem die Adelsschicht die Macht von den Königen und Fürsten übernahm. Dieser Prozess vollzog sich bei Euböern, Korinthern, Ächaiern, Spartanern, Kretern, Lesbiern, Klazomeniern, Phokäern und anderen Völkerschaften, die an der ionischen Küste, der Südtyrrhenischen Küste, der Südägäis im Osten Siziliens und an der Schwarzmeerküste siedelten. Die Griechen gründeten auch die Vorposten Kyrene (Afrika), Ampurias (Spanien), Marseille (Gallien) sowie entlang der östlichen Adriaküste.

Umfang und Ausstrahlung der griechischen Handelsaktivitäten nahmen in der Folge stark zu. Schon im 8. Jahrhundert v. Chr. spielte Korinth eine Schlüsselrolle. Wichtigstes Exportgut war vor allem die Töpferware mit geometrischem Dekor, die bis weit entlang den nach Westen führenden Handelswegen der euböischen Händler bekannt wurden. Thukydides kommentiert auch die Sonderstellung der korinthischen Faktoreien in Richtung Thrakien, eine Art El Dorado, wo die Korinther im frühen 6. Jahrhundert v. Chr. Potidaia gegründet hatten, aber vor allem jener entlang der Seewege zum Adriatischen Meer, wo zu den frühesten korinthischen Gründungen Korkyra (Korfu) zählt, das die Bakchiaden von den euböischen Siedlern übernommen hatten, sowie Epidamnos (Durazzo) im Jahr 625 v. Chr., dem bald Ambrakia, Leukas, Anaktorion und Appolonia folgten. Diese Handelszentren unterstützten Korinths Politik, die Kontrolle über den Handel, vor allem über den ruhigen Seeweg von der Balkanküste an der Adria in Richtung Italien auszubauen. Korkyra war die Drehscheibe dieses Einflussbereiches, den Korinth entlang der Routen aus dem Adriatischen und Ionischen Meer zu errichten im Begriff war; davon zeugt die Tatsache, dass in der ersten nachweisbaren Seeschlacht der griechischen Geschichte, die Thukydides auf 674 v. Chr. datierte, Korinth auf Korkyra stieß, das ebenfalls bestrebt war, seinen Einflussbereich zur See auszubauen.

Auf jeden Fall brach der Konflikt zwischen Euböern und Korinthern bald offen aus, doch Korinth nutzte seine günstige geographische Lage und profitierte in hohem Maß vom Handel (besonders dem Fernhandel), den in seinem Namen andere Mächte, vor allem die öst-

Luxusgüter wie diese Kanne in Form gemalter Amphoren finden sich überall in der griechischen Welt und zeugen von einem regen Handel mit Wein und Olivenöl. Ihre Dekoration kann Aufschluss geben über die Entstehungszeit, aber nur selten über den Ort. Die ältesten Gefäße sind im geometrischen Stil verziert, Figuren- und szenische Darstellungen stammen aus späterer Zeit.

Korinthische Münzen haben als typisches Merkmal das so genannte Koppi (die einem Vergrößerungsglas ähnliche Form unter dem Pegasus). In den korinthischen Kolonien wird es ersetzt durch das Initial der betreffenden Stadt. Korinth profitierte von seiner günstigen Lage am gleichnamigen Isthmus, der den griechischen Norden mit dem Süden verband.

Ägyptens einziger Hafen, zu dem griechische Händler Zugang hatten, war Naukratis im Nildelta. Von hier stammt diese Schale, die griechische und orientalisierende Motive vereint.

licher Griechen aus Ionien ab dem späten 7. Jahrhundert v. Chr. abwickelten. Diese Umstände helfen uns die nachhaltige Wirkung zu verstehen, die die ionische Kolonisation der Küsten Italiens und Siziliens gehabt hat, denn sie spiegelt die innerhalb der griechischen Welt ausgebrochenen Konflikte um die ins zentrale Mittelmeer führenden Seehandelswege. Die Chalkidier kontrollierten die Straße von Messina, die von wesentlicher Bedeutung für den Zugang zum Tyrrhenischen Meer war. Thukydides erklärt, wie sie zunächst als Seeräuber, später ausgehend von ihren Kolonien Rhegion (Reggio Calabria) und Zankle zusammen mit Kolonisten aus Nassos Kolonien im gesamten Süden der sizilischen Ostküste von Zankle bis Leontinoi gründeten.

Korinth hatte im Gegenzug die Herrschaft über den mittleren Abschnitt jener Küste und gründete Syrakus, seine einzige Kolonie in Sizilien. Von seinen aus Megara stammenden Nachbarn Megara Hyblaia umschlossen, gelang es Korinth, die gesamte Ionische See vom Golf von Tarent bis Reggio in seinen Einflussbereich zu bringen, indem es sich seiner Verbündeten aus Achaia, Lokris und Lakonien bediente, also aus Regionen der Peloponnes oder unweit der korinthischen Küste. Diese stürmische Kolonisation unter korinthischer Schirmherrschaft bildete die Ursache für den seit Mitte des 7. Jahrhunderts erkennbaren Niedergang der Vormacht Euböas. Während Euböas Handel sich ähnlich wie der phönikische vor allem dem Austausch von Luxusgütern und dem Verkauf hochwertiger Keramik aus Korinth gewidmet zu haben scheint, war der Handel Korinths und seiner Verbündeten anders ausgerichtet: Außer mit einheimischer Keramik wurde auch mit Wein und Olivenöl aus Attika und (später) auch Korinth selbst gehandelt. Das Ziel korinthischer Exporte war Etrurien, wo attische Amphoren vom Typ SOS und später korinthische Amphoren im gesamten 6. Jahrhundert v. Chr. nachweisbar sind.

Die Bedeutung dieser offensichtlichen korinthischen Vormacht über den griechischen Handel im 7. und weitgehend auch im 6. Jahrhundert v. Chr. kann besser verstanden werden, wenn man die Rolle der griechischen Städte in der Gründung von Naukratis berücksichtigt, dem einzigen Hafen in Nildelta, den die Pharaonen an die griechischen Händler abgetreten hatten und der womöglich schon Mitte des 7. Jahrhunderts v. Chr. aktiv war. Handelspartner von Naukratis waren mit Ausnahme Äginas vor allem die ostgriechischen Städte, und die wichtigste Rolle spielten dabei Milet und Samos. Archäologische Funde aus

Die Schlacht um die Seewege

Der Bucchero, ein typisch etruskisches Töpfereiprodukt, ist ein gedrehtes schwarzes Gefäß aus gebranntem, außen glänzendem Ton und mit erhabenem Dekor oder Stempelrelief dekoriert. Dieser Bucchero stammt aus Monte Michele (Veji) um 640 v. Chr. Solche Gefäße dienten der Aufbewahrung von Duftölen und wurden in griechischen Faktoreien nebst anderen Waren aus dem östlichen Mittelmeer gefunden.

der ersten Hälfte des 6. Jahrhunderts v. Chr. belegen die Bedeutung dieser Städte als ostgriechische Lieferanten von Tafelgeschirr für den italienischen Markt: Der so genannte „Händler-Komplex", vermutlich ein Heiligtum zu Ehren von Aphrodite, aus dem späten 7. Jahrhundert v. Chr., das nördlich vom Marktplatz von Korinth, entlang der Straße zum Hafen von Lechaion entdeckt wurde, enthält sehr reiche Zeugnisse von Gütern aus dem ostgriechischen Raum, aus Lakonien, sowie etruskische Bucchero Vasen mit der ihnen eigenen Schwarzfärbung nebst hochwertiger korinthischer Keramik. Diese Fundstätte ähnelt stark anderen, von ostgriechischen Kaufleuten genutzten Faktoreien von Naukratis bis Gravisca. Korinth hatte dank seiner Lage an der gleichnamigen Landenge, die das Ionische Meer von der Ägäis trennte, einen unübersehbaren Vorteil: Es konnte Warentransporte sowohl zur See als auch zu Lande durchführen, indem es auf ostgriechische Seefahrer als Zwischenhändler zurückgriff. Korinth leistete ihnen technischen Beistand, wie im Fall des Aminokles von Korinth, der, wie Thukydides berichtet, für die Seeleute und Händler aus Samos Schiffe baute; auch konnte Korinth wertvolle Dienste als Vermittler von Handelsaktivitäten anbieten. Im Gegenzug wurde den Griechen aus Ionien dank Milets Dominanz im Osten der rasche Zugang über die Ägäis zu lebenswichtigen Gütern zugesichert. Zunehmend wurden auf diesem Weg auch die Getreidelieferungen von der Krim und der sarmatischen Ebene befördert, womit die Grundlagen für den Schwarzmeerhandel gelegt wurden, der die griechische Welt mit Thrakien, der Krim und dem Kaukasus verband. Dieses neue Handelsnetz gewann eine herausragende Bedeutung in klassischer, in hellenistischer und sogar noch in byzantinischer Zeit, als in den Städten Griechenlands ein Mangel an Grundnahrungsmitteln herrschte.

Ein besonders kulturell bedeutsamer Aspekt der Handels- und ökonomischen Tätigkeiten ist eng verknüpft mit der korinthischen und ostgriechischen Vormachtstellung: das Vordringen hoch entwickelter Arbeits- und Produktionstechnologien in Barbarenländer, das oft zusammen mit jenen Adligen erfolgte, die gezwungen waren, ihre Heimat zu verlassen, und sich in den Barbarenländern niederließen und die Hauptakteure der frühen Handelsbeziehungen darstellten. Beginnend mit den ersten Kontakten mit den Euböern und in der Folge mit den Städten der Magna Graecia und Siziliens finden wir Belege für die Ankunft (vor allem in Etrurien) von griechischen Immigranten, die über ein Wissen verfügten, das dem raffinierten Geschmack der etruskischen Eliten und ihrem Hang zum Luxus entgegenkam. Ein erstes Beispiel dafür ist die Karriere des Demaratos, eines Handel treibenden Adligen aus dem korinthischen Geschlecht der Bakchiaden, der aus Korinth vertrieben worden sein soll, sich danach in Tarquinii niederließ, eine etruskische Adlige heiratete und zum Vater des späteren etruskischen Königs von Rom, Tarquinius Priscus, wurde. Man vermutet, dass im Gefolge von Demaratos auch Maler und Fachleute für die Dachdekoration ankamen und damit ein blühendes Kunsthandwerk begründeten, wenn man den Quellen von Plinius d. Ä. Glauben schenkt. Griechische Faktoreien waren somit neben Handelszentren auch Kristallisationspunkte von Ideen, Anschauungen und Techni-

Die griechische Kolonisation dehnte sich im Norden bis zum Schwarzen Meer und zum Kaukasus aus. Diese Münze mit dem Abbild eines geflügelten und behörnten Panthers, der einen Speer im Maul hält, stammt aus Pantikaion, einer milesischen Kolonie auf der Krim, aus dem späten 4. Jahrhundert v. Chr.

Die Schlacht um die Seewege

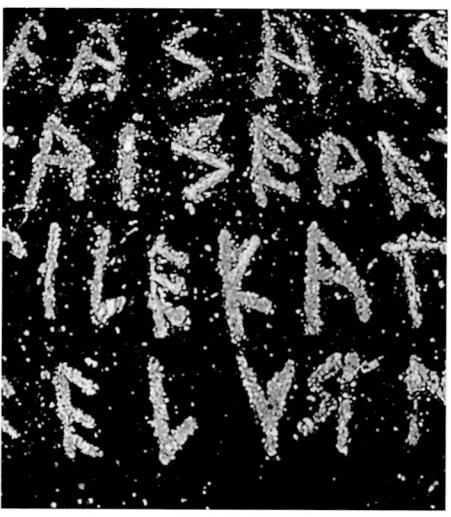

Spärliche schriftliche Zeugnisse belegen die Existenz von Handelskontakten und religiösen Ritualen innerhalb und jenseits der griechischen Welt. Bei Pech Maho in Spanien gefundene Bleitäfelchen (ganz oben) aus dem 5. Jahrhundert v. Chr. enthalten Inschriften vermutlich zu Darlehen und Sicherheiten, während die etruskische Vase (oben) aus Cerveteri, 7. Jahrhundert v. Chr., eine Widmung an Turan, die etruskische Aphrodite, enthält.

ken sowie ihrer Träger, der Menschen, und zwar zum Teil auch dank der Heiligtümer, die den Neuankömmlingen Sicherheit und Zuflucht boten.

Eine der ersten Neuerungen der Griechen war ohne Zweifel die Einführung edler Weine, das vielleicht wichtigste Luxusgut im sowohl phönikischen als auch griechischen Handel, denn mit dem Wein drangen auch damit verbundene Riten ein, allen voran das Symposion, das gesellige Zusammentrinken. Zur Einführung des Weins und der damit verbundenen Bräuche unter den Barbaren gibt es Parallelen: die Verbreitung des Olivenanbaus im Krieg wird von Fenestella ins späte 7. Jahrhundert v. Chr. datiert; auch hellenisierende Keramik aus Anatolien und Etrurien legt von diesen sozialen, kulturellen und ökonomischen Beziehungen Zeugnis ab. Mit den Menschen reisen auch die Technologien: der veränderten landwirtschaftlichen und industriellen Produktion entsprechend den griechischen Vorbildern, folgte unmittelbar die Assimilation griechischer Kulturelemente, die die Art der frühen Handelskontakte spiegelte. Selbst ehrwürdige Hochkulturen, wie die Ägyptens, erkannten bei den frühen Griechen bestimmte Fertigkeiten, die für den Aufbau eigener politischer und sozialen Strukturen hilfreich sein konnten. So etwa berichtet Herodot, dass die Pharaonen des 7. und 6. Jahrhunderts v. Chr. trotz ihrer Überzeugung von der eigenen Überlegenheit der griechischen Zivilisation hohe Achtung zollten und Weihgaben an die griechische Kultstätten schickten. Sie schätzten auch die militärischen Fertigkeiten der Griechen und hatten griechische Söldner in ihrem Heer, wie Inschriften zweifelsfrei belegen. Händler und Kunsthandwerker griechischer Herkunft wirkten auch am lydischen und persischen Königshof. Entscheidend ist aber die Rolle der griechischen Technologie in der Fortentwicklung der „barbarischen" Gesellschaften des Westens, die einen zunehmenden Hellenisierungsprozess durchmachten. Dieses Phänomen war zeitlich und räumlich dermaßen gegenwärtig, dass man kaum eine genaue Liste von Objekten, Völkerschaften und Orten erstellen kann; dieser Prozess hat aber, zumindest teilweise, seinen Ursprung im Kontakt der griechischen und „barbarischen" Eliten, während griechische Handwerker und ihre Produkte tief in die „barbarischen" Gesellschaften vordrangen und die Grundlage für die Heranbildung einer lokalen Produktion jener Güter bildeten, die von der Ausstrahlung griechischer Bräuche und Traditionen zeugen.

Die Bedeutung dieser griechischen Handelsverbindungen für die Verbreitung der griechischen Kultur jenseits von Hellas kann nicht hoch genug bewertet werden: Die reichen archäologischen und epigraphischen Belege von Gravisca lassen die Wirkung der Präsenz griechischer Händler fern von ihrem Mutterland eindrucksvoll erkennen, davon zeugen aber auch die bescheidenen Inschriftenfunde von Ampurias, Pech Maho (bei Sigean) und der Insel Berezan (in der Dnjepr-Bug-Bucht). Sie belegen das Vorhandensein eines ausgeklügelten Kreditgewährungssystems und detaillierter persönlicher Sicherheiten, die die einheimische Bevölkerung mit griechischen und etruskischen Händlern miteinander verbanden. Die wachsende, wenn auch unterschiedlich intensive Hellenisierung stellte eine beträchtliche Kraft unter den „Barbarenvölkern" Anatoliens, des Balkans, Italiens, der phönikischen Regionen, der Iberischen Halbinsel und bestimmter keltischer Gebiete dar, die Jahrhunderte vor der großen Hellenisierungswelle des 4. Jahrhunderts v. Chr. die Schaffung der hellenistischen Welt begleitete. Das wachsende Ansehen, dessen sich das ökonomische und soziale System der griechischen Stadtstaaten erfreute, bildete nur einen Faktor in der Verbreitung der griechischen Kultur; dazu trugen auch die langfristig angelegten kommerziellen Verbindungen bei sowie das Bekanntwerden griechischer Technologien und Fertigkeiten in entlegenen Regionen, die sich danach sehnten, von griechischen Handwerksmeistern vor Ort gefertigte Güter beziehen zu können. Der Vorteil, sie auf diese

Symbol für Äginas Seemacht auf Münzen war eine Meereschildkröte, doch 458 wurde es von Athen besiegt und verlor seine Vorherrschaft zur See. Danach ersetzten die Einwohner Äginas (vermutlich auf Befehl Athens) die Meeresschildkröte durch eine Landschildkröte. Zu den Emblemen Athens (auf einer Münze von 530–520 v. Chr.) gehörte auch das Haupt der Gorgo als Symbol für Siegesdrang und Angriffslust.

Weise beschaffen zu können, anstatt auf ihre Einfuhr auf dem gefahrvollen Weg des Seeverkehrs angewiesen zu sein, ist nicht von der Hand zu weisen. Man darf auch nicht vergessen, dass angesichts oft fehlender Quellen zum Stand der Seefahrt und dem Entwicklungsgrad des Handels es gerade die Archäologie ist, die uns häufig die Nachweise über die Wanderungen von Menschen und Gütern liefert.

Der Handel in spätarchaischer und klassischer Zeit

Die wichtigste Neuerung, die im frühen 6. Jahrhundert v. Chr. aufkommt, ist ein neuer Schiffstyp, der den herkömmlichen, seit vorgeschichtlichen Zeiten im Seeverkehr verwendeten Typus des langsamen *strongylon* ersetzte. Es handelt sich um ein von 50 Rudern angetriebenes Kriegsschiff, bekannt als *pentekontura*, das Herodot zufolge erstmals in Phokäa eingesetzt wurde. Diese Neuerung hatte vielfache Auswirkungen. Es wurde von verwegenen Piraten verwendet, die, zunächst nur lokal auftretend, ihr Unwesen bald im gesamten Mittelmeer trieben, wie schon frühe Quellen berichten. Wegen des geringeren Ladevolumens dieser neuen Schiffe erfuhr auch der Handel einige Änderungen: Bevorzugt wurde fortan die Beförderung kleinvolumiger, dafür aber hochwertiger Güter. Das einzige erhaltene Beispiel dafür ist der Fund vor der Insel Giglio im Tyrrhenischen Meer; die Schiffsladung enthielt Waffen und nur wenige Güter, ein Hinweis auf die Tatsache, dass die Handelswege unsicherer geworden waren und eine Verlagerung zum Transport von Luxuswaren hin stattgefunden hatte. Eine wichtige Rolle spielten in dieser Veränderungen die Phokäer mit der Gründung von Marseille (600 v. Chr.), gefolgt von Emporion/Ampurias (um 520 v. Chr.) in Regionen, die sich traditionell im Machtbereich der etruskischen und phönikischen Schifffahrt befanden.

Diese Phase währte aber nur relativ kurze Zeit. Um die Mitte des 6. Jahrhunderts bewirkte der zunehmende Druck der lydischen Fürsten an der Küste Anatoliens den Verfall der ionischen Navigation entlang den traditionell von den Griechen kontrollierten Seerouten. Der Exodus phokäischer Einwohner 542 v. Chr. hat Symbolwert für die eingetretenen Umwälzungen in Handel und Schifffahrt. Die aus ihrer Heimat vertriebenen Phokäer wollten sich bei den wertvollen Griechen niederlassen, mit denen enge Kontakte bestanden (vor allem mit ihren Verwandten in Marseille). Sie wurden aber besiegt und versuchten sich in Korsika bei Alalia (heute Aleria) anzusiedeln, wodurch sie die Etrusker in Unruhe versetzten, für die die nahe gelegene Insel Elba eine Hauptquelle ihres Wohlstandes war. Auch sahen sich die Etrusker in der für sie wichtigen Küstenschifffahrt gefährdet, die sie vom Arno bis zu der (von Liguriern besiedelten) Rhônemündung führte. Die Etrusker fanden jedoch Beistand bei ihren traditionellen Verbündeten, den Karthagern, die kurz zuvor begonnen hatten, die phönikischen Kolonien auf Sizilien und Sardinien an sich zu reißen, und das bestehende Machtverhältnis im westlichen Mittelmeer beibehalten wollten. Die Etrusker erlitten zwar schwere Verluste, zwangen jedoch die Phokäer zur endgültigen Aufgabe Korsikas und zur Flucht nach Kampanien, wo sie mit Unterstützung der Einwohner von Posidonia, die sich dort unter der Schirmherrschaft von Sybaris (einem traditionellen Partner der Ionier) niedergelassen hatten, die Kolonie Elea gründeten.

Der sich verstärkende Druck auf die ionischen Städte infolge der persischen Vorstöße in dieser Region führte zu einem Aufstand der östlichen Griechen gegen die neuen Herren. Er erreichte seinen Höhepunkt mit der Seeschlacht von Lade 494 v. Chr., die mit der Niederlage der griechischen Flotte endete. In der ersten Hälfte des 6. Jahrhunderts v. Chr. stiegen die Städte Ägina und Athen zu einflussreichen Seemächten auf. Beide gehörten der Amphiktyonie um das Poseidonheiligtum von Kalaureia an, beide hatten aber nur eine

Feine Weine und die Kultur des Weintrinkens wurden durch die Griechen und Phöniker verbreitet. Dies führte zum Auftreten neuer Sitten und Bräuche, was nicht nur durch die große Zahl ausgegrabener Weingefäße aus etruskischen Gräbern belegt wird, sondern auch durch lebendige Bankettdarstellungen in der Kunst. Das obige Tonrelief stammt aus Viterbo und zeigt ein festliches Gelage: Männer und Frauen liegen auf Klinen, während der Wein, rechts im Bild, in einer Schale angerichtet wird; ein Lyraspieler in der Bildmitte und ein Flötenspieler, links im Bild, unterhalten die Gäste.

untergeordnete Rolle im großen Prozess der Kolonisation aus früherer Zeit gespielt und im Kampf um die Aufteilung der Märkte und Handelsrouten des 8. und weitgehend auch im 7. Jahrhundert v. Chr. Ihr Aufstieg im 6. Jahrhundert v. Chr. vollzog sich aber sehr rasch. Ägina besaß bereits ein Heiligtum in Naukratis, und im 6. Jahrhundert v. Chr. begann es, die bis dahin von den östlichen Griechen befahrenen Routen zu übernehmen und setzte bald die eigenen Münzen, die ältesten der griechischen Welt, in den neu erschlossenen Märkten durch. Es übernahm 510 v. Chr. die Rolle von Samos im Handel mit Kydonia an der kretischen Küste, nachdem Samos unter persische Herrschaft fiel. Ende des 6. Jahrhunderts v. Chr. beschreibt Herodot Sostratos, den Sohn des Lasdamantes von Ägina, als „größten Händler aller Zeiten"; er ist auch aus archäologischen Funden bekannt sowie aus Inschriften als Schutzherr des Heiligtums von Naukratis, als Stifter einer Stele für das Heiligtum in Gravisca und als Handelsagent für den Transport attischer Keramik nach Etrurien.

Nach Solons Herrschaft entwickelte sich in Athen eine Keramikindustrie, die unter Nutzung vorhandener Kommunikationswege sich um die Mitte des 6. Jahrhunderts v. Chr. auf allen Märkten des Mittelmeerraumes etablierte. Das Auftreten attischer Wappenmünzen in derselben Zeit, die am häufigsten in den *naukrariai* (den von Seeleuten traditionell bewohnten Siedlungen) gefunden wurden, bezeugt den allmählichen Aufschwung des athenischen Fernhandels zur See. Im frühen 5. Jahrhundert v. Chr. verschärfte sich der Gegensatz zwischen Athen und Ägina und gipfelte in militärischen Konflikten. Um 458 v. Chr. überholte Athen endgültig Ägina, und es begann der scheinbar unaufhaltsame Aufstieg zur führenden Macht. Der für Athen günstige Ausgang der Perserkriege und die Gründung des Delisch-Attischen Seebundes (478/477 v. Chr.) festigten Athens Hegemonie zur

Der Elfenbeinkelch, der in einem Grab in Palestrina aus dem 7. Jahrhundert gefunden wurde, zählt zu den luxuriösesten zeremoniellen Gefäßen. Die Schale, die sich auf vier Karyatiden stützt, ist mit mythologischen Tieren verziert und lässt griechische sowie phönikische Einflüsse erkennen.

Etrusker, Griechen und Phöniker aus Karthago lieferten sich zwei schwere Schlachten: zu Lande auf Sizilien und zur See vor Cumae, unweit von Neapel. An die Schlacht von Cumae erinnert dieser etruskische Helm, den eine Zeus gewidmete Inschrift ziert. Der Helm wurde nach 474 v. Chr. in Olympia im Zeustempel aufbewahrt.

See. Sie ermöglichte einen intensiven Seeverkehr attischer Schiffe (vor allem jener von Athens Bundesgenossen) quer durch die Ägäis und das östliche Mittelmeer, die thrakisches Gold, Holz aus Makedonien, Getreide vom Schwarzen Meer brachten.

Veränderungen fanden nicht nur auf dem ägäischen Markt statt. Noch deutlicher als in der archaischen Periode markierten das frühe 5. Jahrhundert v. Chr. und das Ende des persischen Friedens, der für den Aufschwung des Seeverkehrs in mittleren Mittelmeer von entscheidender Bedeutung war, eine neue Phase in der Rolle der Kolonien aus Magna Graecia und Sizilien (vor allem Syrakus). Die schweren Niederlagen der Karthager auf dem Festland bei Himera (480 v. Chr.) und der etruskischen Flotte bei Kyme (Cumae) 474 v. Chr. beweist den Niedergang der traditionellen etruskischen Seemacht und den Aufstieg der Flotte von Syrakus als neue Macht im Tyrrhenischen Meer. Die Besetzung von Pithekussai durch die Syrakusaner sowie die Überfälle auf Elba und Korsika 453 v. Chr. helfen zu verstehen, wie das alte, zunehmend fragile Gleichgewicht aus archaischer Zeit sich auflöste und sich neuartige Beziehungen durchsetzten. Der äußerste Westen blieb im Machtbereich Karthagos bis zu dessen Konfrontation mit Rom im 3. Jahrhundert v. Chr. Die über das zentrale Mittelmeer führenden Seewege zu den Märkten Etruriens und des Gulf du Lion, die bis dahin zunächst der Kontrolle Euböas und danach der Ioniens unterstanden hatten, wurden zum Hauptschauplatz des Konflikts zwischen Athen und Syrakus. Dies wird nicht nur durch die Bündnisse zwischen Athen und den Kolonien der Magna Graecia (einschließlich die Gründung von Thourioi 444 v. Chr.) belegt, sondern auch durch diplomatische und militärische Vorstöße des Diotymas nach Neapel 443 v. Chr. im Namen Athens. Dank eines engen Bündnisses mit Korkyra fiel zur selben Zeit der Handel in der Adria in Richtung Podelta unter athenische Kontrolle und überzog die reichen etruskischen Kolonien aus der Padua-Ebene mit athenischen Vasen, darunter auch den als Korinth-B bekannten Vasen, die dem Weintransport dienten. Im Kampf gegen Syrakus ergriffen die etruskischen Küstenstädte Partei für Athen und unterstützten auch 415 v. Chr. die sizilische Expedition Athens. Die Zukunft von Korinth lag mit in den Händen seiner einstigen Kolonie Syrakus, während seine eigenen Münzen, die sich gegen jene Äginas als Hauptzahlungsmittel in den Städten der westgriechischen Welt durchgesetzt hatten, auf den Märkten des Tyrrhenischen Meeres mit den Münzen Athens konkurrierten.

Vor dem Hintergrund des Peloponnesischen Krieges und dem katastrophalen Ausgang der sizilischen Expedition Athens werden Rivalitäten erkennbar, deren Ursachen im Streben nach der Kontrolle über die Handelsrouten liegen, die Osten und Westen miteinander verbanden. Die verfeinerten Analysen keramischer Beweise, allen voran die Untersuchung von Amphoren aus dem gesamten Mittelmeerraum, ermöglichen uns einen Überblick über das dichte Netz von Handelswegen im 5. und 4. Jahrhundert v. Chr., die, verglichen mit der archaischen Periode, verhältnismäßig stabil scheinen. Die Präsenz Karthagos jenseits des traditionellen phönikischen Machtbereichs war recht begrenzt: Quantitative Untersuchungen ergaben, dass von den im etruskischen Gravisca ausgegrabenen Amphoren etwa ein Zehntel punischen Stils war, also keineswegs eine vernachlässigbare Größe innerhalb des Handels im Herzen der mitteltyrrhenischen Region. Ein ähnliches Bild bietet der etruskische Handel mit Ligurien und Südfrankreich im 5. und größtenteils im 4. Jahrhundert v. Chr., einschließlich die gelegentlichen Abstecher nach Nordspanien. Die große Verbreitung von Amphoren des Typus Korinth-B in archaischer und klassischer Zeit ist ein Hinweis auf die eigenständige Politik Korkyras, das nunmehr in offener Konkurrenz zur Mutterstadt Korinth stand und ein Bündnisgenosse Athens geworden war. Im norditalienischen Spina stammen fast alle Amphoren des 5. und 4. Jahrhunderts aus Korkyra. So verhalf das Bündnis mit Athen der ehemaligen korinthischen Kolonie zu erheblichem Aufschwung. Weniger genau lässt sich dafür die Rolle der Magna Graecia und Siziliens bestimmen. Die Gemeinsamkeiten zwischen den so genannten ionisch-massaliotischen Amphoren, die in archaischer Zeit recht verbreitet waren und vermutlich den westgriechischen Kolonien zugeschrieben werden können, und den Amphoren des 4. Jahrhunderts aus Magna Graecia und Sizilien sind bemerkenswert. Berücksichtigt man weitere Ähnlichkeiten mit Korinth-B-Amphoren, so könnten diese die Herkunft und Entwicklung der Amphorenproduktion im griechischen Italien erhellen, Beziehungen mit Korinth und der ionischen Welt hervorheben und dazu beitragen, die Routen des westgriechischen Handels zu beschreiben und festzustellen, inwieweit es Überschneidungen mit der etruskischen und karthagischen Handelswelt gab (so wie es einst mit dem archaischen ionischen Handel der Fall war). Auch sollte man nicht außer Acht lassen, dass karthagische Eroberungen im 4. Jahrhundert v. Chr. im Zentrum und Westen Siziliens dem Weinhandel außerhalb der karthagischen Provinzen in Sizilien ein punisches Gepräge verliehen.

Im Vergleich zum 6. Jahrhundert v. Chr. änderten sich in klassischer Zeit vornehmlich die Handel treibenden Personen und nur in geringen Maß Herkunft und Zielort der beförderten Güter. Die eigentlichen Änderungen, die den Verlauf der Handelswege, die Produktionsweise der Güter und die Art der Handelstätigkeiten betreffen, vollzogen sich in der zweiten Hälfte des 4. Jahrhunderts v. Chr. Ein Charakteristikum dieses Wandels war die Marktdominanz griechisch-italischer Amphoren, die das Ergebnis eines Bündnisses zwischen der römischen Aristokratie und den Adligen der kampanischen Reiterklasse waren. Dies ist aber ein Ereignis, das zur Geschichte des römischen Imperialismus gehört, der sich zu dieser Zeit in einer Phase des allmählichen, aber unaufhaltsamen Aufstiegs befand – ein wirklicher Gigant, der nur langsam, dafür aber unaufhaltsam im Herzen der italischen Halbinsel heranwuchs.

Der Meeresgott Okeanos, von den Römern Oceanus genannt, war ein Titan, Sohn des Uranos und der Gaia, d. h. des Himmels und der Erde, und herrschte über das äußere, große Weltmeer, das die als Scheibe gedachte Erde umgab. Okeanos, in dessen Haare Seegras eingeflochten ist und dessen Haupt Delphine entspringen, bildet die Mitte eines großen Silbertellers, der zusammen mit anderen Teilen bei Mildenhall in England gefunden wurde. Die marinen Themen setzen sich außerhalb des kreisförmigen Ornaments fort und zeigen Nymphen, die auf Seepferdchen reiten. Der Teller ist wohl kaum in England gefertigt worden; er dürfte aus dem römischen Gallien oder von noch weiter her stammen und wurde ins 4. Jahrhundert v. Chr. datiert.

Philon von Alexandria: *Das Porträt des Religionsphilosophen der jüdischen Gemeinde von Alexandria stammt aus dem 9. Jahrhundert. Philon (um 20 v. Chr.–50 n. Chr.) strebte in seinen griechisch verfassten Schriften die Verbindung der platonischen Philosophie mit dem Judaismus an.*

DIE MEDITERRANE WELT, wie sie Mario Torelli beschreibt, in der Phöniker und später Karthager, Etrusker und Griechen um die Kontrolle über die Handelsrouten im Mittelmeer kämpften, änderte sich grundlegend mit dem Aufstieg Roms zur Weltmacht. Dabei muss die Geschichte Roms, an die die Legenden um Äneas und Romulus knüpfen, bis zur Überlagerung der etruskischen Kultur mit lateinischen Elementen zurückverfolgt werden. Wie nachhaltig der etruskische Einfluss war, wird deutlich, wenn man beobachtet, wie die Namen griechischer Gottheiten und Helden über die etruskische Sprache im Lateinischen abgewandelt wurden: Persephone wurde zu Proserpina, Odysseus zu Ulysses, während Minerva, der lateinische Name der Göttin Athene, auch im Etruskischen (als Menvra) geläufig war. Die Notwendigkeit, Handel zu treiben, zwang die Römer, das etruskische Alphabet zu übernehmen. In dieser Frühzeit konnte wohl niemand den späteren Aufstieg Roms voraussahnen: Obwohl die Römer ihren mächtigen Nachbarn und Rivalen, die Stadt Veji, 396 v. Chr. vernichteten, legte die gallische Invasion von 390 v. Chr. nahe, dass die Kriege zwischen Römern und Etruskern nicht die einzige Ursache der Instabilität waren. Drei Kriege gegen die Karthager, die damalige Großmacht im Mittelmeerraum, hatten schon stattgefunden, bevor Rom den Puniern ein Ende setzte. Diese Siege, zusammen mit dem allmählichen Kolonisierungsprozess der von Rom eroberten Gebiete, der Übernahme lateinischer Kultur in den ethnisch wie kulturell verschiedenen Regionen Italiens sowie schließlich die Erlangung der Kontrolle über die Mittelmeerinseln verdeutlichen das Ausmaß dieses umfassenden politischen Einflusses der Römer. Dennoch blickte Rom weiterhin zu Griechenland auf, so wie es zuvor die Etrusker getan hatten, sodass sich unter der frühesten lateinischen Literatur Übersetzungen aus den bekanntesten griechischen Tragödien finden, während Roms Dichter bestrebt waren, das griechische Versmaß an ihre härter klingende Sprache anzupassen.

Begleitet wurden die Ereignisse im Westen durch nachhaltige Veränderungen im Osten. Im 5. Jahrhundert v. Chr. belegte der Peloponnesische Krieg die besondere Bedeutung des Kampfes um die Kontrolle der Seewege, die Griechenland mit Italien und der Adria verbanden; er bedeutete auch einen Höhepunkt in der Durchsetzung der politischen Werte Athens angesichts der dauernden Herausforderung durch Sparta. Die Politik der griechischen Stadtstaaten sollte sich aber fundamental ändern. In der Vergangenheit hatte Athen zusammen mit seinen Verbündeten die persischen Angreifer abgewehrt; die wahre Herausforderung lag jetzt jedoch eher auf lokaler Ebene. Das Königtum Makedonien, dessen Bewohner bei den Griechen als halbe Barbaren galten, baute unter Philipp II. seine Stellung aus und stieg unter dessen Sohn Alexander dem Großen zur Weltmacht auf. Ihm gelang es, Syrien, Persien, Babylonien zu unterwerfen und bis an die Grenzen Indiens vorzustoßen. Obwohl er früh starb und das Reich nach seinem Tod unter drei rivalisierenden Heerführern aufgeteilt wurde, hinterließ er ein Erbe von fundamentaler Bedeutung. Die griechische Kultur, in die persische und ägyptische Elemente eingeflossen waren, schlug tiefe Wurzeln im östlichen Mittelmeerraum. Die hellenistische Epoche war eine Zeit der Städtegründungen, blühenden Handels, neuer religiöser Kulte und lieferte eine wesentliche Voraussetzung für die Verbreitung einer aus dem Judaismus hervorgegangenen Religion, die bald weltweite Geltung fand: dem Christentum. Selbst die Eroberung Griechenlands durch die Römer Mitte des 1. Jahrhunderts v. Chr. und die römische Herrschaft über Ägypten durch Julius Cäsar und Marc Antonius schmälerten nicht den nachhaltigen Einfluss der hellenistischen Kultur.

Das Symbol dieser Kultur war eine Hafenstadt, in der Menschen aus aller Herren Länder lebten, die aber ihren unverkennbar griechischen Charakter beibehalten hatte: Alexandria, eine Gründung Alexanders des Großen, das die umfassendste Bibliothek der Antike besaß. Hier, wo es eine große jüdische Gemeinde gab, wurde die Thora auf Griechisch gelesen; hier hatten sich 72 Gelehrte in die Einsamkeit zurückgezogen, um die hebräische Bibel ins Griechische zu übersetzen und 72 identische Fassungen zu erstellen. Diese Übersetzung ist als Septuaginta bekannt und bildete die Grundlage für den liturgischen Gebrauch in der griechisch-orthodoxen Kirche. Auch weiß man nicht, ob der große jüdische Religionsphilosoph Philon von Alexandria überhaupt Hebräisch lesen konnte, denn seine griechisch verfassten Schriften blieben dank der griechischen Kirche erhalten.

Die Expansion Roms, in deren Verlauf dem Römischen Reich auch die karthagischen Besitzungen in Spanien und Italien einverleibt wurden, sowie die Entstehung der hellenischen Oikumene (Gemeinde) verwandelten die Mittelmeerwelt: Sie brachten ihr zunehmend kulturelle Einheit. Die Unterscheidung zwischen einem lateinischen Westen und einem griechisch geprägten Osten währte noch viele Jahrhunderte; aber diese zwei Welten begannen allmählich in Harmonie miteinander zu funktionieren. Es stimmt, die Pto-

Das Reich Alexanders des Großen *war bis zu einem gewisse Grad ein Vorläufer des Römischen Imperiums. Politisch wurde es nach seinem Tod zwar aufgeteilt, bildete aber eine kulturelle Einheit, in der sich das Griechische als Amtssprache im östlichen Mittelmeer durchsetzte.*

lemäer Ägyptens, die Seleukiden Syriens und andere Kriegsherren bekriegten sich weiterhin und setzten die Rivalität aus vorhellenistischer Zeit fort. Ihr Versuch, lokale Probleme zu bewältigen, endete schmählich; das zeigte sich auch in Judäa, als Antiochos Epiphanes versuchte, seinen Kult im jüdischen Tempel einzuführen und dadurch den Ausbruch des Makkabäeraufstandes auslöste. Es blieb aber eine Welt, in der die Eigeninteressen von Stadtstaaten wie Athen und Sparta allgemeinen politischen Interessen untergeordnet waren. Die wachsende politische Einheit führte zum Aufschwung des Handels, nachdem die Piraterie eingedämmt worden war und der Fernhandel mit lebenswichtigen Gütern wie ägyptischem und syrischem Getreide erleichtert wurde. Die Folgen waren auch daran erkennbar, dass in der mediterranen Welt der klassische griechische Bau- und Skulpturstil übernommen wurde. Die Römer zeigten eine solche Verehrung für die griechische Kunst, dass Kaiser und andere Persönlichkeiten ihre Residenzen mit Kopien nach griechischen Meisterwerken der griechischen Bildhauer Praxiteles und Phidias schmückten. Und in der Tat wurden nicht wenige Meisterwerke der klassischen griechischen Antike nur über römische Kopien überliefert. Im folgenden Kapitel zeigt Geoffrey Rickman, wie der griechische Geschichtsschreiber Polybios erkannte, dass die Ereignisse aus dem Mittelmeerraum alle zueinander in Beziehung standen. Die mediterrane Welt war im Begriff, *eine* Welt zu werden.

126　Die Entstehung des *Mare nostrum*

Die Entstehung des *Mare nostrum*: 300 v. Chr. – 500 n. Chr.

GEOFFREY RICKMAN

Alexander der Große starb 323 v. Chr. in Babylon. Sein Riesenreich, das bis tief nach Asien reichte, und sein Tod im fernen Mesopotamien scheinen darauf hinzudeuten, dass sich nicht nur die Welt verändert hatte, sondern auch der Schwerpunkt ostwärts weg vom Mittelmeerraum verlagert hatte. Doch war dies keineswegs der Fall, denn Alexanders Nachfolger bekämpften sich zu Wasser und zu Lande aufs Grausamste. Vor allem die Antigoniden Makedoniens und die Ptolemäer in Ägypten standen sich in einem unversöhnlichen Konflikt um die Vorherrschaft im Mittelmeerraum gegenüber.

Die „hellenistische" Welt, wie die Zeit nach Alexanders Tod von den Fachleuten heute bezeichnet wird, war in der Tat griechisch geprägt – in der Sprache, Kultur und den Institutionen, zumindest in der wenig zahlreichen Oberschicht der zahllosen Völker, die Alexander erobert hatte. Nach griechischer Art erbaute Städte und Tempel, Plätze und Gymnasien wurden in großer Zahl gegründet; es gab gemeinsame Wertvorstellungen und Ansichten. Von wenigen Ausnahmen abgesehen, gab es nun mehr Gemeinsamkeiten in der Verwaltung als autonome politische Einheiten. Der Einfluss und die Ressourcen der alten *Poleis*, der griechischen Stadtstaaten, mussten trotz der noch erheblichen Macht Athens und Korinths den neuen Königtümern weichen. Dies nutzten die Antigoniden und Ptolemäer und gaben sich gewissermaßen einem Wettrüsten zur See hin, das sich im Bau immer größerer Kriegsschiffe zeigte. Triremen, die schnellen, wendigen Standardschiffe der früheren Flotte Athens, die zum Aufbringen der gegnerischen Schiffe genutzt wurden, wurden durch Vier-, Fünf-, Sechzehn- und sogar Vierzigruderer ersetzt. Wie man auf solchen Schiffen ruderte, bleibt umstritten. Es ist unwahrscheinlich, dass die Zahl der Ruderbänke jemals die drei Reihen einstige Triremen überschritten hat. Vermutlich änderte sich aber die Anzahl der Ruderer an einem Ruder, ihre Anordnung und die Ruderbewegungen. Glücklicherweise währte diese Phase der „gigantischen" Anordnung aus der Zeit des Hellenismus nicht sehr lange. Ab Mitte des 3. Jahrhunderts v. Chr. war die Quinquereme, der „Fünfer", das gängige Kriegsschiff im Mittelmeer. Die Machtkämpfe der Nachfolger in den östlichen Gewässern entschieden aber nicht das Schicksal des Mittelmeerraumes. Dafür müssen wir weiter westwärts blicken.

Einer der Anwärter auf Alexanders Erbe, König Pyrrhus von Epiros, versuchte 273 v. Chr. in die Konflikte aus Süditalien und Sizilien einzugreifen, um dort seinen Einfluss zu festigen und sich diese Gebiete zu unterwerfen. Seine Pläne wurden aber durch Rom, eine kleine Republik in Mittelitalien, vereitelt. Diese Abfuhr eines hellenistischen Königs, der an der Spitze eines stattlichen Heeres stand, als das militärische Ansehen Griechenlands seinen Höhepunkt erreicht hatte, war ein böses Omen. Zugleich rückte Rom in die Aufmerksamkeit der anderen mächtigen Staaten.

Es war aber der Zusammenprall mit dem phönikischen Karthago in Sizilien, der Rom nachhaltig ins Rampenlicht des Geschehens im Mittelmeerraum rückte und seinen Aufstieg zur Seemacht besiegelte. Spätere Überlieferungen übertrieben Roms mangelhafte Seefahrtkenntnisse aus der Zeit vor dem Ausbruch des Ersten Punischen Krieges 254 v. Chr. Rom hatte schon seit Generationen Beziehungen zu den Etruskern im Norden und den griechischen

Das kaiserliche Rom verwirklichte zum ersten (und letzten) Mal die politische Einheit des gesamten Mittelmeerraums. Die Kaiserzeit war eine Ära größter Machtentfaltung, wirtschaftlicher Expansion und der großen Fortschritte in der Seefahrt. Die römische Flotte säuberte das Meer von Piraten, hochseetaugliche Frachtschiffe brachten Güter aller Art nach Rom und die Häfen wurden ausgebaut. Dieses Mosaik mit der Darstellung eines Schiffes, das in einem Hafen mit einem Leuchtturm vor Anker liegt, stammt aus einer Villa auf dem Quirinal in Rom.

Roms einziger Rivale *im Kampf um die Macht war die phönikische Kolonie Karthago im heutigen Tunesien. Der unumstrittenen Herrschaft Roms auf dem Festland stand Karthagos Dominanz zur See gegenüber. Als Antwort auf die römische Herausforderung stellte Karthago ein Heer auf, mit dem es in Italien einfiel und bis nach Rom vordrang. Im Gegenzug gründete Rom eine Flotte, der es schließlich gelang, Karthago auf dem Meer zu bezwingen. Eine der seltenen Darstellungen eines phönikischen Schiffes findet sich auf diesem spätrömischen Relief, das in Sidon freigelegt wurde.*

Kolonien im Süden gepflegt, die alle eine seefahrerische Tradition besaßen. Karthago selbst, eine phönikische Kolonie in Nordafrika, war an der Nordküste der heute tunesischen Küste gegründet worden, und dank seines Anspruches auf Kontrolle über Sizilien stand es in Beziehungen mittels der Seefahrt sowohl zum westlichen Mittelmeer als auch zur Levante. Seit etwa dem 6. Jahrhundert v. Chr. hatte Rom mit Karthago mehrere Verträge geschlossen, die unter anderem auch regelten, wohin die Schiffe segeln durften und wohin nicht. Um 311 v. Chr. hatte Rom das Amt der *duumviri navales* zur „Reparatur und Ausstattung der Flotte" eingeführt, das vermutlich der Küstenverteidigung diente; 267 v. Chr. kamen dann die *quaestores classici* hinzu, die „Quästoren der Flotte", die in verschiedenen Städten wie Ostia an der Tibermündung stationiert waren.

Die Einsicht, dass der Konflikt mit Karthago nicht nur auf dem Festland entschieden werden konnte, sondern Siziliens Seeverbindungen nach Karthago unterbunden werden mussten, veranlasste Rom, seine Pläne zum Flottenausbau zu beschleunigen. Damit setzte es neue politische Schwerpunkte. Rom benötigte mehr Quinqueremen als je zuvor. In einem aufreibenden Krieg, der schließlich 23 Jahre dauerte, war die Schaffung einer schlagkräftigen Flotte unabdingbar. Zunächst improvisierten die Römer noch, um den Karthagern mit ihrer überlegenen Kriegsführung zur See standhalten zu können, und versuchten, Seeschlachten in Kämpfe zu Lande umzuwandeln. Mobile Enterbrücken mit einem Haken an einem Ende (*corvi* genannt) erlaubten es den Römern, auf gegnerische Schiffe hinüberzusetzen. Später wurde auf diese Hilfen verzichtet.

Roms Geheimnis für seine Stärke war das System von Bündnissen innerhalb Italiens. Anstatt von seinen Verbündeten Tribut zu kassieren, mussten diese Rom Truppen zur Verfügung stellen. Sie nahmen an Roms Kriegszügen teil und waren am Erfolg und an der Beute beteiligt. Karthago hingegen setzte auf Tributzahlung, auf Repression seiner Untertanen und auf ein Söldnerheer, das gegen Bezahlung kämpfte. Der Krieg endete 241 v. Chr. mit dem Seesieg der Römer in der Schlacht vor den Aegates (Egidi)-Inseln westlich von Sizilien. Der Hauptteil Siziliens wurde Rom abgetreten, und 238 v. Chr. kamen auch Korsika und Sardinien an Rom, wo rebellierende Söldner sich gegen die karthagischen Herren erhoben hatten, die den Sold nicht ausbezahlt hatten.

Die erlittenen Verluste veranlassten Karthago, einen Ersatz zu suchen, und zwar im Süden und Osten Spaniens, einer landwirtschaftlich entwickelten und rohstoffreichen Region. Eine angesehene Familie karthagischer Generäle, deren berühmtestes Mitglied Hannibal war, verzeichnete besondere Erfolge in der Ausweitung ihrer Macht. Hannibals Angriff auf Saguntum, eine Stadt an der spanischen Ostküste und Verbündete Roms, wurde zum Vorwand für den Ausbruch des 2. Punischen Krieges zwischen Rom und Karthago, der von 218 bis 201 v. Chr. dauerte. Wie im 1. Punischen Krieg hatte Rom auch jetzt als Ziel, dass die Kämpfe in Afrika und Spanien, weit außerhalb Italiens, stattfanden. Hannibal unternahm jedoch seinen berühmten Präventivschlag, indem er die Alpen überquerte und in Italien einfiel. Zunächst errang er einige glänzende Siege, doch schließlich schlug seine Invasion fehl.

Hannibals Feldzug in Italien dauerte 15 Jahre. Er war das klassische Beispiel, in dem ein genialer Feldherr einem sich hartnäckig verteidigenden Feind gegenüberstand. Nachdem er mit seinem Heer die Alpen überquert hatte (218 v. Chr.), errang Hannibal (oben auf einer spanischen Münze) eine Reihe glänzender Siege bei Trebia, am Trasimenischen See und bei Cannae, in denen er Rom schwere Verluste zufügte. Danach vermied der römische General Fabius Cunctator offene Schlachten. Hinzu kam, dass keiner von Roms Verbündeten zu einem Seitenwechsel überzeugt werden konnte. Schließlich musste Hannibal 203 v. Chr. nach Karthago zurückkehren, um die Stadt vor römischen Angriffen zu verteidigen.

Karthago wurde völlig zerstört und später als römische Kolonie neu gegründet. Die einzigen Zeugnisse aus seiner Frühzeit sind Grabmäler und Stelen in einem verschütteten Friedhof, den heute ein römisches Gewölbe bedeckt.

Nach 10 Jahren musste er nach Afrika aufbrechen, um die Verteidigung Karthagos zu übernehmen. Entscheidend war, dass es ihm nicht gelungen war, das Bündnis der meisten Alliierten Roms in Mittelitalien zu brechen, die ein berechtigtes Interesse an einem Sieg Roms hatten. Sie standen weiterhin Rom bei, stellten Heere für den Kampf in Spanien und für die Invasion Afrikas zur Verfügung, während sie in Italien Hannibal auf den Spuren waren. Woran Hannibals Invasion in Italien scheiterte, war eben das, was zum Angriff auf Italien geführt hatte: Karthagos Schwäche und Mangel an Vertrauen im Kampf zur See – ein Erbe des 1. Punischen Krieges. Hannibal konnte nicht mit Verstärkung und neuen Truppen aus Spanien oder Afrika rechnen. Mit seiner letzten Niederlage in Afrika und dem Kriegsende musste Karthago seine Besitzungen an der Süd- und Ostküste Spaniens an Rom abtreten. Das westliche Mittelmeer, und nicht bloß das Tyrrhenische Meer, gerieten fortan allmählich unter den Einfluss Roms.

Polybios, Roms griechischer Geschichtsschreiber, war ein scharfer Beobachter von Roms Aufstieg zur Weltmacht, da er eine Zeit lang als Geisel im Haus von Scipio, dem Bezwinger Hannibals, gelebt hatte. Von ihm stammt der berühmte Kommentar zum Krieg gegen Hannibal: „Früher", so Polybios, „wurden die Dinge der Welt durch keine Einheit zusammengehalten ... aber seit jenem Datum [der 14. Olympiade, 220–216 v. Chr.] wurde die Geschichte zu einem organischen Ganzen, und die Angelegenheiten Afrikas und Italiens waren verknüpft mit jenen von Griechenland und Asien, die alle auf ein einziges Ende zu gingen." Polybios' Geschichte handelt also von der Art und Weise, wie die Römer zu Herren sowohl zu Lande als auch zu Wasser wurden und über das herrschten, was sie *Mare nostrum* („unser Meer") nannten.

Es war eine scharfsinnige Bemerkung, und er hatte durchaus Recht. Aber wieso? Die Antwort liegt in den Auswirkungen von Hannibals Krieg. Philipp V., König von Makedo-

Die römische Flotte stieg zur größten Seemacht auf, die es im Mittelmeer je gab. Die Römer waren von ihren Schiffen so fasziniert, dass sie auf speziellen, wasserüberfluteten Bühnen Seeschlachten inszenierten. Dies wird vermutlich auf diesem Fresko aus Pompeji geschildert. Detailgetreu sind die Galeeren dargestellt, auf deren Decks sich Krieger mit Schilden tummeln.

Aegypt(a) capta. Mit dem Tod von Kleopatra im Jahr 30 v. Chr. endete die lange Geschichte der ägyptischen Pharaonen, und Ägypten wurde als Provinz dem Römischen Reich einverleibt. Oben: Die Inschrift auf der Gedenkmünze aus dem Jahr 27 v. Chr. mit dem Abbild eines Krokodils, dem Symbol Ägyptens, erinnert an dessen Unterwerfung.

nien wurde zum Verbündeten Hannibals, während dieser in Italien weilte. Rom erkannte, dass dieser besiegt werden musste, und trat nun in den Krieg gegen Makedonien ein. Die Römer schienen nicht den Ehrgeiz zu haben, im Osten neue Länder erobern zu wollen. Es war daher eine eher theatralische Geste, dass Rom 196 v. Chr. Griechenland für „frei" erklärte. Dies wirkte einfach wie eine Verlockung für Antiochos, den Seleukidenherrscher in Asien, in griechische Angelegenheiten einzugreifen. Auch er wurde besiegt, aus Griechenland vertrieben und in Asia Minor, der heutigen Türkei, verfolgt. Es war das erste Mal, dass Rom nach Osten vordrang, und von nun an würde es immer tiefer in die Belange des Ostens involviert sein.

Um 146 v. Chr. schlug Rom eine härtere Gangart ein, und zwei Grausamkeiten erschütterten die mediterrane Welt: im Westen die Zerstörung Karthagos im selben Jahr und im Osten die Schleifung Korinths. Der Vernichtung Karthagos war seit 149 v. Chr. ein kurzer Krieg vorangegangen, ausgelöst durch die Forderung Roms, Karthago müsse sich vom Meer zurückziehen. Nach einer erbitterten Belagerung nahm Rom Karthago ein und zerstörte es bis auf die Grundfesten. Das Schicksal Korinths wurde viel rascher besiegelt und diente den anderen griechischen Staaten als Warnung. Beide blickten auf eine lange geschichtliche Vergangenheit zurück, beide waren Seemächte und beide wurden später von den Römern neu gegründet, doch Roms Botschaft war unmissverständlich: Es würde keinen Rivalen als Seemacht und als Beherrscher der durch Seewege verbundenen Welt dulden.

Roms Unnachgiebigkeit gegenüber anderen Rivalen zur See hatte nicht zur Folge, dass es im 2. und 1. Jahrhundert v. Chr. eine große Flotte unterhielt, wie es noch während des 1. Punischen Krieges der Fall gewesen war. Rom baute zunehmend auf die Flotte seiner Verbündeten unter den griechischen Staaten Süditaliens und, seit den Feldzügen im Vorderen Orient unter Generälen wie Lucullus und Pompeji, auf die Schiffe der Bündnispartner in der Ägäis und Levante – den traditionellen Seefahrerstaaten im Osten. Das Fehlen einer eigenen römischen Flotte und eine willkürliche römische Politik, wie etwa die Rhodos zugefügte Kränkung, das seine Rolle als Kontrollmacht zur See in gewissen Maße hatte weiterführen können, hatten die deutliche Zunahme der Piraterie zur Folge. Die Bemühungen Roms, das Piratenwesen in Kilikien an der südtürkischen Küste zu bekämpfen erfolgten nur halbherzig oder waren stümperhaft, sodass die Piraterie im 1. Jahrhundert v. Chr. zu einer ernsthaften Plage wurde. Selbst Ostia, nur 20 km von Rom entfernt, wurde 87 v. Chr. von Seeräubern angegriffen. Eine derartige Lage konnte nicht mehr hingenommen werden. Im Jahr 67 v. Chr. wurde Pompei mit Sondervollmachten ausgestattet, um das Mittelmeer von Piraten zu säubern. Er erledigte seine Mission innerhalb von 60 Tagen, und obwohl das Seeräuberwesen nie völlig verschwand, wurde es im Mittelmeer in den nächsten Jahrhunderten zu keinem nennenswerten Problem mehr.

Die Möglichkeit eines direkten Eingriffs in Ägypten war eine besonders verlockende Herausforderung für alle politischen Akteure im spätrepublikanischen Rom. Schließlich kam es jedoch nur zum Machtkampf zwischen Marcus Antonius und Octavianus, dem späteren Kaiser Augustus. Die Rivalität zwischen ihnen wurde nicht auf dem Festland, sondern bei Actium entschieden, dem letzten großen Seegefecht der Antike, das 31 v. Chr. vor der griechischen Westküste stattfand. Dieser Sieg und die danach folgende Unterwerfung Ägyptens bedeuteten einen bemerkenswerten persönlichen Erfolg für Octavianus. Die Inbesitznahme Ägyptens brachte Rom neben großem Wohlstand auch reiche Rohstoffquellen, vor allem Getreide, das in Rom ebenso wie in der gesamten Mittelmeerwelt überaus begehrt war, ferner den bedeutenden Hafen Alexandria, der nicht nur als Verladeplatz für die Rohstoffe wichtig war, sondern auch als Umschlagplatz für Luxusgüter aus Fernost, aus Arabien, Indien und

Die Unterwasserarchäologie, der wir viele Kenntnisse über die Antike verdanken, hat eine lange Tradition. Oben: *Der Stich von 1614 zeigt die verwendete Technik zur Hebung eines Kanonenrohrs vom Meeresgrund.* Unten: *Ein moderner Taucher birgt einen Teil einer etruskischen Amphora vor der Küste Italiens.*

China. Daher überrascht es nicht, dass Ägypten zwar römische Provinz war, dennoch der unmittelbaren persönlichen Kontrolle durch den Kaiser unterstand.

Allmählich und mit ungewöhnlichem Geschick wandelte Octavianus seine Stellung vom letzten Rivalen der spätrömischen Republik zum Augustus, dem ersten römischen Kaiser. Während er stets vorgab, die Republik und die republikanische Regierungsform weiterzuführen, veränderte sich die Wirklichkeit, und nicht zuletzt auch zur See. Nachdem er die versprengten Reste der Kriegsflotte für eine Weile in Forum Julii (Frejus) in Südfrankreich vereinte, errichtete er neue Flottenstützpunkte in Misenum am Golf von Neapel und in Ravenna. Kleinere Flotteneinheiten wurden auch an andere Orte verlegt, z. B. an die nordafrikanische Küste oder ans Schwarze Meer, um eine ständige Kontrolle über das Geschehen auf See ausüben zu können. Damit bezweckte Rom nicht zuletzt auch, die Sicherheit des Kaisers persönlich zu gewährleisten. Wie Tacitus schrieb, „standen die Heere, Provinzen, Flotten, das gesamte System in Wechselbeziehungen zueinander." Eine ständig kampfbereite Flotte half auch, das Piratenwesen und die Gesetzlosigkeit zur See zu unterbinden.

Was immer den Kaiser zu seinen Maßnahmen auch bewogen haben mag, das Ergebnis war Roms beispiellose Vormachtstellung und die kaiserliche Kontrolle im Mittelmeer. Die Menschen wussten das und schätzten dies auch. Eine bewegende Geschichte dazu ist durch den römischen Schriftsteller Sueton überliefert. Im Jahr 14 n. Chr. fuhr das Schiff, an dessen Bord sich der schwerkranke Kaiser befand, an einem großen, mit Getreide beladenen Schiff vorbei, das von Alexandria unterwegs nach Puteoli war. Als dessen Mannschaft und Reisende auf dem anderen Schiff den Kaiser erkannten, zogen sie weiße Roben an und umhängten sich mit Blumenkränzen, zündeten Weihrauch an und überschütteten ihn mit Segenswünschen, huldigten und dankten ihm dafür, dass er die Meere sicher gemacht hatte. Ein großes Zeitalter war angebrochen.

Unser Wissen über die Seefahrt und Seewege jener Zeit wurde durch die Unterwasserarchäologie erheblich bereichert. Die Erfindung des Unterwasser-Atmungsgeräts und seine Weiterentwicklung durch Jacques Cousteau nach 1945 ermöglichten es erstmals, den Meeresboden in flachen Zonen gründlich zu untersuchen. Die Tatsache, dass sich die Taucher unter Wasser relativ lange und mit großer Bewegungsfreiheit aufhalten konnten, erlaubte die Bergung verschiedener Gegenstände wie Amphoren, Krüge zur Aufbewahrung von Wein und Öl, ebenso wie die Freilegung und Bergung von Schiffswracks. Solche Unterwassergrabungen vermittelten uns genauere Kenntnisse über die Schiffbautechnik, Schiffsgröße, die Art der mitgeführten Ladungen und die befolgten Seerouten. Doch ist Vorsicht geboten, wenn es um Schlussfolgerungen und Verallgemeinerungen geht, denn manche Unterwassergrabungen, vor allem die der Anfangszeit, wurden noch nicht so professionell wie heute durchgeführt, und für die großen Tiefen des Mittelmeeres sind die Atmungsgeräte der Taucher sowieso nicht geeignet. Dennoch wurden bisher über 1000 Wracks entdeckt, und sie zeigen, dass zwischen dem 2. Jahrhundert vor und nach Christus ein überaus reger Seeverkehr herrschte, wie er erst rund 1000 Jahre später nochmals erreicht werden sollte. Es steht zweifelsfrei fest, dass das Mittelmeer von überragender Bedeutung für die römische Welt und das Kaiserreich war.

Gestützt wird diese Einschätzung zusätzlich durch die Haltung der Römer gegenüber dem Meer. Ursprünglich scheint das Mittelmeer, aus praktischen Überlegungen heraus, als eine Ansammlung mehrerer kleinerer Meere betrachtet worden zu sein, deren Namen meist auf nahe gelegenen Inseln oder Küsten zurückgingen, so etwa *mare Tyrrhenum* („Tyrrhenisches Meer"), *mare Balearium* („Balearenmeer"). Der Terminus *mare mediterraneum* („Mittelmeer") scheint sich erst in jüngerer Zeit durchgesetzt zu haben. Der Geograph Soli-

Von einer Galeere werden Frachtgüter, vermutlich Metallbarren, ans Ufer gebracht und dort gewogen. Die Darstellung findet sich auf dem Mosaik eines römischen Grabes in Tunesien aus der Zeit um 250 n. Chr.

nus scheint ihn in der 2. Hälfte des 3. Jahrhunderts n. Chr. verwendet zu haben, und der älteste direkte Beleg für diese Bezeichnung findet sich bei Isidor von Sevilla (6. Jahrhundert n. Chr.). Wenn es im alten Rom um das gesamte Mittelmeer ging, so bezog man sich auf *mare magnum* („Großer See"), *mare internum* („Inneres Meer") oder *mare nostrum* („unser Meer"). Für uns sind die zwei letztgenannten Namen besonders aufschlussreich. Das Mittelmeer sicherte Rom in der Tat die Binnenwege für seine Expansion und das Kaiserreich. Beamte, Soldaten, Zuwanderer, Sklaven, Handwerker, Wanderprediger und nicht zuletzt Kaufleute nutzten diese Wege. Mit dem Übergang der Kontrolle aller Anrainergebiete in römische Hand wurde das Mittelmeer zu einem Binnenmeer, „unserem Meer". Zuvor hatten die Griechen einen ähnlichen Ausdruck verwendet, *he thalassa he kath'hemas*, „das Meer um uns", „unser Meer", jedoch in einem sehr engen Sinn. Für die Römer der frühen Kaiserzeit war es jedoch wirklich *mare nostrum*, „unser Meer" in seiner Gesamtheit mit all seinen Erweiterungen, dem Schwarzen Meer, dem Roten Meer und auch noch jenseits der Meerenge von Gibraltar. Diese umfassende politische Dominanz des gesamten Mittelmeerbeckens durch eine einzige Großmacht war bis dahin beispiellos und wiederholte sich in diesem Ausmaß auch nicht mehr danach.

Der Stolz über diese Besitztümer und die Freude über das Meer fanden ihren Ausdruck auf vielfältige Weise. Villen am Meer, z. B. in beliebten Gegenden wie dem Golf von Neapel, waren Ausdruck des Wohlstandes und des raffinierten Geschmacks ihrer Besitzer, während die weithin sichtbaren Türme und Kolonnaden der Schifffahrt bei Tag als Orientierungspunkte dienten. Diese Villen verfügten nicht selten über einen eigenen kleinen Anlegehafen und Anlegeplätze, und auf Istrien in der Nordadria unterhielten die Werkstätten Anlegestellen zum Löschen der Güter. Entlang der Küste gab es z. B. Fischzüchtereien wie in Cosa in Italien und vor allem an der Südküste Spaniens. Letztere waren mitunter besonders ausgedehnt und hatten auch eine Produktionsstätte zur Erzeugung von gesalzenem Fisch und vor allem von *garum*, der Fischsauce, die in die ganze römische Welt ausgeführt wurde.

Den römischen Seehandel beherrschte, wie schon seit ältesten Zeiten, die Kabotage, d. h. die Küstenschifffahrt von Hafen zu Hafen. Die Küstenorte der mediterranen Welt waren untereinander so dicht vernetzt, wie es die Siedlungen im Landesinnere wegen der sie trennenden Berge oder Sümpfe nicht sein konnten. Dieses enge Netz entwickelte sich desto intensiver, je größer die lokalen Unterschiede, selbst die zwischen nahe gelegenen Regionen

134 Die Entstehung des *Mare nostrum*

in den Klimaverhältnissen und der Produktivität waren. Trotz der erklärten Ideale der Autarkie prägte die gegenseitige Abhängigkeit den Alltag, und der Seeverkehr machte dies erst möglich. Die Seefahrt, die in der Antike von Wind und Wetter, von der Muskelkraft der Menschen und nicht zuletzt von den mitführbaren Süßwasser- und Nahrungsvorräten abhängig war, setzte die Existenz von Häfen, wettergeschützten Bereichen oder zumindest von Anlegestellen in regelmäßigen Abständen von etwa 50–70 km voraus. So bildete die Kabotage den natürlichen Weg, in dem die damalige Welt in jeglicher Hinsicht funktionierte.

Mit dem Aufstieg Roms zur Weltmacht bildeten sich auch neue Navigationsmuster heraus. Schon seit phönikischer Zeit, wenn nicht früher, wurden lange Schiffsreisen unternommen. Phönikiens Handelsbeziehungen und Kolonisationspolitik umspannten den Raum von der Levante bis zu den Küsten Afrikas, Spaniens und sogar jenseits davon. Die Griechen gründeten Kolonien auf Sizilien, in Süditalien und im westlichen Mittelmeer. Aber erst in der römischen Kaiserzeit setzte sich der Fernhandel durch, als hochseetaugliche Schiffe im festgelegten Rhythmus entlang der Fernhandelsrouten das Meer durchpflügten. Sofern sie nicht dem Vormarsch der Heere dienten, hatten diese Fernstraßen Rom selbst als Ziel. Vielfach bestimmten zwar staatliche Interessen den Handel, doch lag dessen Durchführung in den Händen privater Kaufleute.

Rom und Umgebung zählten zu Augustus' Zeit mindestens 1 Million Einwohner, wenn nicht sogar mehr. Allein die Sicherung des Lebensunterhaltes für eine so hohe Zahl von Menschen hätte die lokalen Ressourcen völlig überfordert. Daher war die Stadt auf die Einfuhr erheblicher Mengen Getreide, Öl, Wein aus all jenen Regionen angewiesen, in denen es einen Überschuss an solchen Gütern gab. Im 1. Punischen Krieg war um 241 v. Chr. Sizilien,

Prächtige Villen am Meer mit Türmen und Säulen, die mitunter auch über einen Miniaturhafen verfügten, bildeten für die Küstenschifffahrt einen vertrauten Anblick. Sie sind ein Beweis für die besondere Liebe der Römer zum Meer, das sie von Piraten befreit hatten. Gegenüberliegende Seite: Fresko aus der Zeit um 70 v. Chr. mit der Darstellung einer Nilszene und einem Nilkrokodil; unten: Aus derselben Epoche stammt das Fresko aus einer Villa in Castellamare (Stabiae), südlich von Pompeji, mit der Ansicht einer großzügigen Villa am Meeresufer.

Roms Vormachtstellung zur See hatte zur Folge, dass auch der Getreidehandel im Mittelmeer, vor allem von Sizilien und Nordafrika nach Rom, nicht mehr durch Seeräuber gefährdet war. Diese Marmorplatte aus Córdoba aus dem 7. oder 6. Jahrhundert v. Chr. symbolisiert die Sommerernte, wie auch der Inschrift zu entnehmen ist.

Um Rom zu erreichen, mussten Schiffe, die auf offenem Meer die Fernhandelswege befuhren, im Hafen von Ostia ankern und ihre Fracht auf kleinere Boote umladen, die den Tiber flussaufwärts zogen. Wie die Waren auf das Boot verladen werden, das zeigt anschaulich dieses Mosaik aus Ostia. Das große Hochseeschiff erkennt man am Bug mit dem darauf gemalten Delphin.

eine der Kornkammern des Mittelmeeres, an Rom gefallen; im 2. Punischen Krieg kamen um 200 v. Chr. der Süden und Osten Spaniens hinzu, die in Friedenszeiten wichtige Lieferanten von Agrarprodukten, vor allem Ölivenöl, waren. Afrika, das sich dank der Kenntnisse der Karthager – sie besaßen eine reiche, später auch ins Lateinische übersetzte Fachliteratur – zu einem bedeutenden Getreide- und Öllieferanten entwickelt hatte, wurde im 3. Punischen Krieg römische Provinz und nach dem Tod von Kleopatra 30 v. Chr. wurde Ägypten, das schon die Bibel als Kornkammer pries, wie ein Krongut dem Kaiser unterstellt.

Wie wir aus Ciceros Reden gegen Verres, den Proprätor Siziliens, wissen, pflegten die Römer im 1. Jahrhundert v. Chr. den Zehnten auf Getreide aus Sizilien zu erheben, ein System, das Hieron, einst der griechische Herrscher über Syrakus, entwickelt hatte. Ähnlich verfuhren die Römer in Ägypten, wo sie unverzüglich die Kontrolle über das dortige Verteilungssystem übernahmen. Geprägt vom Nil und dessen regelmäßige jährliche Überschwemmungen, hatten sich Ägypten stets, aber vor allem unter den Ptolemäern durch seine zentralistische Strukturen hervorgetan. Rom fiel es leicht, das in Ägypten praktizierte System der Kontrolle der Ernteeinbringung, des Transports flussabwärts nach Alexandria und der Lagerung des Getreides in den Kornspeichern der Stadtviertel Neapolis und Mercurius zu übernehmen. Danach verließen die voll beladenen Schiffe den Hafen mit seinem berühmtem Leuchtturm und nahmen Kurs vor allem auf Rom, den Hauptumschlagplatz für den Getreidehandel.

Eigentlich steuerten die Schiffe nicht Rom an, sondern Puteoli (Pozzuoli), den großen natürlichen Hafen am Golf von Neapel, der schon immer Zielort des östlichen Mittelmeerhandels gewesen war. Die griechische Staaten in diesem Teil Italiens hatten schon seit ältester Zeit eine Infrastruktur für den Seehandel entwickelt, während Rom über keinen geeigneten Hafen verfügte. Seneca berichtet in einem Brief von der Vorfreude, die die Einwohner von Puteoli erfasste, sobald sie die Vorboten der aus Alexandria eintreffenden Flotte erspähten, und dass sich die Menschen im Hafen versammelten, um die mächtigen Frachtschiffe zu bestaunen. Am Handel mit ägyptischem Getreide waren sicherlich auch staatliche Institutionen und öffentliche Beamte beteiligt. Mehrere kürzlich in Murecine (unweit von Pompeji und Puteoli) entdeckte Wachstafeln belegen jedoch, dass gewöhnliche Händler und Kaufleute zumindest teilweise mit diesem Getreide handelten, dafür Zinsen erhoben und damit auch Spekulationsgeschäfte tätigten. Es gab eine Verflechtung zwischen öffentlicher und privater Hand.

Roms Versorgung hing entscheidend von der Getreideflotte ab, die regelmäßig zwischen Alexandria und der Hauptstadt verkehrte. Dieses Fresko aus einem Grab in Ostia zeigt, wie die Waren auf ein Schiff verladen werden. Es trägt den Namen ISIS GIMINEA, der Kapitän (MAGISTER) heißt FARNACES. Neben ihm steht vermutlich ein Staatsbeamter mit einem Zählstock, zu dessen Linken der Schiffseigentümer (und vermutlich auch Besitzer des Grabes) ABASCANTUS, der das Einfüllen der Ware aus einem kleineren Sack in einen größeren überwacht. Der Mann am Heck des Schiffes schließlich sagt FECI („Ich habe es gemacht").

Gegen Ende des 2. Jahrhunderts n. Chr. beschleunigte sich die Entwicklung Nordafrikas und des Hinterlandes von Karthago, sodass von Häfen, wie z. B. jenem des heutigen Tunis, viel größere Mengen Getreide nach Rom verladen wurden, und Kaiser Commodus (180–192) organisierte in Anlehnung an die Flotte aus Alexandria eine afrikanische Getreideflotte. Gegen Ende des 4. Jahrhunderts gab es, wie wir aus dem *Codex Theodosianus*, einem der großen Rechtskodizes des späten Kaiserreiches, wissen, einen straff organisierten Fernhandel mit Getreide und anderen Produkten, z. B. Olivenöl, der regelmäßig den viel kürzeren Seeweg von Nordafrikas Häfen nach Rom nutzte. Der Hauptanteil an Olivenöllieferungen kam jedoch aus Südspanien, wie es die große Ansammlung zerbrochener Amphoren vom Monte Testaccio bezeugt. Das Tal des Guadalquivir von Cádiz über Sevilla bis jenseits der damaligen römischen Provinz Baetica stellte eine überaus reiche Versorgungsquelle mit allen Agrarprodukten, darunter Getreide, Olivenöl und Wein, dar. Ein gut ausgebautes Netz von Landstraßen und Wasserwegen überzog diese Region, und wohlhabende Schiffseigner und Händler siedelten in Gades (Cádiz) an, um dem einträglichen Handel mit Süd- und Ostspanien sowie dem südlichen Gallien nachgehen zu können.

Diese Art von Handel wurde mitunter über spezielle Schiffe abgewickelt. Wir wissen, dass es für den Transport von Wein Schiffe gab, die nicht bloß Amphoren mit Wein beluden, sondern richtige „Tanker", in deren Laderaum bis zu zwölf *dolia*, riesige Weinbehälter, eingebaut waren. Es gab auch speziell verstärkte Schiffe zur Beförderung von Steinen, *naves lapidariae* genannt. Große Mengen Baumaterialien, darunter Steinsäulen, Granit und Marmor, wurden aus den Steinbrüchen der Ägäis, aus Ägypten, Afrika und der Türkei nach Rom geschafft, um die kaiserlichen Bauwerke zu verkleiden und auszuschmücken.

Die Mehrheit der in Betrieb befindlichen Schiffe dürfte eher recht klein gewesen sein und konnte 60–70 Tonnen verschiedenster Güter befördern. Im Laderaum eines einzigen Schiffes fand man z. B. Metallbarren, Mühlsteine, Amphoren, feine Küchengefäße sowie Steingut. Es gab auch größere Schiffe, die 300–400 Tonnen laden konnten. Einer der bemerkenswertesten Unterwasserfunde stammt aus Südfrankreich (Madrague de Giens) und ent-

Die Entstehung des *Mare nostrum*

hielt das Wrack eines solchen Schiffes, in dem zahlreiche Amphoren dicht an dicht gestapelt waren. Um wieviel größer als dieses römische Frachtschiff andere Schiffe vielleicht waren, das ist umstritten. Es gibt Quellen, die von „Riesenschiffen" berichten, welche bis zu 1000 Tonnen Güter laden konnten. Von der antiken Schiffsbautechnik her, wären solche Schiffe durchaus denkbar gewesen, und wenn man vielleicht nicht bis an die Grenzen des damals technisch Machbaren ging, so vielleicht eher aus ökonomischen Erwägungen. Man vermutet, dass die Lastschiffe mit Getreide, die von Alexandria nach Rom segelten, solche Ausmaße hatten, vor allem weil Schiffe mit so großem Laderaum auf dieser Route auch ökonomisch sinnvoll waren.

Ungeachtet ihrer Größe, Form und der Beschaffenheit des Laderaumes ähnelten sich die Schiffe weitgehend. Sie hatten eine gerundete Form, einen breiten Rumpf, ein hohes Achterdeck, von dem der Rudergänger, der die zwei Steuerruder zu beiden Seiten des Hecks steuerte, vorwärts blicken konnte, und ein großes, viereckiges Hauptsegel, das über etliche Taue ein rasches Einziehen ermöglichte. Oft gab es noch am Bug ein kleines Segel, das *Artemon*, eine Art Sprietsegel, das das Manövrieren oder nähere Segeln am Wind erleichterte. Der Schiffsrumpf entstand in Schalenbauweise mit geformten und passenden Planken, die durch Zapfen und Nut fest zusammengehalten wurden (ähnlich wie in der Herstellung von Möbeln), wobei die inneren Schiffsrippen erst danach eingebaut wurden. Nicht die Rippen, sondern die äußere Hülle verlieh dem Schiff Festigkeit. Zum Schutz vor der Einwirkung von Meereswasser wurde die Außenhülle manchmal durch eine dünne Bleischicht verstärkt, die über ein mit Harz oder Pech imprägniertes, dem Schiffskörper direkt aufliegendes Gewebe befestigt wurde. Diese Bauweise war überaus aufwändig, und daher bedeutete jeder Untergang eines Schiffes einen hohen Verlust. Die Schiffe dienten sowohl der Beförderung von Personen als auch für Frachtgut. Die Apostelgeschichte berichtet von der Reise des Paulus

Schiffe unterschieden sich sowohl in der Größe als auch in der Art der Fracht, die sie luden. Manche waren auf den Transport von Wein und Öl spezialisiert, andere beförderten schwere Materialien wie Granitblöcke und Steinsäulen. Aus Sousse in Tunesien stammt dieses Mosaik mit der Darstellung eines großen Schiffs, das mit Rudern und Segeln ausgestattet ist, am Bug einen Delphin zeigt und ein stark geschwungenes Heck hat.

Dicht beladen mit Weinamphoren ist der Laderaum dieses Schiffes, dessen Wrack vor der Südküste Frankreichs entdeckt wurde. Schiffwracks liefern wichtige Informationen über vergangene Zeiten, aber nur selten sind sie so gut erhalten wie in diesem Fall. Große Frachtschiffe konnten bis zu 400 Tonnen Güter laden.

Winde konnten nur allgemein vorausgesagt werden und bestimmten den saisonalen Schiffsverkehr. Zwischen Süditalien und Ägypten blies der Wind vor allem von Nordwest, sodass die Fahrt nach Ägypten viermal schneller verlief als die Rückfahrt. Diese Personifizierung eines Windes findet sich auf einem Mosaik aus dem spanischen Merida.

nach Rom auf einem Getreidefrachter, der bei Malta strandete. Und Kaiser Gaius drängte seinen Freund, den Herrscher Herodes Agrippa, für die Rückfahrt nach Palästina einen der nach Alexandria fahrenden Frachter zu besteigen, da deren Kapitäne die Schiffe „wie Rennpferde" lenkten. Passagiere mussten vermutlich Bettzeug, Nahrung und einen oder mehrere Diener mitbringen, die sich um sie während der Reise kümmern konnten, da es wohl kaum die für die Beförderung von Personen üblichen Annehmlichkeiten gab.

Angesichts dieser Tatsache und der Klimabedingungen ist es nicht verwunderlich, dass im Winter im Mittelmeer der Fernverkehr ruhte, es war *mare clausum*. Der Seeverkehr fand zwischen Mai und September oder, in den Randgebieten, von April bis Oktober statt. Und selbst dann konnten wechselnde Witterungsverhältnisse, aufkommende Stürme oder gefährliche Strömungen die Umfahrungen von Landzungen erschweren. Das beste Beispiel dafür ist die Route zwischen Puteoli und Alexandria: Die Fahrt nach Ägypten, angetrieben vom Wind aus Nordwesten, konnte etwa eine Woche oder sogar noch weniger dauern, die Rückfahrt nach Puteoli gegen den Wind jedoch bis zu einem Monat. Die Witterung beeinflusste auch den Routenverlauf. Die nördliche Hauptroute von Ägypten führte über Zypern, südliches Kleinasien, Rhodos oder Knidos, südlich von Kreta, dann Richtung Malta und Messina und anschließend die Westküste Italiens aufwärts. Der südliche Seeweg verlief entlang der nordafrikanischen Küste unter Nutzung der wechselnden Land- und Seebrisen bis Kyrene. Beide Seewege dauerten recht lange. Nach Ägypten segelnde Schiffe konnten vom Wind von der Südspitze Italiens bis zur Nilmündung vorangetrieben werden.

Die wichtigste Kraft für die Entwicklung des Fernhandels bildeten die staatlichen Bedürfnisse. Sie begünstigten die Schaffung eines komplexen Netzwerkes von Häfen, Verträgen zur Nutzung von Kais und Lagerhallen, die, einmal eingeführt, auch von einer Reihe anderer Handelsformen genutzt werden konnten. Sobald die staatlichen Aufträge und ihre Abfolge feststanden und mit ihnen die Infrastruktur an Straßen und Häfen, konnten auch private Kaufleute oder Gruppen von Händlern diese Gewinn bringenden Geschäfte tätigen. Der so genannte Huckepack-Handel innerhalb des Römischen Reiches, bei dem minderwertigere Ladungen, wie z. B. Tonwaren und andere Gebrauchsgegenstände, die allein einen Ferntransport nicht gelohnt hätten, erfuhr dennoch eine erstaunliche Verbreitung. Zu diesen Produkten zählte u. a. die nordafrikanische so genannte red-slipped-Keramik, die sich im Römischen Reich erstaunlicher Beliebtheit erfreute. Solche Tonwaren wurden vor allem zusammen mit Agrarprodukten wie Getreide und Öl, gewissermaßen „auf deren Rücken" befördert. Der Nachteil dabei war, dass sobald der staatliche Getreidetransport stockte oder gar über längere Zeit hinweg zum Erliegen kam, auch der Erfolg dieser beliebten dekorierten Tonwaren oder anderer „Huckepack"- oder Begleitwaren ausblieb.

Daher hing viel vom politischen Willen der Kaiser ab, sicherzustellen, dass die Interessen des Staates und ihre eigenen Interesse in Einklang gebracht werden. Der vielleicht deutlichste Ausdruck dieses Willens war die Schaffung eines riesigen künstlichen Doppelhafens unweit der Tibermündung. Er war das Werk der Kaiser Claudius und Trajan im 1. und 2. Jahrhundert n. Chr., dessen Fertigstellung jeweils mehrere Jahrzehnte dauerte: von 42 bis etwa 64 n. Chr. und von 100 bis 112 n. Chr.

Rom hatte lange Zeit das große natürliche Hafenbecken südlich von Rom, bei Puteoli in Kampanien, genutzt, das wesentlicher Bestandteil von Roms Hafenanlagen in spätrepublikanischer Zeit war und in der frühen kaiserlichen Periode seine Rolle sogar ausgebaut zu haben schien. Vermutlich ließ Augustus die berühmte, von Arkaden gesäumte Hafenmole erbauen, die eine Vielzahl praktischer Aufgaben erfüllte, ein Wunderwerk hydraulischer Technik war und zu einer berühmten Attraktion wurde. Eine Reihe von Docks und Lager-

Ausgedehnte Hafenanlagen entstanden in der frühen Kaiserzeit. Am bekanntesten waren die riesigen Schiffswerften, Werkstätten und Lagerhallen, die Kaiser Augustus im Hafen von Puteoli, südlich von Rom, errichten ließ und die vermutlich auf diesem Mosaik wiedergegeben sind. Dieser Gebäudetypus diente im Mittelmeerraum jahrhundertelang als Vorbild für ähnliche Bauten. Ein lebendiges Beispiel dafür liefern die in Kania (Kreta) erhaltenen Hafenanlagen am Meeresufer, die aus venezianischer Zeit stammen.

hallen säumten nordwärts das Ufer, die *ripa hortensiana*. Zu diesen Anlagen könnten auch die heute vom Wasser verschlungenen, aber bei Portus Julius und dem Lucrine See immer noch sichtbaren Einrichtungen gezählt werden. Das Interesse aller frühen Kaiser für diese Region kommt deutlich zum Ausdruck. Claudius selbst entsandte eine Kohorte nach Puteoli sowie nach Ostia an der Tibermündung, die als Feuerwehr in Notfällen dienen sollte.

Die Sorge der Kaiser galt der Sicherung des Seeweges durch das Mittelmeer nach Puteoli und von hier nordwärts bis zur Tibermündung. Der jüdische Historiker Josephus Flavius pries im späten 1. Jahrhundert n. Chr. Kaiser Gaius (Caligula) für dessen Beschluss, mit dem Ausbau des Hafens von Rhegium an der Südspitze Italiens zu beginnen; diese Gegend stellte nämlich eine überaus gefährliche Zone auf der Durchfahrt der alexandrinischen Getreideflotte durch die Straße von Messina dar. Ebenso befanden sich die unter Kaiser Hadrian im südlichen Kleinasien bei Patara und Myra erbauten großen Lagerhallen, *horrea* genannt, genau an der Stelle, wo die aus Alexandria kommende Getreideflotte diese Häfen anlief; davon berichtet übrigens auch der Apostel Paulus. Nach Dio Cassius (um 163– um 235) zeigte sich Hadrian im Allgemeinen überaus interessiert am Ausbau von Hafenanlagen.

Auch der Seeweg, der von Puteoli nordwärts entlang der ungeschützten und den Nordweststürmen ausgesetzten Westküste Italiens bis nach Ostia an der Tibermündung führte, fand die Aufmerksamkeit der römischen Herrscher. Julius Cäsar, der den Bau eines geeigneten Hafenbeckens in Ostia verfolgte, das die am Fluss gelegenen Lagerhäuser und Kaianlagen ersetzen oder ergänzen sollte, hatte geplant, einen Binnenkanal von Terracina nach Rom ausheben zu lassen. Nero nahm dieses Vorhaben wieder auf und war entschlossen, die Region um Puteoli mit dem Tiber über ein Netz von Binnenkanälen und Wasserwegen zu verbinden. Dabei sollten die natürlichen Lagunen im Hinterland der Küste genutzt werden, und zwar vom See Avernus (südlich von Cumae) nach Ostia und von Ostia nach Rom. Hier erschwerte der überaus windungsreiche Verlauf des Tiber erheblich das Vorankommen der Schleppkähne. Das Projekt schlug fehl, obwohl Spuren davon auch heute noch bei Circeii sichtbar sind. Der Baubeginn im Jahr 64 n. Chr. erfolgte, wie es zu diesem Anlass geprägte Gedenkmünzen belegen, zu dem Zeitpunkt, als der von Kaiser Claudius befohlene große ringförmige Hafen nördlich von Ostia vollendet wurde, und suggeriert, dass er Teil einer groß angelegten Strategie war, die sowohl Kampanien als auch den Tiber umfasste. Tacitus und Sueton präsentieren Neros Aktionen als törichte Pläne, aber ähnliche Kanalsysteme in der Poebene, die bis Ravenna reichten, hatten sich bewährt. Im ganzen Reich nutzten die Römer die Binnenwasserwege und bauten sie aus, so auch an der Rhônemündung mit den berühmten Kanälen des Marius, den *fossae Marianae*, im 1. Jahrhundert v. Chr., die Abhilfe

für den bis dahin beschwerlichen Warentransport schufen. Rom verfolgte vor allem im westlichen und im nördlichen Europa gewissermaßen eine Politik der „Vernetzung auf dem Wasserweg".

Claudius' neu errichteter Hafen etwa 3 km nördlich von Ostia unweit der damaligen Tibermündung muss daher nur als Ergänzung der Bauvorhaben in Kampanien gesehen werden, von denen man annahm, dass sie fortgeführt würden. Das riesige und mit immensem Aufwand erbaute kreisförmige Hafenbecken lag in einer lagunenähnlichen Bucht unweit einer Krümmung des Tiber, mit dem es durch ein verzweigtes Kanalnetz verbunden war, hatte eine Tiefe von 4–5 Metern und erstreckte sich über rund 80 ha. Der Hafen sollte im Mündungsbereich des Tiber ein größeres Aufkommen an Schiffen und ihr sicheres Anlegen ermöglichen. Mit seinem Leuchtturm unterstrich Ostia den Anspruch Roms als Seemacht. Wie Tacitus berichtet, war der Abstand zwischen den Hafenmolen zu groß, um den Schiffen Schutz gewähren zu können, sodass im Jahr 62 n. Chr. während eines schweren Sturms im Hafen 200 Schiffe sanken.

Obwohl es einfach schien, ein sicheres Binnenbecken für den claudinischen Hafen zu errichten, markierte Trajans Plan einen Wendepunkt. Es war der ernsthafte Versuch, den Handel der Hauptstadt, vor allem die Getreidelieferungen, auf Ostia und den Hafen von Portus zu bündeln. Das 32 ha große und über 5 m tiefe Innenbecken mit dem sechsseitigen Grundriss wurde an der Stelle ausgehoben, wo das Land von den Kanälen durchkreuzt wurde, die den claudinischen Hafen mit dem Tiber verbanden, und stand nunmehr über einen einzigen Kanal, die *fossa Traiani*, in Verbindung mit dem Fluss. Dieser Ausbau hatte zur Fol-

Der große, kreisförmige Hafen von Ostia, den Kaiser Claudius anlegen ließ, verfügte ebenfalls über Werften und Werkstätten; darauf lassen die Unterteilungen am rechten Münzrand schließen. Recht detailgetreu werden auch römische Schiffe dargestellt sowie der Flussgott, zweifelsohne der Tiber, an der Unterseite der Münze. Wegen seiner Größe war der Hafen nur ungenügend geschützt, sodass hier 62 n. Chr. während eines Sturms 200 Schiffe sanken.

Die Entstehung des *Mare nostrum* 141

Der Leuchtturm von Alexandria, eines der sieben Weltwunder der Antike, wurde 299–277 v. Chr. von Sostratos aus Knidos auf der Insel Pharos vor Alexandria erbaut und war mehr als 120 m hoch. Die genaueste Darstellung findet sich auf einem in Afghanistan ausgegrabenen Glaspokal aus dem 1. Jahrhundert n. Chr.. Rätselhaft bleibt nach wie vor, ob tatsächlich eine Riesenstatue des Meeresgottes den Leuchtturm krönte und wie das Leuchtfeuer am Brennen gehalten wurde.

ge, dass beträchtlich mehr Schiffe anlegen konnten, dass der Warenumschlag sowie die Zahl der Lagerhäuser und Kornspeicher erheblich zunahm. Die gesamte Anlage von Hafenbecken und Kanälen erstreckte sich über mehr als 1,3 Millionen Quadratmetern und war der weitaus größte uns bekannte Hafenkomplex der Antike. Gleichzeitig fanden unter Hadrian und Trajan in Rom umfangreiche Modernisierungsarbeiten statt: Die Kais wurden vergrößert, die Lagerhäuser unter dem Aventin-Hügel und im Forum boarium, dem alten Viehmarkt im Herzen der Stadt, ausgebaut. Mit der endgültigen Aufgabe von Neros Plan eines Binnenkanals scheint es, dass man Roms Abhängigkeit von den Häfen Kampaniens vermeiden wollte. In dieselbe Richtung ging auch der von Trajan veranlasste Bau zweier weiterer Hafenbecken, eines nördlich vom Tiber bei Centrumcellae (Civitavecchia), und das andere südlich von Terracina, jedes mit einer Fläche von rund 100 000 Quadratmetern. Diese Anordnung war umso bemerkenswerter, als diese zwei Becken die Rolle von Satellitenhäfen des neuen Doppelhafens von Portus spielten und außerdem durch ein gut ausgebautes Straßennetz mit Rom verbunden waren.

Diese gruppierte Anordnung untereinander eng verknüpfter Hafenanlagen zur Versorgung großer städtischer Siedlungen scheint typisch für die römische Welt zu sein. Narbonne in Südfrankreich am Fluss Ande besaß Hafenanlagen in St. Lucie, St. Martin, Mandirac und La Nautique; Aquileia am Fluss Natiso hatte Zugang zum Meer über den Kanal nach Grado sowie über mindestens vier weitere Kanäle und über die Kanäle nach Ravenna; Antiocheia am Orontos war verbunden mit Laodicea an der Küste sowie mit seinem Hafen von Seleucie-in-Pieria; Hispalis (Sevilla) am Guadalquivir versorgte sich mit Gütern über Flusshäfen und über den Meereshafen von Gades (Cádiz); Karthago besaß nicht nur einen eigenen Doppelhafen – den äußeren, rechteckigen, und den inneren, kreisförmigen – sondern etliche weiterer Kais und Schiffslandeplätze sowohl am Meer als auch am Tunis-See; und Alexandria verfügte neben zwei äußeren, durch einen Damm, das *Heptastadion*, getrennten Häfen am Mittelmeer über Hafeneinrichtungen an der Nilmündung sowie am See Mareiotis hinter der Stadt. Es fällt auf, dass die bevölkerungsreichsten Städte des Römischen Reiches entweder direkt am Mittelmeer liegen oder eng mit diesem verbunden sind. Es mag politische oder administrative Überlegungen für ihre Gründung an eben diesen Osten gegeben haben, ihr Wachstum und die Möglichkeit, sich zu entwickeln wären aber ohne den Seeverkehr und den Seehandel undenkbar gewesen.

Die sozialen und ökonomischen Strukturen, die den intensiven Seehandel in der römischen Welt ermöglichten, sind Gegenstand unterschiedlicher Ansichten gewesen. Es gibt einen gewissen Widerspruch zwischen der Tatsache, dass Inschriften betreffend Händler und Kaufleute darauf hindeuten, dass sie in der Gesellschaft ihrer Zeit einen relativ niederen Rang einnahmen und eher nur lokale Bedeutung hatten, und der Überzeugung, die sich nicht zuletzt auf die hoch entwickelte und besondere Qualität des Schiffbaues (und auf Vergleiche mit den Schiffbaukosten in anderen Epochen) stützt, dass ein beträchtlicher

Alexandria, die Beherrscherin der Meere – allegorische Darstellung auf einem Mosaik des 2. Jahrhunderts v. Chr. (links).
Unten: das heutige Alexandria ist immer noch einer der bedeutenden Mittelmeerhäfen, doch erinnert kaum noch etwas an die griechische und römische Zeit. Im Hintergrund das Mameluckenfort von Sultan Quaitbey (1477), das über dem antiken Damm errichtet wurde, der die Stadt mit der Insel Pharos verband.

Die Entstehung des *Mare nostrum*

Wohlstand nötig war, um in den Seehandel überhaupt einsteigen zu können. Auch wissen wir, dass es im 2. Jahrhundert n. Chr. den wohlhabenden römischen Senatoren verboten war, Schiffe über bestimmte Abmessungen hinaus zu besitzen, und Urkunden über den Senat in republikanischer wie in kaiserlicher Zeit sind durchsetzt mit geringschätzenden, abwertenden Bemerkungen über die Handels-und Seehandelsgeschäfte. Die Lösung dieses Puzzles scheint darin zu liegen, dass man zugeben muss, dass obwohl es Handelsgesellschaften im eigentlichen Sinn und wie es sie in späteren Epochen gab, in der Antike unbekannt waren, unterschiedlich begüterte Einzelpersonen zusammenkommen konnten, ihre Ressourcen bündelten und in Häfen oder anderen Handelsplätzen im gegenseitigen Interesse aktiv wurden. Die Beziehungen zwischen ihnen werden verdeckt durch Bezeichnungen wie *societas*, *familia* oder einfach *amici*, also Freunde. Zutreffend und noch wichtiger ist der Umstand, dass Senatorenfamilien und sogar Kaiser, die Wohlhabendsten überhaupt, ihre Sklaven, Diener oder Freigelassene (also ehemaligen Sklaven, die immer noch in ihren Diensten stehen) in ihrem Namen kaufmännisch tätig werden zu lassen, während sie selbst im Hintergrund blieben. Wie auch immer, es ist klar, dass die Finanzierung des Seehandels hohe Geldbeträge voraussetzte. Dies wird vielleicht am deutlichsten in Roms Handel mit dem Osten – mit Ostafrika, Arabien, Indien und, indirekt, mit China. Obwohl berühmte Karawanenwege quer durch Asien führten und römisches Gebiet in Städten wie Palmyra oder Pelva erreichten, führten die Hauptwege dieses Fernhandels über das Meer und steigerten Alexandrias Bedeutung als Handelsmetropole und Hafenstadt am Mittelmeer.

Eine ungewöhnliche Quelle, der *Periplus Maris Erythrei* („Küstenfahrt des Roten Meeres") eines anonymen griechischen Händlers des 1. Jahrhunderts n. Chr., liefert eine Reihe aufschlussreicher Details über diesen Handel, über das Rote Meer, die ostafrikanische Küste bis hinunter nach Sansibar sowie zur arabischen Küste und der Westküste Indiens. Die

*„**Publius Longidienus Camillus** eilt zu seiner Arbeit", lautet die Inschrift auf der Grabstele für einen römischen Schiffsbauer. Die Stele enthält auch eine Vignette mit der Darstellung des Meisters und des von ihm erbauten Schiffs.*

Götter und Menschen bevölkern dieses überfüllt wirkende Relief aus dem 2. Jahrhundert n. Chr., das die Einfahrt eines Schiffs in den Hafen von Ostia schildert. Ungewöhnlich genau ist die Takelage des Schiffes erkennbar: Eine Reihe senkrechter Taue machen die Bedienung der Segel von Deck aus möglich. Die zentrale Gestalt des Reliefs zeigt den römischen Meeresgott Neptun mit seinem Attribut, dem Dreizack.

Beschreibung enthält neben Ortsnamen (und Landmarken für den Seeverkehr) auch Namen von Gütern, die gehandelt wurden, z. B. Elfenbein, Edelsteine, Duftstoffe wie Myrte und Weihrauch, ferner Seide, Musselin, Gewürze und Pfeffer, für den es in Rom große Lagerhäuser, die *Horrea Piperataria*, gab.

Aus ägyptischen Häfen am Roten Meer wie Myos Hormos, „dem Muschelhafen", und Berenike stachen die Schiffe in See in Richtung ostafrikanische Küste oder nach Indien. Der ostafrikanische Handel verlief entlang der Küste, und es dauerte mitunter 2 Jahre, bis die Schiffe wieder den Ausgangshafen im Roten Meer erreichten. Der Handel mit Indien dagegen verlief über Routen, die über den weiten Ozean führte; die Fahrt nach Indien musste vor dem Einsetzen der stürmischen Monsunwinde stattfinden, und eine komplette Hin- und Rückfahrt dauerte nur ein Jahr. Dies erklärte sich dadurch, dass die Schiffe im Juli nach Verlassen des Roten Meeres den Südwestmonsun nach Indien und im Dezember den Nordostmonsun für die Rückfahrt nach Ägypten nutzen konnten. Die Kenntnis dieser Winde, die mit dem Namen des Hippalos assoziiert werden, geht zurück auf das 2. Jahrhundert v. Chr., doch erst in der frühen Kaiserzeit wurden sie für regelmäßige kommerzielle Seereisen genutzt.

Dieser Handel setzte hohes Können, Mut und erhebliche Mittel zur Finanzierung der Reisen voraus. Förderte der Kaiser offiziell diesen Fernhandel, oder war es eher eine diesbezügliche Art von staatlicher Politik? Ersteres ist eher unwahrscheinlich, obwohl die Kaiser und andere Mächtigen im Reich die Früchte dieses Handels eifrig nutzten. Ein jüngst veröffentlichtes Papyrus aus Wien belegt, dass wohlhabende Privatfamilien in Ägypten eigene Agenten in den Häfen des Roten Meeres unterhielten, die den Fernhandel mit Indien im Sinne der Familien abwickelten. Dies hinderte römische Historiker, wie z. B. Plinius d. Ä. nicht, diese Zustände zu geißeln und darüber zu klagen, dass der Handel dem Reich Edelsteine entzog.

Diverse römische Gold- und Silbermünzen wurden in unterschiedlichen Mengen in Muziris an Indiens Westküste gefunden, aber nachdem ihr Edelmetallgehalt seit Neros Zeiten stetig verringert wurde und damit zunehmend auch ihr Wert sank, ging ihre Verbreitung in kürzester Zeit zurück.

Von den Häfen am Roten Meer gelangten die Güter durch die Wüste nach Koptos, wo man sie unter Nutzung des Nils stromabwärts bis nach Alexandria befördern konnte. Dieser Teil der Route setzte ein hohes Maß an staatlicher Organisation voraus: Instandhaltung von Brunnen zur Wasserversorgung, Schaffung von Raststellen und Truppen zur Kontrolle der Sicherheit. In dieser Region gab es auch bekannte Steinbrüche, z. B. bei Mons Claudianus, die Baumaterialien für die repräsentativen Gebäude Roms und anderer Städte lieferten. Der Fernhandel mit dem Osten und die Steinbrüche in Oberägypten bereicherten wesentlich das Angebot der gehandelten Güter, die über Alexandria in die mediterrane und damit römische Welt gelangten.

Es überrascht kaum, dass ein Meer, das die Römer und die von ihnen unterworfenen Völkerschaften zu ihrem Binnenmeer, dem *mare nostrum*, erklärt hatten, auch Zeuge bedeutender Wanderbewegungen breiter Bevölkerungsgruppen wurde. Mit den Menschen wanderten auch ihre Ideen, Vorstellungen und vor allem Religionen. Häfen, Anlegestellen und Zufluchtsorte waren vor allem Ausgangs- und Zielpunkt riskanter Reisen auf einem unter Umständen gefahrvollen Element – dem Meer. Daher waren sie Orte erregter Anspannung, bevor man in See stach, und der Danksagung für die glückliche Heimkehr. Versuche, durch Prozessionen das Wohlwollen der göttlichen Mächte zu erlangen, und Opferzeremonien muss es daher gegeben haben. In Häfen wie Ostia oder Puteoli belegen freigelegte Inschriften und Funde die verbreitete Praxis religiöser Handlungen, und zwar vor allem gegen Ende des 2. Jahrhunderts n. Chr. Traditionelle Religion in Form von Verehrung der Götter des Olympus, besonders des Hermes als Gott des Handels, bestand neben anderen, mehr oder weniger exotischen Kulten des Ostens. Dazu zählten der Serapis- oder Isiskult, oft begleitet von Beinamen „euploia", gute Reise. Fremde Seeleute aus aller Herren Länder brachten den Glauben an ihre Gottheiten mit, nicht zuletzt auch Juden: unter den jüngsten Ausgrabungen in Ostia ist auch eine Synagoge. Dies bedeutete, dass so wie Griechisch und Latein, die beiden Verkehrssprachen der mediterranen Welt, die Verbreitung der christlichen Religion viel nachhaltiger förderten, als wenn sich diese auf ihre Originalsprache, das Aramäische, beschränkt hätte, auch das blühende und dichtere Kommunikationsnetzwerk in diesem Raum den Wechsel von einer heidnischen zu einer christlichen Welt entscheidend förderte. Die Missionsreisen des Apostels Paulus belegen dies deutlich, und diesen Wandel verstärkten zwei Antriebskräfte der Christianisierung und des christlichen Lebens späterer Zeiten: das Pilgerwesen und die Kreuzzüge. Zahlreiche Belege für die Kontinuität von Bewegungen und ihr Fortleben im Mittelmeerraum im Mittelalter und späteren Epochen entstammen den Heiligenviten und dem Umherwandern ihrer Reliquien. Die einst von Tempeln, Opferstätten und Heiligtümern überzogenen heidnischen Küstenstreifen wurden mit der neuen Religion resakralisiert und ritualisiert. Schreine und heilige Opferstätten auf Landzungen, wie z. B. der heilige Berg Athos, wichen einer neuen Welt, der des Christentums oder einer christlichen und muslimischen Welt zugleich.

Wie genau diese Welt sich herausbildete, ist nicht Gegenstand dieses Kapitels und zudem ein immer noch umstrittenes Thema. Dennoch muss hier etwas zur Auflösung des Römischen Reiches und der Auswirkungen dieses Prozesses auf die mediterrane Welt gesagt werden. Archäologische Funde scheinen zu bestätigen, dass wir den Einfluss der von Norden vorstoßenden Barbarenvölker auf das Mittelmeer und seinen Handel nicht überbewerten sollen.

Die jüdische Präsenz *in der römischen Welt erhielt mit der Freilegung einer Synagoge im Hafen von Ostia eine neue Dimension. Der klassisch gestaltete Querbalken, an dem vermutlich der Vorhang zur Verhüllung des Schreins hing, enthält auf seiner Unterseite die eingeritzten Symbole des Judaismus: die siebenarmige Menora, den Schofar (Widderhorn), Lulab (Palmenzweig) und Ethrog (Zitrusfrucht).*

Im nachrömischen Mittelmeerraum verschwanden die Seeverbindungen trotz aller politischen Zersplitterung keineswegs sofort. Bis zu den ersten islamischen Einfällen im 7. Jahrhundert lebten viele der Handelskontakte und kulturellen Beziehungen fort. Davon zeugen die Fahrten der christlichen Heiligen (während ihrer Lebenszeit) und die „Reisen" ihrer Reliquien (nach ihrem Tod). Im Osten übernahm das Byzantinische Reich die Rolle der Römer. Frühe Gründungen wie die Klöster auf dem Berg Athos in Nordgriechenland (oben: Kloster Dochiariu, spätes 10. Jahrhundert) waren die Vorboten einer sich bereits abzeichnenden neuen Welt.

Trotz der verblüffenden Erfolge dieser Einfälle vor allem im Westen des Römischen Reiches, belegen Ausgrabungen in Karthago, Rom und an anderen Orten die Fortdauer des bestehenden Handelslebens, wenn auch in kleinerem Ausmaß als bisher, im Mittelmeer bis ins 6. Jahrhundert und sogar noch danach. Die kurzzeitige Eroberung und Plünderung Roms durch den Goten Alarich im Jahr 410 und der Sturz des jungen Romulus Augustulus, des letzten weströmischen Kaisers, 476 durch den germanischen Heerführer Odoaker, waren eigentlich nichts anderes als vorübergehende, wenn auch spannende Episoden in einem komplexen und allmählich ablaufenden Wandlungsprozess. Selbst die Gründung des Wandalenreiches in Karthago (438 n. Chr.) mit seiner Flotte von Seeräubern scheint die maritime Kontinuität dieser Region nicht abrupt erschüttert zu haben. Es wurde seinerseits von Justinian im Zuge seiner Wiedereroberung des Westens durch Byzanz im 6. Jahrhundert vernichtet.

Aber die Zeichen der Schwächung und des Verlustes der zentralen Kontrolle waren unübersehbar vorhanden. Nach Ravenna an der Adria, der Stadt, die durch das sumpfige

Hinterland geschützt war, hatte sich der kaiserliche Hof aus Mailand zurückgezogen, und hier, in Ravenna, wurde Romulus Augustulus beseitigt. Die Macht hatte Rom schon lange verlassen. Was eingetreten zu sein scheint, war ein zunehmender innerer Zusammenbruch der kaiserlichen Autorität, vornehmlich im westlichen Mittelmeer. Sie hatte einst Rom zur unbestrittenen Weltmacht und zur bevölkerungsreichsten Stadt des Abendlandes werden lassen – und erst im Jahr 1800 sollte eine Stadt – London – wieder annähernd diese Einwohnerzahl erreichen. Unmittelbare Folge von Roms Verfall war sein rapider Bevölkerungsrückgang von mehr als 1 Million Einwohner in seiner Blütezeit auf etwa 300 000 um 450 n. Chr. und auf knapp etwa 100 000 um das Jahr 500 n. Chr. . Eine Folge davon war, dass das Wandalenreich in Nordafrika zwar weiterhin Getreide an Rom verkaufen oder liefern wollte, die entvölkerte und verarmte Stadt aber so große Mengen Getreide nicht brauchen konnte. Nachdem dieser Zustand eintrat, brach neben der entsprechenden Infrastruktur auch der Handel mit anderen Gütern, z. B. den Töpfereiwaren aus Nordafrika, zusammen, was sich auch allgemein langfristig auf den Handel auswirkte.

Der Handel lebte im westlichen Mittelmeerraum fort, wenn auch in reduzierten Umfang und eher in Form des lokalen Küstenhandels; Fernwege übers offene Meer wurden nicht mehr genutzt. Im östlichen Mittelmeer bezog Konstantinopel, die 313 n. Chr. gegründete Hauptstadt des Byzantinischen Reiches, weiterhin Getreide aus Ägypten und sorgte damit für fast ein Jahrhundert für Wohlstand in dieser Region. Doch selbst unter Justinian I. war Byzanz finanziell überfordert mit seinem Versuch, Flotten aufzustellen, um auch das westliche Mittelmeer unter seine Kontrolle zu bringen. Byzanz war daher fortan nicht mehr in der Lage, die Vorteile des westlichen Mittelmeeres zu nutzen, und die Reiche der Barbarenvölker in Westeuropa waren politisch und ökonomisch zu unterentwickelt und konnten ohne den Beistand von Byzanz keine groß angelegten Handelsaktivitäten starten.

Um 500 n. Chr. machte sich in der mediterranen Welt eine neue Situation bemerkbar, und zwar nicht, weil sie heillos zersplittert war, sondern weil die veränderte Welt keine Einheit mehr bildete. Das Mittelmeer und seine Anrainerstaaten waren nicht mehr in der Hand einer einzigen Macht, die willens und bereit gewesen wäre, den politischen und administrativen Willen des Kaisers und jene Wechselbeziehungen durchzusetzen, die zwischen diversen Staaten und sogar Kontinenten bestanden und die Polybios im 2. Jahrhundert erwähnt hatte. Dies war ein Faktor von unermesslicher Bedeutung für die Geschichte Europas. Das Römische Reich, das von einem scharfen Beobachter unserer Zeit als „auf Wasser gebaut" bezeichnet wurde, war untergegangen. Das Mittelmeer war fortan kein *mare nostrum* mehr, kein römisches Binnenmeer. Und keine der späteren Mächte, ungeachtet ihrer Ansprüche, konnte je in diesem Umfang den Anspruch einlösen, vom Mittelmeer als *mare nostrum*, „unserem Meer", zu sprechen.

Die Gotenreiche in Spanien und Italien entstanden auf den Ruinen des Römischen Reiches, dessen Macht und Glanz sie nachzuahmen versuchten. Nach ihrem Sieg über König Odoaker (493) erhoben die Ostgoten unter König Theoderich (471–526) Ravenna zu ihrer Hauptstadt, wohin sich Jahrzehnte zuvor der letzte weströmische Kaiser und einige Senatoren geflüchtet hatten.
Die Ostgoten waren Christen arianischer Glaubensrichtung und einige ihrer mit Mosaiken ausgeschmückten Kirchen blieben bis heute erhalten. Dieses Detail aus der Kirche San Apollinare Nuovo zeigt die gotische Flotte in Classe, dem Hafen Ravennas. Das Ostgotenreich währte aber nur bis 552, als sein letzter König Teja im Kampf gegen Byzanz fiel und der oströmische Kaiser Justinian I. es zurückeroberte.

Der Siegeszug des Christentums *führte zum Rückgang des Heidentums, gleichzeitig überlagerten sich jedoch die beiden Glaubensvorstellungen. Vorchristliche Bilddarstellungen, Symbole und Elemente erhielten dabei eine neue Bedeutung und wurden den Inhalten der christlichen Religion angepasst. Aus der Nekropole des 3. Jahrhunderts unter dem Petersdom von Rom stammt dieses Mosaik, das Helios oder Phoebus als Christus auf dem Sonnenwagen reitend zeigt.*

DIE BEZIEHUNGEN zwischen den verschiedenen Küstenregionen des Mittelmeeres fanden ihren Ausdruck nicht nur in politischen und wirtschaftlichen Kontakten, sondern auch in der Verbreitung der Religion und von Gedankengut. Die Spätantike war Zeuge glaubensgeschichtlicher Umwälzungen, denn die monotheistischen Religionen des Judaismus, Christentums und Islam gewannen an Einfluss, während das Heidentum zurückging, sodass das spätrömische Reich nach Konstantin dem Großen verstärkt seine christliche Identität heraushob. Das Heidentum war keineswegs verschwunden, denn lokale Kulte verfügten weiterhin über erheblichen Einfluss in ländlichen Gegenden in Spanien bis zur Eroberung durch die Araber 711. Aber die philosophischen Akademien, in denen nicht christliche Lehren verbreitet wurden, wie etwa Athens berühmte Akademie, hatten ihre Pforten längst geschlossen, in diesem Fall auf Justinians Befehl.

Heidnische Themen und Bildmotive wurden in frühchristlicher Zeit übernommen und dem neuen Glauben angepasst, sodass die Anbetung lokaler heidnischer Gottheiten allmählich der Heiligenverehrung wich. Diese Kompromissbereitschaft der Kirche zielte auf die Gewinnung neuer Mitglieder ab und verschaffte ihr einen entscheidenden Vorsprung gegenüber dem Judaismus (einer noch im 7. Jahrhundert auf den Proselytismus orientierten Religion) – eine Einstellung, die sich später auf anderen Kontinenten wiederholte, z. B. im 16. Jahrhundert in Mexiko und 100 Jahre später in Japan. Andererseits bewies das frühe Christentum die verblüffende wie Besorgnis erregende Fähigkeit, sich zu spalten: Das Konzil von Nicäa, das der noch nicht zum Christentum bekehrte Kaiser Konstantin im Jahr 325 einberufen hatte, vermochte durch das beschlossene Glaubensbekenntnis die Einheit der Christen nicht zu wahren, und Byzanz bekämpfte Abweichler wie die Monophysiten, die, obzwar im 6. Jahrhundert verfolgt, in Ägypten als koptische Kirche eine große Gemeinde hatten. Die meisten der nach Westeuropa vordringenden Barbarenvölker übernahmen den arianischen Glauben, obwohl die Franken unter Chlodwig um 500 zum römisch-katholischen Glauben übergingen. In dieser Zeit herrschten Spannungen zwischen den römischen Patriarchen (Päpsten) und dem Hof von Konstantinopel, und der Gebrauch des Lateinischen im Westen unterschied die römische Kirche von den mehrheitlich griechisch sprechenden Ostkirchen.

Der spätantike Mittelmeerraum war Schauplatz der Rivalität zwischen den drei großen Weltreligionen. Der Judaismus hatte zahlreiche Anhänger u. a. in Süditalien und Nordafrika; in vielen Regionen sprachen die Juden Griechisch, sogar ihre heiligen Bücher, aus denen sie in der Synagoge lasen, waren in Griechisch verfasst, und selbst der berühmte Philosoph Philon von Alexandria konnte vermutlich gar nicht Hebräisch. Um das Jahr 400 bestand die Elite von Menorca aus den jüdischen Familien von Magona, dem heutigen Maó, und 250 Jahre später führten sich jüdische Berber als Herren über jene Teile Nordafrikas auf, die noch nicht Byzanz unterstanden, wobei viele von ihnen sicherlich heidnischer Herkunft waren. Der Judaismus war so erfolgreich trotz der verschärften kaiserlichen Erlasse, die die Juden aus Führungsämtern über Christen ausschließen sollten und den Juden den Bau weiterer Synagogen untersagen wollten – eine Haltung, die im 5. Jahrhundert in den Schriften des nordafrikanischen Theologen Augustinus von Hippo bestätigt wird. Er stellte fest, die Juden dürften zwar in einer christlichen Gesellschaft leben, sie würden aber eine untergeordnete Stellung einnehmen, denn sie seien zwar die Überbringer der Bücher des Alten Testaments, hätten diese aber nicht als Ausdruck christlicher Wahrheit erkannt. Die Westgotenkönige Spaniens, die seit 341 Arianer waren, aber erst 589 den katholischen Glauben annahmen, unterwarfen die Juden Beschränkungen und Verfolgungen, da sie in ihnen ebenso wie in den Heiden Abweichler von der katholischen Norm sahen.

Die dritte Religion, die den Mittelmeerraum grundlegend verändern sollte, war der Islam, der sich im 7. Jahrhundert entwickelte und jahrhundertelang nach Osten, nach Persien, sowie westwärts zum Mittelmeerraum ausstrahlte. Ursprünglich gegen die Juden und die Heiden der Arabischen Halbinsel gerichtet, waren seine ersten Anhänger sowie die Anführer der frühen Eroberungen Araber, die es als eine von Allah auferlegte Pflicht erachteten, die Welt zu beherrschen (wenn auch nicht – zumindest nicht für den Augenblick – sie zu bekehren). Der Islam teilte mit dem Judaismus und dem Christentum eine Reihe von Ansichten und wies etliche Gemeinsamkeiten auf. Die Betonung der Einzigartigkeit Gottes war auch ein Grundzug des Judaismus, und wie dieser lieferte der Islam seinen Anhängern ein Gesetzbuch, das sämtliche Handlungen des Alltags regelte und sogar Ernährungsgebote enthielt. Gleichzeitig trat der Islam Jesus und Maria mit großer Achtung

Dieses koptische Werk des 3. Jahrhunderts n. Chr. mit der Darstellung der Göttin Isis, die ihren Sohn Harpokrates stillt, ist unverkennbar die Vorlage für das spätere Bild der Gottesmutter mit dem Jesuskind. Die Toleranz in der Übernahme solcher heidnischen Motive mag auch zum Siegeszug des Christentums beigetragen haben.

entgegen und sah in den Juden und Christen eher verirrte, missgeleitete Anbeter desselben Gottes Allah und nicht hoffnungslose Abweichler vom rechten Glauben. Dies steigerte seine Attraktivität unter unzufriedenen Christen, und als die Araber Syrien und Ägypten einnahmen, traten zahlreiche Monophysiten zum Islam über, auch wenn z. B. in Ägypten und Spanien große christliche Gemeinden weiter bestanden. „Islam" bedeutet „Unterwerfung", und diese Ergebenheit nahm zwei Formen an: die politische Ergebenheit jener, die sich der Herrschaft des Kalifen fügten, und die religiöse Unterwerfung jener, die die von Mohammed verkündete Religion akzeptierten. Für den Islam war es leichter, sich mit Juden und Christen zu verständigen als mit den nicht arabischen Muslimen, *mawali* oder „Kunden" genannt, denn die beiden Erstgenannten akzeptierten die Eroberer als politische Herren und nicht als mehr. Der Siegeszug des Islam entzog jedoch dem spätrömischen Reich seine Kornkammer in Nordägypten und die reichen Städte Syriens und Nordafrikas. Diese Verluste stärkten dafür den griechisch-orthodoxen Charakter des Reiches, das wir nunmehr als Byzanz bezeichnen können.

Zerfall der mediterranen Welt: 500–1000

JOHN PRYOR

Im frühen 5. Jahrhundert drangen germanische Stämme auf breiter Front in den Mittelmeerraum vor und durchbrachen erstmals dessen romanisierte Homogenität. In Spanien siedelten die Westgoten, während die Ostgoten nach Italien vorstießen. Das verblüffendste Beispiel dieser Massenwanderung sind jedoch die Wandalen, die über Spanien Nordafrika erreichten und ein Reich gründeten.

Germanensturm und kaiserliches Wiedererstarken: um 400–560

Ein Bündnis von Wandalen und Alanen griff 429 von der See die Provinzen Numidien und Mauretanien an. Um 435 musste Kaiser Valentinian III. alle Gebiete bis auf Karthago abtreten, das jedoch 439 durch Geiserich eingenommen wurde, der hier seine Hauptstadt errichtete. Eine gegen ihn gerichtete Expedition erreichte 441 Sizilien, wurde aber abgebrochen, da im Osten die Hunnen unter Attila in Thrakien eingefallen waren. Ein Friedensvertrag, mit dem Rom weite Teile des nordafrikanischen Küstenlandes an die Wandalen abtrat, sicherte, zumindest in der Theorie, die Rückkehr der äußersten Westgebiete zum Imperium.

Mit teils erbeuteten, teils neu gebauten Schiffen starteten die Wandalen ihre Raubzüge gegen Sizilien. Unter Geiserich segelte eine Flotte 455 nach Ostia und plünderte 14 Tage lang Rom. In den nächsten Jahren griffen die Wandalen Kampanien an und besetzten die Balearen, Korsika und Sardinien, wo sie sich ab 482/83 dauerhaft niederließen. Jährlich unternahmen sie Raubzüge nach Rom und Sizilien, besetzten kurz nach 468 Sizilien und weiteten ihre Plünderungen auf die westgriechische Küste aus. Vergeblich versuchte Westrom sie zu vertreiben, und ebenso erfolglos waren auch die Herrscher Ostroms. Schließlich wurde 474 ein Friedensvertrag ausgehandelt. Mit Geiserichs Tod setzte der Niedergang der Wandalen ein, und 533/34 gelang es einer byzantinischen Flotte unter Justinians Feldherrn Belisar, die beiden Mauretanien zurückzuerobern; auch Sardinien, Korsika, die Balearen und Sizilien fielen wieder an Byzanz. Um 546 war Nordafrika befriedet.

Das von den Wandalen unter Geiserich gegründete Reich war mehr als ein Staat von Seeräubern. Es besaß einen wohl organisierten Getreideanbau und war im mediterranen Netzwerk maritimer Handelswege eingebunden. Die Wandalen waren zwar Christen, aber Anhänger des Arianismus, dem zufolge Christus nicht gottgleich und ewig sei, sondern nur Gottes vornehmstes Geschöpf und eine Zwischenstellung zwischen Gott und Welt einnehme. Obwohl das Konzil von Nicäa ihn als Häresie verdammte, fand der Arianismus unter den christianisierten Ost- und Westgoten sowie Wandalen große Verbreitung. Nur die Westgoten nahmen 589 den römisch-katholischen Glauben an.

Nach dem Ende des Weströmischen Reiches 476 konnte der Kaiser Ostroms nur geringe Seestreitkräfte in der Adria belassen. Im Jahr 508 entsandte Athanasios I. 100 *Dromone* (Schnellsegler), um die Küste Italiens zu plündern, und der Ostgotenkönig Theoderich war offenbar nicht in der Lage, Widerstand zu leisten. Erst spät erkannte er die Bedeutung der Seestreitkräfte für den Kampf gegen die Wandalen und Byzanz.

Als Bollwerk gegen die Einfälle der Barbaren betrachtete sich das Oströmische Reich mit seiner Hauptstadt Konstantinopel. Unter Kaiser Justinian I. wurden fast ganz Italien, Teile Spaniens und Nordafrika zurückerobert. Das ostgotische Ravenna kam 553 in byzantinischen Besitz, und Mosaike, die den Kaiser priesen, ersetzten nun die Bildnisse Theoderichs. Die Chorkapelle der Kirche San Vitale aus Ravenna schmücken herrliche Mosaike, in denen sich das Kaiserpaar – Justinian und seine Gemahlin Theodora – eingerahmt von ihrem Gefolge gegenübersteht.

Das römische Nordafrika, eine der blühendsten Regionen des Reiches, kam 429 unter die Herrschaft der Wandalen, die bis 546 dauerte. Ähnlich den Ostgoten übernahmen auch sie eine Reihe von Elementen römischer Kultur. Der wandalische Grundbesitzer auf diesem Mosaik aus der Zeit um 500 führt das sorglose Leben eines begüterten Römers aus einer Reichsprovinz.

Seine Pläne wurden wegen seines Todes aber nicht umgesetzt, und ein Jahrzehnt später konnten die Ostgoten der Invasion Justinians in Italien nur eine sehr geringe Flotte entgegensetzen. Der Gotenkrieg begann 535 mit Angriffen auf zwei ostgotische Außenposten. Justinian entsandte Belisar mit einer Flotte und Landheer, der Sizilien besetzte und im Jahr darauf in Kalabrien an Land ging. Der erste Teil des Krieges entwickelte sich zu einer gotischen Verteidigung des Kernlandes ihres Reiches, während Justinian jedes Jahr neue Kräfte zur See nach Italien entsandte. Im Frühjahr 538 zwang Belisar die Ostgoten, die Belagerung Roms aufzuheben, worauf sich diese in ihre Hauptstadt Ravenna zurückzogen. Im Frühling 539 zog Belisar Richtung Osimo und beobachtete das Heranrücken nach Ravenna. Mittlerweile hatte einer der Befehlshaber Belisars Rimini erobert, das die Goten nun belagerten. Belisar ließ etwa 1000 Mann vor den Toren von Osimo zurück, entsandte mit einer Flotte ein Heer nach Rimini, während ein zweites Heer nordwärts entlang der Küste vorstieß und er selbst nach Westen vorrückte. Das plötzliche Auftauchen der Flotte Belisars zwang die Goten zu einem überstürzten Rückzug nach Ravenna. Gegen Jahresende gelang es ihm, an der Spitze der beiden Heere, die sich Ravenna von der Poebene und der Adria her genähert hatten, Ravenna zur Aufgabe zu zwingen: Widerstandslos zog Belisar als Sieger 540 in der Gotenresidenz Ravenna ein, während eine Flotte mit Getreidelieferungen zur Versorgung der Hauptstadt in den Hafen Classe einlief.

Totila, der neue Ostgotenkönig, erkannte 541 die Notwendigkeit einer Seestreitmacht, um die Gegner bekämpfen zu können. 542 schlug er das byzantinische Heer im Norden Italiens zurück und zog südwärts, um Neapel zu belagern. Justinian antwortete mit der Entsendung einer Flotte unter dem Befehl des Prätorianerpräfekten Maximinos, die jedoch von Totila besiegt wurde. In einem Bericht über diese Seeschlacht wird erstmals ausdrücklich erwähnt, dass die Goten Dromone einsetzten. Maximinos zog sich nach Syrakus zurück und stach im Herbst in See in Richtung Neapel. Seine Flotte geriet in einen schweren Sturm, strandete und wurde fast völlig vernichtet. An der Spitze einer Flotte erzwang Totila im Frühling 543 die Aufgabe Neapels. 545 erbat Belisar von Justinian Verstärkung

sowie mehr Waffen, Geld und Pferde. Derweil rückte Totila in Richtung Rom vor, dessen Versorgung er von See aus abschnitt.

Die Belagerung Roms durch Totila dauerte insgesamt sieben Jahre, von 545 bis 552, und ihr Schicksal hing weitgehend von der Verbindung zur See ab. Justinians Heer unternahm etliche Versuche, die Stadt vom Meer aus zu versorgen; viele schlugen zwar fehl, dennoch gelang es schließlich, Rom vor der Kapitulation zu bewahren. Die Aufgabe der Byzantiner war umso schwieriger, als Totila fast die ganze Halbinsel zurückerobert hatte und sich nur einzelne Küstenstädte – Rom, Ravenna, Otranto, Crotone und Ancona – in ihren Händen befanden. Den Kriegsverlauf entschieden die Seeschlachten, vor allem der Sieg der Römer bei Senigallia 551.

Eine Wende trat ein, als Narses 550 Belisar ersetzte und der Gotenkönig Totila 552 starb. In einem Frontalangriff von Istrien her gelang es Narses, die Goten zu vernichten. Er schlug zunächst Totila, der in der Schlacht auf den Busta Gallorum fiel, und besiegte dann am Mons Lactarius (Milchberg) zwischen Neapel und Salerno dessen Nachfolger Teja, der als letzter Ostgotenkönig im Kampf starb. Die letzten gotischen Garnisonen in Verona und Brescia ergaben sich 561. Damit kontrollierte Byzanz wieder die italienische Halbinsel, alle

Die Westgoten hinterließen dauerhafte Spuren in der Kultur des europäischen Mittelalters nicht zuletzt auch durch das Wirken des Gelehrten Isidor von Sevilla. Ihre Unabhängigkeit fand 711 mit der Eroberung durch die Muslime ein Ende; lediglich im Norden überlebte das kleine westgotische Königreich Asturien. Aus jener Zeit stammt auch die kleine Kirche San Miguel de Lillo. Die unter arabischer Herrschaft lebenden Christen genossen Religionsfreiheit und entwickelten in der Kunst den mozarabischen Stil, in dem sich romanische mit maurischen Formen verbinden. Damals entstanden auch so namhafte Handschriften wie der Apokalypse-Kommentar des asturischen Mönchs Beatus von Liebana.

Die schweren Jahre des Konflikts zwischen den Eindringlingen aus dem Norden und den Erben Roms sind arm an Zeugnissen, aber umso reicher an Legenden. So wird über den Ostgotenkönig Totila berichtet, der Mitte des 6. Jahrhunderts sieben Jahre lang Rom belagerte, dass er den hl. Benedikt im Kloster Montecassino besuchen wollte. Um sich von dessen Macht zu überzeugen, schickte Totila einen Krieger in seiner königlichen Rüstung zum Heiligen, der den Betrug sofort durchschaute. Tief beeindruckt, ging daraufhin Totila zum Heiligen und kniete demütig vor ihm. Diese noch im 15. Jahrhundert verbreitete Legende schildert Luca Signorelli in seinem Fresko aus der Abtei Monte Oliveto Maggiore, Provinz Chiusure.

Zerfall der mediterranen Welt **157**

Die Langobarden fielen 598 in Norditalien ein und brachten innerhalb weniger Jahre fast die gesamte Halbinsel unter ihre Herrschaft. Zu den wenigen materiellen Zeugnissen, die sie hinterließen, zählt auch dieser Helmschmuck aus vergoldetem Kupfer. Er zeigt den Hof haltenden langobardischen König Agilulf, dem seine Untertanen Gaben entgegenbringen.

Inseln und Mittelmeerküsten, außer einem Küstenstreifen im Westen, den die Westgoten in Spanien und die Franken im Languedoc und in der Provence hielten. Diese bildeten jedoch keine Gefahr zur See. Somit war die Einheit der mediterranen Welt wieder hergestellt. Der Frieden währte jedoch nur kurz, denn binnen weniger als einem Jahrzehnt zeichnete sich eine neue Bedrohung ab: die Langobarden.

Muslimischer Angriff und imperiale Erneuerung: um 560–750

Unter dem wachsenden Druck der benachbarten Awaren drangen die in Pannonien ansässigen germanischen Langobarden Mitte des 6. Jahrhunderts unter König Alboin nach Italien ein. Im Nordosten floh die Bevölkerung von Aquileia vor den Invasoren auf die Inseln der Lagunen und gründete Venedig. Norditalien fiel schnell in die Hände der Langobarden; Ostrom behielt lediglich einige Küstenorte, die von der See aus versorgt werden konnten. Die Langobarden stießen 571 tief nach Süden vor, nahmen die Herzogtümer Spoleto und Benevent ein und hatten binnen sieben Jahren fast die ganze Halbinsel unter ihrer Kontrolle. Byzanz blieb präsent dank des neu gegründeten Exarchats von Ravenna sowie eines Landstreifens, der sich südwestlich bis Rom hinzog, sowie in Apulien und Kalabrien. Während der nächsten zwei Jahrhunderte verlor es aber allmählich seine Besitzungen und musste Mitte des 8. Jahrhunderts Rom den Päpsten überlassen. Mit dem Fall Ravennas 751 endete Byzanz' Herrschaft in Mittelitalien, die im frühen 9. Jahrhundert nur noch Apulien und Kalabrien umfasste. Die Langobarden versuchten nicht, die Kontrolle über die Küstenstädte zu erringen, und anders als die Wandalen beeinflussten sie zu keiner Zeit die mediterrane Welt. Sie stellten auch keine Seemacht dar, sodass Byzanz weiterhin die Integrität des Mittelmeeres sicherte.

Die Konflikte mit Byzanz dauerten an, und 626 kam es zum beispiellosen Bündnis von Awaren und Persern, die erfolglos Konstantinopel belagerten. Im Jahr darauf drang Kaiser Herakleios nach Persien vor und errang bei Ninive einen entscheidenden Sieg, der das

Verhehrender als jeder andere Einfall aus dem Norden war der muslimische Eroberungszug, der im 7. Jahrhundert urplötzlich in Arabien seinen Anfang nahm. Die bis dahin prekäre Einheit der mediterranen Welt war damit endgültig auseinander gebrochen. Die Muslime konnten weder den Anspruch erheben, als Erben des antiken Rom zu gelten, noch teilten sie die Glaubensvorstellung des Christentums. Innerhalb weniger Jahrzehnte herrschte die Dynastie der Omaijaden von Damaskus aus über den gesamten Vorderen Orient und Nordafrika. Diese Münze enthält das Bildnis des Kalifen Abd al Malik (685–705).

Ende des Sassanidenreiches besiegelte. In Konstantinopel schienen wieder Recht und Ordnung einzuziehen: Der Osten war befriedet, Byzanz hatte wieder die Kontrolle zur See, Franken, Langobarden und Westgoten waren weit zurückgedrängt worden und stellten keine Gefahr dar, sodass der Kaiser auf eine lange, friedvolle Herrschaft hoffen konnte. Es kam aber anders, denn knapp neun Jahre später (636) besiegten Araber das kaiserliche Heer am Jarmuk in Palästina. Die Muslime besetzten Syrien und Palästina, und 640–646 fiel auch Ägypten. Damit zerbrach die religiöse Einheit der mediterranen Welt. Verglichen mit den Einfällen der Westgoten, Wandalen und Ostgoten war die arabische Expansion und die des aufstrebenden Islam ungleich folgenreicher.

Während Byzanz noch immer die unbestrittene Seemacht war und 645/46 Alexandria zurückeroberte und in Ägypten den Ausbruch eines Aufstands unterstützte, wurden entlang der Küsten Beobachtungstürme und Signalisierungssysteme errichtet. Syriens und Ägyptens Statthalter begannen mit dem Flottenbau zunächst auf der Nilinsel Rawdah gegenüber von al-Fustat, wobei die Schiffe anfangs von gebürtigen Christen befehligt wurden. Ihr erster Einsatz galt Zypern, das 649 eingenommen wurde und sich verpflichtete, zwischen Byzanz und dem Kalifat Neutralität zu bewahren. Kreta, Rhodos und Sizilien fielen 652–654, und 653 wandte sich die Flotte erneut Zypern zu. 655 zerbrach erstmals auch die maritime Integrität des Mittelmeeres, als die Araber vor Lykien die Flotte von Kaiser Konstans II. vernichtend schlugen und er nur knapp mit dem Leben davon kam. Dieser Sieg öffnete den Arabern ein Angriffsfeld im zentralen Mittelmeer, und die auf Samos ankernde byzantinische Flotte der Karabisianoi wurde vermutlich kurz danach als vorderste Verteidigungslinie geschaffen.

Rhodos wurde 673 für sieben Jahre besetzt. Als Vorbereitungsphase für den großen Angriff auf Konstantinopel wurde vermutlich auch Zypern um 670 wieder eingenommen. Der arabische Vorstoß begann 671/72, als zwei Flotten in die Ägäis eindrangen und in Smyrna, Kilikien und Lykien überwinterten. 674 begann die Belagerung, die sieben Jahre dauerte, aber keine echte Blockade war. Schließlich zerstörte 678 ein neuartiges „griechisches Feuer" – eigentlich Naphtaraketen, die als Waffen abgeschossen wurden und auf dem Bug der Dromone montiert waren – die arabische Flotte, die die Belagerung aufhob. Ihre Reste gerieten auf dem Rückzug in einen schweren Sturm und wurden vernichtet. Die Araber mussten einen 30 Jahre gültigen Waffenstillstand schließen und Zypern sowie Rhodos räumen.

Bis zum Ende des 7. Jahrhunderts verlagerten sie die Angriffe nach Nordafrika. Bereits 665 hatten die Araber einen Feldzug nach Ifriqiya, der römischen Provinz Africa, unternommen, der ohne nennenswerte Ergebnisse blieb, außer dass byzantinische Landungstruppen zurückgeschlagen wurden. Die Araber kehrten 669 zurück, gründeten einen befestigten Vorposten in Qayrawan und drangen ins Landesinnere gegen die Berberstämme vor. 681 gelang es ihnen, Berichten zufolge, sogar den Atlantik zu erreichen. Die Byzantiner schnitten den Arabern jedoch die Kommunikationswege zur See ab und schlugen im Bündnis mit den Berbern ihren Anführer zurück, der bei Tahuda in Algerien fiel. Berber und Byzantiner nahmen danach Qayrawan ein und drängten die Araber bis an die ägyptische Grenze zurück. Bald darauf griff ein riesiges Heer unter Hassan ibn al-Nu'man al-Ghassani Karthago an und eroberte es (697). Ein Aufstand der Berber unter Führung der sagenumwobenen Königin al-Kahina, vermutlich eine jüdische Berberin, begleitete ein byzantinisches Landungsunternehmen gegen Karthago.

Al-Kahina wurde schließlich zurückgedrängt, und die Byzantiner mussten ihre Stellung räumen. Die Zeit des byzantinischen Nordafrika war vorüber. Nachdem sich

Die Geheimwaffe, die Byzanz zu so manchem entscheidenden Sieg verhalf, war das „Griechische Feuer", das ein erfindungsreicher Syrer um 670 entwickelt hatte. Dabei handelte es sich um ein Gemisch aus Ätzkalk, Naphtha und Schwefel, das sich beim Kontakt mit dem Wasser entzündete (sodass die obige Darstellung aus einer Handschrift des 14. Jahrhunderts nicht zutreffend ist). Die Araber kamen nie dem Geheimnis dieses Gemischs auf die Spur.

Karthago als zu anfällig für Angriffe vom Meer aus erwiesen hatte, erbauten die Araber eine neue Hauptstadt und einen neuen befestigten Stützpunkt in Tunis, wobei sie den Binnensee durch einen Kanal mit dem Meer verbanden. Der Statthalter Ägyptens entsandte 1000 koptische Schiffsbaumeister in die neue Stadt, wo sie 100 Kriegsschiffe bauten, die unter dem neuen Statthalter Musa ibn Nusayr ab 704 mit der Eroberung des Maghreb begannen und im westlichen Mittelmeer die Balearen, Sizilien und Sardinien angriffen.

Musa war auch an der Invasion Spaniens beteiligt. Die Details der muslimischen Eroberung der Iberischen Halbinsel bleiben im Dunkeln. Angeblich soll der Statthalter von Tanger, Tariq ibn Ziyad, im Jahr 710 einen Vorstoß jenseits der Straße von Gibraltar mit vier Schiffen unternommen haben, die ihm Ceutas christlicher Statthalter, ein gewisser Graf Julian, bereitgestellt hatte. Der Erfolg bestärkte Tariq, im folgenden Jahr einen groß angelegten Feldzug zu unternehmen, wofür ihm Julian erneut Schiffe zur Verfügung stellte. Vermutlich im April 711 landete Tariq dann an der als Berg des Tariq, *Dschebel Tariq*, bekannten Stelle: dem heutigen Gibraltar.

Der Westgotenkönig hielt sich im Nordosten auf, um einen Aufstand niederzuschlagen. Er zog gleich nach Süden, sammelte alle verfügbaren Kräfte, und am Fluss Guadalete kam es zur Schlacht. Roderich fiel im Kampf, womit das Westgotenreich zerbrach. Im Juni oder Juli 712 landete Musa ibn Nusayr in Algeciras an der Spitze eines neuen Heeres. Tariq traf mit seinem Herrn außerhalb von Toledo zusammen, und vereint begannen sie die Halbinsel zu unterwerfen. Die muslimische Herrschaft war zunächst noch recht unsicher; die Araber festigten schließlich ihre Herrschaft, ausgenommen in Teilen der asturischen Berge im Norden, wo der westgotische Adliger Pelagius (oder Pelayo) sich gegen sie erhob. Überlieferungen zufolge soll er unweit vom Felsen Cavadonga den Statthalter besiegt haben, danach aber dort belagert worden sein. Er wehrte die Muslime ab, bis diese die Belagerung aufgaben, doch der Preis dafür war hoch: Die Belagerung überlebten nur 20 Männer und 10 Frauen. So entstand eine kleine christliche Enklave in Asturien, doch bleibt völlig unklar, ob und in welchem Maß sie sich als Anführer eines nationalen Widerstands gegen die Araber verstanden.

Die technische Überlegenheit sicherte Byzanz einen Vorsprung in den Seeschlachten. Die Handschrift (9. Jahrhundert) zeigt Schiffbauer (unten), eigentlich eine Szene aus dem Leben Salomos, und (rechts) *einen Dromon mit drei Ruderbänken.*

Einerseits verlief die muslimische Eroberung in mancherlei Hinsicht relativ friedlich, wie aus einer erhaltenen Vereinbarung von 713 zwischen Abd-al-Asis ibn Musa und dem westgotischen Herzog Theodemir hervorgeht. Im Gegenzug für ihre Unterwerfung wurden ihm, seinen Adligen und den Einwohnern seiner sieben Städte ihr Besitz sowie Religionsfreiheit garantiert, sofern sie einen jährlichen Tribut, den *Yizyah*, zu entrichten bereit waren. Anderernorts verlief die Besetzung nicht so konfliktfrei. In Narbonne war die Eroberung der Stadt mit einem Blutbad verbunden: Die Männer wurden niedergemetzelt, während die Frauen und Kinder in die Sklaverei verschleppt wurden. Mehrere Statthalter stießen in den Bergen des Nordens auf den heftigen Widerstand der Christen, bevor sie die Pyrenäen überquerten und mehrfach in Frankreich einfielen, z. B. 716, 721 und 726, als sie Nîmes, Autun und Sens erreichten. Der letzte Feldzug des berühmtesten Statthalters, Abd ar-Rahman al Ghafiqi, endete mit einer Niederlage und seinem Tod: In der Schlacht bei Tours 732 wurde er durch Karl Martell getötet. Die muslimischen Vorstöße über die Pyrenäen dauerten noch bis 737. Dabei war ihre Präsenz einigen Adligen durchaus willkommen, da sie in ihnen ein Gegengewicht zu den Franken sahen. Ihre Angriffe endeten erst, als sie einen Aufstand niederwerfen mussten, der im berberischen Maghreb ausgebrochen war und auf al-Andalus übergegriffen hatte.

Der zweite arabische Angriff auf Konstantinopel erfolgte zu einer Zeit, als Byzanz sich auf dem Tiefpunkt seiner Macht befand. Al-Walids Vorbereitungen veranlassten Kaiser Anastasios II. die Flotte auszubauen, die Festungsmauern zu verstärken und Vorräte anzulegen. Als sich die Feinde unter dem Befehl des Bruders des Kalifen mit einem Heer und einer Flotte Konstantinopel näherten, wurde der Stratege des Themas Anatolikon als Leon III. zum Kaiser erhoben. Erstmals in der Geschichte wurde die Einfahrt zum Goldenen Horn durch eine Eisenkette versperrt. Zahlreiche Schiffe und das „griechische Feuer" empfingen die Angreifer, die zusätzlich unter Kälte und Hunger angesichts eines sehr harten Winters litten; die zur Verstärkung entsandten Truppen aus christlichen Ägyptern desertierten, während das Landheer durch den bulgarischen Khan Tervel, der sich mit Leon III. verbündet hatte, aufgerieben wurde. So kam es, dass die Araber im August 718 die Belagerung aufgaben und sich zurückzogen.

Zerfall der mediterranen Welt

Im Jahr 725 befahl Leon III. die Entfernung einer Christusikone aus dem Kaiserpalast von Konstantinopel und beschleunigte damit den Ausbruch des Bilderstreits zwischen Bilderzerstörern (Ikonoklasten) und Bilderverehrern (Ikonodulen), der Byzanz erschütterte und schwächte. Als Byzanz den Ikonoklasmus auch in Italien durchsetzen wollte, brachen Unruhen aus, und der Langobardenkönig Liutprand belagerte Luni und vermutlich auch Korsika. Eine byzantinische Flotte sollte die Ordnung wiederherstellen, wurde aber im Adriatischen Meer 730 vernichtet. Papst Gregor III. und die Langobarden vertrieben 735 den byzantinischen Exarchen (Statthalter) aus Ravenna; bald darauf zerstritt sich jedoch das Papsttum mit den Langobarden, und 742 führten Venedig und Papst Zacharias Ravenna wieder an Byzanz zurück. Die Wirren dauerten bis 768 an, als der Ikonoklasmus auf dem 2. Konzil von Nicäa verurteilt wurde. Der Bilderstreit flammte zwischen 814 und 843 zwar wieder auf, blieb aber weniger zerstörerisch.

Die Rückeroberung und Befestigung Zyperns durch die Araber erfolgte 693; im Jahr darauf verloren sie es an Byzanz, gewannen es 695 jedoch wieder zurück. Entgegen der getroffenen Vereinbarung, schlugen sich die Inselbewohner wiederholt auf die Seite von Byzanz, und die Araber mussten daher mehrfach eingreifen, um ihre Oberhoheit durchzusetzen. Auch Kreta wurde (vermutlich 713) angegriffen. Eine ägyptische Flotte griff 703 auf Anordnung von Musa ibn Nusayr, dem Statthalter von Ifriqiya, Sizilien an, das wiederholt zum Ziel muslimischer Vorstöße wurde. Die Araber rückten 708 und 711 auch gegen Sardinien und 708 gegen die Balearen vor. Im Gegenzug griff Byzanz Ägypten an und nahm 709 dessen Flottenbefehlshaber gefangen; dieses war der Anfang einer Reihe von byzantinischen Angriffen, die vor allem gegen syrische und ägyptische Küstenstädte gerichtet waren und die mit Plünderungen und Gegenangriffen beantwortet wurden. Die muslimischen Vorstöße gingen um 750 infolge des Wiedererstarkens von Byzanz und interner Wirren der arabischen Welt zurück. In den nächsten 50 Jahren blieb Byzanz faktisch die einzige Seemacht im Mittelmeer, nachdem die bis dahin ausgetragenen Konflikte das Mittelmeer in eine Art Niemandsland verwandelt hatten.

Gleichgewicht im Chaos: um 750–875

Bis zu diesem Zeitpunkt hatten die Omaijadenkalifen die muslimische Welt von ihrer Hauptstadt Damaskus aus regiert, aber 750 wurde der Letzte von ihnen gestürzt und von den Truppen des Abbasiden Abu Abbas as-Saffah getötet. Seine „Partei Alis" (Schiat Ali) war der Überzeugung, die Leitung der Gemeinde und somit des Kalifats gebühre nur Mohammeds Neffen Ali ibn Abi Talib und seinen Nachkommen, die sie als rechtmäßige Nachfolger (Imame) Mohammeds anerkennen. Die Schiiten wurden aber verfolgt und ihre Imane mussten in den Untergrund gehen. Nachdem die Abbasiden an die Macht kamen, wurden die Omaijaden blutig verfolgt, doch gelang dem Prinzen Abd ar-Rahman ibn Muawija die Flucht über Nordafrika nach Spanien, wo er 756 ein eigenes „Emirat" gründete. Die Gründung des ersten vom Kalifat unabhängigen islamischen Staates bedeutete einen Bruch in der bis dahin einheitlichen islamischen Politik. Mit der Erhebung Bagdads zur Residenz unter dem zweiten Abbasidenkalif al-Mansur verlagerte sich auch der Schwerpunkt: Von der persischen Kultur nachhaltig beeinflusst, orientierte sich das Kalifat eher nach Osten und Süden als zur mediterranen Welt.

Die Abbasiden festigten rasch ihre Macht, und das Kalifat erreichte seine Blütezeit unter Harun ar-Raschid. Nach seinem Tod 809 brach ein Bürgerkrieg aus, in dessen Folge die bedeutende persische Provinz Chorasan 821 verloren ging. Der Versuch, auf Dauer eine neue Hauptstadt in Samarra zu gründen, schlug fehl. Hier nahm die Garde die Kalifen

Als Kriegsschauplatz für die zwischen Byzanz und den islamischen Staaten ausgetragenen Konflikte diente das Mittelmeer im 8. und 9. Jahrhundert. Nordafrika blieb zwar in arabischer Hand, aber die Furcht vor byzantinischen Angriffen zur See lebte fort. Zur Abwehr dieser Gefahr wurden so genannte Wehrklöster, „Ribats", errichtet, wie z. B. in den tunesischen Orten Monastir und Sousse (oben und gegenüberliegende Seite).

gefangen, Chorasan blieb verloren und der Südirak wurde von sozialen Unruhen heimgesucht, die im Aufstand der Sandsch (schwarzer Sklaven) von 869–883 gipfelten.

Innere Zerrissenheit und Schwäche im Kernland führten im Westen zu Auflösungserscheinungen. Im Maghreb versuchten die Statthalter, die Herrschaft über sich abspaltende arabische Siedler und Berberstämme zu erhalten, hatten aber westlich der Ifriqiya kaum Einfluss. Die zum Islam bekehrten Berberstämme wurden nachhaltig geprägt von den Charidschiten, den „Abtrünnigen", fanatischen Gegnern aller anderen islamischen Richtungen, die der Überzeugung waren, dass jeder Kalif werden könne, wenn er nur der Frömmste sei, und dass die Gemeinschaft, nicht die Abkunft darüber zu entscheiden habe. Ein Ableger dieser Bewegung war der Staat von Tahart, begründet von Abdullah ibn Rustam, dem Anführer der Ibadi-Sekte der Zanata-Berber, der 777 zum Imam aller Ibadiya ernannt wurde. Schließlich wurden die Rustamiden im Westen von den Schiiten der Idrisiden und im Osten von den Sunniten der Aghlabiden (Sarazenen) angegriffen und schlossen ein Bündnis mit den Omaijaden aus al-Andalus. Andalusische Seeleute aus Almería gründeten 875/76 eine Kolonie bei Teries, nördlich von Tahart, und bauten so Kontakte zwischen den Rustamiden und al-Andalus auf.

Im Maghreb waren die Schiiten vertreten durch die Dynastie der Idrisiden, die auf Idris I., einen Ur-Ur-Enkel von Ali ibn Abi-Talib, zurückgehen und Fes zu ihrer neuen Hauptstadt erhoben (793). Die Aufteilung von Städten unter Familienangehörigen um 830 führte zur Zersplitterung des Reiches, das im 10. Jahrhundert die Oberhoheit der Fatimiden anerkennen musste, die Fes 921 besetzten. Aus christlicher Sicht bildeten die Aghlabiden die bedeutendste maghrebinische Dynastie. Ihr Begründer Ibrahim ibn al-Aghlab, von Harun ar-Raschid zunächst zum Statthalter von Ifriqija (795) ernannt, herrschte ab 800 als von Bagdad faktisch unabhängiger Emir. Die Aghlabiden, besser be-

kannt als Sarazenen, zeichneten sich im Kampf durch Entschlossenheit und Grausamkeit aus und eroberten Süditalien, Sizilien, Korsika, Sardinien und die Alps maritimes. Die Epoche von der Machtergreifung der Abbasiden bis zur Thronbesteigung des byzantinischen Kaisers Basileios I. 867 bedeutete eine Blütezeit der muslimischen Herrschaft. „Die Muslime", schrieb der Historiker Ibn Chaldun (1332–1406), „übernahmen die Kontrolle über das gesamte Mittelmeer. Ihre Macht und Herrschaft war umfassend. Die christlichen Nationen konnten nirgendwo im Mittelmeer etwas gegen die muslimischen Flotten unternehmen."

Auch wenn dies leicht übertrieben sein mag, so bildeten die Muslime eine aufstrebende Seemacht. Diese Epoche war auch geprägt durch widersprüchliche Vorstöße und Gegenangriffe. Hinzu kam, dass die arabischen Staaten zunehmend untereinander, aber auch mit dem Kalifat in Bagdad in Konflikt gerieten, während Byzanz mit dem ersten bulgarischen Reich konfrontiert war und die italienische Halbinsel durch die Zusammenstöße zwischen Langobarden und Franken erschüttert wurde.

Auf dem Festland setzten die Abbasiden die bereits von den Omaijaden begonnenen Vorstöße jenseits der Taurusgrenzen fort. Die Muslime erbauten *ribats* genannte Wehrklöster an den Grenzen, von denen aus die Mudschaheddin („Kämpfer") den Dschihad („heiliger Krieg") durchführten. Ihre byzantinischen Gegenspieler waren die Grenzfürsten *(akritai)*, so etwa der legendäre Digenes Akritas. Über Vorstöße jenseits der Grenzen berichten das Epos *Dhat al-Himmah* sowie Erzählungen späterer Versionen aus *Tausendundeiner Nacht*. Die erste Seeschlacht erfolgte 790, als eine Flotte der Araber mit den Schiffen der Kibyrrhaiotai im Golf von Ataleia zusammenstieß und den byzantinischen Strategen besiegte und tötete. Harun ar-Raschid verschleppte 806 viele Zyprioten aus Zypern, da er sie im Verdacht hatte, die Neutralität verletzt zu haben. Auch Kreta und Rhodos wurden während seiner Herrschaft angegriffen.

In al-Andalus war Abd ar-Rahman I. mit dem Ausbau seiner Macht beschäftigt und wehrte auch 778 den Feldzug Karls des Großen nach Saragossa ab, der mit der berühmten Niederlage der Franken im Pyrenäenpass bei Roncesvalles endete. Die Nachfolger ar-Rahmans setzten die Vorstöße gegen die Christen fort und griffen nicht nur Asturien, das Baskenland, die christlichen Staaten Aragón und die Fränkische Mark von Barcelona an, sondern drangen auch jenseits der Pyrenäen vor. Hischam I. zerstörte 793 Gerona und stieß 808/09 nach Narbonne und auf fränkisches Gebiet vor. 801–803 nahm Ludwig von Aquitanien Barcelona ein, die Mauren vertrieben ihn aber 808/09 aus Tortosa und besiegten 813 oder 815 die Franken vor Barcelona. Abdar-Rahman II. entsandte daraufhin 828 ein Heer nach Barcelona, das die Franken zurückdrängte, die Gebiete nördlich von Gerona plünderte und 852 Barcelona zurückeroberte.

Auch in Italien brachen alte Strukturen auf. Rom und das Papsttum gingen auf Distanz zu Konstantinopel: Als letzter byzantinischer Kaiser besuchte Konstans II. Rom und Konstantin war der letzte Papst, der in Konstantinopel weilte (711). Angesichts eines imperialen Vakuums wandte sich das Papsttum dem Frankenreich unter Karl Martell und später dessen Sohn Pippin III. zu. Nachdem Pippin III. den Merowinger Childerich absetzte und sich selbst zum König machte (751), verbündete er sich mit Papst Stephan II., der ihn zum König salbte (754) und ihm den Titel „defensor pacis" verlieh, der bis dahin dem byzantinischen Kaiser vorbehalten war. Im Gegenzug machte Pippin dem Papst territoriale Versprechungen in Mittelitalien (Pippinische Schenkung 756). Die folgenreiche Allianz zwischen Papsttum und Franken fand ihren Höhepunkt im Jahr 800, als Pippins Sohn, Karl der Große, in Rom vom Papst zum Kaiser gekrönt wurde.

Die Araberpferde spielten eine Schlüsselrolle in der schnellen Eroberung der Levante und Nordafrikas durch die Muslime und waren in Ausdauer und Schnelligkeit den europäischen, im Kampf eingesetzten Pferden überlegen. Diese Zeichnung entstammt einer arabischen Handschrift des 10. Jahrhunderts.

Kaiser Karl der Große (742–814) wurde nicht zuletzt wegen seiner Schlachten gegen die Mauren Spaniens zu einem legendären christlichen Helden verklärt. Dieses Detail eines Glasfensters aus dem 13. Jahrhundert aus der französischen Kathedrale von Chartres zeigt ihn hoch zu Ross beim Angriff auf eine maurische Stadt, während ein Gegner aus dem Festungsturm ins Horn bläst.

Die größte Bedrohung des Papsttums bildeten die Langobarden, deren König Aistulf 752 von Rom Tribut und die Kontrolle über die Festungen auf päpstlichem Territorium forderte. Als der Langobardenkönig Desiderius 772/73 das Papsttum angriff, rief Papst Hadrian I. Karl den Großen um Hilfe, der in Norditalien einfiel, die Langobarden besiegte, Pavia einnahm und sich 774 zum König machte. Damit gab es nun in Italien einen fränkischen Norden und in Mittelitalien den Kirchenstaat, während im Süden Arichis, Herzog von Benevent, herrschte. Weil nach seinem Tod 787 sein Nachkomme, bis dahin Geisel am Hof von Karl dem Großen, freigelassen wurde, erkannte Arichis' Witwe die fränkische Oberhoheit an. Sie war jedoch nur von kurzer Dauer, und um das 9. Jahrhundert gab es im Süden, der sich als Rechtsnachfolger des langobardischen Reiches betrachtete, mit Salerno eine zweite langobardische Hauptstadt.

Al-Hakam I. versuchte seinen Machtbereich bis nach Korsika und möglicherweise auch Sardinien auszudehnen, und eine andalusische Flotte griff die Balearen bereits 798 an. Pippin, der Sohn Karls des Großen und König von Italien, entsandte 806 eine Flotte von Italien nach Korsika gegen die Mauren, die die Insel geplündert hatten; als diese im Jahr

Zerfall der mediterranen Welt **165**

Konstantinopel wurde vom 9. bis 12. Jahrhundert wiederholt von Angreifern aus dem Norden und Osten belagert. In der „Synopsis Historion" von Johannes Skylitzes (11. Jahrhundert), einer Chronik der griechischen Geschichte, findet sich diese lebendige Miniatur mit der Darstellung der Belagerung der Stadt durch Thomas den Slawen im Jahr 820, dessen Heer aus aufständischen Byzantinern, Armeniern und Arabern jedoch zurückgeschlagen wurde.

Ein Erzfeind der Byzantiner waren die südlich der Donau siedelnden Bulgaren, die seit 807 unter Befehl des Khans Krum standen. Gegen ihn unternahm Kaiser Nikephoros I. 811 einen Feldzug (rechte Seite, links), geriet aber in einen Hinterhalt, wurde gefangen genommen (rechte Seite, rechts) und hingerichtet. Nur der Tod Krums bewahrte Konstantinopel vor einem neuen Angriff.

darauf ihre Angriffe gegen Korsika fortsetzten, schickte Karl der Große eine Flotte, die die Mauren 807 besiegte. Die Mauren griffen 810 erneut Sardinien und Korsika an und brachten Letzteres fast ganz unter ihre Kontrolle. Dem Grafen von Ampurias gelang es 813, die von Korsika heimkehrende maurische Flotte abzufangen, und erbeutete acht ihrer Schiffe. Als Vergeltung plünderten die Mauren Civitavecchia und Nizza und griffen Sardinien an. Muslimische Seeräuber fielen 838 in Marseille, 842 und 850 in Arles ein und errichteten noch vor 869 einen festen Stützpunkt in der Camargue. Mit 300 Schiffen nahmen die Mauren die Balearen 849 ein und verliehen ihnen denselben Status gegenüber dem Maurenreich in Spanien, wie ihn Zypern zum Kalifat der Abbasiden gehabt hatte. De facto wurden die Balearen aber erst 902/03 erobert.

Im 9. Jahrhundert machten sich im Mittelmeer auch die ersten Einfälle der Wikinger bemerkbar, was den Ausbau der maurischen Flotte beschleunigte. Eine Wikingerflotte drang den Tajo aufwärts bis nach Lissabon vor, das es belagerte, wurde aber zurückgeschlagen. Anschließend segelten sie südwärts und plünderten Sevilla. Von maurischen Reitern hart bedrängt, gingen die Wikinger wieder an Bord ihrer Schiffe, griffen das marokkanische Asilah an und überwinterten danach in Aquitanien. 859/60 legten die Wikinger wieder am Guadalquivir an. Von den Mauren aufgerieben, zogen sie nach Algeciras, das sie plünderten; danach griff ein Teil der Wikingerflotte Nukur in Marokko an,

166 Zerfall der mediterranen Welt

während ein anderer auf den Balearen einfiel. Ein kleinerer Verband segelte den Ebro flussaufwärts bis nach Pamplona, plünderte danach Arles, Nîmes, Valence in der Provence und Luni in Ligurien, bevor er sich zurückzog.

In Norditalien hatten interne Konflikte in Venedig dazu geführt, dass sich die Lagunenstadt 805 Karl dem Großen ergab. Nach dem Sieg über eine byzantinische Flotte 809/10, die Venedig an seine Loyalitätspflicht gegenüber Byzanz erinnern sollte, versuchte Pippin 810, Venedig seinen Besitzungen einzuverleiben. Sein Plan schlug aber fehl: Angesichts des venezianischen Widerstandes zog er sich zurück und erreichte nur, dass die Lagunenstadt ihm eine jährlichen Tribut entrichtete. Nun setzte Venedigs Aufstieg zur Macht ein, das bald den Beinamen „Braut des Adriatischen Meeres" erhielt. Die Schwächung der abbasidischen Statthalter von Ifriqiya in der zweiten Hälfte des 9. Jahrhunderts verschaffte den Mittelmeerinseln eine kurze Atempause, doch schon nachdem Ibrahim ibn al-Aghlab an die Macht gekommen war, setzten die Vorstöße im zentralen Teil des Mittelmeeres wieder ein. 805 griffen sie den Peloponnes an, 812 und 813 Korsika, Sardinien, Lampedusa, Ponza und Ischia. Seeräuber kaperten 820 acht Handelsschiffe, die von Sardinien nach Italien unterwegs waren. Im Jahr darauf griffen Verbände Sardinien an, mussten sich aber zurückziehen. Ziyadat-Allah I. begann 827 mit der Eroberung Siziliens, die Franken konterten aber sogleich, und aus Pisa und Luni auslaufende Schiffe griffen 828 Bône in Algerien an.

Das frühe 9. Jahrhundert war für Byzanz eine schwierige Zeit. Die Beziehungen mit den Bulgaren, einem Turkvolk, das zunächst in Südrussland wohnhaft war und sich später u.a. südlich der Donau niederließ, war unter den bisherigen Khanen recht friedlich gewesen, doch unter dem neuen Khan Krum begannen die Konflikte. Er lockte 811 ein byzantinisches Heer in einen Engpass und erschlug Kaiser Nikephoros I., aus dessen Schädel er der Überlieferung zufolge einen Trinkbecher anfertigen ließ. 813 stieß er gegen Konstantinopel vor, die Hauptstadt kam aber dank seines Todes glimpflich davon, und sein Sohn Ormurtag schloss 816 einen 30-jährigen Friedensvertrag mit Byzanz. Kaum dass diese Gefahr beseitigt war, erschütterte Byzanz 820 der Aufstand von Thomas dem Slawen, der die meis-

Zerfall der mediterranen Welt 167

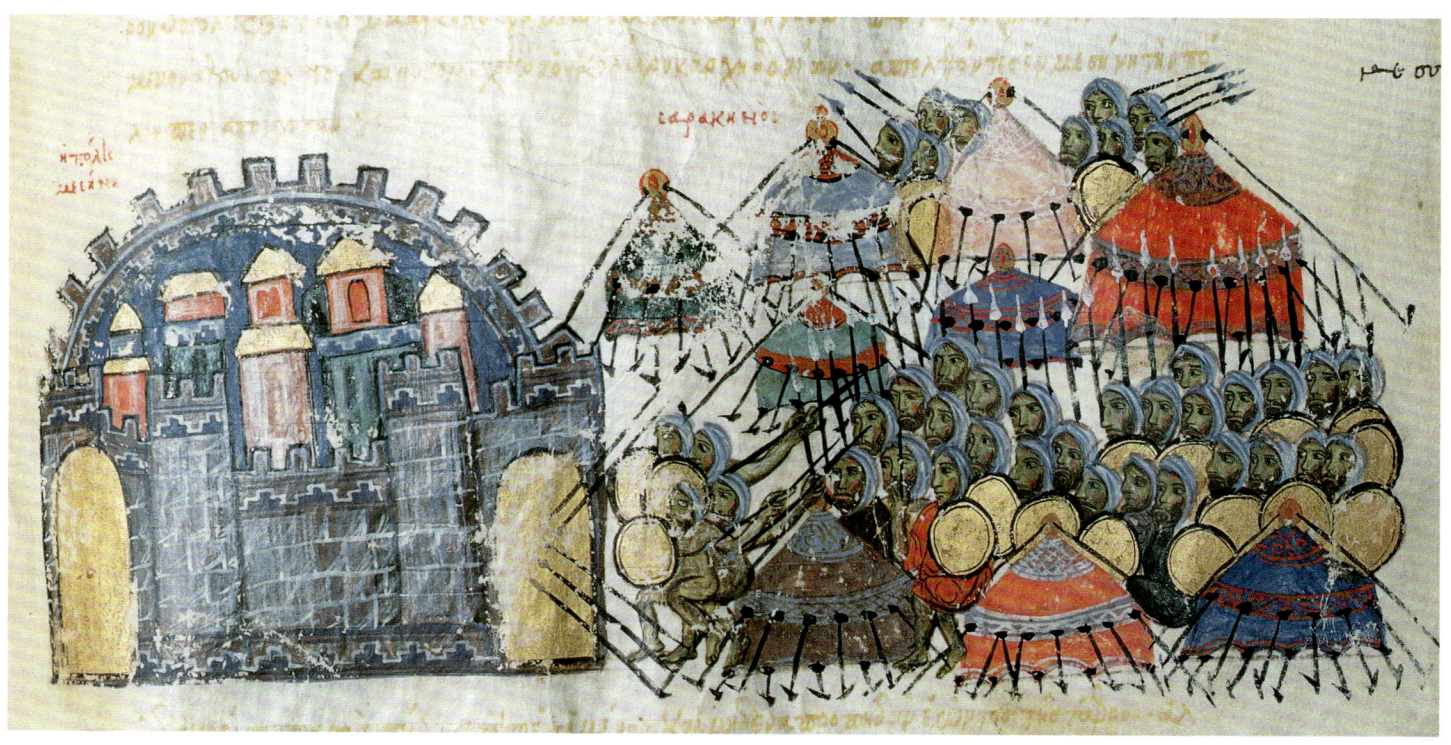

Die Eroberung Siziliens verdankten die Araber dem Verrat durch den byzantinischen Flottenbefehlshaber. Eine weitere Miniatur aus der Handschrift des Stylitzes zeigt die Einnahme der Stadt Messina im Jahr 843. Während die Umrisse der Stadt recht schematisch ausgeführt sind, weist die Darstellung der arabischen Zelte eine gewisse Wirklichkeitsnähe auf.

ten asiatischen Themen unter seine Macht brachte. Sein Erfolg wurde u. a. einer antigriechischen Haltung unter mehreren Völkern zugeschrieben, andere sahen in ihm eine Reaktion gegen die Bilderstürmer und innere soziale Konflikte; er belagerte 821–823 Konstantinopel, scheiterte aber, weil die Byzantiner das „griechische Feuer" einsetzten und die Bulgaren ihnen zu Hilfe eilten.

Die Schwächung der Flotte durch das Überlaufen der Kibyrrhaiotai ermöglichte es vermutlich andalusischen Seeräubern, zwischen 824 und 827 auf Kreta zu landen. Der Verlust Kretas änderte radikal das Antlitz des östlichen Mittelmeeres. Vom befestigten Hafen von Kandak (dem späteren Candia) fielen die Muslime in die Ägäis ein, um Sklaven und Beute zu machen, und übten über die Südägäis eine gewisse Kontrolle aus, indem sie einige Inseln wiederholt besetzten und andere zur Tributzahlung zwangen. Ihr Machtbereich erreichte auch Rhodos und Zypern, obwohl sie sie nie wirklich besetzen wollten. Um 839 fügten sie einer byzantinischen Flotte vor Thassos eine schwere Niederlage zu, und um 860 drangen sie bis ins Marmarameer vor. Vermutlich als Antwort darauf erklärte Byzanz die nördlichen Inseln zum Verwaltungsbezirk (Thema) „Ägäisches Meer" *(Aigaion Pelagos)* und die südlichen zum Thema Samos. Es bleibt dahingestellt, wie wirkungsvoll diese Maßnahmen waren, obwohl die Byzantiner einige Erfolge verzeichneten. Um 840–842 fielen die Kreter auf dem Festland ein, wurde aber vernichtet. Als Byzanz erkannte, dass sich dahinter Ägypten verbarg, griff seine Flotte 853 das ägyptische Damietta an, plünderte es zerstörte vor Anker liegende Schiffe.

Folgenreicher als die Einnahme Kretas war die Eroberung Siziliens durch die Araber, die 827 begann, als der Flottenbefehlshaber auf Sizilien gegen Byzanz rebellierte und Ziyadat-Allah I. die Anerkennung der arabischen Oberhoheit anbot, dafür aber forderte, selbst als Statthalter anerkannt zu werden. Die Sarazenen landeten bei Mazara, stießen aber auf heftigen Widerstand und konnten Syrakus nicht einnehmen. Mit dem Fall Palermos 831 hatten die Sarazenen den Großteil des Westen Siziliens in ihrer Hand; 843 besetzten sie auch Messina und kontrollierten auf diese Weise die Straße von Messina. Damit wurde der Süden Italiens eine leichte Beute für die arabischen Einfälle, die noch vor dem Fall Messinas eingesetzt hatten. Brindisi und Tarent fielen 838 und 839, und eine auf Bitten von Byzanz entsandte venezianische Flotte zur Befreiung Tarents wurde 840 vernichtet. 841 wurde Bari eingenommen. Von hier aus drangen arabische Truppen nordwärts vor, plünderten Ancona und fügten den Venezianern im Golf von Quarnero 842 eine weitere schwere Niederlage zu. Danach wandten sich die Sarazenen Kalabrien und der Westküste zu und stießen 846 nach Plünderung der Peterskirche bis vor die Mauern vor Rom vor. Obwohl Lothar I., ein Enkel Karls des Großen und König von Italien, die Sarazenen vertrieb und diese bei Gaeta durch die neapolitanische Flotte besiegt wurden, gelang es ihnen, zahlreiche Stützpunkte entlang der Küste zu gründen, und Bari wurde sogar zur Hauptstadt eines Emirates, das fast 30 Jahre bestand.

Als Reaktion auf die sarazenischen Einfälle entsandte Lothar seinen Sohn Ludwig II. 848/49 gegen Apulien, der zunächst erfolgreich war; sein zweiter Feldzug gegen die Sarazenen und die Belagerung von Bari endeten 852 mit einer Niederlage. Die weiteren Vorstöße der Sarazenen bis nach Benevent und Kampenien veranlassten Ludwig 866, erneut einzugreifen. Als 867 die Sarazenen vor Ragusa (heute Dubrovnik) standen, schickte Basileios I. eine Flotte, die die Stadt befreien sollte, während die Venezianer die Araber vor Tarent besiegten. Daraufhin schlossen Ludwig II. und Byzanz ein Bündnis; dennoch schlug ihre gemeinsame Belagerung von Bari fehl (869). Erst 871 gelang es Ludwig II., unterstützt von einer kroatischen Flotte, Bari einzunehmen. Zwar gingen die Sarazenen aus Tarent zum Gegenangriff über, konnten aber Bari nicht wieder zurückerobern. Die Haltung Ludwigs II. erweckte das Misstrauen der Fürsten von Benevent, die ihn zeitweilig sogar gefangen hielten und nur unter dem Versprechen freiließen, nie mehr in den Süden zurückzukehren. Bei seinem Tod 875 befand sich Bari in den Händen von Byzanz, das in den nächsten 200 Jahren zur Hauptstadt des byzantinischen Süditaliens wurde.

Aufstieg des Christentums: um 875–1025

Die Machtergreifung durch Basileios I. 867 bedeutete eine Wende im Kampf gegen die Araber, auch wenn es anfänglich nicht danach aussah. Die arabischen Vorstöße gegen

Das heutige Dubrovnik, italienisch als Ragusa bekannt, stieg im 9. und 10. Jahrhundert zu einem sicheren Zufluchtsort vor sarazenischen Einfällen auf. Die Stadt an der süddalmatinischen Küste liegt auf einer Felseninsel am Fuß des Sergiusberges; sie stand 1205–1358 unter venezianischer, 1358–1526 unter kroatisch-ungarischer Oberhoheit und fiel danach ans Osmanische Reich. Aus der Zeit, in der die Stadt als „Königin der Adria" bezeichnet wurde und als kulturelle sowie wirtschaftliche Brücke zwischen Venedig, Süditalien und der Levante wirkte, stammen neben dem Altstadtkern die gewaltigen Befestigungsanlagen mit ihren Türmen und Bastionen.

Auch der Islam kannte etliche Glaubensrichtungen und Strömungen. So übernahm die schiitische Dynastie der Fatimiden 969 die Macht in Ägypten. Die Schale (oben) aus frühfatimidischer Zeit enthält das stilisierte Bild einer Galeere mit Rudern inmitten eines von Fischen wimmelnden Meeres.

„Ruhm und Glück für Abu Mansur" lautet die Inschrift dieser fatimidischen Zeichnung aus dem 11. Jahrhundert. Sie zeigt zwei Krieger, von denen einer einen Turban und der andere einen Helm trägt. Beide halten Lanzen in der Hand, während der eine zusätzlich noch ein Schwert umgegürtet hat.

Byzanz gingen weiter: Im zentralen Mittelmeer galten sie den byzantinischen Besitztümern auf Sizilien und den langobardischen Territorien und im Westen der Provence. Im Rückblick zeigt sich, dass die arabischen Angriffe an Schlagkraft verloren und sich die Grenzen im darauffolgenden Jahrhundert im Mittelmeerraum außer auf der Iberischen Halbinsel nach Süden verschoben. Die Aufsplitterung der arabischen Welt nahm rasch zu. In Ägypten wurde ein türkischer Abenteurer, Achmad ibn Tulun, 868 Statthalter und dehnte seine Herrschaft auf Palästina und Syrien aus. Formell den Abbasiden untergeordnet, waren die Tuluniden de facto unabhängig. Eine gewaltige Flotte machte ihren Einfluss bis in die Levante geltend. Unter die Kontrolle der Tuluniden geriet auch das muslimische Kilikien (878–882 und erneut 892–897). Die Abbasiden entsandten ein Heer nach Ägypten, das die Tuluniden 905 stürzte, doch währte die Autorität der Abbasiden nur kurz: Ägypten fiel 935–966 erneut in die Hände eines türkischen Glückritters, Muhammad ibn Tughj al-Ikhshid, und seiner Söhne.

In dieser Zeit treten in Ägypten die Fatimiden auf, deren Vorfahren auf Mohammeds Tochter Fatima und deren Mann Ali ibn Abi-Talib zurückgehen. Nach Ausschaltung der Rustamiden, Aghlabiden und Idrisiden gründete der Fatimide Ubaydallah eine neue Hauptstadt und einen Flottenstützpunkt in al-Mahdiyyah an der Ostküste von Tunesien. 969 eroberte der Fatimidengeneral Jawhar Ägypten und schuf die Voraussetzungen, damit der Kalif al-Muiss seinen Sitz hierher verlegen konnte. Er legte den Grundstein für die neue Hauptstadt al-Qahira oder Kairo, „die Siegreiche", und von Ägypten dehnten die Fatimiden ihren Machtbereich auch auf Palästina, Syrien und Hijaz aus.

Die Byzantiner hatten eigene Probleme. Die Bedrohung durch die Bulgaren war vorübergehend beseitigt worden, obwohl sie unter Khan Symeon wieder auflebte. Doch zeich-

Überraschungsangriffe versetzten die byzantinischen Städte in Angst und Schrecken. Im Jahr 904 wurde das nordgriechische Thessaloniki von einem Heer unter Leo von Tripoli verwüstet, einem zum Islam bekehrten ehemaligen byzantinischen Seefahrer. Tausende Einwohner wurden getötet und noch mehr wurden als Sklaven verschleppt, wie es diese Miniatur aus der „Chronik" des Skylitzes anschaulich vermittelt.

nete sich eine neue, von Norden nahende Gefahr ab: Aus Skandinavien zogen die Waräger, schwedische Kriegerkaufleute, über die osteuropäischen Ströme nach Süden, siedelten u. a. am Dnjepr und waren fortan bekannt als *Rhos* (daher auch die Namen Rus, Russland). Ihre ersten Angriffe auf Byzanz erfolgten bereits 860; obwohl sie zurückgeschlagen wurden, stiegen sie zu einer für Byzanz künftig gefährlichen Macht auf, insbesondere bis zur Christianisierung von Großfürst Wladimir im Jahr 988 und der Abwehr des letzten russischen Angriffs auf Konstantinopel 1043.

Mittlerweile setzten an der Taurusgrenze die faktisch unabhängigen Emire der Grenzregionen des Abbasidenreiches ihre Überfälle fort. In Kilikien bildete der Fluss Lamos westlich von Tarsos die Grenze. Kretas Piraten setzten ihre Raubzüge fort und fielen 872 sogar in Dalmatien ein, obwohl sie sich sonst auf die Ägäis beschränkten. Die kaiserliche Flotte begann nach 870 entschiedener gegen sie vorzugehen. So vernichtete Admiral Niketas Ooryphas um 873 vor Kardia 20 ihrer Schiffe und zerstörte 879 im Golf von Korinth einen Verband von Schiffen, die im Ionischen Meer unterwegs waren.

Die Abbasiden begannen auch mit dem Ausbau ihrer Flotte, und 860 griffen sie mit in Tarsos stationierten Verbänden Attaleia an. Ab jetzt und bis ins späte 10. Jahrhundert kam es wiederholt zu Zusammenstößen zwischen der byzantinischen und arabischen Flotte mit häufig wechselndem Ausgang. Eine gegen Tarsos entsandte byzantinische Flotte wurde 883 durch dessen Emir Yazaman al-Khadim vernichtet, der für seine gefährlichen Vorstöße zur See berüchtigt war. Kurz danach befehligte er 30 Schiffe, deren Angriffsziel Euripos war. Er wurde zwar durch das „griechische Feuer" besiegt, setzte seine Angriffe aber bis zu seinem Tod 891 fort. Ein Verband aus Tarsos stieß 898 mit einer byzantinischen Flotte zusammen, vermutlich den Kibyrrhaiotai, besiegte sie, kaperte zahlreiche Schiffe und tötete über 3000 Seeleute. Dieser Sieg öffnete die Ägäis den Raubzügen des Leo von Tripoli, einem zum Islam übergetretenen ehemaligen byzantinischen Seemann von Kibyrrhaiotai. Er befehligte 904 einen Überfall in die Ägäis und plünderte Abydos und Thessaloniki. Den Berichten von al-Tabari zufolge tötete Leo in Thessaloniki 5000 Menschen, befreite 4000 muslimische Gefangene, kaperte 60 Schiffe und nahm Tausende gefangen.

Sizilien war im 9. Jahrhundert Schauplatz schwerer Kämpfe zwischen Griechen und Sarazenen. Die Offensive der Araber begann 827, und innerhalb weniger Jahrzehnte gelang es ihnen, die Insel weitgehend unter ihre Kontrolle zu bringen: 831 fiel Palermo, 843 Messina und in den 860er-Jahren eroberten sie den Großteil des Landstreifens zwischen Taormina und Syrakus. Die „Synopsis Historion" des Skylitzes zeigt die Eindringlinge mit Rundschilden, wie sie die Einwohner von Taormina niedermetzeln (links), gefangen nehmen (Mitte) und offenbar hinrichten (rechts).

Jeder der Männer, die an der Expedition teilgenommen hatten, erhielt zur Belohnung 1000 Golddinar.

Um diese Übergriffe zu beenden, entsandte Leo VI. eine Flotte unter Patrikios Himerios in die Levante. Als Reaktion plünderte Damianos, der zum Islam bekehrte Emir von Tarsos, Zypern vier Monate lang, vermutlich weil dessen Einwohner Himerios unterstützt hatten. Möglicherweise belagerte Himerios daraufhin erfolglos Kreta, und seine Flotte wurde nördlich der Insel Chios im Oktober 912 von Leo von Tripoli und Damianos vernichtet. Der drei Jahre dauernde Versuch, die arabischen Übergriffe in der Levante zu bekämpfen, hatte erfolgreich begonnen, aber mit einer Katastrophe geendet. Erst nach 930 gingen die arabischen Raubzüge zurück. Leo von Tripoli wurde vor Lemnos 923 geschlagen und verschwand aus dem politischen Geschehen, während Damianos im Jahr darauf starb, als er die Kibyrrhaiotai-Festung auf Strobilos belagerte.

Mit dem Fall von Enna 858 blieben die byzantinischen Besitzungen auf Sizilien auf einen Küstensaum zwischen Taormina und Syrakus begrenzt. Alle Inseln rund um Sizilien fielen in arabische Hand ebenso Malta 870. In 871/72 wurde Salerno ein Jahr lang belagert, und 875 drangen die Sarazenen ins Adriatische Meer bis nach Triest und Grado vor und plünderten auf ihrem Rückzug Comacchio. Gleichzeitig überfielen sie Kalabrien und Kampanien und stießen bis Rom vor. Begünstigt wurden diese Raubzüge durch die sich schon abzeichnenden politischen Strukturen der langobardischen Fürstentümer und der fast unabhängigen Herzogtümer von Gaeta, Neapel und Amalfi. 880 erlaubte Athanasios II. einer arabischen Bande, sich am Fuß des Vesuvs niederzulassen. Später siedelte eine andere Bande bei Cetera am Golf von Salerno. Neapel und Salerno versuchten von 881 bis 883 diese Nester zu zerstören, die Araber wanderten aber nach Norden ab und stießen mit anderen Raubgenossen am Fluss Garigliano zusammen. 884 wurde das ehrwürdige Kloster Montecassino geplündert. Auf Sizilien kam Syrakus 878 in sarazenische Hände. Die verbliebenen Griechen leisteten Widerstand rund um Taormina, bis dieses 902 fiel.

Eine sarazenische Flotte, die 880 im Ionischen Meer auf Raubzug unterwegs war, wurde vom byzantinischen Admiral Nasar durch einen kühnen nächtlichen Angriff zerstört. Er fuhr westwärts weiter, ging bei Palermo an Land, kaperte mehrere sarazenische Schiffe und besiegte auf dem Rückweg nach Italien vor Punta Stilo erneut die Sarazenen. Die byzantinische Flotte kehrte triumphierend nach Konstantinopel zurück, und in Italien nahmen die Byzantiner wieder Tarent ein. Basileios I. entsandte 885 Nikephoros Phokas nach Italien, der in rascher Folge zahlreiche Festungen und Städte so geschickt wieder in byzantinische Hand brachte, dass ihm Kaiser Leon VI. in seinem militärischen Handbuch *Taktika* ein eigenes Kapitel widmete. Eine byzantinische Flotte blockierte 915 die Mündung des Garigliano nördlich von Neapel und hob zusammen mit päpstlichen Truppen ein Seeräubernest aus. Auch wenn die arabische Gefahr vorerst gebannt war, verunsicherten sizilianische Seeräuber die Küsten auch in den nächsten 50 Jahren und wurden dabei auch von Verbänden des neuen Fatimidenkalifats unterstützt.

Im frühen 10. Jahrhundert drohten Byzanz neue Gefahren vom Norden. Obwohl griechisch erzogen, erwies sich Symeon der Große von Bulgarien als unversöhnlicher Feind von Byzanz, das er erobern und erneuern wollte. 896 besiegte er ein byzantinisches Heer und stimmte einem Friedensschluss zu, die Feindseligkeiten flammten aber wieder auf, und Symeon schlug Byzanz erneut 914 und 917. Bulgarische Krieger drangen nach Süden bis zum Golf von Korinth vor und schufen die Voraussetzungen, damit der Flottenkommandant Romanos Lekapenos den Thron von Byzanz bestieg. Dessen Versuche, die Bulgaren zurückzudrängen, waren nur begrenzt erfolgreich; 922 griff Symeon Byzanz erneut an, das er bei Pesgai im Marmarameer besiegte. Auch Adrianopel ging zeitweilig verloren. Die bulgarische Gefahr wurde erst durch einen Sieg des kroatischen Fürsten Tomislaw 926 und den Tod Symeons gebannt.

Unter Tomislaw (910–928) entstand unter den kroatischen Slawen, die seit dem 7. Jahrhundert im Westen des Balkans siedelten, ein eigenständiger Staat. Südlich von Kroatien und entlang der Küste der Provinz Duklja lebten andere Slawen, die *Serboi* oder Serben. An der Mündung der Neretva und südlich bis Centinje sowie in den der Küste vorgelagerten Inseln lebten die Neretljani, von den Venezianern Narenta-Piraten genannt, die seit dem 9. Jahrhundert Venedigs Schiffverkehr im Adriatischen Meer gefährdeten. Der Doge Pietro Tradonico hatte sie bereits 839 bekämpft, während der Doge Pietro Candiano I. 887 eine Expedition zur See befehligte, die mit seinem Tod endete. Pietro Canciano III. griff die Kroaten 948 erneut an, konnte sie aber nicht besiegen, sodass Venedig weiterhin Schutzgeld zahlte, um die Adria sicher passieren zu können. Erst im Jahr 1000 gelang es Pietro Orseolo III., die Vorherrschaft Venedigs im Adriaraum auszubauen, wofür er den Titel „Herzog von Dalmatien" erhielt.

Die Herrschaft der Omaijaden erreichte auf der Iberischen Halbinsel ihre Blüte mit der langen Regentschaft von Abd ar-Rahman III. (912–961), der sich seit 929 Kalif und „Fürst der Gläubiger" nannte. Als er die von der fatimidischen Flotte ausgehende Gefahr erkannte, beschloss er den Bau einer eigenen Flotte, was ihm erlaubte, 927 Sevilla und 931 Ceuta einzunehmen. Sein wichtigster Stützpunkt war Pechina mit dem Hafen von Almería, wo Seeleute arabischer und spanischer Herkunft wohnten. Noch vor 884 hatten sie eine selbständig verwaltete Gemeinschaft gebildet und Mitte des 10. Jahrhunderts zogen sie nach Almería, wo sich später auch zahlreiche jüdische Händler niederließen. Um 890 gingen andalusische Seeräuber in St.-Tropez an Land und errichteten die befestigte Anlage La Garde Freinet auf einem Hügel bei Fraxinetum. Von hier aus stießen sie im Westen nach Marseille vor, im Norden nach Vienne, im Osten nach Asti und im Nordosten zum Kloster St. Gallen in der Schweiz. Versuche, sie zu vertreiben, schlugen 931 und 942 fehl, und erst 972 gelang es den Grafen der Provence und von Turin, die Eindringlinge zurückzudrängen. Vor der provenzalischen Küste gefundene Wracks arabischer Schiffe belegen, dass dieser Stützpunkt enge Kontakte mit der übrigen arabischen Welt unterhielt.

Um 920 war Italien aufgesplittert in die byzantinischen Themen Langobardia und Calabria mit den Herzogtümern von Capua-Benevent und Salerno, in die päpstlichen Territorien westlich der Apenninen und in das Königreich Italien von den Abruzzen bis zur Toskana, das Nachfahren Karls des Großen regierten. Sie trugen nominell zwar den Königstitel, die Macht lag aber bei den Markgrafen von Toskana, Ivrea und Friaul sowie bei den Herzögen von Spoleto. Ab 922 wurde die Halbinsel von Einfällen der Magyaren heimgesucht, die bis Apulien und Salerno vorstießen, auf den Balkan vorstießen und 934 sogar Konstantinopel erreichten. Ihr Vordringen nach Mitteleuropa wurde erst durch den Sieg von Otto I. in der entscheidenden Schlacht auf dem Lechfeld bei Augsburg 955 gestoppt. Auf Sizilien wurde ab 910 die Oberhoheit der Sarazenen durch die Fatimiden ersetzt. Sie stießen 925 nordwärts nach Apulien vor, plünderten Bruzzano und Oria und nahmen viele Juden gefangen, die sie nach Ifriqiya verschleppten. 927 segelte eine arabische Flotte von al-Mahdiyya Richtung Tarent, das sie verwüsteten, und 935 wurde Genua geplündert.

Die zweite Hälfte des 10. Jahrhunderts war eine Zeit ständiger militärischer Konflikte an allen Fronten; auch die islamischen Mächte waren gespalten, sodass omaijadische Schiffe Besitzungen der Fatimiden angriffen, die ihrerseits überall im Mittelmeer kreuzten. Die Byzantiner mussten den Bulgaren und den Rus im Norden standhalten, doch erholte sich Byzanz allmählich und gewann wieder an Stärke. 941 wurde ein dritter Angriff der Rus auf Konstantinopel abgewehrt, und im Jahr darauf antwortete Kaiser Romanos I. Lekapenos auf ein Hilfeersuchen gegen die Araber aus Fraxinetum und schickte eine Flotte nach Italien, die die arabischen Schiffe mithilfe des „Griechischen Feuers" vernichtete.

Im Jahr 956 errang der Strategos der Kibyrrhaiotai vor Lykien einen glanzvollen Sieg über die Flotte von Tarsos und bereitete damit den Weg für einen neuen Angriff auf Kreta. Romanos II. übertrug den Befehl Nikephoros Phokas, der ab Juli 960 Kreta belagerte und es März 961 einnahm. Nachdem er selbst den Kaiserthron bestieg, drang Nikephoros II. Phokas 963 in Kilikien ein. Ein Versuch, die ägyptische Flotte wiederaufzubauen, um gegen Tarsos ziehen zu können, misslang, als ein Verband von 36 Schiffen bei schwerem Sturm kenterte und der Rest vor Zypern besiegt wurde. Doch gelang es ihm, Zypern und Tarsos zurückzuerobern. Sein Vorstoss nach Syrien 969 endete mit der Einnahme von Antiocheia und Aleppo. Der Kaiser wurde auf Betreiben von Johannes I. Tsimiskes ermordet, der ihm auf den Thron folgte und die Politik seines Vorgängers fortsetzte: Er nahm 975 Beirut ein und zwang Damaskus zur Zahlung eines Tributs; eine Belagerung von Tripoli schlug jedoch fehl.

Swjatoslaw, Fürst von Kiew 962–973, der 969 in Bulgarien eingefallen war und Khan Boris II. entmachtet hatte, wollte seine Hauptstadt von Kiew nach Preslaw verlegen, aber Johannes I. Tsimiskes entsetzte Preslaw und zwang Swjatoslaw zum Rückzug nach Silistra. Auf dem Rückweg wurde er 972 am Dnjepr von Petschenegen besiegt und getötet. Unter Johannes' I. Nachfolger Basileios II. erreichte Byzanz seine größte Machtentfaltung im Mittelalter. Seine Hauptfeinde blieben nach wie vor die Bulgaren. Nach langwierigen und aufreibenden Kriegen vernichtete Basileios II. das bulgarische Heer 1014 in der Schlacht von Kleidion und erhielt wegen seiner Grausamkeit gegenüber den Gefangenen den Beinamen Bulgaroktonos („Bulgarentöter"): Er ließ 14 000 Überlebende blenden und dann in die Heimat zurückkehren. Bei Ihrem Anblick soll der Überlieferung zufolge Khan Samuel innerhalb von zwei Tagen gestorben sein. Obwohl die Bulgaren weiterhin Widerstand leisteten, wurde ihr Reich 1018 als Thema Bulgarien Byzanz einverleibt.

Auf seinem 2. Italienzug ließ sich Otto I. am 2. Februar 962 im Petersdom vom Papst zum römischen Kaiser krönen. Otto I. ging es in Süditalien u.a. um die kaiserliche Oberhoheit über Capua-Benevent und Salerno. Er besuchte 967 Benevent und kehrte im Jahr darauf nach Benevent und Capua zurück und wandte sich mit seinem Heer gegen das

Das goldene Zeitalter des maurischen Spanien fällt mit der Herrschaft der Omaijaden zusammen, die im 10. Jahrhundert den Kalifentitel annahmen. Unter Al-Hakam (961–966) wurde in der Großen Moschee von Córdoba, deren Bau bereits unter dem ersten Omaijaden im 8. Jahrhundert begonnen hatte, die üppig mit islamischen Ornamenten verzierte Gebetsnische (Mihrab) vollendet, die die Richtung nach Mekka anzeigt. Die kunstvollen Marmor-, Stuck- und Mosaikarbeiten wurden von Handwerkern aus Byzanz ausgeführt, mit dem das Kalifat enge Beziehungen unterhielt.

Almansor *(arabisch al-Mansur, „Der Siegreiche") – unter diesem Beinamen wurde der Reichsverweser und Feldherr im christlichen Abendland bekannt, der im ausgehenden 10. Jahrhundert der mächtigste Mann im Maurenreich war und die Christen 997 bei Santiago de Compostela besiegt hatte. Erlesene Marmorreliefs mit Inschriften, die seinen Namen tragen, schmückten seine Residenz in Sevilla.*

byzantinische Bari. Da er es für uneinnehmbar hielt, schickte er eine Gesandtschaft nach Konstantinopel zu Nikephoros II. Phokas, der Liutprand von Cremona, Ottos Gesandten, jedoch voller Verachtung entließ. Die Konflikte wurden 969 durch den Nachfolger von Nikephoros II., Johannes I. Tzimiskes, beigelegt, der seine Nichte Theophanu mit Otto II., dem Sohn und Nachfolger Ottos I., vermählte. Die Hochzeit wurde am 14. April 972 zelebriert, und Otto I. zog sich aus Süditalien zurück. Nach 965 blieb Süditalien im Besitz der byzanztreuen aufstrebenden Städte Neapel, Gaeta, Amalfi sowie der Provinzen von Salerno und vor allem der kalbitischen Emire Siziliens. Deren neue Offensiven ab 975 veranlassten Otto II. zum Eingreifen. 981 zog er in Apulien und Kalabrien ein und zwang den Emir Abul-l-Qasim, die Meerenge zu überqueren. Bei Punta Stilo kam es zur Schlacht, die für Otto II. mit einer vernichtenden Niederlage endete. Wie Thietmar von Merseburg in seiner berühmten Chronik der Liudolfinger berichtet, gelang Otto II. die Flucht, indem er sich mit seinem Ross schwimmend auf ein byzantinisches Schiff rettete. Danach zog sich Otto II. nach Norden zurück. Trotz seiner Bewunderung für die byzantinische Kultur und seines Vorhabens zur Erneuerung des Römischen Reiches blieb die Italienpolitik seines Sohnes Otto III. noch erfolgloser: Er wurde aus dem von ihm zur kaiserlichen Residenz erklärten Rom vertrieben und konnte nichts gegen die Byzantiner im Süden Italiens ausrichten.

Nach ihrem Umzug nach Ägypten griffen die Fatimiden eine Zeit lang Byzanz nicht an. Die Feindseligkeiten nahmen auch 990 zu, u. a. als die Byzantiner 993 Alexandria angriffen. Vermutlich als Antwort darauf begann al-Asis in Kairo mit dem Bau einer großen Flotte. Als infolge eines Brandes mehrere Schiffe zerstört wurden, fiel der Verdacht auf einige aus Amalfi stammende Kaufleute, woraufhin der Pöbel über 100 von ihnen tötete und christliche Kirchen plünderte. Der Bau der Flotte ging weiter, sodass 24 Schiffe nach Tripoli entsandt wurden, die an der syrischen Küste jedoch strandeten. Dennoch gelang es 998, 20 Schiffe nach Tyrus zu entsenden, die einen Aufstand unterdrückten sowie die zu Hilfe geeilten byzantinischen Truppen besiegten.

In Spanien wurde die von Abd ar-Rahman aufgebaute Flotte auch von seinem Nachfolger beibehalten. Als die Wikinger 966 in Lissabon eindrangen, wurden sie vor Silves von der Sevilla-Flotte zurückgeschlagen. Trotzdem befahl al-Hakam II. den Bau von Schiffen nach skandinavischem Vorbild, um den Wikingern gewachsen zu sein. Ein weiterer Angriff wurde 971 abgewehrt; im Jahr darauf wurde die Flotte nach Ceuta und danach nach Tanger entsandt, das sie den letzten Herrschern der Idrisiden entriss. Al-Hakam II., der 976 starb, unterhielt Beziehungen zu Konstantionopel. Davon zeugt die Gebetsnische in der großen Moschee von Córdoba, die durch byzantinische Meister und von ihnen ausgebildete Handwerker ausgeschmückt wurde. Ihm folgte auf den Thron sein jüngerer Sohn Hischam II., aber mächtigster Mann war sein Reichsverweser Mohammed ibn Abi Amir al-Mansur („der Siegreiche", span. Almansor), der Schrecken der christlichen Königreiche im Norden. 997 zog er gegen Santiago de Compostela und brachte die Glocken der dortigen Kathedrale zurück nach Córdoba. Zu seinen Kerntruppen zählten vor allem Mamelucken slawischer Herkunft, Berber sowie christliche Söldner und nicht sosehr die muslimischen *Jund* des andalusischen Adels. Diese Politik sowie dynastische Konflikte nach dem mysteriösen Tod seines Sohnes Abdul-Malik (1008) leiteten den Niedergang des Kalifats ein.

Auf der Iberischen Halbinsel und im überwiegenden Teil der Mittelmeerwelt wurde das 11. Jahrhundert von den Christen bestimmt. Das Ende des Omaijadenkalifats in 1031 führte zu einer Ära sich befehdender *Taifa* (Teil-)Königreiche, in denen die *muluk at-tana'if*, über Kleinstaaten regierende Emire, sich gegenseitig die Macht streitig machten und für die Königreiche Kastilien und Aragón keine wirkliche Gefahr darstellten. Von epochaler Be-

Das Nebeneinander unterschiedlicher kultureller Traditionen kommt nirgendwo so deutlich zum Ausdruck wie in der Schlosskapelle der normannischen Herrscher Siziliens in Palermo. Byzantinische Handwerker kleideten die Wände mit Mosaiken aus, muslimische Meister schufen die hölzerne Decke des Hauptschiffs, während fatimidische Maler Mitte des 12. Jahrhunderts auf der Decke des Seitenschiffs Szenen aus dem Alltagsleben darstellten. Diese Szene zeigt den Herrscher, gerahmt von zwei Dienern.

deutung war die Einnahme Toledos 1085 durch den kastilischen König Alfons VI. Im Osten gerieten die abbasidischen Kalife unter die Kontrolle der schiitischen Hausmeierdynastie der Bujiden, die die eigentliche Macht ausübten und die Kalifen in Schranken hielten, bis sie ihrerseits 1055 von den seldschukischen Türken verdrängt wurden. Ägypten blieb fatimidisch, versank aber während der langen Herrschaft des Kalifen al-Mustansir (1036–1096) in Chaos. Bis zum Tod von Kaiser Basileios II. stand Byzanz im Zenith seiner Macht und Auflösungserscheinungen zeigten sich erst drei Jahrzehnte später. Schauplatz der Veränderungen und Entwicklungen sollte aber der zentrale Mittelmeerraum werden. Venedig war bereits um 1000 eine Seemacht, und in kleinerem Maß trifft dies auch auf Amalfi zu. Aber im 11. Jahrhundert rückte es in den Hintergrund, während Pisa und Genua zu Seemächten aufstiegen, die sogar mit Venedig konkurrieren konnten.

Die italienischen Küstenstädte, gefolgt von jenen aus der Provence, dem Languedoc und Katalonien machten sich zunehmend politisch wie ökonomisch bemerkbar. Zusammen mit dem Erstarken von Wirtschaft und Gesellschaft und neuem religiösen Selbstbewusstsein im Abendland führte dies zum vielleicht bedeutendsten Ereignis des Mittelalters: dem 1. Kreuzzug (1095–99). Die Angriffe der Seldschuken gegen Byzanz um 1070 und der Almoraviden (al-Murabitun) im Maghreb um 1060 und gegen al-Andalus im Jahr 1086 waren ernst, aber im Grunde nicht folgenreich. Auch wenn Byzanz unter der Dynastie der Komnenen 1081–1185 eine neue Blütezeit erlebte, so verlor es insgesamt an Gewicht zugunsten des aufstrebenden lateinischen Abendlandes und wurde von diesem schließlich überflügelt.

Nach den eindrucksvollen Eroberungen des ausgehenden ersten Jahrtausends bilden die Kreuzzüge einen weiteren Wendepunkt in der Geschichte. Im Zuge der Reconquista brachten die christlichen spanischen Könige 1085 Toledo und 1094 Valencia in ihre Macht. Den Höhepunkt der christlichen Feldzüge stellte die Einnahme Jerusalems im Jahr 1099 dar. Sie legte den Grundstein für die Bildung des fränkischen Königreichs von Jerusalem, das 200 Jahre bestand und sich im Dauerkonflikt mit seinen muslimischen Nachbarn befand. Moderne Historiker bieten eine Reihe von Erklärungsversuchen für die Kreuzzüge. Vorrangig trieb die Kreuzritter der religiöse Eifer an, die heiligen Stätten für die Kirche zurückzuerobern. Diese Epoche leitet aber zugleich die Expansion des christlichen Abendlandes im östlichen Mittelmeerraum und die Erschliessung neuer Märkte ein.

Die Küstenstadt Sidon war für das Königreich Jerusalem von besonderer Bedeutung. Um einem muslimischen Angriff vorzubeugen, wurde 1227 auf einem Riff vor dem Hafen mit dem Bau einer neuen „Seefestung" begonnen. Im Jahr 1260 kam sie in den Besitz der Templer, die hier noch zwei Monate nach dem Fall von Akko 1291 Widerstand leisteten, bis sie zur Aufgabe gezwungen wurden.

„Auch die Kaufleute der Erde weinen und klagen um sie, weil niemand mehr ihre Ware kauft." Dieser Vers aus der Offenbarung (18,11), in dem vom Untergang Babylons die Rede ist, bot dem Buchmaler des 11. Jahrhunderts Gelegenheit, einen Kaufmann seiner Zeit darzustellen.

Die im vorangehenden Kapitel beschriebenen grundlegenden politischen Umwälzungen waren von einer Reihe bedeutsamer ökonomischer Veränderungen begleitet. Unter den Historikern des 20. Jahrhunderts, die sich mit der Geschichte des Mittelmeerraumes auseinander gesetzt haben, entbrannte eine heftige Diskussion darüber, ob sich im frühen Mittelalter ein Bruch in den ökonomischen Beziehungen zwischen Ost und West nachweisen ließe. Angenommen, ein solcher Bruch oder Riss habe tatsächlich stattgefunden, so drängt sich zwangsläufig die Frage auf, ob er das Ergebnis der Barbareneinfälle war, in deren Folge sich Spanien, Frankreich, das Rheinland und Norditalien vom blühenden Wirtschaftsleben des byzantinischen Ostens isolierten, zu dem damals Ägypten und die Gebiete des heutigen Israel, Libanon, Syrien, Palästinas sowie weite Regionen Südosteuropas zählten. Oder muss als Schlüsselereignis jenes Zeitraums etwa der Aufstieg des Islam gelten, der Ägypten, Syrien, Nordafrika und die Iberische Halbinsel zwischen dem frühen 7. und frühen 8. Jahrhundert unter eine neue Religion stellte? Oder muss als entscheidendes Moment die Machtergreifung durch den fränkischen Kaiser Karl den Großen im Abendland gelten, der sein Reich über Regionen wie Norditalien ausdehnte, die vormals Teil der byzantinischen Einflusssphäre gewesen waren?

Der namhafte belgische Historiker Henri Pirenne machte auf einen Faktor aufmerksam: auf den Rückgang des Handels mit Gold, Gewürzen und Papyrus, wobei Letzterer lange Zeit ein wichtiges Mittel zur Niederschrift von Texten gewesen war. Neuere, wenn auch nicht eindeutige archäologische Belege schienen die Ansicht zu stützen, wonach die Wirtschaft des Ostens und Westens ab etwa 750 deutlich getrennte Entwicklungen durchlief. Nur spärlich gelangten östliche Güter in Häfen wie Neapel und Marseille, gleichsam als bescheidene überlebende Importe eines einst blühenden Fernhandels, der das Mittelmeer kreuz und quer überzogen hatte (und im Kapitel über das römische *Mare nostrum* besprochen wurde). In Pirennes Szenario war der Fernhandelskaufmann im abendländischen Frühmittelalter meist ein Jude oder syrischer Christ, sodass der Begriff Judeus zum Synoym für „Händler" wurde. Der islamische Schriftsteller Ibn Kuradadbih beschreibt, wie die Karawanen jüdischer Fernhändler, die man auch als Rhadaniten bezeichnete, Europa und Nordafrika durchquerten und aus dem heidnischen Osteuropa Sklaven ins muslimische Spanien brachten, deren Herrscher die militärischen Fähigkeiten vieler dieser Saqaliba oder Slawen hoch schätzten.

Die Wirklichkeit sah eher so aus, dass die ökonomischen Strukturen des östlichen und des westlichen Mittelmeeres lange Zeit deutlich unterschiedliche Merkmale aufwiesen, die teilweise auch durch klimatische Faktoren bedingt waren. So eigneten sich etwa die feuchteren westlichen Regionen besser für den Anbau vieler Agrarprodukte, während der Osten trotz seines entwickelten Getreideanbaus (wie im Fall Ägyptens) ein trockenes Klima hatte und große Stadtbevölkerungen in Zeiten von Güterknappheit durch Nahhandel ernähren musste. Nur so war es möglich, dass eine Großstadt wie Kairo überleben konnte, obwohl sie sich am Rande der Wüste befand. Im Vergleich zum abendländischen Westen war der Osten in höherem Maß urbanisiert, vor allem in den islamischen Staaten, obwohl Byzanz mit Konstantinopel eine Weltstadt besaß, die mit dem Schwarzen Meer und östlichen Mittelmeer einen schwungvollen Handel trieb, um seine Einwohner ernähren zu können.

An der Wende zum 10. Jahrhundert unterhielten arabische Kaufleute Beziehungen zu Spanien, Sizilien, Tunesien, Ägypten und Jemen und verbanden diese mit Indien. Besonders aktiv waren dabei die in Alt-Kairo oder Fustat wohnhaften Juden, von denen zahlreiche Handelsbriefe und Urkunden aus der Zeit 950–1150 in der so genannten Genizah von Kairo, einem Lagerraum einer antiken Synagoge, erhalten blieben, die heute zum Großteil in der Universitätsbibliothek von Oxford lagern. Trotz vorhandener politischer Grenzen zwischen den untereinander konkurrierenden Kalifaten kannten diese Kaufleute, die mit Seide, Gewürzen und Baumwolle handelten, ihren Weg übers Mittelmeer. Sie bedienten aber einen islamischen gemeinsamen Markt, der mit dem Siegeszug des Islam entstanden war und drangen nur selten in Gebiete der lateinischen Christenheit vor. Und in der Tat: Aus diesen Territorien gingen die neuen Herren des Mittelmeeres hervor – die Genuesen, Pisaner und Venezianer, alles selbstbewusste Händler christlichen Glaubens, die sich durch mehr als nur den religiösen Eifer der Kreuzritter auszeichneten.

Eine den Juden aus der Kairoer Genizah bekannte Stadt war Amalfi, das neben den anderen Städten an der tyrrhenischen Küste Gaeta und Salerno sowie den apulischen Städten (Bari, Trani u. a.) weiterhin Handelskontakte zu Byzanz unterhielt. Amalfi und Gaeta entsandten Händler auch ins muslimische Sizilien, in den Maghreb und nach Ägypten. Amalfi war zwar keine römische Siedlung gewesen, gehörte aber zu jenen Städten, die sich als Zufluchtsorte für jene entwickelt hatten, die vor den Barbaren geflohen waren. Dazu gehörten auch Ragusa (Dubrovnik) an der dalmatinischen Küste und das berühmte Venedig. Amalfi lebte vom Meer, besaß kein wirkliches Hinterland, war aber ein lateinischer Hafen, von dem auch arabische Kaufleute gehört hatten, wenn wir den Berichten von Geographen wie Ibn Hawqal aus dem 10. Jahrhundert Glauben schenken. Die führenden Händlerfamilien Amalfis pflegten Beziehungen zum Hof von Konstantinopel, und die Amalfitaner wurden auch bezichtigt, Geschäfte mit den sarazenischen Piraten zu machen, die das Tyrrhenische Meer bevölkerten, nur um sich vor deren Raubzügen zu schützen, die bis nach Rom oder sogar nördlich davon reichten. Amalfi wirkte jedenfalls auch als Handelsagent für das berühmte Kloster Montecassino und belieferte außerdem die Päpste und den süditalienischen Königshof mit Seide und Gewürzen.

Amalfi bleibt nach wie vor ein geheimnisvoller Ort: Im 14. Jahrhundert versank die Hälfte der Stadt im Mittelmeer, zu einer Zeit, als es längst nicht mehr ein Konkurrent Genuas oder Venedigs war, sondern lediglich ein regionales Zentrum, in dem mit Schweineschmalz und grobem Tuch gehandelt wurde. Sein Niedergang wurde auf die normannische Eroberung Süditaliens zurückgeführt, auf einen Überfall der Pisaner im 12. Jahrhundert oder auch darauf, dass es in Konstantinopel in Ungnade gefallen sei. Es nahm nicht an den Kreuzzügen teil, die, wie man im folgenden Kapitel sieht, anderen italienischen Städten zu Wohlstand und einzigartigem Aufschwung verhelfen sollten. Vor allem aber gelang es Amalfi nicht, mit seinen Waren auf die Märkte Norditaliens, Südfrankreichs, des Rheinlands und Flanderns vorzudringen, die alle zu den Handelspartnern von Genua und Venedig zählten. Amalfi blieb auf die Strecke – ein Relikt jener Zeit, als der transmediterrane Handel durch Italien nur unbedeutend war und nicht über Rom oder Neapel hinausreichte.

Die Amalfitaner waren christliche Händler, die sich in ein von islamischen Flotten und arabischen sowie jüdischen Kaufleuten dominiertes Mittelmeer gewagt hatten. Nach 1100 stellte sich ein tiefer Wandel ein: Es sollte sich jedoch zu einem christlich beherrschten Meer wandeln.

Ein christliches Mittelmeer: 1000–1500

MICHEL BALARD

In den letzten fünf Jahrhunderten des Mittelalters veränderten in mehrfacher Hinsicht bedeutsame Umwälzungen den Mittelmeerraum. Die Erste betrifft den Machtwechsel jener Kräfte, die jenseits ihrer Küsten politische Autorität ausübten: Der Expansion des christlichen Abendlandes entsprach der Niedergang der muslimischen Macht in den arabischen Ländern, aber auch der Aufstieg der Osmanen in den von ihnen eroberten Gebieten, der seinen Höhepunkt in der Einnahme Konstantinopels 1453 fand. Die zweite Veränderung war die so genannte „nautische Revolution des Mittelalters" (ein Begriff, den Frederick Lane und Roberto Lopez, namhafte Historiker der Städte Venedig bzw. Genua, prägten). Diese Epoche war Zeuge eines noch nie dagewesenen Aufschwungs des Handels und schuf die Voraussetzungen für einen technischen Fortschritt wie er erst im 19. Jahrhundert wieder erreicht werden sollte. Regelmäßig befahrene und dennoch häufig hart umkämpfte Seewege verbanden kreuz und quer das Mittelmeer; vor allem waren es Rivalitäten zwischen Christen und Muslimen und später zwischen christlichen Mächten untereinander. Zusätzlich wirkten sich politische Veränderungen in der Anrainerstaaten erheblich auf die Vorherrschaft zur See aus, obwohl die Dominanz zu Lande nicht zwangsläufig auch die Vorherrschaft zur See mit sich zog.

Um das Jahr 1000 war das Mittelmeer eigentlich immer noch ein geschlossenes Meer. Jenseits der Straße von Gibraltar dehnten sich die Weiten des „Ozeans der Schatten" aus; andererseits wirkten die Meerengen wie ein Bindeglied zwischen dem maurischen al-Andalus und dem arabischen Maghreb. Regulärer saisonaler Küstenhandel ermöglichte den Tausch spanischer Produkte mit Gütern aus der Sahara und den Ebenen Marokkos. Er wirkte sich aber kaum auf andere Gebieten aus, abgesehen von einigen wenigen Waren, die zwischen Sevilla und Alexandria gehandelt wurden. Im Norden und Osten Europas befuhren die schwedischen Waräger mit ihren Langbooten die russischen Ströme, segelten entlang der Küsten des Schwarzen Meeres und schufen feste Seeverbindungen nach Konstantinopel, wohin sie u. a. Felle, Honig und Wachs brachten. Dieser Handel erfolgte vorbehaltlich der Vereinbarungen zwischen dem Hof von Byzanz und den russischen Prinzen, reichte allerdings nicht über Konstantinopel hinaus. Im südöstlichen Mittelmeer verlagerte sich der Handel mit dem Indischen Ozean infolge der im vorigen Kapitel beschriebenen Krise des Abbasidenkalifats vom Persischen Golf zum Roten Meer. Die Dynastie der Fatimiden, die in Ägypten ab Mitte des 10. Jahrhunderts regierte, verlegte den bisherigen Seeverkehr mit dem Indischen Ozean zum Hafen von Aydhab ans Westufer des Roten Meeres und von hier nach Qûs und zum Nil; dies trug entscheidend zur künftigen wirtschaftlichen Blüte der Städte Kairo und Alexandria bei.

Zu Beginn des 11. Jahrhunderts zeigte sich ein auffallender Gegensatz zwischen der Macht des byzantinischen Kaisers und der arabischen Welt einerseits und der Schwäche des lateinischen Abendlandes andererseits. Unter Basileios II. herrschte Byzanz über praktisch den gesamten Balkan, hatte Kleinasien bis nach Armenien zurückerobert und kontrollierte weitgehend Italien sowie Zypern und Kreta. Ein Großteil der Mittelmeerküsten geriet unter byzantinischen Einflussbereich in Form von Themen (Militärprovinzen),

Ruder und Segel besitzt dieses syrische Schiff aus dem späten 12. oder frühen 13. Jahrhundert, das auf einem Keramikteller gemalt ist. In jener Zeit befand sich das Mittelmeer weitgehend unter der Kontrolle der italienischen Stadtrepubliken Genua, Pisa und Venedig.

Die Venezianer zeigten als Seefahrernation ein besonderes Interesse für den biblischen Bericht vom Bau der Arche Noahs. Dieses im 14. Jahrhundert entstandene Relief an der Fassade der Markuskirche in Venedig zeigt einige der beim Schiffbau benutzten Werkzeuge, darunter ein Breitbeil, einen zweihändigen Bohrer, Hammer und diverse Stemmeisen.

Der bemalte Teller, der aus Tunesien oder Mallorca stammt und ins Mauerwerk der romanischen Petruskirche aus Grado eingelassen ist, zeigt ein großes Schiff mit Dreikantsegeln, die für das Ägypten der Fatimidenzeit des frühen 11. Jahrhunderts typisch waren. Davor ein viel kleineres Ruderboot.

deren Hauptaufgabe darin bestand, eine effektive Verteidigung der Küsten zu gewährleisten.

Ein völlig anderes Bild bot in dieser Zeit die islamische Welt: Sie schien in zahllose Teile zu zerfallen, aber während das Abbasidenkalifat an Glanz verlor, übten die Bujiden die Kontrolle über Bagdad aus, und die aus dem zentralen Nordafrika stammenden Fatimiden kamen in Fustat (Alt-Kairo) an die Macht. In den westislamischen Staaten erlebte das Omaijadenkalifat im maurischen Spanien seine letzte Blütezeit unter der Regierung der Amiridenwesire. Madînat al-Zahra und Córdoba waren die Perlen in einer Krone von Staaten, die ihrer Auflösung entgegengingen. Die christlichen Staaten waren indes im Begriff, eine lange Phase des Stillstandes zu überwinden. Während Venedig, Pisa und Genua ihre Machtentfaltung im Mittelmeer begannen, machte Sizilien unter den Kalbiten eine weit reichende Arabisierung und Islamisierung durch. Die christlichen Königreiche in Spanien unterstanden immer noch der Autorität von al-Andalus und waren eher mit dem eigenen Überleben als mit einer maritimen Expansion beschäftigt. Und das eigentliche Meer befand sich mehrheitlich in arabischer Hand.

Seerouten im 11. Jahrhundert

Wir wissen recht wenig über die maritimen Kenntnisse im 11. Jahrhundert; auch die Begriffe zur Beschreibung von Schiffen sowie die Schiffstypen liegen zum Teil noch im Dunklen. Aufschluss liefern neben der Unterwasserarchäologie die arabischen Keramik-

Einen lebendigen Einblick in die Schiffbautechnik früherer Zeit vermittelt dieses Mosaik mit der Darstellung vom Bau der Arche Noahs aus dem 13. Jahrhundert im Inneren der Markuskirche von Venedig.

teller oder *bucini*, die in den Mauern der Kirche San Michele aus Pisa eingelassen sind. Sie zeigen, dass Dreimaster damals in Betrieb waren: der *shâm* (Galeere) oder *kharrâg* (zur Fahrt auf offenem Meer taugliches Schiff), mit geschwungenem Bug und breitem Heck, von dem sich auch der Name Karracke für diesen Schiffstypus ableitet. Die Masten hatten eine parallel zum Deck verlaufende Rah und ein Lateinersegel. Vor Provence auf dem Meeresgrund gefundene Wracks zeigen, dass der Schiffskörper eine Skelettbauweise besaß; die Planken wurden durch Nägel zusammengehalten und als Freibord zusammengefügt (d. h. mit einem vorbestimmten Zwischenraum zwischen dem Rand der oberen Plankenreihe und der Schwimmlinie). In jener Zeit unterschied man kaum zwischen Kriegs- und Lastschiffen, sieht man von den auf Deck platzierten Ausrüstungen wie Waffen, Kriegsmaterial und dem so genannten Griechischen Feuer ab. Obwohl Schiffsbauholz an vielen Mittelmeerküsten knapp war, entwickelten sich Werften in Ägypten in Alexandria, Damietta, Tinnis und Fustat: Sie verwendeten aus Nordsyrien, dem Maghreb eingeführtes oder aus Anatolien erbeutetes Schiffsbauholz. Werften gab es auch im maurischen Spanien in Denia, Valencia und vor allem in Almería. Unterdessen wurden in den christlichen Häfen Nordspaniens und Italiens Fischereischiffe allmählich in hochseetaugliche Frachtschiffe umgebaut. Begünstigt durch die waldreichen Berge im Landesinneren verfügten Barcelona, Genua und Venedig über die notwendigen Ressourcen für die nachhaltige Entwicklung des Schiffsbaus. Bereits 1104 besaß Venedig eine Schiffswerft, die sich später zur größten Anlage ihrer Art im Mittelalter entwickelte.

Der Seehandel setzt erhebliches Kapital voraus, um Handelsgeschäfte tätigen und die möglichen Risiken planen zu können. Die Rückgewinnung der Vormacht im Tyrrhenischen Meer von den Arabern brachte Genuesen und Pisanern reiche Beute, die sie in die Schiffe investierten. Die von den Muslimen an die christlichen Herrscher Nordspaniens entrichteten *parias* oder Tributzahlungen halfen den Katalanen, ihre Flotte auszubauen. Diese Mittel reichten aber nicht aus. Entscheidend war, Anteile an einem Unternehmen

Die berühmten vier Bronzepferde im Mittelbogen der Fassade der Markuskirche gehörten zu den Kunstwerken, die die Venezianer 1204 nach der Eroberung Konstantinopels durch die Kreuzritter erbeuteten. Die Pferde sind eine hellenistische Arbeit aus dem 4.–3. Jahrhundert v. Chr. und standen ursprünglich vermutlich vor einer antiken Pferderennbahn.

leihen oder darüber verfügen zu können, um ein Schiff zu bauen, auszustatten und mit Frachtgut zu beladen. Doch erst im 12. Jahrhundert traten Dokumente auf, die den Vorgang belegen, wie ein Schiff unter mehreren Anteilseignern aufgeteilt wurde. Unter arabischen Händlern gab es zwei Vertragsarten: den *Shirka* oder *Sharika*, die Aufteilung von Vermögenswerten unter zwei oder mehreren Personen, die Kapital und Arbeit investieren, und vor allem den *qirâd*, eine Vertragsform, die vorsieht, dass ein Investor einem Agenten einen Geldbetrag mit der Maßgabe übergibt, in seinem Namen auf Basis einer vor Beginn des Geschäftes getroffenen Vereinbarung Profit zu erwirtschaften. Der Geld- oder Darlehensnehmer kauft mit dem Geld Waren, die er zu höheren Preisen zu veräußern hofft. Man glaubte, dass diese seit dem 8. Jahrhundert praktizierten Vertragsformen die in Italien verwendeten Handelsverträge beeinflusst haben könnten. Die „Seeanleihen", deren Ursprünge auf den Geldverleih in der Antike zurückgehen, sicherten dem Händler das benötigte Kapital, das nach sicherer Ankunft des Schiffes rückzahlbar war; der Geldverleiher erhielt einen vereinbarten Prozentsatz der erzielten Gewinne dafür, dass er das Risiko mitgetragen hat. Flexibler waren die *commenda* und die *societas maris* („Seegesellschaft"): Ein Partner stellte das Kapital zur Verfügung, ein anderer die Arbeit und beteiligte sich mitunter auch am Kapital. Die Entscheidung zugunsten eines bestimmten Vertragstypus war abhängig von den finanziellen Ressourcen des Vertragspartners. Ab dem letzten Viertel des 10. Jahrhunderts entwickelte sich die *commenda* im Mittelmeerraum zum beliebtesten Vertragstyp. Dank ihrer Flexibilität wurde sie zu einem Instrument des Fortschritts – nicht nur in Geschäftsbeziehungen, sondern auch auf der sozialen Leiter.

Drei Gemeinschaften von Investoren und Händlern teilten sich im frühen 11. Jahrhundert den Mittelmeerhandel unter sich auf: Araber, Juden und Christen. Weil islamische Rechtsgelehrte den Handel in nicht islamischen Ländern (im *dâr al-harb*, dem „ungläubigen Territorium") verboten, begegnen wir nur wenigen islamischen Händlern im christlichen Europa. Jede dieser drei Gemeinschaften von Händlern war in der Tat in genau abgegrenzten geographischen Gebieten tätig; jede Gruppe folgte verschiedenen Handelsrouten und führte bestimmte Güter. Die Urkunden aus der Genizah, einem Lagerraum einer antiken Synagoge von Alt-Kairo, zeigen, dass jüdische Händler in allen Winkeln des Mittelmeeres angetroffen werden konnten; bis 1150 dominierten sie große Teile des maurischen Spanien und schufen ein dichtes Kommunikationsnetzwerk, das Spanien mit Ägypten und Nordafrika mit Syrien verband, obwohl ihnen das Hinterland des Vorderen Orients nicht allzu vertraut war. Ihr Mittelmeerhandel setzte sich in Handelswegen fort, die bis in den Jemen und nach Indien reichten, woher sie Edelsteine und Gewürze mitbrachten.

Was die christlichen Händler anbelangt, so war es die Initiative der italienischen Stadtrepubliken, die das Abendland aus seiner langen handelspolitischen Lethargie entriss. Die Venezianer waren formell zwar immer noch „Subjekte" von Byzanz, genossen aber Handelsprivilegien: Im Jahr 992 wurde ihnen ein Nachlass auf die bei Einfahrt in die Meerenge der Dardanellen zu entrichtende Gebühr gewährt, und 1082 wurden sie von dieser Steuer völlig befreit, weil sie mit ihrer Flotte in Albanien Byzanz im Kampf gegen die Normannen unterstützt hatten. Zusätzlich spielte die kleine Stadt Amalfi eine bedeutende Rolle: Amalfitanische Kaufleute hatten seit dem 10. Jahrhundert eine Kolonie in Konstantinopel, und ihr Handelsnetz stützte sich auf das „Handelsdreieck", das Süditalien mit Tunesien, Ägypten (wo die Fatimiden sie freundlich aufgenommen hatten) und Byzanz verband. An den italienischen Küsten des Tyrrhenischen Meeres begannen Pisa und Genua ihre Vormachtstellung im westlichen Mittelmeer auszubauen, wobei sie Sardinien und Korsika von sarazenischen Piraten befreiten und 1087 al-Mahdiyyah, den wichtigsten tunesischen Hafen, angriffen. Die auf Raubzügen und Eroberungen gemachte Beute trug nebst der Ausfuhr von Agrarprodukten zur Kapitalbildung für die kommerzielle Expansion dieser beiden tyrrhenischen Häfen bei.

Der Seeverkehr im Mittelmeer war im 11. Jahrhundert noch relativ undifferenziert. Gehandelt wurde mit Verbrauchsgütern, Rohstoffen, Luxuswaren sowie mit Arbeitskräften, den Sklaven. Aus dem östlichen Mittelmeer brachte man ägyptisches Leinen, Farbstoffe, liturgische Geräte und Kunstwerke, wie z. B. die Bronzetüren, die in Amalfi, Salerno und Canosa di Puglia Kirchen schmücken. Das westliche Mittelmeer lieferte Olivenöl, Seife, Wachs, Honig, Tierhäute und Leder, Korallen und Safran, vor allem aber Holz und Metallerze, an denen es in den islamischen Ländern mangelte und die für die Ausstattung muslimischer Heere und Flotten unverzichtbar waren. Die slawische Bevölkerung an der Ostküsten der Adria lieferte bis zum 10. Jahrhundert Arbeitssklaven, zu denen später auch Schwarze aus Afrika hinzukamen; als die christlichen Eroberungen in Spanien zunahmen, handelte man auch mit maurischen Sklaven. Die nordafrikanischen Häfen, wo die Transsahara-Karawanenwege endeten, waren Handelszentren, in denen man Salz und Tuch gegen Wolle und Häute tauschte und wo das Gold aus dem „Sudan", den afrikanischen Staaten südlich der Sahara, angekauft wurde. Erst ab dem 12. Jahrhundert setzten sich westeuropäische Textilien auf diesen Märkten durch.

Vom 1. Kreuzzug zur Ankunft der Mamelucken (um 1100–1250)

Das ausgehende 11. Jahrhundert war Schauplatz dramatischer Veränderungen in der politischen Landschaft der mediterranen Welt. Auf der Iberischen Halbinsel setzte sich die christliche Reconquista (Rückeroberung) trotz des Widerstandes der berberischen Almoraviden fort, die von den Mauren herbeigerufen worden waren, um die zersplitterten Teil-

Bohemund von Tarent, der 1098 eine eigene Herrschaft als Fürst von Antiochia errichtete, wurde nach seinem Tod 1111 in Süditalien in Canosa di Puglia beigesetzt. Die kunstvolle Bronzetür zu seinem Grabmal im Hof der Kathedrale ist eine konstantinopolitanische Arbeit und weist neben anderen orientalischen Einflüssen auch eine kufische (arabische) Inschrift auf.

königreiche des maurischen Spanien retten zu helfen. Der so genannte Barbarossa-Kreuzzug von 1064 erschütterte das muslimische Spanien genauso wie es die Einnahme Toledos durch Alfons VI. von Kastilien im Jahr 1085 und die Besetzung Valencias durch El Cid 1094 taten. 1147 brachte der Einfall einer zweiten berberischen, politisch-religiösen Reformbewegung, der Almohaden, die kastilische und aragonische Expansion kurzzeitig zum Stillstand, eine Koalition christlicher spanischer Königreiche fügte ihnen jedoch 1212 bei Navas de Tolosa eine vernichtende Niederlage zu. Damit war für die christlichen Heere der Weg nach Süden offen: Nach der Einnahme von Sevilla 1248 schrumpfte das einst so mächtige al-Andalus auf das kleine Königreich der Nasriden mit der Hauptstadt Granada, das noch bis 1492 fortbestand. Die Reconquista war natürlich von großen Migrationsbewegungen begleitet: Die nicht vertriebenen muslimischen Einwohner, auch *Mudéjares* genannt, bildeten eine kleine Minderheit unter der Gesamtbevölkerung, obwohl sie mancherorts, wie etwa in Valencia, lange Zeit hindurch und selbst noch unter christlicher Herrschaft die Mehrheit darstellten.

Nördlich der Pyrenäen wandten sich die Kapetinger mit verstärktem Interesse den Mittelmeerküsten zu. Der gegen die häretischen Albigenser geführte Feldzug (ab 1209) erweiterte das nördliche Frankreich bis zum Languedoc, das 20 Jahre später als königlicher Besitz Frankreich einverleibt wurde, nachdem König Ludwig VIII. im Süden eingeschritten war. Zum ersten Mal reichte die Autorität des französischen Königs bis an die Mittelmeerküste. In diesen neuen Besitzungen erbaute Ludwig IX. die Stadt Aigues-Mortes, womit sein Reich über einen Mittelmeerhafen verfügte und die Organisierung von Kreuzzügen leichter fiel. Gleichzeitig lösten sich im späten 11. und frühen 12. Jahrhundert in Nord- und Mittelitalien die Seehandelsstädte aus der Herrschaft der kaisertreuen Bischöfe und bildeten in verstärktem Selbstbewusstsein eigene Kommunen, an deren Spitze angesehene Bürger der Stadtelite standen. Mit Unterstützung des Papsttums wider-

Ein Mauerkranz mit 14 Türmen und 10 Toren umschließt die historische Altstadt von Aigues-Mortes, eine Gründung Ludwigs IX., mit der Frankreich zugleich einen Mittelmeerhafen erhielt, von dem aus zahllose Kreuzritter nach Osten zogen. Mit der allmählichen Versandung der Küste setzte auch der Niedergang der Stadt ein, deren Aussehen sich seither kaum verändert hat.

188   Ein christliches Mittelmeer

Die Insel Kreta nahm eine Schlüsselstellung im Kampf zwischen dem Byzantinischen Reich, dem Islam und dem Abendland ein. Nach dem 4. Kreuzzug (1204), der eher gegen Byzaz als gegen die Muslime gerichtet war, kam Kreta an Venedig. An jene Zeit erinnert der geflügelte Löwe über dem Eingang zur Festung von Heraklion (Iraklion). Kreta blieb bis 1669 in venezianischer Hand, als es an die Osmanen fiel. Die heutige Festung, als „Rocca als Mare" bekannt, wurde 1523 errichtet.

setzten sich die Stadtrepubliken der Politik von Kaiser Friedrich Barbarossa und dessen Enkel Friedrich II. († 1250), der seit 1197 auch König von Sizilien war. In Süditalien nahmen die Ereignisse mit der Gründung des Normannischen Königreichs von Sizilien (dem auch Süditalien angehörte) im Jahr 1130 eine andere Entwicklung. Dieses bildete die Ausgangsbasis für eine aktive Expansion im Mittelmeerraum und, unter Kaiser Friedrich II., auch für dessen Einmischung in die Politik Nord- und Mittelitaliens.

Der zunehmenden Erstarkung der westlichen Mächte kann die wachsende Schwächung der östlichen Mittelmeerstaaten entgegengesetzt werden. Unter der Dynastie der Komnenen versuchte Byzanz verzweifelt dem Vormarsch der Osmanen Einhalt zu gebieten, wurde aber zweimal geschlagen – 1071 bei Manzikert und ein Jahrhundert später, in 1176, bei Myriokephalon. Die Vorherrschaft Byzanz' im Mittelmeer war durch den Verlust Süditaliens zugunsten der Normannen sowie durch die Abtretung weiter Teile Anatoliens an die seldschukischen Türken stark geschwächt worden. Den entscheidenden Schlag versetzten die vereinten Heere des 4. Kreuzzugs dem Byzantinischen Reich, als sie 1204 Konstantinopel belagerten, nach der Einnahme plünderten und dessen Territorien unter den Siegern aufteilten; so etwa erhob Venedig Anspruch auf Kreta, das zu seinen wertvollen Besitzungen im Mittelmeer wurde. Doch nicht einmal die Rückeroberung Konstantinopels 1261 durch Michael VIII. Palaiologos führte zur Wiederherstellung des alten Weltreiches, sondern zur Schaffung eines griechischen Nationalstaates, der sich unfähig erwies, einerseits dem wachsenden Druck der italienischen Handelsrepubliken und andererseits den Türken standzuhalten.

In der islamischen Welt scheiterten die Versuche einer Bündelung der Kräfte unter den Zengiden, um die Kreuzfahrer bekämpfen zu können. Diesem Ziel verschrieb sich Saladin, der sich 1171 zum Herrscher über Ägypten und später über Syrien ernannt hatte; doch mit seinem Tod 1193 wurde diese gemeinsame Sache aufgegeben. Sein Reich wurde unter seinen aijubidischen Nachfolgern aufgeteilt, die es vorzogen, sich gegenseitig zu bekriegen und sogar mit den Kreuzfahrern zu verbünden, als einen heiligen Krieg zu führen.

Die Kreuzzüge stellen einen Meilenstein in der Expansion des Westens dar, eine Umkehr im Kräfteverhältnis im Mittelmeer und eine Verlagerung zugunsten des lateinischen Westens. In der Geschichte der mediterranen Welt führten die Kreuzzüge zur deutlichen

Ein christliches Mittelmeer

Belebung des Seeverkehrs und markierten den Beginn der westlichen Kolonisierung islamischer Länder. Die Gelehrten haben lange Zeit angenommen, die Kreuzzüge würden mit den Anfängen des levantinischen Handels zusammenfallen: Man glaubte, die Seerepubliken hätten sich in den Kreuzzügen engagiert, um die Öffnung neuer Märkte voranzutreiben. Für diese etwas vereinfachende Sicht finden sich aber keine Nachweise. Im Grunde unterhielten Pisa, Genua, Venedig und Amalfi bereits 150 Jahre vor dem 1. Kreuzzug Handelsbeziehungen zu Ägypten, Syrien und Byzanz; an einigen Orten hatten sie sogar eigene Handelsniederlassungen wie etwa Venedig und Amalfi in Konstantinopel.

Daher zeigten diese Städte nach dem Aufruf von Papst Urban II. von 1095 zur Unterstützung des Kreuzzuges keine sofortige Begeisterung: Es dauerte über drei Jahre, bis ihre Flotten das östliche Mittelmeer erreichten. Unbestritten bleibt, dass ihre Hilfe entscheidend zur Eroberung der Küstenstädte Syriens und Palästinas sowie zur Schaffung regelmäßiger Verbindungen zwischen den neu gegründeten fränkischen Staaten in der Levante und dem Abendland beitrug. Die italienischen Städte lieferten Geld, Pferde, Waffen und Güter, die das Überleben der Lateiner im Osten sicherten.

Im Gegenzug für die Unterstützung zur See boten die Kreuzritterstaaten den italienischen Kaufleuten Wohnquartiere in den eroberten Städten, Handels- und Rechtsprivilegien, sodass die italienischen Händlerkolonien nicht unter die übliche Rechtsprechung der Lateinischen Staaten des Ostens fielen. Genua wurde gebeten, die Truppen des Philipp Augustus und Ludwigs IX. in den Osten zu befördern, während Venedig 1202 für den

Die Kreuzzüge des 12. und 13. Jahrhunderts wurden von England und Frankreich tatkräftig unterstützt, und sogar ihre Könige nahmen daran teil. Eine Miniatur aus einer französischen Handschrift des 14. Jahrhunderts zeigt, wie einige Ritter das Schiff besteigen, das sie ins Heilige Land bringen soll, und wie sie die königlichen Banner beider Monarchen entfalten.

Saladin, der berühmte Eroberer, ist vermutlich auf diesem syrischen Gefäß aus getriebenem Silber aus der Zeit um 1230 dargestellt.

Transport der Heere des 4. Kreuzzugs 200 Schiffe bereitstellte. Die unmittelbare Folge dieser Hilfe war das fast völlige Verschwinden arabischer Flotten, von denen nach der Einnahme Askalons durch die Franken 1153 kaum noch Spuren zu finden sind. Das Mittelmeer war zum „Lateinischen Meer", einem christlichen Meer, geworden, und im Mittelmeerhandel verdrängten westliche Händler die Juden und Muslime aus dem Geschäft mit Luxusgütern aus Fernost.

Eine weitere Folge der Kreuzzüge war die beginnende europäische Kolonisation. In allen mit ihrer Hilfe eroberten Häfen Syriens und Palästinas erhielten die italienischen Seerepubliken vom König Jerusalems, von den Fürsten von Antiocheia oder den Grafen von Tripolis überaus vorteilhafte rechtliche Vergünstigungen bis hin zur Immunität. Ganze Stadtviertel gingen in die Hände der italienischen Handelsstädte über und mit ihnen alles für den Alltag Lebensnotwendige, wie z. B. Kirchen, Warenhäuser (*funduk* genannt), ein Palast (der gleichsam als Dienstgebäude diente), Mühle, Badehaus, Schlachthaus sowie Agrarland außerhalb der Stadt für die Versorgung mit Agrarerzeugnissen. Akko, Tyrus, Tripolis, Laodizäa und Antiocheia wurden auf diese Weise unter den italienischen Händlern aufgeteilt. An der Spitze jeder Gemeinschaft stand ein Konsul, *bailo* oder Baron, der vier Hauptaufgaben erfüllte. Er schützte die Rechte der Mutterstadt über ihre überseeischen Besitzungen, führte den Vorsitz über die Gerichtshöfe, die die Bürger der Stadt gegen mögliche Plünderungen durch lokale Kriegsfürsten schützten, verwaltete die Güter und Einnahmen der Stadt und intervenierte zugunsten der Händler, indem er über Verträge, Testamente und Güteraufteilung bei fehlendem Testament wachte. Anders gesagt: In den Häfen der Kreuzfahrerstaaten besaß jede mit Privilegien ausgestattete Kommune sämtliche Strukturen, die für das geregelte Funktionieren des sozialen und wirtschaftlichen Lebens einer stabilen Gemeinschaft ohne äußere Einmischung nötig waren. Andere Konzessionen betrafen die Befreiung von Zöllen, von Abgaben auf als *comerchium*

Ein christliches Mittelmeer

bezeichnete Handelsgeschäfte; mitunter ging es um eine völlige Befreiung oder auch nur um eine Ermäßigung dieser Steuern und Abgaben. Hinzu kamen Privilegien in der Rechtsprechung, etwa die Immunität, derzufolge über Angehörige der italienischen Gemeinschaft nur ihre eigenen Instanzen richten durften. Die italienischen (und provenzalischen) Quartiere waren somit richtige Enklaven innerhalb der christlichen Kreuzfahrerstaaten aus Syrien und Palästina.

Andernorts, etwa in Ägypten oder Konstantinopel, unterhielten die Italiener lediglich Handelskontore, die der Autorität der jeweiligen lokalen Herrscher unterstanden. In Konstantinopel wurde den italienischen Handelsstädten während der Komnenenherrschaft (1081–1185) das Recht erteilt, sich unmittelbar neben dem Goldenen Horn niederzulassen. Zwischen Venezianern, Pisanern und Genuesen brachen erbitterte Machtkämpfe aus, die in untereinander ausgetragenen Scharmützeln gipfelten und andererseits unter den ansässigen Griechen zu Fremdenhass führten, wobei es nicht selten zu gewaltsamen Ausschreitungen kam. Die Venezianer wurden aus Byzanz 1171 vertrieben, ihre Güter beschlagnahmt, während Pisaner und Genuesen 1182 Opfer eines gegen die Lateiner gerichteten Aufstandes wurden. Während der Angelos-Dynastie (1185–1203) gelang es den Italienern, unter Ausnutzung der internen Schwäche Byzanz', für die Übergriffe Entschädigungen oder Handelskonzessionen zu bekommen. Der 4. Kreuzzug machte es Venedig möglich, sich als tatsächlicher Herr über Konstantinopel zu beweisen und das neu entstandene, aber schwache Lateinische Kaiserreich unter seinen Schutz zu stellen.

In Ägypten hatten die Aktivitäten der westlichen Händler nicht zur Bildung von Kolonien geführt; die Fatimiden- und Aijubidenherrscher behielten weiterhin die Kontrolle über die *funduks*, die sie Pisa und Venedig im 12. Jahrhundert und Genua um 1200 zugesichert hatten. Außerdem setzten sie restriktive Maßnahmen durch, schränkten die Bewegungsfreiheit der christlichen Kaufleute in ihrem Gebiet ein, griffen in deren Handelsgeschäfte ein und konzentrierten diese auf einen festgelegten Raum, um so darüber besser wachen zu können. Ägyptens Herrscher übten weiterhin ihre Autorität über die den europäischen Händlern abgetretenen Quartiere aus.

Die genuesische Gemeinde von Konstantinopel dominierte den Handel der Stadt nach 1261 und war im Nordteil, in Pera-Galata, jenseits vom Goldenen Horn, angesiedelt. Die Zeichnung zeigt die rechteckig verlaufenden Festungsmauern der ursprünglichen Kolonie aus dem 13. Jahrhundert mit der nachträglich befestigten Vorstadt. Fast zwei Jahrhunderte lang nutzten die Genuesen Pera als Bindeglied zwischen dem Mittelmeer und der Schwarzmeerregion, von wo sie Getreide, Haselnüsse und Sklaven mitbrachten.

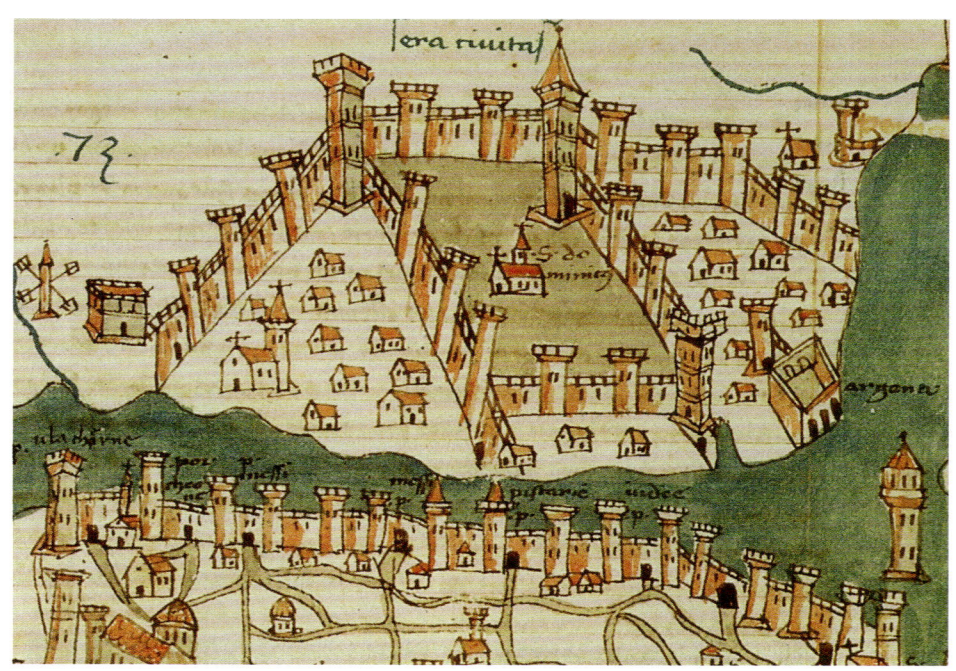

Die auf Betreiben Venedigs erfolgte Eroberung Konstantinopels 1204 durch die Kreuzritter wird heute als ein trauriges Kapitel in der Geschichte des Christentums betrachtet, die Venezianer rühmten sich aber ihrer Tat, die zur Besetzung Griechenlands und der ägäischen Inseln durch die Normannen führte. Diese patriotische Sicht kommt auch auf diesem Gemälde des 16. Jahrhunderts von Tintoretto zum Ausdruck, das im Dogenpalast von Venedig hängt.

Angesichts dieser Privilegien bestand das einzige Ziel der italienischen Seerepubliken in der Festigung ihrer Vorherrschaft über den Seehandel. Dabei half ihnen der simultane Einsatz zweier Schiffsarten, die für die Flotten der Seemächte charakteristisch waren: Langboote mit Ruderern, aber auch mit einem oder zwei Masten mit Lateinersegeln, sowie rundere, nur vom Wind angetriebene Schiffe. Diese zwei Schiffstypen, deren Ursprung nach Frederick Lane auf die Phöniker zurückgeht, erfuhren eine deutliche Weiterentwicklung. Zwischen der Kommune Genua und Ludwig IX. abgeschlossene Verträge erwähnen, dass eine Galeere jener Zeit 40 m lang und 5,5 m breit war. Sie besaß zwei Masten mit Lateinersegeln und war rund um den Mittelmast durch einen kastellartigen Aufbau verstärkt. Angetrieben wurde es durch je zwei Ruderer an einem Ruder und nicht durch übereinander angeordnete Ruderer wie in der Antike. Die Verwendung von Ruderkraft machte diese Schiffe beim Ein- und Auslaufen aus den Häfen besonders manövrierfähig und sicherte gleichzeitig bei Windstille ein zügiges Vorankommen. Da in dieser Zeit in der Schifffahrt noch keine deutliche Differenzierung im Verwendungszweck der Schiffe bestand, waren diese unterschiedlich einsetzbar: als Schlacht- und Piratenschiffe sowie als Lastschiffe, die kostbare Güter beförderten. Meist hatten sie eine Ladung von 20–30 Tonnen und eine Besatzung von 120 Mann. Dies verursachte hohe Transportkosten. Zur Familie der Galeeren zählten die Galeone, die *galiota*, eine kleinere Bireme, und die *Saetta*.

Ein christliches Mittelmeer

194 Ein christliches Mittelmeer

Nef und Galeere, die zwei häufigsten Schiffstypen im Mittelmeer um 1500, werden überaus anschaulich in dem Gemäldezyklus von Carpaccio über den Märtyrertod der hl. Ursula wiedergegeben. Links: *Das von Segeln angetriebene Nef hatte einen geschwungenen Bug und verfügte über einen großen Laderaum.* Oben: *Die Galeere war zwar ein von Ruderern bedientes Langschiff, verfügte aber dennoch über Segel.*

Unter den gedrungeneren Schiffen gab es zahlreiche Typen. Am verbreitetsten waren die venezianische *Rocca forte* (38,19 m lang, 14,22 m breit, 9,35 m hoch in der Mitte), deren präzise Beschreibung in den Aufträgen Ludwigs IX. des Heiligen an die Genueser Schiffswerften enthalten sind und u. a. belegen, dass es recht stattliche Schiffe mit zwei oder drei bedeckten Brücken gab, die am Heck turmartige Aufbauten aufwiesen; gekrönt wurden diese durch Plattformen, auf denen sich die Einzelkabinen für die vornehmsten Passagiere befanden. Solche Schiffe hatten eine Mannschaft von über 100 Mann, was extrem hohe Kosten verursachte. Ergänzend zu diesen großen Schiffen gab es mittlere und kleine Schiffe, deren Zunahme auf eine starke Belebung des Warenaustausches hinweist. Dazu zählen das *lignum* (zum Transport von Holz, katalanisch *leny* genannt), die *Tarida* sowie die *Bucius*.

Wie waren diese Schiffe ausgerüstet und wie setzte man sie ein? Angesichts der hohen Kosten für Takelage, Tauwerk, Anker, Aufbauten usw. wurden ab dem 12. Jahrhundert die Baukosten zunehmend aufgeteilt. Je nach Bedeutung des Schiffs wurde das für seinen Bau notwendige Kapitel in 16, 24 oder 32 Teile geteilt, die in Genua und Venedig „*carat*", und Barcelona *setzenes* (Sechzehntel) hießen. Diese Anteile waren ihrerseits aufteilbar, konnten verkauft oder an andere übertragen werden, sodass das Risiko überschauberer war und auch Geldmittel verfügbar wurden, die sonst nie in den Schiffbau investiert worden wären. Notariell beglaubigte Verträge zur Anheuerung von Schiffen enthielten genaue Aufstellungen der Transportkosten für Personen und Frachtgut. Bei der Personenbeförderung ist ein leichter Kostenrückgang zu bemerken, wenn man die Beträge für den Transport der Truppen von König Philipp II. Augustus Ende des 12. Jahrhunderts mit jenen von Ludwig IX. geforderten Beträgen vergleicht. An Bord war es für Pilger und Kreuzfahrer überaus eng am Mitteldeck, während die Händler unter besseren Bedingungen reisten. Sie hatten den Vorteil der kostenlosen Beförderung für sich, ihre Dienerschaft und teilweise für ihre Ladung. In Genua wurden z. B. die Frachtkosten *ad cantaratam*, also nach

Ein christliches Mittelmeer

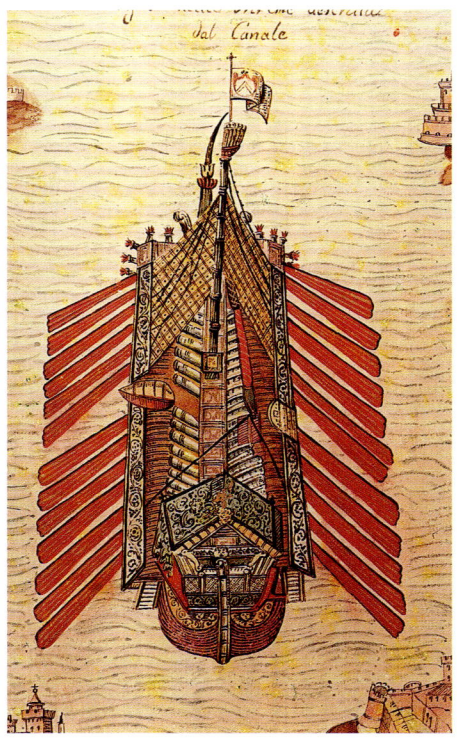

Auf einer venezianischen Galeere des 16. Jahrhunderts wurde über der Schiffsmitte eine zeltartige Überdachung errichtet. Der büschelartige Aufsatz am Bug stellt das Kanonenrohr dar.

Die größten Frachtgutgaleeren wurden Mitte des 15. Jahrhunderts (unten) durch Riemenkraft angetrieben. Auf einer Ruderbank saßen jeweils drei Ruderer, von denen jeder an einem Ruder zog. Auf hoher See wurden auch Lateinsegel eingesetzt.

Gewicht festgelegt, oder man heuerte das ganze Schiff *ad scarsum*, also zu einer vereinbarten Gebühr, an. Bei Berechnung der Frachtkosten nach Gewicht konnten die Investoren fordern, das Frachtgut vor Abfahrt zu wiegen und die Gebühr in genuesischer Münze zu entrichten. Wenn die Händler zusätzlich versprachen, mit demselben Schiff zurückzukehren und auf der Rückreise dieselbe Menge Waren wie beim Auslaufen aus Genua zu laden, so wurde ihnen für die Frachtgutkosten der Rückreise ein Nachlass gewährt, zahlbar nicht in genuesischer Währung, sondern in der in Akko gültigen Münze. Dieses etwas umständliche System kam den Kreditanforderungen der Händler entgegen, die in Syrien weniger kritisch waren als im Heimathafen, denn vor Verlassen Genuas war ihr gesamtes Kapital in den Ankauf der zu befördernden Waren gebunden.

Auf dieser Basis entwickelte sich im 13. Jahrhundert ein regelmäßiger maritimer „Linienverkehr" zwischen den Häfen des Westens und jenen der Levante. Reisen ins Heilige Land, nach Ägypten oder Konstantinopel fanden besonders in zwei Zeiträumen statt: Im Frühling starteten sie zwischen dem 15. März und dem 1. Mai, mitunter auch früher, während die zweite Reiseperiode von 15. August bis 30. September, in Ausnahmefällen auch bis zum 15. Oktober dauerte. Auch für Heimreise gab es zwei Perioden: die Sommermonate und die Zeit von November und Dezember. Die Winterpause im Osten, die manchmal nur wenige Wochen dauerte, unterbrach den Navigationsrhythmus. Mit Recht kann man sich fragen, ob es auch Geleitschiffe zum Schutz der Fracht- oder Personenbeförderung gab. Falls ja, so hieß das, dass die öffentlichen Behörden ein Interesse an Handelsgeschäften hatten. In Venedig treten die ersten staatlichen Geleitschiffe, die *mude*, erst im späten 13. Jahrhundert auf. In Genua waren Schiffseigner verpflichtet, die Sicherheitslage in den Bestimmungshäfen zu beobachten, was darauf hindeuten kann, dass die Schiffe, zumindest am Anfang der Reise, zusammen in See stachen. Es war somit keine Fahrt im Konvoi unter einem einheitlichen Befehl, vielmehr halfen sich die Schiffseigner gegenseitig. Und tatsächlich machten die zunehmende Piraterie im 14. Jahrhundert und die damit verbundenen Gefahren die Fahrt mehrerer Schiffe im Konvoi ratsam.

Die italienischen notariell beglaubigten Verträge belegen die nachhaltige Expansion des Handels zwischen 1150 und 1250. Die Anzahl der Seerouten nahm zu, sie führten kreuz und quer durchs Mittelmeer; auch entstanden direkte Verbindungen zwischen dem Osten und der Iberischen Halbinsel und (ab 1277) mit England und Flandern. Italienische Händler besuchten regelmäßig die Häfen des Maghreb und dehnten ihre Kontakte bis nach Ale-

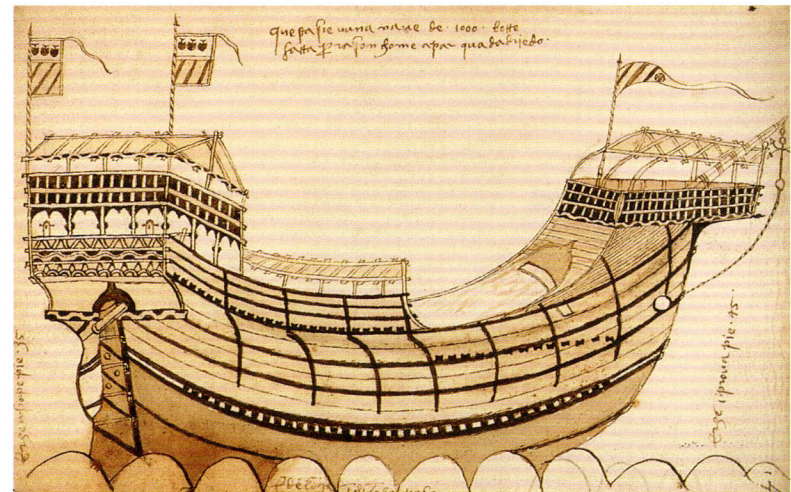

„La Contarina", ein venezianisches Schiff, das durch Riemenkraft und durch Segel angetrieben wurde, beförderte zwischen 1479 und 1494 Pilger ins Heilige Land. Die Passagiere klagten darüber, dass sie auf der Heimreise den Platz mit dem geladenen Frachtgut, darunter Baumwolle, Bohnen und Fässer mit Malvasierwein, teilen mussten.

Dieses Schiff (links) *wird ohne Mast und Segel abgebildet, dafür aber mit kastellartigen Aufbauten für vornehme Passagiere.*

xandria aus, ausgenommen die Zeit, wenn ein Kreuzzug geplant war. Die Venezianer bauten den Handel mit dem lateinischen Konstantinopel aus und versuchten, wenn auch nicht sonderlich erfolgreich, ins Schwarze Meer vorzustoßen. Der Handel insgesamt erfuhr einen nachhaltigen Aufschwung: Zu den immer stärker diversifizierten Frachtguttransporten kam die Personenbeförderung hinzu – Kreuzfahrer, Ritter und selbst muslimische Pilger auf der Hadsch zählten zu den Passagieren. Dabei ging es nicht einfach um Handelskontakte zwischen Ost und West, denn italienische Flotten waren ebenso intensiv am Handel im innerarabischen Raum beteiligt. Eine Frachtgutliste des Schiffs *Saint-Esprit*, erstellt anhand von 150 zwischen dem 14. und 31. Mai 1248 im Namen der Schiffseigner mit ihren Kunden geschlossenen Verträgen, veranschaulicht eindrucksvoll die besondere Vielfalt an westlichen Gütern, die in den Osten ausgeführt wurden. Dazu zählten große Mengen Tuch aus der Champagne, dem Languedoc, Flandern, England, Basel und Avignon, Goldfaden aus Genua und Lucca, Baumwolle aus Barchent, Leinen aus Paris und Deutschland, nebst Safran, Zinn, Korallen, Quecksilber, Fuchspelzen. Im späten 12. Jahr-

Ein christliches Mittelmeer 197

Italienische Kaufleute nutzten im 15. Jahrhundert die Fortschritte in der Navigation und die Vorteile der „kommerziellen Revolution", die die geschäftlichen Transaktionen erleichterten. Europäische Schiffe verbanden nicht nur den Osten mit dem Westen (seitdem islamische Gesetze den Handel mit den Ungläubigen verboten hatten), sondern verkehrten auch zwischen östlichen Ländern, wobei die Genuesen einen schwungvollen Handel mit Sklaven aus der Schwarzmeerregion trieben, die auf ägyptischen Märkten verkauft wurden.

hundert nahmen die Ausfuhren an westlichem Tuch in den Osten einen wichtigen Platz ein. Zwar war der Export von Holz und Zinn in die islamischen Länder häufig verboten, da sich diese Rohstoffe zur Herstellung von Waffen eigneten, dennoch treten sie unter den von italienischen Kaufleuten gehandelten Waren auf. Die Exporte aus der Iberischen Halbinsel umfassten Olivenöl, Wolle, Obst, Tuch und – mit zunehmendem Erfolg der Reconquista – auch muslimische Sklaven, die vor allem auf den Märkten von Barcelona und Genua gehandelt wurden.

Aus dem Osten kamen traditionell Gewürze, Parfüms, Farbstoffe sowie vermehrt Zucker, Leinen, unbearbeitete Baumwolle, Rohseide, Alaun (nach 1260, als Phokäa in die Hände der genuesischen Zaccaria fiel), Stoffe aus Seide und Baumwolle sowie Brokat. Neu war an den östlichen Exporten die herausragende Stellung der Ausfuhren von Agrarerzeugnissen und Rohstoffen. In den großen italienischen Städten, aber auch in Barcelona und Marseille stieg die Einwohnerzahl dramatisch an, doch fehlte es an Versorgungsmöglichkeiten mit lebenswichtigen Gütern, sodass sie zunehmend in die Abhängigkeit von den Getreideüberschüssen Sardiniens, Siziliens und des Ostens gerieten. Nicht zuletzt trugen dazu auch die Zeiten der Missernten bei. So schloss Genua 1156 einen Vertrag mit dem sizilischen König, der Genua einen leichten Zugang zu sizilischem Getreide und Baumwolle sicherte; Genua und Pisa rangen auch erbittert um Sardiniens Weizenernte, das außerdem auch Lieferant von Leder, Käse und anderen Rohstoffen war. Gefragt waren im Osten auch Nichteisenmetalle.

Obwohl die Handelsbilanz zwischen Ost und West um das Jahr 1000 deutlich zugunsten des Ostens ausfiel, begann sich allmählich eine Änderung abzuzeichnen, vor allem seit die Tuchausfuhr aus dem Westen zunahm und schließlich den Niedergang der östlichen Textilindustrie herbeiführte. Der Westen hatte den Vorteil eines günstigeren Zugangs zu den Silberbergwerken als der Vordere Orient, und ein großer Teil des Silbers wurde für Zahlungen im Osten zum „Bilanzausgleich" verwandt. Katalanische, pisanische und genuesische Händler hatten schon ein Auge auf das Gold geworfen, das die Karawanen aus der Sahara zu den Häfen des Maghrebs brachten. Italiens Städte hatten Mitte des 13. Jahrhunderts so hohe Goldreserven angelegt, dass z. B. Genua und Florenz 1252 begannen, eigene Goldmünzen zu prägen.

Die Mittelmeerwelt war im 12. und 13. Jahrhundert auch Schauplatz bedeutender Bevölkerungswanderungen. Erwähnt wurden bereits die Händler, obwohl sie meist nur saisonal bedingt wanderten. Es gab aber viele, die sich im Heiligen Land oder in den Handelszentren der Levante niederließen. Der Anteil der Lateiner in den Kreuzfahrerstaaten betrug 15–20 % aller Einwohner, also um die 100 000–140 000. Pilger und Kreuzritter siedelten im Königreich Jerusalem oder an der syrischen Küste in Städten, aber auch, wie neuere Funde belegen, in ländlichen Gegenden, jedoch stets dort, wo die christlichen Einwohner recht zahlreich vertreten waren und kaum in den schon lange islamisierten Gegenden. Italienische Einwanderer zogen in Handelszentren, die ihre Mutterstädte begründet hatten; es war somit eine Migration mit einem gewissen Nationalcharakter und ein Beispiel des Urbanisierungsprozesses, italienisch *inurbamento*, durch welchen die italienischen Stadtrepubliken aus den umliegenden ländlichen Regionen, dem *contado*, Einwohner abzogen. Venedig sicherte systematisch die lateinische Besiedlung Kretas, das wie die Mutterstadt in Sechstel *(sestieri)* unterteilt war. Insgesamt wanderten etwa 3500 Venezianer nach Kreta ab, eine vergleichsweise geringe Zahl in Anbetracht der großen griechischen Mehrheit. Die Migration von Bevölkerungsgruppen wirkte sich auch auf die Länder des westlichen Mittelmeeres aus: Auf Sizilien ging die muslimische Bevölkerung zurück, während im

Mallorca, das im westlichen Mittelmeer von herausragender strategischer Bedeutung war, stand von 902 bis 1229 unter der Herrschaft der Mauren und war ein bevorzugtes Versteck für die Korsaren. Aragóns König Jakob I., der 1229 die Balearen eroberte, wird auf diesem Fresko im Kettenpanzer, umgeben von seinen Getreuen, vor der Schlacht gezeigt.

12. und frühen 13. Jahrhundert eine deutliche Latinisierung der Einwohner infolge der Einwanderung aus Norditalien einsetzte. In den von den Christen rückeroberten und bislang muslimisch geprägten Gegenden wie Mallorca (1229) und Sevilla (1248) ließ sich nun eine wachsende Zahl christlicher und jüdischer Siedler aus Nordspanien nieder.

Die Kolonisation des östlichen Mittelmeerraums durch das Abendland hatte trotz ihrer demographischen und ökonomischen Bedeutung kaum eine kulturelle Auswirkung. Die Hauptzentren, in denen klassisches antikes sowie arabisches Wissen weitervermittelt wurde, waren Süditalien und die Iberische Halbinsel, insbesondere Toledo. Es scheint daher sinnvoller zu sein, eher von Koexistenz als von Assimilation und Akulturalisation zu reden. Christen und Muslime lebten in getrennten Welten, auch wenn sie, räumlich gesehen, sehr eng beieinander wohnten.

Von 1250 bis zum schwarzen Tod (1347–52)

In den 100 Jahren vom Auftreten der Mamelucken bis zur Großen Pest vollzogen sich in den Anrainerstaaten des Mittelmeeres tief greifende politische Veränderungen. Im Westen erreichte die spanische Reconquista unter Aragóns König Jakob I. der Eroberer (1213–76) ihren Höhepunkt. Er hatte u. a. Mallorca und Valencia befreit und die Mauren auf das kleine Nasridenkönigreich von Granada zurückgedrängt. Diese Siege führten zur christlichen Kolonisation der wiedergewonnenen Besitzungen und zum Verkauf maurischer Gefangenen in die Sklaverei. Mallorca stieg zur Drehscheibe des Handels zwischen Europa und Nordafrika auf. Barcelona und Sevilla blieben weiterhin führende maritime Zentren, während die Katalanen nach der Sizilianischen Vesper (1282) verstärkt Präsenz auf Sardinien und Sizilien und sogar in Athen zeigten. Mittlerweile hatte sich Sevilla zu einem Knotenpunkt auf den Routen in den Atlantik entwickelt. In Frankreich stärkten die Kapetinger ihre Position im Süden: Mit dem Übergang von Carcassonne und Beaucaire in Kronbesitz gelang der Vorstoß zum Mittelmeer, und Ludwig IX. der Heilige befahl den Bau eines Hafens in Aigues-Mortes. Auch widersetzte er sich nicht seinem Bruder Karl von Anjou, als dieser auf das Angebot des Papstes einging, das Königreich von Neapel und

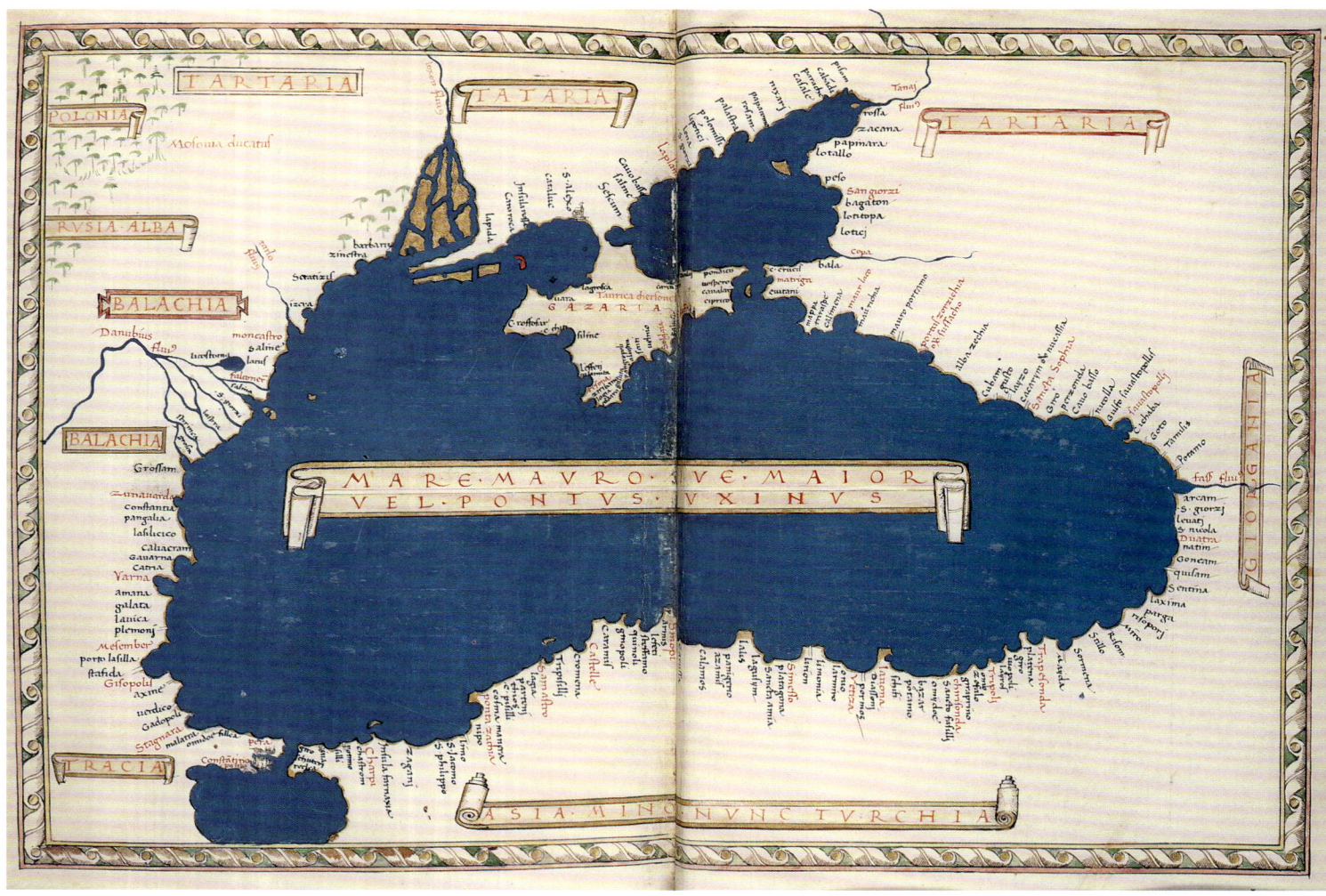

Das Schwarze Meer *bildet trotz seiner Verbindung zum Mittelmeer eine in sich geschlossene Einheit. Wer die Kontrolle über den Bosporus, den einzigen Zugang zum Mittelmeer hatte, der war auch Herr über das Schwarze Meer. Mitte des 15. Jahrhunderts, als diese äußerst detaillierte Karte entstand, hatte die Eroberung Konstantinopels durch die Türken schwerwiegende Folgen für die gesamte nord- und osteuropäische Welt.*

Sizilien zu übernehmen, und so die Thronansprüche der Hohenstaufer vereitelte. Sein Machtkampf mit den Katalanen endete mit der Spaltung seines Königreiches – Sizilien wurde katalanisch, während Süditalien an Karl und dessen angevinischen Nachfolger fiel. Der Niedergang der Almohaden im Maghreb brachte in Marokko, in Tlemcen (auf dem Gebiet des heutigen Algerien) und in Tunesien neue Kräfte an die Macht, die allesamt die Handelsbeziehungen zu den Christen förderten.

Im Osten vernichteten die Mamelucken – einstige Militärsklaven, die in Ägypten die Herrschaft der Aijubiten ablösten – die letzten Kreuzfahrerstaaten in Syrien, als ihr Heer unter al-Ashraf 1291 Akko eroberte. Das Abendland konnte den Verlust des Heiligen Landes nicht hinnehmen. Das Papsttum versuchte ein Handelsembargo gegen die Muslime durchzusetzen, fand aber nur begrenzte Zustimmung unter den Seerepubliken. Nach den 1340er-Jahren begann die Kirche Handelslizenzen auszugeben, die zur Finanzierung künftiger Kreuzzüge beitragen sollten. Es wurden Pläne zur Rückeroberung des Heiligen Landes entworfen, die alle auf den Beistand italienischer Flotten und die Schlüsselrolle Zyperns als lateinischer Vorposten in der Levante bauten. Keiner dieser Pläne wurde jedoch umgesetzt, denn die europäischen Herrscher waren eher an der Festigung ihrer Reiche als an einem Kampf gegen Jerusalem interessiert. In Anatolien hatten die Seldschuken die mongolische Oberhoheit akzeptieren müssen; ihre zwei Khanate – das der Goldenen Horde und der Ilkhane in Persien – knüpften enge Beziehungen zum Abendland und seinen Händlern. Diese nutzten die Gunst der Stunde und stießen wie Marco

Polo bis nach Zentralasien und China vor. Mehr als 75 Jahre lang reichte der Mittelmeerhandel bis ins ferne Cathay (China). Am Bosporus öffnete die erneute griechische Herrschaft über Konstantinopel (1261) das Schwarze Meer den genuesischen und venezianischen Händlern, auch wenn Letztere das Lateinische Kaiserreich bis zum Schluss unterstützt hatten. Sie gründeten Faktoreien am Schwarzen Meer, z. B. in Kaffa an der Krimküste, in Tana unweit der Donmündung, in Trapezunt, der Hauptstadt des Kaiserreiches der Groß-Komnenen. Das Schwarze Meer spielte fortan eine Schlüsselrolle im überregionalen Wirtschaftsverkehr, da es den Mittelmeerhandel mit den Steppen Asiens verband.

Mit dem Scheitern der Kreuzzüge nach 1270 gerieten die maritimen Transportkosten in eine Krise, was die Seemächte Europas veranlasste, die Produktivität des Seehandels neu zu überdenken. Das Ergebnis war die „Nautische Revolution des Mittelalters", die ihren Ausdruck in herausragenden technologischen Fortschritten fand, die erst durch das Aufkommen der Dampfschifffahrt im 19. Jahrhundert überholt wurden. Im frühen 14. Jahrhundert begannen Genua und Venedig leichte, *sottile* genannte Galeeren einzusetzen, die die Vorteile eines langgezogenen Ruderschiffes voll ausnutzten. Außer als Kriegs- und Piratenschiffe eigneten sie sich bestens für die Beförderung leichter, aber hochwertiger Fracht. Nach wie vor waren v. a. in Genua großbäuchige Schiffe, *galee grosse*, in Betrieb, die dank ihres größeren Frachtraums die Produktivität des Seehandels steigerten. Venedigs Galeeren für den Handel mit Griechenland und den Osten maßen bis zu 40 m und konnten etwa 130 Tonnen Frachtgut laden; noch stattlicher waren die Schiffe für Flandern: Sie waren bis zu 50 m lang, 9 m breit und konnten 250 Tonnen Fracht laden. Im 14. Jahrhundert waren ein Steuerruder und zwei Hauptmasten üblich; der Großmast hatte drei Lateinersegel und ein Quersegel, während der Fockmast mit Sturmsegeln versehen war.

Dies waren „marktübliche" Galeeren, ausgestattet vom Staat und versteigert vom venezianischen Senat. Noch entscheidender waren die Neuerungen bei den gedrungenen Schiffen: Es kamen die Koggen auf, bei denen erstmals das Ruderblatt am Hintersteven angebracht war und die zunächst einmastig, später zwei- und dreimastig waren. Erstmals tauchten sie 1286 in Genua und 1312 in Venedig auf. Genuesische Schiffbauer entwickelten ein riesiges Frachtschiff, die Nef (abgeleitet von latein. navis, Schiff), mit einer bis drei *coperte* (Decks) und einem Länge-Breite-Verhältnis von 3,6, das bis zu 1000 botti laden konnte und vor allem dem Transport von Alaun aus Phokäa diente. In Venedig waren die Koggen lediglich die kleinsten unter den größeren Schiffen, Barcelona blieb weiterhin dem *nau* treu, das ein einziges Steuerruder am Heck besaß, einen bis zwei bedeckte Decks hatte und 300–700 botti fasste. Die Navigation machte entscheidende Fortschritte, wurde sicherer dank der Portolane und anderer Seekarten: Pietro Doria nutzte eine solche Karte, um König Ludwig IX. von Frankreich die genaue Position ihres Schiffes *Paradiso* während ihrer Überfahrt nach Tunesien zu erläutern. Die „Nautische Revolution des Mittelalters" bewirkte eine höhere Produktivität des Seetransports, eine Kostenverringerung und erleichterte den Transport großer Frachtgutmengen. Dies verlieh den großen Seehandelsrouten im Mittelmeer neuen Aufschwung.

Der Seefahrt wurden aber durch die zunehmenden Rivalität der Seemächte und durch die Piraterie Grenzen gesetzt. Gesetze und Verordnungen für den Seeverkehr wurden in allen großen Häfen erlassen, wie z. B. die Statuen des Zeno in Venedig, der *Liber Gazarie* in Genua, das *Llibre del Consulat del Mar* in Barcelona. Der Handel musste so organisiert werden, dass man natürliche Gefahren und Piraten möglichst mied. Fahrten im Konvoi (*in conserva*) wurden in Genua üblich, während um 1300 der Senat Venedigs das *muda-*

Ein spanischer Händler sticht in See in Richtung Palästina (oben) und tauscht in Akko (rechts) seine Waren gegen Gewürze. Es handelt sich um eine vereinfacht dargestellte Kogge, dennoch ist die Takelage getreu wiedergegeben, so auch ein Lateinsegel am Heck. Die Szenen entstammen der Handschrift der „Cantigas de Santa Maria" des kastilischen Königs Alfons der Weise (1252–84).

Das Modell einer Karracke stammt aus der Zeit um 1450 und war eine Votivgabe an eine Kirche aus Katalonien zum Dank für die Errettung aus einem Schiffbruch.

System einführte; dabei handelte es sich um Konvois von Galeeren, die vom Staat ausgerüstet und von den Meistbietenden geheuert wurden. Im frühen 14. Jahrhundert entstand ein regulärer Seeverkehr nach Flandern, Rumänien, Zypern, Kleinarmenien sowie nach Alexandria, obwohl ein päpstlicher Erlass den Handel mit islamischen Staaten verbot. Trotz aller Maßnahmen nahm die Piraterie zu und entwickelte sich zu einer Geißel für die Seefahrt. Das Mittelmeer wurde zu einem unsicheren Raum, noch bevor die türkische Flotte in der zweiten Hälfte des 14. Jahrhunderts in Erscheinung trat.

Der Öffnung der Handelswege nach Zentralasien und Fernost die erst durch die *pax mongolica* möglich wurde, entsprach im Westen die Öffnung der Seewege zum Atlantik, die ein entscheidendes Ereignis im späten 13. Jahrhundert darstellte. Soweit urkundlich belegt, passierte 1277 erstmals ein genuesisches Schiff die Straße von Gibraltar, um die nordwestlichen Häfen Europas anzulaufen. Diese ab 1298 regelmäßige Seeverbindung zwischen Italien und Flandern, den zwei wirtschaftlichen Machtzentren der Christenheit, bewirkte eine vermehrte Einfuhr englischer Wolle sowie flämischen und französischen Tuchs ins Mittelmeergebiet, beschleunigte den Niedergang der Champagne als Handelsumschlagplatz sowie den des Landwegs, der entlang der Rhône und durch die Alpen führte und auf dem sich bis dahin der Warentausch zwischen Nord und Süd abgespielt hatte. Während Venedig weiterhin auf den Einsatz eigener Schiffe und auf einen verpflichtenden Zwischenstopp in Venedig bestand, stimmte Genua der Notwendigkeit zu, eine direkte Verbindung zwischen dem Osten und Flandern oder England zu errichten. Zwei genuesische Bürger, Ugolino und Vadino Vivaldi, versuchten bereits 1291, die Gewürzinseln durch die Umseglung Afrikas zu erreichen. Diese Vorläufer Vasco da Gamas oder Christoph Kolumbus' verschwanden spurlos in den Weiten des Ozeans; was blieb, das war

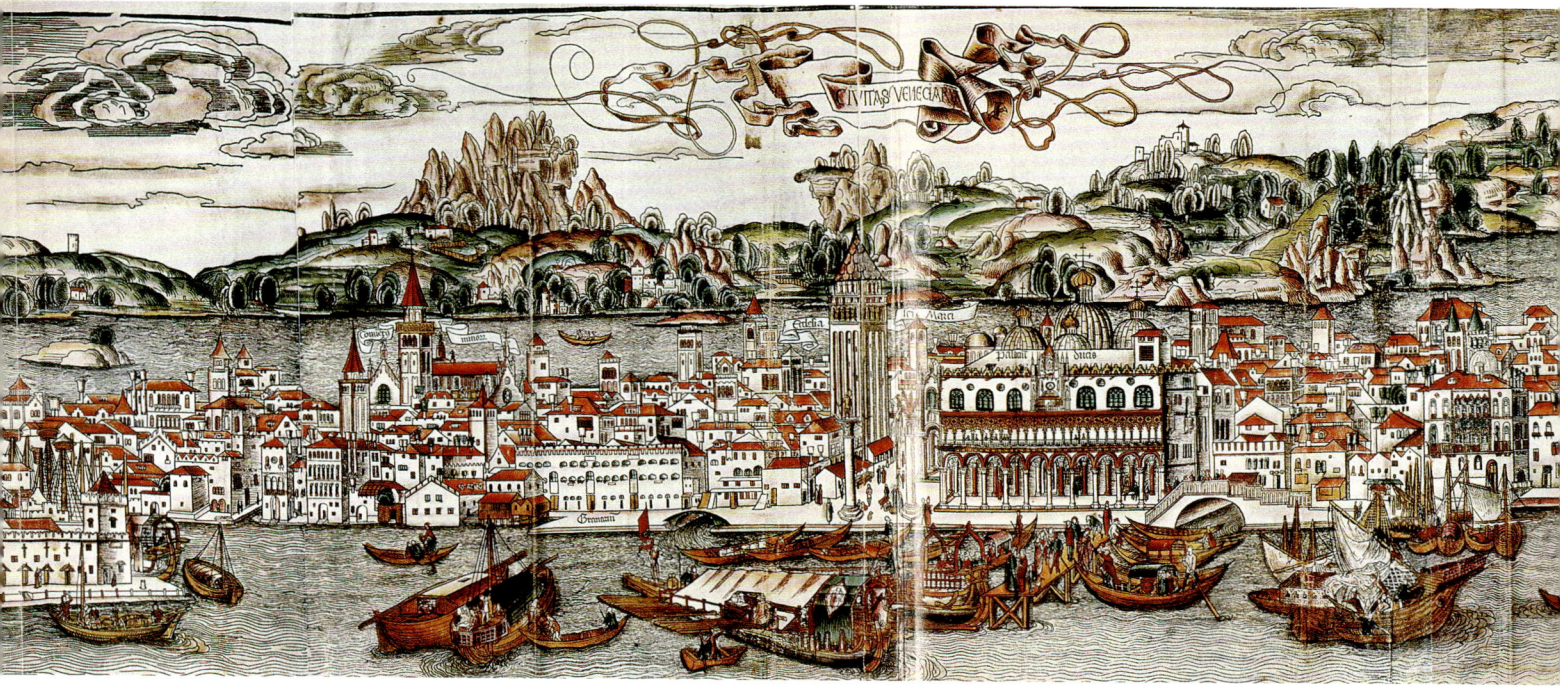

Venedig im Jahr 1486 war die führende Seemacht im Mittelmeerraum und im gesamten Europa. Dieser Holzschnitt aus dem Werk „Peregrinatione" (1486) von B. von Breydenbach zeigt in der Mitte den Dogenpalast, vor dem am Kai die verschiedensten Boote ankern. Rechts davon, außerhalb des Bildes, erstreckte sich das Arsenal (gegenüberliegende Seite, unten) mit seinen berühmten Schiffswerften, dessen monumentales Hauptportal von einem geflügelten Löwen bekrönt wird.

Mit Münzen gefüllte Beutel schickte Venedig 1495 nach Neapel, um die Verteidigung der Stadt gegen die französischen Eindringlinge auch finanziell zu unterstützen. Dieser Fayenceteller zeigt, wie die kostbare Fracht unter Aufsicht des Dogen Barbarigo aufs Schiff verladen wird.

die Erinnerung an ein Unterfangen, das die Portugiesen im 15. Jahrhundert methodisch in Angriff nahmen. Das Mittelmeer wurde zum Mittelpunkt eines Netzwerkes internationaler Seewege, die wahre Heimat der großen geographischen Entdeckungen und der Pläne zur Erkundung der Neuen Welt.

Die Erweiterung der nautischen Kenntnisse und des Weltbilds wurde von einer auffälliger Erscheinung begleitet: der plötzlichen Einschränkung des Handels im Mittelmeer. In Genua betrugen die Zolleinnahmen 1293 mehr als das Zweifache als 1347, dem Jahr des Ausbruchs der Pestepidemie. Der Verlust der Handelsstützpunkte in den syrischen Kreuzfahrerstaaten wurde in hohem Maß ausgeglichen durch den Aufschwung des Handels mit Konstantinopel, dem Schwarzen Meer und sogar mit Ägypten und vor allem mit dem westlichen Mittelmeer. Im späten 13. und 14. Jahrhundert pflegte Venedig die bereits erwähnte Konvoi-Schifffahrt, der Senat der Stadt versteigerte die Dienste bewaffneter Galeeren, die die wertvollsten Waren von und nach Griechenland, Zypern, Kleinarmenien, Alexandria, zum Schwarzen Meer sowie nach und von Flandern beförderten. Der Senat bestimmte darüber, wer die Schiffe während der Fahrt befehligte, wo und wie lang sie vor Anker gingen, welche Güter sie laden durften. Der Auktionspreis ist ein geeigneter Indikator für die ökonomische und politische Stimmung, denn er drückt Ängste und Hoffnungen der Händler im Hinblick auf den zu erwartenden Gewinn aus den Handelsaktivitäten aus. Etwas weniger straff organisiert, griffen auch Genua und Barcelona regulierend in den regelmäßigen Schiffsverkehr ein, um ihre Mitglieder vor den Gefahren der Piraterie zu schützen.

Das „gute 13. Jahrhundert" im Mittelmeerraum, das noch etwa bis 1350 reichte, endete mit einer wirklichen Katastrophe, die auch die Bevölkerungsstruktur aus dem Gleichgewicht brachte: dem schwarzen Tod. Die Beulenpest breitete sich zunächst vermutlich von Kaffa auf der Krim aus und erfasste wie ein Lauffeuer die Region: 1347 befiel sie Konstantinopel, im Dezember desselben Jahres Messina und Marseille und im Juni 1348 die italienischen Städte sowie Katalonien und Aragón. Die Sterblichkeit schwankte von

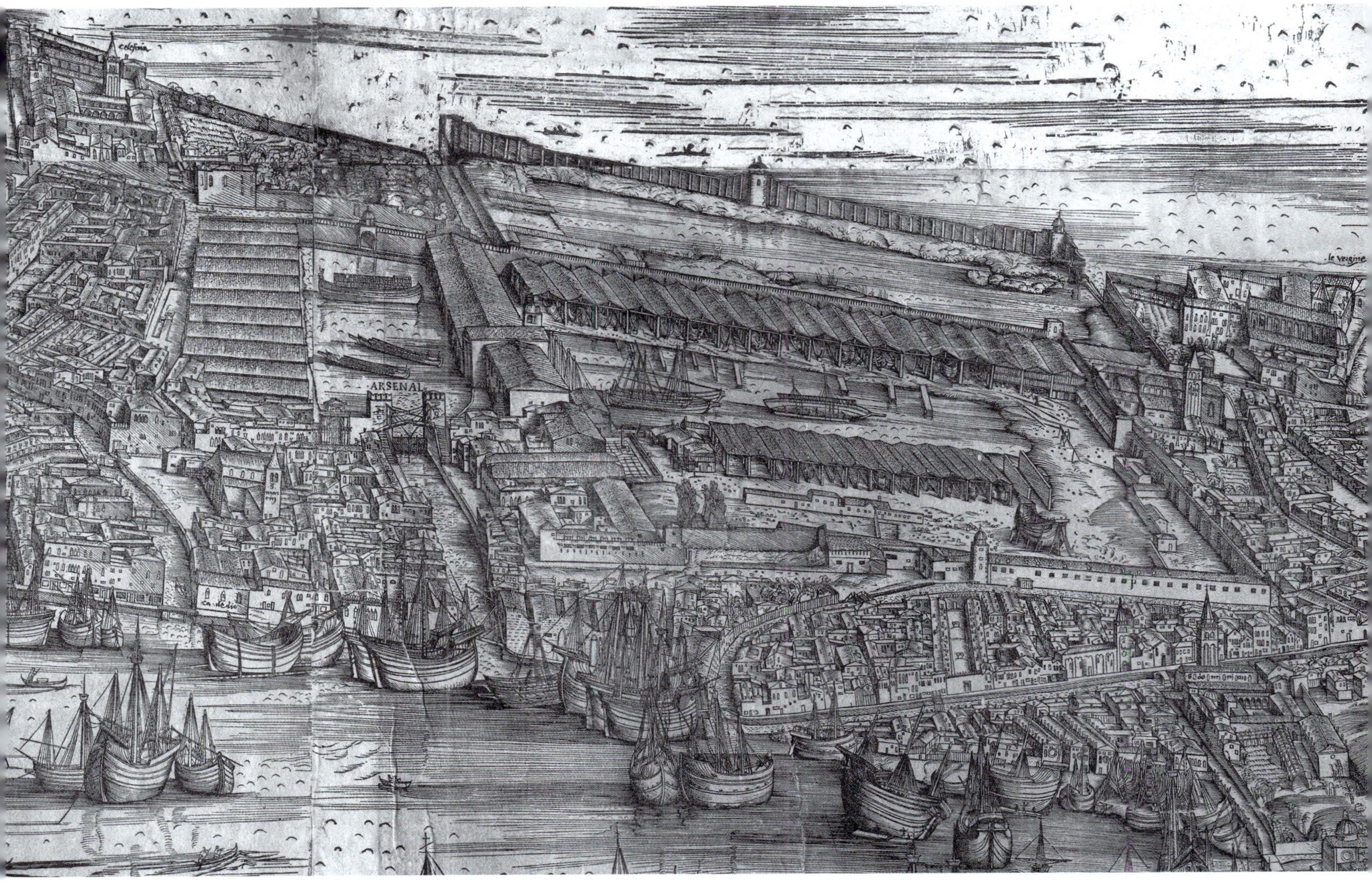

Ein christliches Mittelmeer 205

Einer reichen Ernte wird in der ansonsten recht weltlichen Chronik der wechselvollen Geschichte des florentinischen Getreidemarktes gedacht, wie sie der Chronist Domenico Lenzi in seinem Werk „Specchio Umano" in den 1330er-Jahren festhielt. In dieser Miniatur lässt der Erzengel Michael seine dreifache Trompete über einem Markt mit gefüllten Getreidefässern erschallen.

Der schwarze Tod, wie die Beulenpest auch genannt wurde, suchte das Mittelmeer zwischen 1347 und 1348 heim und raffte etwa ein Drittel der Bevölkerung dahin. Auch die bis ins 18. Jahrhundert wiederkehrenden Epidemien forderten zahlreiche Menschenleben. Aus einem Krankenhaus in Palermo um 1445 stammt dieses Fresko vom „Triumph des Todes"; es zeigt den Tod, wie er, hoch zu Ross auf einem skelettierten Pferd, den Reichen, Jungen und Tugendhaften entgegenreitet.

Region zu Region, aber vermutlich forderte sie 1347–52 fast 25 Millionen Opfer. In den Jahrzehnten danach brachen mehrfach neue Pestepidemien aus, die das Wachstum der mediterranen Städte stets hemmten, und es dauerte mindestens 50 Jahre, bis die Einwohnerzahl wieder den Stand von vor 1348 erreichte. Zusätzlich schränkte ein Krieg in der Ägäis und im Schwarzen Meer (1348–55), in dem Genua seinen Rivalen Venedig, Byzanz und den Katalanen gegenüberstand, den Handel ein und schwächte gleichzeitig den Westen angesichts der aufstrebenden osmanischen Macht.

Erweiterte Horizonte (1350–1500)

Innerhalb dieser anderthalb Jahrhunderte vollzogen sich auf der politischen Karte der mediterranen Welt tief greifende Umwälzungen. Im Westen ergriff die aragonesisch-katalanische Expansion auch Sardinien und vor allem Süditalien, wo Alfons I. der Großmütige die Anjou-Dynastie entmachtete und nach der Eroberung Neapels (1442) 1443 König von Neapel und Sizilien wurde. Nach langjährigen internen Konflikten in Kastilien und Aragón leitete die Heirat Ferdinands von Aragón mit Isabella von Kastilien und die Bezwingung Portugals die Ära der Katholischen Könige ein. Deren Sieg über das maurische Granada 1492 besiegelte die christliche Herrschaft über ganz Spanien. Im selben Jahr setzte Christoph Kolumbus den Fuß in die Neue Welt und begann die Verfolgung und Vertreibung der Juden aus Spanien. 1498 gelang es dem Portugiesen Vasco da Gama, Afrika zu umsegeln und auf dem Seeweg Indien zu erreichen, eine folgenreiche Entdeckung, die die Dominanz Italiens im mittelmeerischen Gewürzhandel erschütterte.

Italien befand sich derweil in einer tiefen Krise. Nach dem Tod von Johanna II. (1435) entbrannte im Königreich Neapel der Kampf um die Thronfolge zwischen ihrem Erben, René I., und Alfons von Aragón, dem es letztlich gelang, seinen Widersacher zu beseitigen. Das Große Schisma, als zeitweilig zwei und sogar drei Päpste gleichzeitig die Herrschaft beanspruchten, ließ den Kirchenstaat in Chaos versinken, während in Norditalien die bürgerlichen Freiheiten der Kommune der Herrschaft Adliger, wie z.B. der Visconti in Mailand, wichen. Diese bauten ihr Übergewicht in der Lombardei aus und dehnten ihren Einfluss zeitweilig bis Genua aus, wo Kämpfe zwischen den Adelsfamilien die Stadt schwächten.

Venedig bedrängte im Chioggia-Krieg (1377–81) seine Rivalin Genua, das schließlich unterlag, und begann die *Terra-ferma*-Politik, mit der es sich ein Festlandterritorium jenseits der Lagune und damit mehr Sicherheit schuf. Durch Annexion von Pisa (1406) und Livorno (1421) stieg Florenz zur Seemacht auf, bevor es unter die Herrschaft der Medici-Familie geriet, die sowohl die Familienbank als auch den florentinischen Staat verwaltete. Nach dem Dynastiewechsel in Neapel, der 1442 das Haus Aragón an die Macht brachte, konsolidierten sich die italienischen Staaten mit dem Frieden von Lodi (1454), der für einige Jahrhunderte die politische Landkarte Italiens prägen sollte: Einige kleine Fürstentümer lebten in einem labilen Gleichgewicht und wurden Ende des 15. Jahrhunderts in den Kreis um den französischen König hineingezogen, den Mailand herbeigerufen hatte, in die italienische Angelegenheiten einzugreifen.

Im östlichen Mittelmeer bildete das Erstarken der Osmanen das entscheidende politische Ereignis. Nach einem ersten Vorstoß auf dem Balkan 1354 mussten die Türken bei Ankara 1404 eine schwere Niederlage durch Timur-Leng hinnehmen, griffen aber ab 1421 erneut die Überreste des Byzantinischen Reiches an. Die Wirkungslosigkeit der auf dem Florenzer Konzil 1439 beschlossenen Einheit von lateinischer und griechischer Kirche und der Warna-Feldzug von 1444, den die Osmanen für sich entschieden, bestätigten die

Ein christliches Mittelmeer

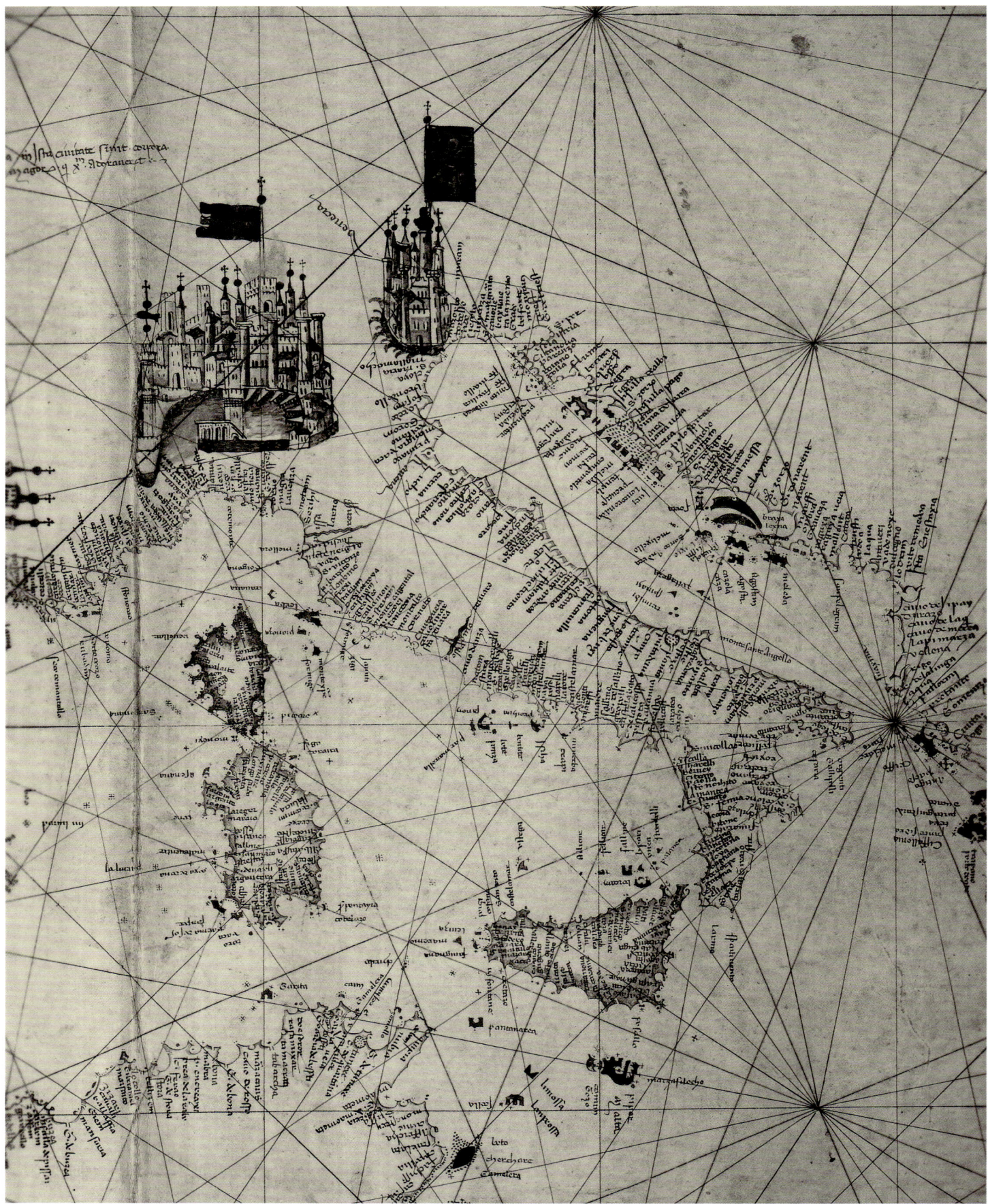

Schwäche des Byzantinischen Reiches, dessen Ende durch den Fall von Konstantinopel am 29. Mai 1453 besiegelt wurde. Danach eroberten die Türken die noch verbliebenen Besitzungen der Griechen und Lateiner auf dem Balkan und versuchten, nach Italien überzusetzen. Sie wurden zwar 1480/81 bei Otranto zurückgeschlagen, bildeten fortan aber die schwerste Bedrohung für das christliche Europa, das erst in der Seeschlacht von Lepanto 1571 seinen ersten großen Sieg gegen die Türken errang.

Im 15. Jahrhundert erlebte der levantinische Handel seinen größten Aufschwung. Dabei kamen ihm eine Reihe technischer Innovationen zugute. Notarielle Verträge, die oft für eine einzige Seereise unterzeichnet wurden, wichen langlebigeren Gesellschaften oder Kompanien, die ihr Netzwerk von Niederlassungen und Agenten übers ganze Mittelmeer ausdehnten; dazu zählten die Gesellschaft des berühmten „Händlers von Prato", Francesco di Marco Datini, sowie die Medici-Familie, die u. a. die Konzession der Alaunbergwerke von Tolfa bei Rom erhalten hatte. Sie stellten ein straff organisiertes, funktionierendes Informationsnetzwerk auf, handelten mit Wechseln, nutzten komplizierte banktechnische Vorgänge und schützten sich durch Abschluss von Versicherungen gegen die Risiken der Seetransporte. Auch der Schiffbau verzeichnete Fortschritte.

Neben den schlanken Galeeren des venezianischen Senats traten vermehrt die gedrungenen Koggen auf, die, oft nur al *navis* bezeichnet, bald zum Standardtyp für die Lastschiffe wurden. Katalonien blieb seinen *Nau* treu. Genua entschied sich, künftig Schiffe mit größerer Tonnage einzusetzen, da es stärker als Venedig am Handel mit schweren Gütern (Metallen, Alaun), mit Getreide und Rohstoffen interessiert war. Diverse Schiffstypen mittlerer und kleinerer Tonnage (*lignum* in Genua, *marano* in Venedig und *leny* in Barcelona) wurden hingegen in der Küstenschifffahrt eingesetzt und beförderten Frachtgut, das aus den großen Häfen übernommen wurde.

Die großen Häfen kontrollierten den mediterranen Fernhandel, der zunehmend komplexer wurde. Päpstliche Erlässe, die den Handel mit Muslimen untersagen, wurden als Antwort auf die Schließung der Gewürz- und der Seidenstraße durch die Mongolen im 14. Jahrhundert zunehmend aufgehoben. Päpstliche Lizenzen, ursprünglich einzelnen Händlern für jeweils ein Jahr gewährt, wurden um 1400 allgemein vergeben: Venedig erhielt 1399 eine solche Lizenz mit einer Laufzeit von 25 Jahren und übernahm eine führende Position unter den in Syrien und Ägypten vertretenen Händlern. Die Schiffskonvois von Alexandria und Beirut waren jedes Jahr unterwegs und wurden manchmal von Koggen-Konvois begleitet, die syrische Baumwolle luden. In den letzten Jahrzehnten des 15. Jahrhunderts entsandte Venedig durchschnittlich sieben Galeeren nach Alexandria und Beirut und investierte über 500 000 Dukaten in den Ankauf von Gewürzen sowie mehr als 150 000 Dukaten für Baumwollankäufe. Andere Städte und Nationen spielten nur eine Nebenrolle im levantinischen Handel. Ohne die Kontakte zu Alexandria zu vernachlässigen, engagierte sich Genua stärker auf Chios im Handel mit Alaun und Mastixharz. Die Genuesen zeigten starke Präsenz im westlichen Mittelmeer, z. B. in Cádiz, Sevilla, die Etappen auf dem Seeweg nach Flandern waren. Die ablehnende Haltung der Katalanen gegenüber den Mameluckensultanen schädigte ihren Handel mit der Levante, der sich auf 2–3 Schiffe beschränkte. Was die anderen westlichen Händler anbelangt (Franzosen, Provenzalen, Händler aus Montpellier, Florenz, Sizilien, Ragusaner und Engländer), so spielten sie nur eine äußerst bescheidene und nur vorübergehend aktive Rolle. Die Eroberung Konstantinopels durch die Osmanen ließ den Handel mit Griechenland und dem Schwarzen Meer, den die Genuesen bis zur Eroberung von Kaffa und den anderen Krimkolonien im Jahr 1475 weitgehend kontrollierten, stark schrumpfen.

Portolankarten *wurden bis ins 16. Jahrhundert hinein in der Seefahrt verwendet; daher enthalten sie keinerlei Details des Landesinneren, dafür aber genaue Küstenbeschreibungen sowie zahlreiche Windrosen, deren sich netzartig überschneidenden Windstrahlen (Rumben) als Navigationshilfe dienten. Die nebenstehende Portolankarte entstand 1435 in Genua; deshalb ist auch das Stadtbild so übergroß gezeichnet, das sich von dem seiner Rivalin Venedig deutlich abhebt.*

Genua erreichte seine Blütezeit in den 1480er-Jahren, als auch diese Gesamtansicht der Stadt mit ihrer Umgebung und dem Hafen gemalt wurde. Im Vordergrund ankern 20–30 Kriegsschiffe in Formation, während sechs große Karracken den Hafen verlassen.

Ein christliches Mittelmeer

Das friedliche Nebeneinander der drei Religionen Judaismus, Christentum und Islam kommt anschaulich auch in der ehemaligen Synagoge El Transito aus Toledo zum Ausdruck, die 1366 für Samuel Levi, den Schatzmeister von König Peter den Grausamen, errichtet wurde. Dieser Stuckfries zeigt das (christliche) Wappen des Königreichs Kastilien und León, darunter eine hebräische Inschrift mit der Lobpreisung für den Gott Israels, für König Peter I. und Samuel Levi. Eingefasst werden Text und Wappen von kunstvollen orientalischen Ornamenten.

Mit dem Fall Granadas 1492 endete auch das letzte maurische Königreich in Spanien. Im selben Jahr wurden alle in Spanien wohnenden Juden aufgefordert, zum Christentum überzutreten oder das Land zu verlassen. Ein ähnliches Schicksal ereilte auch die muslimischen Einwohner Kastiliens 1502 und jene von Aragón und Valencia im Jahr 1525. Das farbige Relief in der Königskapelle von Granada entstand um 1521 und stellt den triumphalen Einzug der Katholischen Könige Ferdinand und Isabella in die Stadt dar.

Diese direkten Ost-West-Austausche müssen durch die ebenfalls lebenswichtigen Nord-Süd-Kontakte ergänzt werden: Wolle und Getreide aus Nordwestafrika, Salz aus Ibiza, Sardinien und der Adria, Obst und Öl aus Südspanien, Wein aus Kalabrien, Weizen aus Sizilien, Gold aus Schwarzafrika, die allesamt die Küsten des Mittelmeeres erreichten. Rohstoffe und Nahrungsmittel wurden gegen verarbeitete Erzeugnisse mit hohem Mehrwert getauscht. Es war ein „ungleicher" Tausch, der einigen Gelehrten zufolge die Wurzel für die spätere Unterentwicklung so mancher muslimischer und südeuropäischer Gebiete wie Sizilien darstellt. Um die Handelsvorteile zu nutzen, schlossen europäische Handelsmächte Verträge mit den Hafsiden aus Tunis, den Mariniden Marokkos oder den aragonesischen Königen von Sizilien und gründeten überall im Mittelmeerraum kleine Händlerkolonien. Der *Trafego* verband Aigues-Mortes mit Nordwestafrika, während die Genuesen Sevilla zum Hauptquartier ihrer Geschäfte im westlichen Mittelmeer und zum Brückenkopf für ihre Kolonisation der Atlantikinseln erwählten.

Handel war nicht der einzige Grund für die Migration der Menschen. Noch vor dem Fall von Konstantinopel fanden viele griechischen Gelehrte Zuflucht im Abendland und brachten häufig auch Handschriften mit sich, was das Studium des Griechischen in Italien neu belebte und eine wichtige Rolle in der Entwicklung humanistischer Studien sowie in der Übermittlung des antiken klassischen geistigen Erbes förderte. Vor den Türken flohen auch Albanier und Slawen, die in Süditalien Siedlungen gründeten. Auf der Iberischen Halbinsel folgte auf den Abschluss der Reconquista mit der Eroberung Granadas 1492 durch Ferdinand und Isabella die Vertreibung der spanischen Juden und zehn Jahre später die der Muslime. So brachten neue Diasporas die ethnische Struktur im Mittelmeerraum im ausgehenden 15. Jahrhundert aus dem Gleichgewicht.

Um 1500 teilten zwei große Machtblöcke das Mittelmeer unter sich auf: Der zersplitterte, christliche Westen, der mit dem Schrecken des unaufhaltsamen Vordringen des Osmanen lebte, und das Osmanische Reich, das sich bald auch das ägyptische Mameluckenreich einverleibte und als politischer Erbe der gesamten islamischen Welt betrachtete. Byzanz war untergegangen und damit auch die Idee des christlichen Universalismus, als dessen Vorkämpfer sich nun das erstarkende russische Reich sah. Die großen Mittelmeerhäfen bewahrten trotz der türkischen Bedrohung ihre Vormachtstellung: Venedig dominierte den levantinischen Handel, auch wenn die Ankunft der Portugiesen in Indien dies ändern sollte. Genua, das an den großen transatlantischen Entdeckungen teilnahm, stieg zum Bankier Spaniens auf, während Katalonien zunehmend an Einfluss zugunsten von Karl V. von Kastilien verlor. Das Mittelmeer war nicht mehr der Mittelpunkt der Welt, wie seinerzeit im Jahr 1000; nach wie vor blieb es aber der Schmelztiegel, aus dem die moderne Welt erstehen sollte.

Ein christliches Mittelmeer

Die letzte Bastion der Mauren in Andalusien war Granada, und die Alhambra erinnert an die einstige Blütezeit des islamischen Spanien. Die auf einem Bergrücken inmitten von Gärten gelegene Residenz der Nasridenherrscher besteht aus mehreren Palästen und wurde im 14. Jahrhundert erbaut, als Granada ein bereits isoliertes maurisches Königreich war, umschlossen von christlichen Staaten. Am eindrucksvollsten ist wohl der Löwenhof, mit dessen Bau 1377 begonnen wurde. Die schlanken weißen Marmorsäulen mit den Zedernholzfriesen darüber führen in üppig ausgeschmückte Pavillons mit Stalaktitenkuppeln. Den Innenhof beherrscht ein Brunnen, getragen von zwölf Wasser speienden Löwen, die vermutlich für einen jüdischen Wesir des 11. Jahrhunderts angefertigt wurden und die zwölf Stämme Israels symbolisieren.

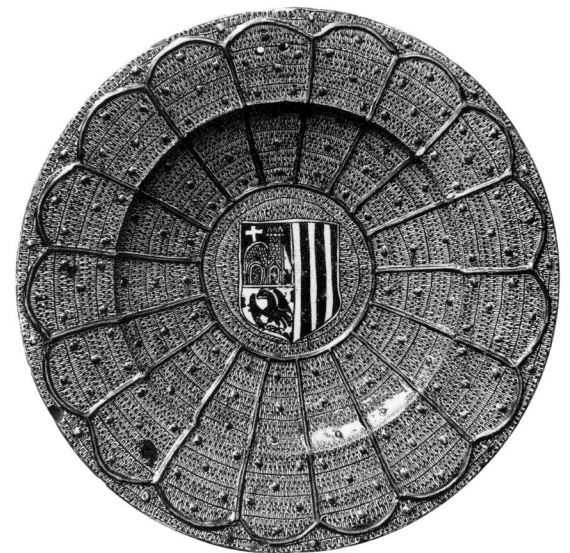

Hispano-moriskische Keramik des 14. und 15. Jahrhunderts aus Granada und Valencia war eine gefragte Ware. Sie wurde von italienischen Kaufleuten in Almería, Malaga und Valencia auf Schiffe verladen und in ganz Europa vertrieben.

Im vorangehenden Kapitel wurden jene Veränderungen aufgezeigt, die vor allem im östlichen Mittelmeerraum stattgefunden hatten und die die Vormachtstellung der Italiener, insbesondere der norditalienischen Seerepubliken im Mittelmeer begründeten. Zugleich entwickelten sich auch erste Wirtschaftskontakte zum Schwarzen Meer, das von nun an in den internationalen Wirtschaftskreislauf miteinbezogen wurde. Es stieg zum Lieferanten von Holz aus Asien, von Getreide aus der Krim und der heutigen Ukraine sowie von Haselnüssen aus Trapezunt auf.

Derweil fand im Westen, am entgegengesetzten Ende des Mittelmeeres, ein weiterer bedeutsamer und folgenreicher Wandel statt: Im Jahr 1277 wurde der Seeweg durch den Atlantik nach England und nach Flandern eingeweiht, wo die Schiffe Tuch und Rohwolle für die Verbraucher und Erzeuger des Mittelmeers luden – das 14. Jahrhundert war das Goldene Zeitalter der florentinischen Tuchindustrie. Wie im Osten so war auch das westliche Mittelmeer gleichzeitig Schauplatz zahlreicher bewaffneter Auseinandersetzungen zwischen Christen und Muslimen, denn bis 1492 kontrollierte das islamische Königreich Granada die blühenden Häfen Almería und Malaga und bis zu seiner endgültigen Eroberung 1462 durch die Christen befand sich Gibraltar abwechselnd in marokkanischem Besitz (in den Händen der berberischen Mariniden) oder unter der Herrschaft der Nasridendynastie Granadas.

Der jenseits von Gibraltar liegende große islamische Hafen von Ceuta war ebenfalls heftig umkämpft und wechselte mehrfach seine Besitzer. Nicht anders erging es der Straße von Gibraltar, denn nicht weniger als sechs Mächte rangen um die Kontrolle über die strategisch wichtige Meerenge: Die Marokkaner suchten einen Brückenkopf in Südspanien zu errichten; Granada spielte sie erfolgreich gegen Kastilien aus, um seine Unabhängigkeit bewahren zu können; die katalanische Flotte des Königs von Aragón griff ein und wechselte mehrfach seine Bündnispartner – mal waren es Christen, mal Mauren –, bangte jedoch um die freie Durchfahrt durch die Straße von Gibraltar; ähnlich agierten die Genuesen, und die Portugiesen kamen 1415, belagerten den bedeutenden muslimischen Hafen von Ceuta; die unmittelbaren Folgen dieses Ereignisses waren der sofortige Zusammenbruch der Wirtschaft, ein starker Rückgang der Bevölkerungszahl und die Tatsache, dass die Portugiesen mit einem Kommandostützpunkt blieben, der sie teuer zu stehen kam, aber ohne Gold- und Silberhandel, von dem sie zweifellos geträumt hatten.

Dieses Ereignis, der Fall von Ceuta, das 1656 an Spanien kam und seither in iberischer Hand blieb, wird oft als der auslösende Moment für die Expansion Portugals und für die Schaffung eines See- und Handelsimperiums betrachtet, das Lissabon und nördlich davon Antwerpen unter Umgehung des Mittelmeeres mit Indien verbinden sollte. Kein Zweifel, der portugiesische Hof und vor allem der navigationsbegeisterte Prinz Heinrich der Seefahrer sahen die Eroberung Ceutas als Zeichen, dass das etwas abseits gelegene lusitanische Königreich wieder Teil der mediterranen Allianz im Krieg gegen den Islam war, mit dem es seit dem 13. Jahrhundert keine gemeinsame Grenzen mehr geteilt hatte. Portugal hoffte auf Besitztümer in Marokko und Granada, auch wenn dem christlichen Königreich Kastilien in dieser Region eine Vorrangstellung zugestanden wurde (während Aragón und Katalonien sich später die Eroberung Algeriens sicherten). Und im Jahr 1497 bestätigte Kastilien dann mit der Einnahme der Hafenstadt Melilla, die bis auf den heutigen Tag spanisch blieb, sein Vorrecht auf Marokko.

Während es nicht schwer fällt, sich den Gegensatz zwischen den islamischen Staaten Granada und Marokko einerseits und den christlichen Königreichen Kastilien, Portugal und Aragón andererseits zu vergegenwärtigen, wurde das Wirtschaftsleben Granadas zunehmend von genuesischen, florentinischen und katalanischen Kaufleuten beherrscht, ohne deren Handelsaktivitäten die Einnahmen Granadas weit geringer gewesen wären und es auch wohl nie zum Bau des Alhambra-Palastes gekommen wäre. In den Häfen Malaga und Almería erwarben Händler aus dem Abendland Seide, Dörrobst und Lederwaren. Starke Nachfrage herrschte in Nordeuropa auch nach Töpferware aus Granada und nach in Valencia hergestellter Keramik im so genannten hispano-morskischen Stil. Im 15. Jahrhundert gelangten mit Wappen ausgeschmückte Service durch die Straße von Gibraltar zu den vornehmen Händlern Englands und Flanderns. Eine ähnliche Rolle spielte auch Valencia mit seinem Hinterland, dem *horta*. Zwar war es seit den 1230er-Jahren ein christliches Königreich unter aragonesischer Herrschaft, es besaß aber eine breite Schicht von Handwerkern und Bauern maurischer Herkunft, die Reis und Obst anbauten und deren Keramik bis nach England verkauft wurde.

Im Verlauf des 15. Jahrhunderts erlebte Valencia eine Blütezeit: Es wurde eine Zwischenstation für den Fernhandel auf Atlantikrouten, und Investoren aus Genua, Mailand, Flandern und Deutschland deckten sich hier mit begehrten Gütern ein, darunter Töpfereiwaren, Zucker, Dörrobst und Reis, um sie Gewinn bringend in Nordeuropa zu verkaufen, und sogar deutsche Bankiers aus Ravensburg konnten hier angetroffen werden. Sie erwarben außerhalb von Valencia eigene Zuckerrohrplantagen, die von in ihren Diensten stehenden Mauren bearbeitet wurden. Gleichzeitig intensivierte sich der Nahhandel entlang der spanischen Küste, mit dem große Mengen Fisch aus dem Golf von Biskaya vor allem während der Fastenzeit nach Barcelona und Valencia gelangten und Holz von der Costa Brava zu den Schiffswerften von Barcelona oder Getreide aus Südfrankreich befördert wurde. Um 1450 verhalf die zunehmend auftretende regionale Spezialisierung in der Erzeugung von Nahrungsmitteln, Rohstoffen und verarbeiteten Gütern dem Nahhandel zu einem neuen Aufschwung, sodass Historiker heute verstärkt die Ansicht bezweifeln, wonach einzelne Gebiete wie Katalonien und Sizilien einen plötzlichen wirtschaftlichen Niedergang erlebt hätten.

Eine überaus wichtige Entwicklung, die sich in diesem Zeitabschnitt abzeichnete, war das wachsende Interesse für Granada und andere Lieferquellen zur Versorgung mit Zucker und Dörrobst, die im westlichen Mittelmeer und am Ostatlantik lagen. Dies erklärt sich durch den Umstand, dass der Zugang zum östlichen Mittelmeer, dem traditionellen Lieferanten solcher Güter, infolge der unaufhaltsamen Expansion der Osmanen erheblich erschwert wurde. Statt wie bisher Zucker aus Syrien zu beziehen, wurde er nunmehr in Granada, Valencia und Sizilien eingekauft, die zu den wichtigsten Lieferanten von Zucker bester Qualität aufstiegen; auch Korinthen und Rosinen, die bisher aus Griechenland eingeführt worden waren, kamen fortan aus Granada und Valencia. Dies bedeutete eine erhebliche Veränderung im Mittelmeerraum des 15. Jahrhunderts, eine Verlagerung der Bezugsquellen für Luxusgüter nach Westen, die so weit ging, dass sogar die kurz zuvor entdeckten Territorien jenseits der Straße von Gibraltar – Madeira, die Azoren und die Kanarischen Inseln – mit ihren neu angelegten Zuckerrohrplantagen mit einbezogen wurden und im 16. Jahrhundert sogar zu ernsthaften Konkurrenten Brasiliens und der Karibik aufstiegen.

Erstarkender Islam: 1500–1700

MOLLY GREENE

In einem vorangehenden Kapitel wurde gezeigt, wie das römische *Mare nostrum* zerfiel und wieder zur Einheit fand und dass die Städte entlang der Mittelmeerküsten den Lebensnerv des Römischen Reiches und danach des Christentums bildeten. Im 7. Jahrhundert brach dann eine kleine Schar von Kriegern unbekannter Herkunft von der Arabischen Halbinsel auf und brachte in kürzester Zeit die südlichen Randgebiete der römischen Christenheit unter ihre Herrschaft, darunter auch historisch bedeutsame Städte wie Jerusalem, Alexandria und Karthago. Seither standen sich Christen und Muslime im Mittelmeerraum gegenüber, und fast ebenso lange dauert nun schon unter Historikern die Debatte um die Auswirkung dieser Aufspaltung. Am häufigsten unter den modernen Historikern wird diesbezüglich der Name des belgischen Gelehrten Henri Pirenne (1862–1935) genannt. Pirenne verfasste bahnbrechende Studien zum Übergang von der Antike zum Mittelalter und der Entstehung der abendländischen Zivilisation. Obwohl Europa im Mittelpunkt seiner Forschungen stand, wirkten sich seine Ansichten auf die Forschungen zum Einfluss des Islams im Mittelmeerraum aus. Pirenne betonte, dass die islamischen Invasionen und nicht der Fall Roms den Zerfall der Einheit der mediterranen Welt und das Ende der römischen Welt herbeiführten. Ihm zufolge spielte dabei der Handel eine entscheidende Rolle: Die Araber riegelten das Mittelmeer für den Fernhandel mit dem Abendland ab, sodass der internationale Warenverkehr zusammenbrach. Pirennes Ansichten erwiesen sich für die weitere Diskussion als so fruchtbar, dass sie fortan als „Pirenne-These" bekannt wurden. Nach seinem Tod übernahmen eine Reihe namhafter Mediävisten und Arabisten seinen Standpunkt zum frühislamischen Staatswesen und dessen Politik im mediterranen Raum. Obwohl Pirennes Thesen mittlerweile zum Teil bestätigt wurden, sind sich Historiker darüber einig, dass die Araber das Mittelmeer für den Handel mit dem Abendland weder abriegeln wollten, noch es tatsächlich gesperrt haben.

Ein zweiter islamischer Vorstoß

Fast tausend Jahre nach dem Siegeszug der Araber erreichte eine zweite islamische Macht das Mittelmeer. Und wieder eroberte sie eine geschichtsträchtige christliche Stadt – Konstantinopel, die Stadt Konstantins des Großen und Mittelpunkt des Byzantinischen Reiches. Die neuen Sieger gehörten der großen Familie der aus den Steppen Zentralasiens nach Westen vordringenden Turkvölker an. Die Einnahme Konstantinopels stellte den Höhepunkt einer unaufhaltsamen Expansion nach Westen dar, die mindestens drei Jahrhunderte früher eingesetzt hatte. Die türkischen Krieger identifizierten sich als Nachfolger von Sultan Osman und schufen ein Reich, das sechs Jahrhunderte währte. Nur wenige Fachleute widmeten sich diesem Siegeszug, obwohl die Zeitgenossen der Byzantiner die Einnahme dieser christlichen Weltstadt durch Ungläubige als schreckliches Ereignis betrachteten. Dieses mangelnde Interesse lässt sich erklären: Wenn sich die Historiker dem 15. Jahrhundert zuwenden, setzen sie den Schauplatz der europäischen Geschichte zu weit westlich und nördlich vom Mittelmeer an. Im modernen geschichtlichen Bewusstsein hat die Entdeckung und Eroberung der Neuen Welt kurz nach der Einnahme Konstantinopels

Eine besondere Lebendigkeit verleihen die delikaten Figuren dieser reich ausgeschmückten spanischen Karte von 1599. Sie macht deutlich, dass sich der überwiegende Teil des Mittelmeeres unter muslimischer Kontrolle befand. (Der Westen befindet sich oben, sodass man die Buchseite quer halten sollte.) Bei Spanien, Frankreich, Polen und Russland sind deren Könige dargestellt, Deutschland wird vom Kaiser und die Türkei vom „Großen Türken" regiert, während in Ägypten der „Sultan von Babylon" herrscht, wobei sich Babylon nicht auf das antike Babylonien, sondern auf den alten Namen Kairos bezieht. In Afrika erkennt man zwischen Löwen, Kamelen und Elefanten die Könige von Tripoli, Tunis und Marokko.

Mohammed II., der Eroberer (1451–1481), erfüllte den lang ersehnten Traum der Osmanen, als er 1453 Konstantinopel eroberte. Oben: *friedliches und poetisches Bildnis des Sultans, der nach persischer Tradition an einer Blume riecht.*
Unten: *Die osmanische See- und Militärmacht kommt auf dieser Miniatur zum Ausdruck, sie zeigt ein Zeremonienboot, während im Hintergrund die Umrisse einer Befestigungsanlage erkennbar sind.*

den zweiten großen muslimischen Vorstoß in die mediterrane Welt überschattet. Ereignisse im Mittelmeer wurden als nicht so wichtig für die weitere Geschichte Europas – und somit auch für die westliche Geschichtsschreibung – erklärt, weshalb allgemein das Jahr 1492 viel bekannter ist als 1453.

Dies bedeutet lediglich, dass man im Westen den Osmanen und ihrer Geschichte im Mittelmeerraum weniger Beachtung geschenkt hat. Daher überrascht es nicht, wenn alte Ideen wieder aufleben, die, wie es sich erwiesen hat, auf die Araber nicht anwendbar waren, aber nun auf die osmanischen Türken zuzutreffen schienen. Es geht dabei um das überholte Bild von Abschottung und Einmischung im übertragenen oder auch im eigentlichen Sinn. Das Auftauchen der Osmanen kam einem „Eisernen Vorhang" gleich, der im Mittelmeerraum errichtet wurde, einer Verbotszone, in der Bewohner des Westens sich fürchten mussten, Handel zu treiben, und die die Muslime nach Westen hin nur ungern überschritten; man sah darin das Auftreten Asiens in einem zutiefst abendländischen Meer. Der namhafte Mediävist S. D. Goitein schrieb 1968: „Die Einheit der mediterranen Welt wurde erst durchbrochen, als die islamischen Länder durch Eindringlinge erobert wurden, die von außen, zumeist Zentralasien und dem Kaukasus, kamen und keine mediterrane Traditionen besaßen. „Die Türken", so Goitein, „kamen aus den Tiefen Asiens" und hatten „kein Gespür für das Meer ... sie waren seit jeher mehr Krieger denn Seefahrer gewesen". Die Osmanen schlossen die übers Festland führende Gewürzstraße von der arabischen Wüste zu den levantinischen Häfen, heißt es gemeinhin. Diese Behauptung ist unrichtig, da sowohl Osmanen als auch Venezianer gemeinsam und mit Nachdruck die Verlagerung des Gewürzhandels auf neue Handelswege vermeiden wollten. Im Grunde zerstörten die Osmanen nicht nur die Tradition, sie stellten sie gleichermaßen auch wieder her. Es stimmt, ihr beispielloses Vordringen führte zu anhaltenden kriegerischen Konflikten mit dem habsburgischen Spanien, aber Kriege waren ja nichts Neues im Mittelmeerraum. Bemerkenswert ist aber, dass die Osmanen die alte imperiale Einheit des östlichen Mittelmeerraumes unter Byzanz und davor unter den Römern wiederhergestellt und sogar erweitert haben.

Osmanische Kriege im Mittelmeer

Im Frühling 1451 begann Sultan Mohammed II. mit der Errichtung eines Forts am europäischen Ufer des Bosporus, nachdem Bajasid I. die Festung Anadolu Hisari auf der asiatischen Seite bereits 1393 erbaut hatte. Er entschied sich für eine strategisch günstige Anhöhe, von der aus man die engste Stelle des Bosporus überblickte, und nannte sie Boghaz-kesen, „der die Meerenge durchschneidet" oder „Gurgelabschneider". Heute ist der Ort als Rumeli Hisar bekannt. Drei gewaltige Kanonen, die größten, die es bis dahin gegeben hatte, wurden auf einem der Festungstürme aufgestellt. Mit je einer Festung an beiden Ufern des Bosporus kontrollierte Mohammed II. den Schiffsverkehr zwischen Schwarzem Meer und Mittelmeer. Bald darauf erklärte er, jedes Schiff, das hier durchfuhr, müsse zwecks Inspektion anhalten, andernfalls würde man es versenken. Bald bot sich Mohammed II. die Gelegenheit zu zeigen, wie ernst er es meinte. Im November 1451 passierte eine venezianische Kogge die Meerenge ohne anzuhalten. Aus den großen Kanonen gefeuerte 400–600 Pfund schwere Kugeln versenkten das Schiff. Die Seeleute wurden zum Sultan gebracht, enthauptet und der Kapitän Antonio Rizzo gepfählt. Die Vernichtung des venezianischen Schiffes durch Mohammed II. war die erste eindrucksvolle Machtdemonstration für die Überlegenheit der Artillerie auf See im Mittelmeer. Die Strategie des Beschusses eines in Ufernähe segelnden Zieles vom Festland war aber noch immer Teil herkömmlicher Kriegsführung. Diese Verbindung von Alt und Neu war übrigens ein Merkmal des 16. Jahrhunderts und bietet damit einen angemessenen Einstieg in die Geschichte der Osmanen als mediterrane Großmacht.

Im 16. Jahrhundert dehnte das Osmanische Reich seine Grenzen über den Balkan und die Ägäis hinaus und stieg zu einer mediterranen Großmacht auf. 1516/17 besiegte Sultan Selim I. die Mamelucken, nahm Ägypten und Syrien und damit die gesamte levantinische Küste ein. An der nordafrikanischen Küste hatte der Pirat Chair üd-Din Barbarossa, ein islamisierter Grieche („Renegat"), die Spanier aus Algier vertrieben, das er 1519 der Oberhoheit des Osmanischen Reiches unterstellte. In den 1530er-Jahren eroberte Chair üd-Din Barbarossa, nunmehr als Oberbefehlshaber der türkischen Flotte, unter anderen ägäischen Inseln auch Kreta und Chios, obwohl wichtige venezianische und genuesische Kolonien fortbestanden. Im Zuge ihrer Expansion führten die Osmanen wiederholt Kriege gegen Venedig und Spanien, ihre Erzfeinde im Mittelmeer. Im 16. Jahrhundert wechselten etli-

Rumeli Hisar, die uneinnehmbare Festung, wurde auf Befehl von Mohammed II. kurz vor Beginn der Belagerung Konstantinopels 1453 errichtet. Zusammen mit einem Fort am anderen Ufer des Bosporus sicherte es dessen völlige Kontrolle und versperrte damit den Zugang der westlichen Händler zum Schwarzen Meer.

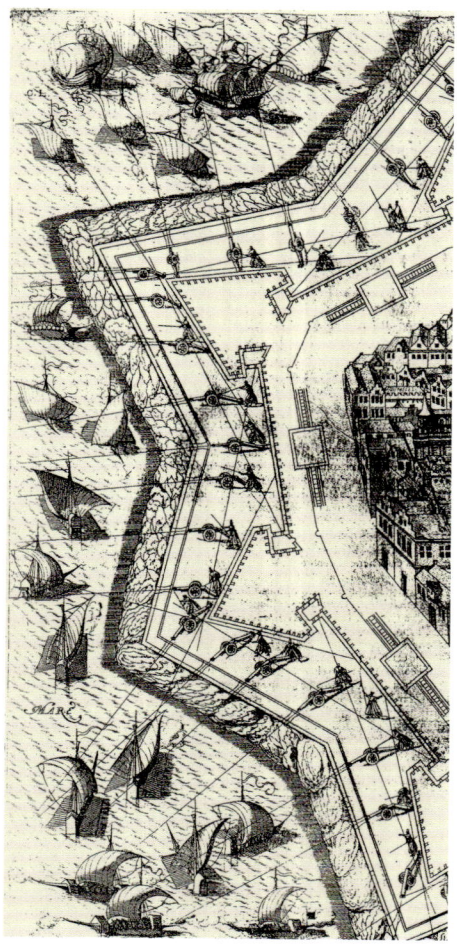

che Territorien im Mittelmeer ihren Besitzer oder waren hart umkämpft. Philipp II. von Spanien gelang es nicht, 1560 Dscherba einzunehmen, und fünf Jahre später gaben die Osmanen die Belagerung Maltas auf. Algerien war seit 1556 zwar dem Sultan unterstellt, die Küste um Oran blieb dennoch bis 1708 in spanischer Hand. Ohne territoriale Veränderungen blieben einige Seeschlachten, wie z. B. jene von Lepanto (1571), als eine abendländische Flotte unter spanischem Befehl die Türken schlug.

Welches war nun die Lage der Osmanen und Spanier nach ihren wiederholten Konfrontationen im Mittelmeer? Obwohl oft behauptet wird, dass die Türken im 17. Jahrhundert die Oberherrschaft über das Mittelmeer verloren, bleibt John Guilmartins Einwand von 1974 nach wie vor gültig. Weder die Spanier noch die Osmanen hatten je die Kontrolle über das Mittelmeer gehabt, also konnten sie sie auch nicht verlieren. Die strategische Denkweise hinter dem Begriff der Kontrolle zur See unterstellt, dass der Seehandel des Feindes zerstört werden müsse, um diese Kontrolle zu erlangen. Dies erfolgt zunächst durch die Vernichtung der feindlichen Flotte und zweitens durch die Blockade der gegnerischen Häfen, sodass der Feind vom Seehandel abgeschnitten wird. Keines dieser Ziele konnte jedoch im 17. Jahrhundert im Mittelmeer erreicht oder, im Wesentlichen zumindest, umgesetzt werden. Für den internationalen Handel dieser beiden Mächte waren die Seerouten im Mittelmeer nicht lebenswichtig: Spaniens Seehandel wurde vor allem über den Atlantik abgewickelt, während die osmanischen Handelsrouten übers Festland führten. Eine Ausnahme bildete lediglich die Route Alexandria – Istanbul, die die Osmanen hartnäckig schützten. Bedingt durch die Konstruktion der Galeeren neigten außerdem Konfrontationen auf hoher See zwischen feindlichen Flotten oft dazu, ohne eine deutliche Entscheidung zu enden. Selbst wenn man die feindliche Flotte hätte zerstören können, es wäre unmöglich gewesen, die Häfen des Feindes zu blockieren. Galeeren mussten ihre Proviant- und Trinkwasservorräte immer wieder erneuern, und schon allein deshalb konnten sie keinesfalls über längere Zeit hinweg auf offener See ankern. Daher scheint das da-

Die Kriegsführung veränderte sich im 16. Jahrhundert mit dem Einsatz von Kanonen, die den Bau gewaltiger Verteidigungsanlagen erforderlich machten. Auf dem Plan dieser Küstenstadt (oben) von 1599 sind zwei Verteidigungsringe erkennbar. Die äußere, dem Meer zugewandte Mauer wehrt den Beschuss durch Geschütze ab; sollte sie erstürmt werden, bietet der innere Mauerring noch wirkungsvolleren Schutz. In den einspringenden Winkeln befinden sich Geschützstellungen, die den Mauerabschnitt bis zum nächsten Turm schützen.

Der Hafen von Genua wird in einer türkischen Handschrift um 1545 mehrfach abgebildet. Die Miniatur könnte kurz vor dem Angriff auf die Stadt entstanden sein. Auffallend sind die extrem genauen Details, die möglicherweise durch einen genuesischen Verräter oder einen Kriegsgefangenen bereitgestellt wurden. Im Vordergrund eine Flotte von Galeeren mit gehissten Lateinersegeln.

222 Erstarkender Islam

Eine Schlüsselstellung nahm Malta ein, dessen strategisch günstige Lage im Zentrum des Mittelmeeres die Kontrolle über den Westen und den Osten dieser Region möglich machte. Im Jahr 1530 ließen sich die von Rhodos vertriebenen Johanniter (Hospitaliter) auf Malta nieder und wurden fortan daher auch als Malteser Ritter bekannt. Gut 35 Jahre später, 1565, leiteten die Türken einen groß angelegten Angriff mit einem fast 30 000 Mann starken Heer ein, dem weniger als 10 000 christliche Kreuzritter unter dem Befehl des Großmeisters Jean de la Vallette gegenüberstanden. Nach fünfmonatiger Belagerung mit schweren Verlusten auf beiden Seiten gaben die Türken auf und zogen sich zurück. Dieses Gemälde schildert den Angriff auf den Norden des heutigen Valletta am 25. August. Inmitten des Schlachtgetümmels steht der Großmeister mit einem großen weißen Kreuz auf seinem Umhang. Links im Bild feuert eine Batterie türkischer Kanonen auf die Festung.

mals verfolgte strategische Ziel nicht die Kaperung feindlicher Schiffe gewesen zu sein, sondern möglichst viele gegnerische Häfen zu belagern und zu kontrollieren. Je mehr Häfen sie kontrollierte, desto leichter fiel es einer kriegerischen Partei, ihre Schiffe auszurüsten, mit Proviant zu versorgen, zu schützen und möglichst zahlreich in Kampfposition aufzustellen. Guilmartin bemerkt treffend, dass die Macht zur See von der Macht auf dem Festland abhing. Befestigte Häfen waren auch wichtig als Ausgangsbasis für Überraschungsangriffe. Die Belagerung Maltas durch die Osmanen, zum Beispiel, hatte eigentlich zum Ziel, einen Stützpunkt für die Vorstöße innerhalb der Reichweite spanischer Besitzungen zu errichten. Die meisten Seeschlachten fanden daher in der Nähe eines befestigten Hafens, wenn nicht sogar innerhalb des Hafens statt und bestanden im Zusammenprall einer Flotte von Galeeren mit den Verteidigern des Hafens. Mohammeds Aktionen im Jahr 1451 folgten dieser Tradition, auch wenn in diesem Fall das Schiff zu entkommen versuchte.

Neu war der Einsatz von Kanonen, und eine Geschichte des 16. Jahrhunderts muss auch zeigen, wie Feuerwaffen die Seekriege verändert haben. Ironischerweise hatten Spanier und Osmanen schon bald Geschütze auf Galeeren aufgestellt, obwohl eigentlich eben die Verbreitung der Artillerie die Galeeren uneffektiv werden ließ. Im 16. Jahrhundert kam es auf beiden Seiten zu einer immer kostspieligeren Aufrüstung, die mit dem Auftreten gut bestückter nordeuropäischer Kriegsschiffe in eine Krise geriet. Man erkannte, dass je mehr Geschütze an Bord aufgestellt würden, desto größer und widerstandsfähiger auch die

224 Erstarkender Islam

In der Seeschlacht von Lepanto (1571) im Golf von Korinth zwischen den Türken und den verbündeten Flotten Venedigs, Genuas und Spaniens unte dem Befehl von Don Juan d'Austria (rechts) kamen zum letzten Mal Galeeren zum Einsatz. Es war eine überaus verlustreiche Schlacht, in der die Türken mehr als 25 000 Mann und die Europäer über 8000 Soldaten verloren. Obwohl Letztere als Sieger aus dem Kampf hervorgingen, waren beide Seiten so geschwächt, dass sie daraus keine Vorteile ziehen konnten und es zwischen den Mächten zu einer Pattsituation kam.
Links: *Der türkische Befehlshaber Ali Pascha auf einem Gemälde aus dem Dogenpalast in Venedig. Unter den christlichen Soldaten befand sich auch der spanische Schriftsteller Miguel Cervantes, der Verfasser des „Don Quichote", der 1575 von muslimischen Piraten gefangen genommen wurde und fünf Jahre als Sklave in Algier lebte.*

Galeeren sein müssten. Die Kriegsführung mit Galeeren sprengte alle Kosten. Extrem hoch war auch der logistische Aufwand, um eine Galeere gefechtsbereit zu halten. Mitte des 16. Jahrhunderts konnten sich die Osmanen nur bis Tunis vorwagen, da sie sich auf eine verlängerte Belagerung vor Einsetzen der Winterstürme nicht einlassen konnten.

Fernand Braudel erinnert daran, dass der Mittelmeerraum im Grunde eine an natürlichen Ressourcen arme Region ist und zahlreiche Kriege des 16. Jahrhunderts bald zu deren Verknappung führten. Osmanen und Spanier erkannten, dass sie auf Dauer nicht mehr die dafür nötigen – menschlichen und materiellen – Ressourcen zum Erhalt der Kriegsmaschinerie aufbringen konnten. Aus dieser Sicht stellte die Schlacht von Lepanto 1571, die noch ein klassischer Galeerenkrieg war, nicht sosehr einen Wendepunkt dar als das letzte Aufbäumen eines überholten Systems. Obwohl Spanien und seine Verbündeten die Osmanen besiegte, konnte es seinen Vorteil nicht nutzen und keine Schiffe ins östliche Mittelmeer entsenden. Es scheint, als wollten sich die Türken nicht auf längerfristige und groß angelegte Galeerenkriege mit Spanien einlassen, obwohl sie schon ein Jahr nach Lepanto ihre Flotte wieder aufgebaut hatten. Nach Lepanto zeigten sich Spanier und Osmanen zurückhaltend, denn keiner wollte für immer kleinere Besitzgewinne immer höhere Preise zahlen.

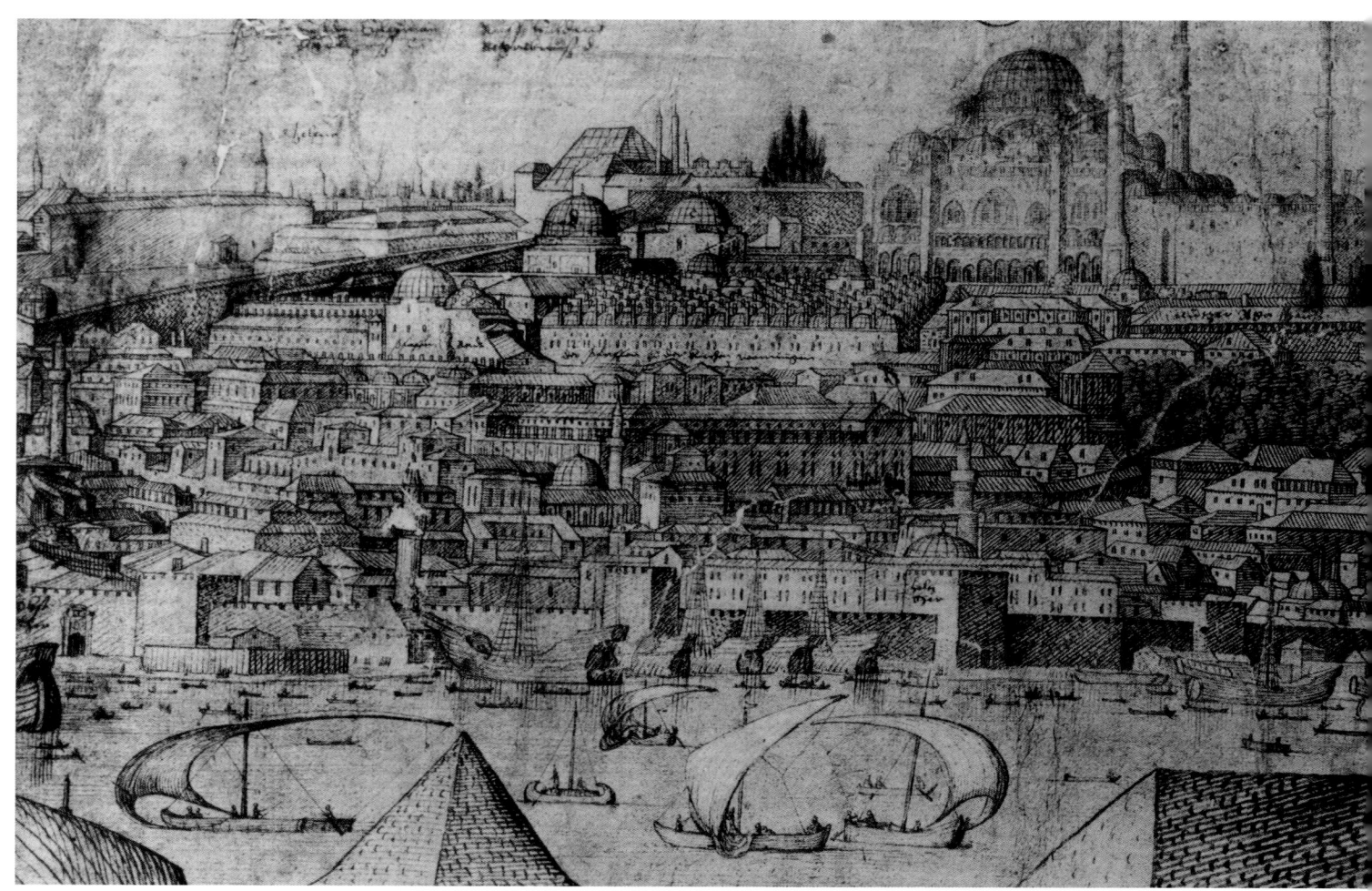

Die türkische Hauptstadt Istanbul war im 16. Jahrhundert die bevölkerungsreichste Stadt Europas. Hier lebten auch zahlreiche Kaufleute aus dem Abendland. Besonders hohe Einnahmen erzielte der Sultan aus den Zöllen, die auf den Handel mit dem Westen erhoben wurden. Bestimmte Güter aus dem Schwarzen Meer durften nicht ausgeführt werden, was sich auch auf entferntere Häfen wie Genua auswirkte. Diese Stadtansicht aus dem 16. Jahrhundert wird vom Bajazid-Moscheekomplex in der Bildmitte im Hintergrund beherrscht.

Handel im osmanischen Mittelmeer

Wie in anderen Bereichen wollten die Osmanen auch im Handel die imperiale Einheit und Ordnung wiederherstellen, die im östlichen Mittelmeer mit dem Zerfall der Großreiche und dem Auftreten kleiner Staaten verloren gegangen war. Die Sultane hatten kein Interesse, westliche und andere Kaufleute von Handelsaktivitäten im Osmanischen Reich abzuhalten, sie wollten auch keine Schranken errichten zwischen sich und dem internationalen Handel. Dies hätte ihnen nichts gebracht. Die erhobenen Zölle bildeten eine lebenswichtige Einnahmequellen für die Staatskasse, die nicht zuletzt durch die zahlreichen militärischen Aktionen auf Einnahmen angewiesen war, und natürlich waren auch die Güter selbst gleichermaßen wichtig. Sie zeigten sich entschlossen, ihre Souveränität zu behaupten, und waren daher bestrebt, die extreme Abhängigkeit zu vermeiden, die die byzantinisch-lateinischen Beziehungen im Spätmittelalter geprägt hatte.

Kate Fleet hat die überraschende Feststellung gemacht, dass die Osmanen bessere Wirtschaftsmanager gewesen zu sein schienen als andere ihrer Glaubensgenossen. Die Gründe dafür sind nicht klar. Im Gegensatz zu ihnen hatten das Papsttum und die Spanier schließlich aus ideologischen Gründen Handelstätigkeiten verboten. Unter den Muslimen war die Einstellung zum Handel auf der Iberischen Halbinsel bis zu einem gewissen Maß durch ein Laissez-faire gekennzeichnet; weniger tolerant waren dagegen die dortigen Christen. Die Lateiner, allen voran Genuesen und Venezianer, konnten nicht mehr auf völlige Gebühren- oder Steuerbefreiung oder auf ungeschränkten Zugang zu den Märkten zählen. Dieser Wandel wurde von der bisherigen Geschichtsschreibung als eine osmanische Be-

Europäer im Osmanischen Reich im 16. Jahrhundert: ein Händler aus Ragusa, dem heutigen Dubrovnik, und ein jüdischer Kaufmann.

hinderung westlicher Händler interpretiert, und so wurde uns dies auch vermittelt. Steven Runciman etwa schreibt den Niedergang genuesischer Handelskontore im Schwarzen Meer teilweise dem Umstand zu, dass immer weniger Händler bereit waren, die geforderten Zölle zu bezahlen. Die Behauptung, Mohammed II. habe nach 1453 Zölle erhoben, ist zur Zeit umstritten, denn umfangreiches Archivmaterial belegt, dass es keine genuesische Beschwerden wegen Zollgebühren gab. Es ist wieder Kate Fleet, die die Kontinuität osmanischer Politik vor und nach 1453 nachweist. Dies lässt vermuten, so Fleet, dass die Vertreibung der Genuesen aus dem östlichen Mittelmeer höchstwahrscheinlich kaum der osmanischen Politik angelastet werden könnte.

Nach der Einnahme Istanbuls 1453 waren die Osmanen bestrebt, die Handelskontakte zu erneuern, die Konstantinopel zur Blüte verholfen hatten, und behielten sogar dieselben byzantinischen Gebäude und Handelseinrichtungen bei, die schon früher dafür genutzt wurden. Dies geschah aus durchaus pragmatischen Gründen: Sie waren überzeugt, Istanbul könne wieder zu einer Weltstadt werden, und wollten ihr Ziel möglichst rasch erreichen. Und jede Diskussion über das östliche Mittelmeer unter den Osmanen muss zu allererst den außergewöhnlichen Aufschwung Istanbuls anerkennen. Im 16. Jahrhundert war Istanbul die bevölkerungsreichste Stadt Europas. Entscheidend dafür waren die Verbindungen zum Schwarzen Meer, dem Hauptlieferanten günstiger Güter und nicht mehr der relativ dicht besiedelte und ressourcenarme ägäische Raum. Es ist nicht übertrieben zu behaupten, dass Weizen, Fleisch und Salz aus den spärlich bevölkerten nördlichen Schwarzmeerküsten Istanbuls Wachstum und Wohlstand erst ermöglichten, so wie sie auch Byzanz vor 1204 zur Blüte verholfen hatten. Sultan Mohammed II. erkannte die herausragende Bedeutung des Schwarzen Meeres, als er sich selbstbewusst als „Sultan der zwei Länder und Khakan der zwei Meere" bezeichnete. Wer den Bosporus unter Kontrolle hielt, hatte schon immer versucht, auch die Oberhoheit über das Schwarze Meer zu erlangen.

Erstarkender Islam

Um Istanbuls Versorgung zu sichern, verbot Mohammed II., ausländischen Schiffen bestimmte Güter aus der Schwarzmeerregion auszuführen; dazu zählten Leder, Getreide, Baumwolle, Bienenwachs, Tierschmalz und Sklaven. Wir haben gesehen, dass jedes Schiff in Bosporus anhalten musste. Der internationale Warenverkehr dieser Region, dessen Niedergang ohnehin schon vor 1453 eingesetzt hatte, ging nach dem Fall der Stadt weiter zurück. Aber der regionale Handel erfuhr eine stürmische Entwicklung, denn in den Häfen Akkerman, Caffa, Constanța und Burgas wurden große Mengen Weizen, Rohstoffe und Sklaven für die rasch wachsende Metropole verladen.

Die Osmanen gaben sich nicht mit der Eroberung von Byzanz zufrieden. 1517 nahmen sie Ägypten ein und beendeten die Mameluckenherrschaft in der Levante; danach unterstellten sie sich auch Nordafrika, und Ägypten, neben Sizilien eine der traditionellen Kornkammern der mediterranen Welt, kam zum ersten Mal in fast 1000 Jahren unter dieselbe Herrschaft wie Istanbul. Der Getreidehandel von Alexandria nach Istanbul, den die Araber im 7. Jahrhundert unterbunden hatten, wurde nun wieder aufgenommen; als neuer Lieferant von Getreide für Istanbul kam jetzt auch das Nildelta hinzu. Ein in Istanbul wohnhafter Spanier schrieb 1581 in einem Brief an seine Angehörigen daheim, aus Alexandria seien acht Schiffe mit Getreide eingetroffen, doch würde diese Menge nur einen Tag reichen, um die Stadt damit zu versorgen.

Die Einheit des östlichen Mittelmeerraums unter den Osmanen im 16. Jahrhundert erwies sich nicht nur für die Hauptstadt als segensreich. Sie trug zur Festigung eines bereits im späten Mittelalter sich abzeichnenden Wandels bei. Während des ganzen Mittelalters war das Abendland eng in den Fernhandel mit Luxusgütern und Gewürzen aus Asien integriert, und das maurische Spanien war Umschlagplatz und Warenbörse zwischen West und Ost (eher zwischen Nord und Süd).

Eine geschlossene „Front" islamischer Staaten, die von der Iberischen Halbinsel bis Arabien reichte, verband das Mittelmeer mit dem Indischen Ozean, und Händler und Kaufleute konnten innerhalb dieses weiten Raums, der einem riesigen Binnenmarkt gleichkam, ungehindert reisen und Handel treiben. Ein lebendiges Zeugnis dafür sind die Dokumente der Kairoer Genizah, die S. D. Goitein untersuchte. Eine große Fernhandelsstraße verlief von Spanien südwärts, entlang der nordafrikanischen Küste und setzte sich dann zur See oder auf dem Festland bis zum Indischen Ozean fort. Die nördlichen Mittelmeerküsten waren zunächst an diesem Fernhandel nur gelegentlich beteiligt.

Bekannterweise setzten die spanische Reconquista und der Aufstieg der italienischen Seerepubliken dieser Welt ein Ende. Was danach geschah, wurde jedoch nicht so genau untersucht. Das Zusammentreffen von Ost und West verlagerte sich zunehmend ins östliche Mittelmeer, und dabei blieb es bis ins 17. Jahrhundert. (Berichte über das Ausbleiben des Gewürzhandels im 16. Jahrhundert erwiesen sich als verfrüht.) Muslimische und andere Händler, die früher bis zur Iberischen Halbinsel reisten, um dort Güter für den Osten einzukaufen, fanden jetzt neue Lieferanten für dieselben Waren. So etwa suchten ägyptische Sklavenhändler bereits im 13. Jahrhundert nicht mehr die spanischen Sklavenmärkte, sondern jene aus Zentralasien auf.

Die Verlagerung des internationalen Seidenhandels nach Osten war besonders kritisch in der Aufstiegsphase des Osmanischen Reiches. Im frühen 13. Jahrhundert befand sich die andalusische Seidenproduktion, der wichtigste Exportzweig des muslimischen Spanien, im Niedergang. Dazu trugen mehrere Faktoren bei, vor allem aber die Erkenntnis italienischer und muslimischer Händler bei, dass sie einen günstigeren Zugang zu byzantinischer, chinesischer und später iranischer Rohseide hatten, auch wenn innermongolische

Unaufhaltsam drangen die Türken vor und kontrollierten schließlich das gesamte östliche Mittelmeer vom Balkan bis nach Ägypten. Ihre erste Hauptstadt war ab 1326 das anatolische Bursa, das zu einem Verwaltungs- und Kulturzentrum aufstieg. Oben: *Das Grüne Mausoleum aus Bursa.*

Nach 1453, dem Fall Konstantinopels, wurden die Osmanen zu den unumschränkten Herrschern der islamischen Welt. Die europäische Seite des Bosporus, die den Weg zum Balkan und weiter nach Wien öffnete, gewann dadurch zunehmend an Bedeutung. Edirne (Adrianopel), die osmanische Hauptstadt von 1361 bis 1453, war ein bedeutendes Zentrum, als dessen Wahrzeichen die letzte von Sinan erbaute Moschee gilt. Sie wird zugleich als das Meisterwerk dieses berühmten Baumeisters angesehen.

Wir in den Handel mit China beschränkten. Italiener und Muslime zogen Vorteile aus der Pax mongolica, die die Seidenstraße nach China öffnete. Die Italiener profitierten auch dank ihrer wachsenden Kontrolle über die byzantinischen Märkte. Um 1300 bezog Italiens Seidenindustrie die meiste Rohseide bereits aus den kaspischen Provinzen Irans – später stieg es selbst zu einem großen Produzenten von Rohseide auf. Die neue Route nach Westen verlief direkt durch Anatolien. 1326 erhoben die Osmanen das in Nordwestanatolien gelegene Bursa zu ihrer Hauptstadt und wurden nun zu den Herren über diesen neuen Fernhandelsweg. Sie bauten Bursa zu einer blühenden Handelsmetropole aus: Hier trafen Osten und Westen im Seidenhandel zusammen, es wurden aber auch andere aus Asien stammende Güter gehandelt. Wie Professor Inalak schreibt, stieg Bursa „zum großen Handelsstützpunkt für den Handel mit Asien auf, überflügelte Bagdad und andere nahöstliche Zentren des Westhandels". Später, nach der Eroberung Ägyptens und Syriens, profitierten die Osmanen von den Einnahmen entlang der Gewürzstraße, die über das Rote Meer führte.

Die neue Bedeutung der östlichen Mittelmeerhäfen, die oft schon viele Jahrhunderte vor dem Aufstieg der Osmanen gegründet worden waren, diesen aber sicherlich gefördert haben, sowie die Vereinigung der nördlichen und südlichen Mittelmeerküsten unter einem Herrscher verliehen dem östlichen Mittelmeer im 16. Jahrhundert eine lange nicht mehr gekannte Dynamik. Eine hoch entwickelte regionale Wirtschaft, deren Grundlage die Versorgung Istanbuls war, existierte Seite an Seite mit den großen internationalen Handelszentren Bursa, Kairo und Aleppo, die nun zum Begegnungsort zwischen Ost und West aufstiegen.

Erstarkender Islam

Großmacht Islam

Indem sie zunächst Konstantinopel im Jahr 1453 eroberten und damit den Untergang des Byzantinischen Reiches besiegelten und später die Mameluckenherrschaft in Ägypten abschafften (1517), beendeten die Osmanen eine lange Periode politischer Zerrissenheit im östlichen Mittelmeer. Gestützt auf ihre führende Rolle in der islamischen Welt, förderten die Sultane des 15. und 16. Jahrhunderts die Entwicklung der Kultur und festigten die islamische Zivilisation in der Mittelmeerregion. Während die muslimische Welt im Mittelalter vermutlich durch Rechtsgelehrte und die Reisen der im Fernhandel tätigen Kaufleute zusammengehalten wurde, ging nun von Istanbul ein selbstbewusster, imperial geprägter Islam aus, der bis tief in die Täler des Balkans und quer übers Meer in die antiken Städte Arabiens ausstrahlte.

Auf dem Balkan setzten die Osmanen mit Nachdruck ein groß angelegtes Urbanisierungsprogramm um. Städte wie Sarajewo und Mostar im heutigen Bosnien und Herzegovina sind osmanische Gründungen, andere wiederum, wie Plowdiw (Bulgarien) und Kavala (Griechenland) entwickelten sich zu bedeutenden Handels- und Kulturzentren. Die Selimmiye-Moschee aus Edirne, das zwischen 1365 und 1453 Sitz der osmanischen Sultane war, wurde vom berühmten Architekten Sinan in der zweiten Hälfte des 16. Jahrhunderts erbaut und wird oft als Krönung osmanischer Baukunst angesehen. In allen diesen Orten errichteten die osmanischen Würdenträger, wie man es von ergebenen Dienern des Sultans nicht anders erwartete, fromme Stiftungen (*evkaf*) für Bauwerke, die für eine islamische Stadt und ein aufstrebendes Reich unerlässlich sind. Moscheen, Schulen, Badehäuser, Herbergen wurden erbaut, sowie überdachte Märkte, Aquädukte und monumentale Brücken von einmaliger Anmut, wie etwa jene aus dem Roman *Die Brücke über die Drina* von Ivo Andrić.

In der arabischen Welt ließ Sultan Süleiman II. der Prächtige (1520–1566) mithilfe der *evkaf* die Stadtmauern Jerusalems instand setzen und erweiterte uralte arabische Städte. Das mameluckische Kairo, das weitgehend aus der alten Fatimidenstadt Qahira bestand, wuchs nun über seine Grenzen hinaus. Anhand der erbauten öffentlichen Brunnen wissen

„Mare nostrum" hätten die Sultane des 16. Jahrhunderts mit Recht behaupten können, da sie alle Mittelmeerküsten mit Ausnahme der von Frankreich und Italien kontrollierten. Viele Städte auf dem Balkan wie etwa Sarajewo (rechts) waren osmanische Gründungen und bewahrten noch in den 1950er-Jahren einen orientalischen Flair.

Die antike Zitadelle von Aleppo wurde mehrfach zerstört und wieder aufgebaut. Ein recht getreues Bild davon vermittelt diese osmanische Handschrift des 16. Jahrhunderts. Inmitten der Stadt mit einem rechteckigen Grundriss erhebt sich auf einer stattlichen Anhöhe die Festung, zu der eine Brücke über einen Burggraben führt.

wir, dass die Stadtteile im Süden auf das frühe 16. Jahrhundert zurückgehen. Danach entstanden neue Viertel im Westen, jenseits des Kanals, der traditionell die westliche Stadtgrenze bedeutete. Ali Pascha Mubarak, ein Historiker des 19. Jahrhunderts, bemerkte, dass die Gerbereien der Stadt Kairo im 16. Jahrhundert an einen entlegenen Ort verlegt wurden, und führte diesen neuen Standort ausdrücklich auf die wachsende Bevölkerungszahl Kairos zurück.

Husru Pascha, der osmanische Statthalter des levantinischen Aleppo, leitete Mitte des 16. Jahrhunderts den Ausbau des Stadtviertels südlich der Zitadelle ein. Er ließ ein „Einkaufszentrum", einschließlich die große Karawanserei Qurt Bey, Warenhäuser und Läden errichten. Das geplante Bauwerk erstreckte sich über eine Fläche von über 48 000 m², und die daraus erzielten Einnahmen wurden zum Bau der nach ihm benannten Moschee von Aleppo eingesetzt.

Selbst im entfernten Nordafrika blühte das Stadtleben neu auf. Die osmanische Moschee in Algier mit ihrer mächtigen Kuppel und dem runden Minarett brachte den Geist des östlichen Städtebaus nach Nordafrika, wo die Minarette traditionell in viereckiger Bauweise errichtet wurden und grüne Ziegeln die Moschee auskleideten. Diese Prestigebauten waren Teil eines umfassenderen sozialen und politischen Vorhabens. Nach 1453 mussten die Sultane ein Reich von erheblicher Ausdehnung schützen, und dies bedeutete, dass bestimmte Personengruppen aus den Grenzfürstentümern, wo es wiederholt zu Unruhen kam, vor allem die Ghasi-Krieger und die Mitglieder des Sufi-Ordens, nun als Bedrohung galten und systematisch ausgegrenzt wurden. Daher mussten die Palastdiener und -angestellten Sendboten der osmanischen Kultur sein. Paradoxerweise vielleicht, entstanden in den Grenzregionen zwei völlig unterschiedliche geistige Ausrichtungen: einerseits die Ideologie der islamischen Grenzkämpfer, der Ghasis (Kämpfer im heiligen Krieg), und andererseits eine enge Verflechtung von muslimischer und christlicher Gesellschaft, vor allem im Rahmen der mystischen Orden. Der Aufstand der Seyh Bedrettin im 15. Jahrhundert erfasste Turkmenen, Ghasis, christliche Bauern und andere Unzufriedene, die die osmanische Herrschaft abschütteln wollten.

Es ist auffallend, dass im Westen des Mittelmeerraums Spaniens habsburgische Herrscher den in den Grenzregionen entstandenen Gesellschaften und dem christlich-muslimischen Zusammenleben ein Ende setzten, wenn auch viel dramatischer und endgültiger als sonst in anderen Regionen. Wenn man dazu noch die Festlegung der militärischen Grenzen nach der Schlacht von Lepanto (1571) hinzufügt, müssen wir uns fragen, ob es eine ähnliche Radikalität und Grausamkeit auch im kulturellen oder religiösen Bereich gab. Andrew Hess hat dazu behauptet: „Überspitzt gesagt, glaube ich, dass die Trennung der mediterranen Welt in distinkte, genau definierte kulturelle Sphären das Hauptthema ihrer Geschichte im 16. Jahrhundert gewesen ist." Hess argumentiert überzeugend in Bezug auf das Mittelmeer. Die spanische Reconquista sprengte die seit Jahrhunderten bestehenden vielschichtigen und überaus engen Bindungen der Iberischen Halbinsel mit Nordafrika, und das Mittelmeer trennte nun die christliche von der muslimischen Welt.

Im Osten präsentiert sich uns ein deutlich vielschichtigeres Bild. Vor allem haben die Osmanen die Idee einer imperialen Großmacht, wie sie im östlichen Mittelmeer so lange bestanden hatte, eher wiederbelebt als unterdrückt. Es war eher Anlass zu Stolz und ein Symbol der Macht als Zeichen der Schwäche, dass der Sultan über so viele Völker, Kulturen und Religionen herrschte. Zweitens wird oft vergessen, dass das östliche Mittelmeer der Punkt ist, wo sich nicht zwei, sondern drei Weltreligionen – Islam, Christentum und östliche Orthodoxie – begegnen.

Die erzwungene Bekehrung zum Christentum in den Jahren 1502 und 1525 hinderte die Mauren nicht, auch danach dem islamischen Glauben im Verborgenen nachzugehen und eine Reihe ihrer Traditionen weiter zu pflegen. Nach einem blutigen Aufstand vertrieb Philipp II. fast alle dieser „Morisken", wie man die Zwangsbekehrten nannte, sodass über 300 000 von ihnen nach Nordafrika auswanderten. Daran erinnert diese zeitgenössische Zeichnung.

Die heiligen Stätten des Christentums, vor allem die Grabeskirche in Jerusalem und die Geburtskirche in Betlehem (rechts), *boten immer wieder Anlass zu Konflikten nicht nur zwischen Muslimen und Christen, sondern auch unter den einzelnen christlichen Glaubensrichtungen. Im Allgemeinen unterstützten die Osmanen die griechisch-orthodoxe Kirche zum Nachteil der römisch-katholischen Kirche.*

Der Siegeszug der Osmanen wurde nicht nur als Vordringen des Islam auf Kosten der Christenheit angesehen, obwohl dies durchaus auch zutraf, sondern als willkommene Wende zulasten der lateinischen Christenheit. Zum ersten Mal seit vielen Jahrhunderten genoss die griechisch-orthodoxe Kirche, wenn auch aus Gründen der Realpolitik, die Unterstützung einer starken und aufstrebenden Militärmacht, auch wenn diese einem anderen Glauben anhing. Die Osmanen setzten die Politik fort, der die muslimischen Herrscher seit den Tagen, als Saladin im 12. Jahrhundert Jerusalem eroberte, treu geblieben waren: Sie spielten die römisch-katholische Kirche und die Ostkirche gegeneinander aus und wollten unter allen Umständen die Bildung einer gesamtchristlichen Koalition vermeiden, die ihnen gefährlich hätte werden können. Osmanen und orthodoxe Kirche verband das Interesse, auch über die Gebiete der Lateiner zu herrschen, die die Kreuzzüge ausgelöst und später in Byzanz eine dominante Rolle gespielt hatten. Bald darauf setzte das Wiedererstarken der Ostkirche ein.

Dieser Prozess vollzog sich am deutlichsten in jenen Regionen, in denen die Lateiner einst am stärksten waren, und zwar an den Küsten und auf den Inseln des östlichen Mittelmeeres (vor allem in der Ägäis) sowie in Palästina, wo die katholische Kirche während des Bestehens der Kreuzfahrerstaaten besonders einflussreich war. Im Inneren des Reiches, z. B. auf dem Balkan, herrschten dagegen völlig andere Verhältnisse.

Im Jahr 1543 übernahm der aus Istanbul angereiste Germanos in Jerusalem das Patriarchenamt. Im Zuge seiner Reformen entschied er, dass in der Kirchengemeinde die Amtssprache fortan Griechisch und nicht Arabisch sei. Keine zehn Jahre später unterstützte er die osmanischen Aktionen zur Vertreibung der Franziskaner aus dem Coenaculum. Die Würdenträger der Ostkirche verzeichneten im 17. Jahrhundert Erfolge über die katholische Kirche, so z. B. wurde der orthodoxen Kirche in Jerusalem die Kontrolle über die Geburtskirche und die meisten Stätten in der Auferstehungskirche übertragen. In den griechischsprachigen Inseln der Ägäis eroberten die Osmanen in Kriegen, die vom 15. bis ins frühe 18. Jahrhundert dauerten, sämtliche Besitztümer der katholischen Kirche. Überall wurde die entmachtete römische Kirche durch Griechisch sprechende Würdenträger und orthodoxe Institutionen ersetzt. Im Verlauf ihrer 500-jährigen Herrschaft auf Kreta ließen die Venezianer keinen orthodoxen Bischof auf der Insel zu. Nun trat eine Wende ein. In den 1530er-Jahren nahm die Ägäisinsel Naxos die osmanische Herrschaft an und stimmte der Ernennung eines griechisch-orthodoxen Bischofs durch den Patriarchen von Konstantinopel zu. Als dann 1540 ein katholischer Bischof die Insel ohne Genehmigung der Behörden betrat, wurde er verhaftet.

Die osmanische Kultur war nicht gleichbedeutend mit dem orthodoxen Islam. Sie wurzelt in einer innovativen Kombination unterschiedlichster geistig-kultureller Traditionen aus Zentralasien, Anatolien, Byzanz, Islam und Europa, die miteinander verschmolzen. Mit zunehmender Macht waren die Sultane natürlich bestrebt, die eher konservativen islamischen Traditionen zu fördern. Sie hatten aber z. B. nicht die Absicht, zum Sufismus und den Sufiritualen zurückzukehren, solange man nicht die oft so labile Stabilität von Staat und Gesellschaft gefährden wollte. Die Sultane ihrerseits unterhielten weiterhin enge Bindungen zu bestimmten Sufi-Orden, so auch Murad IV. (1648–1687). Seine Mutter war eine großzügige Gönnerin des Halveti-Ordens. Als er den Thron bestieg, wählte er den Scheich des Celveti Sufi-Ordens aus, um ihm, wie es die Tradition verlangte, das dynastische Schwert umzugürten. Mit ihm verband den Sultan eine besondere Beziehung: Der Scheich war schon der Lieblingslehrer *(pir)* seines Vaters Ahmed I. gewesen. Während seiner Herrschaft verfolgte Murad in seinem Palast stets mit Interesse die Aufführungen des *Sema*, des rituellen Tanzes der Mewlewi.

Schließlich war der osmanische Hof am Goldenen Horn auch der Schauplatz einer alle religiösen Grenzen sprengenden kulturellen Erneuerung von nicht zu unterschätzender Tragweite. Gegen Ende des 16. Jahrhunderts begannen sich die Sultane beispielsweise all-

Die Kaperei, die häufig ideologisch verbrämt war, erblühte im westlichen Mittelmeer auf beiden Seiten. Die Stadt Algier entwickelte sich zu einem berüchtigten Zentrum der Piraterie und wurde im 17. Jahrhundert zu Wasser und zu Lande wiederholt angegriffen. Die zahlreichen, seit Karl V. unternommenen Versuche, Algier zu erobern, blieben alle erfolglos.

Wenn es einem niederländischen Kapitän gelang, ein Korsarenschiff aufzubringen, so war seine Rache unerbittlich. Dieser Stich zeigt, wie die Piraten ins Meer geworfen oder in Sichtweite ihres Heimathafens auf dem Schiff gehängt werden.

mählich vom Genuss ausschließlich persischer Musik abzuwenden, die wegen des Reichtums ihrer Ausdrucksform besonders geschätzt war, und im 17. Jahrhundert entwickelten sich neue musikalische Traditionen, die Elemente türkischer, armenischer und griechischer Musik vereinten.

Handelskriege im 17. Jahrhundert

Die mediterrane Welt des 17. Jahrhunderts steht im Spannungsfeld zwischen der Ära des aufsteigenden Osmanischen Reiches und dem von Europa angeführten Aufschwung des Handels im 18. Jahrhundert. Es war die Zeit der Korsaren, zwielichtiger Konsuln und Konvertiten zweifelhafter Herkunft, eine von Historikern oft vernachlässigte Epoche, die sich eher den staatlichen Strukturen zuwandten. Im 17. Jahrhundert gelang es keiner Macht, sich als unumschränkte Herrin der Meere zu behaupten. Die italienischen Republiken hatten ihre Vormachtstellung zur See längst verloren – der Einfluss der venezianischen Handelsmarine war zwischen 1550 und 1590 auch zurückgegangen –, und Frankreich war aufgrund innerer Wirren nicht in der Lage, die Stelle der Italiener einzunehmen. In seiner grundlegenden Untersuchung zum Handel von Marseille bezeichnete Paul Masson das 17. Jahrhundert als eine Abfolge von Krisen, von denen eine jede den Handel Frankreichs in den Ruin zu stürzen drohte. Im Grunde ging der französische Handel in den östlichen Mittelmeerhäfen von 7 Millionen Pfund (1648) auf 2,5–3 Millionen Pfund (1660) zurück. Eine Erholung zeichnete sich erst nach 1685 ab. Die Niederlande und England waren zwar einflussreiche Seemächte, aber sie zeigten östlich von Italien nur sporadisch Präsenz. Erst in den späten 1630er-Jahren, bemerkte der Venezianer Bailo, gab es in Konstantinopel zwei niederländische Handelshäuser und deren Schiffe ließen sich dort nur selten blicken. „Die Schiffe dieser Nation, die nach Konstantinopel segeln, sind selten und sie unterhält dort nur zwei Handelshäuser", schrieb er. Die Osmanen hatten sogar für den Erhalt einiger wichtigen Seerouten zu kämpfen, wie der Verbindung zwischen Kairo und Istanbul. Daher war die mediterrane Welt viel zersplitterter und multinationaler, als sie es seit dem 14. Jahrhundert je gewesen war.

Unterschwellig zeichnete sich aber bereits ein Wandel ab. Manche Herrscher und vor allem Frankreichs Könige kämpften – mit Erfolg übrigens – für die Schaffung der Grundlagen eines Nationalstaates. In der ersten Hälfte des 17. Jahrhunderts versank Europa in den Wirren des Dreißigjährigen Krieges, und die Piraten beherrschten die Meere. Möglich wurde ihre Vormachtstellung insbesondere durch die Entscheidung der Osmanen und Spanier, nach den zahllosen militärischen Konflikten zwischen ihnen die Waffen vorerst ruhen zu lassen. Beide Mächte wandten sich neuen Schauplätzen zu: die Osmanen nach Osten und die Spanier der Neuen Welt.

Die nordafrikanische Küste war den Mittelpunkt muslimischer Freibeuter, während Malta den gefürchtetsten christlichen Räubern, den Rittern des Johanniterordens, Schutz bot, der seinen Sitz zuvor auf Rhodos und ursprünglich in Jerusalem hatte. Algier war die mächtigste Stadt Nordafrikas; in den 1620er-Jahren besaß es eine Flotte von über 100 waffenbestückten Segelschiffen und etwa acht Galeeren. Zusammen mit den weniger bekannten christlichen Raubrittern des Stefansordens konzentrierten die Malteser ihre Tätigkeit auf das östliche Mittelmeer. Vor der Niederlage der Türken bei Lepanto 1571 gab es keine christliche Seeräuber in osmanischen Gewässern, doch danach gefährdeten sie fast ein Jahrhundert lang den blühenden türkischen Handel. Die verlockendste Beute waren dabei die regelmäßig zwischen Ägypten und Istanbul verkehrenden Schiffskonvois. Ein Aufsehen erregender Angriff fand 1644 statt. Vor Kreta kaperten die Malteser ein von Istanbul nach Ägypten segelndes Schiff, an dessen Bord sich hochrangige osmanische Würdenträger befanden. Einige wurden getötet, darunter der Aufseher über den Harem, dessen Vermögen die Seeräuber unter sich aufteilten. Dieser Zwischenfall sowie eine günstige internationale politische Lage bewogen die Osmanen, Kreta aus Venedigs Machtbereich loszureißen und unter ihrer Herrschaft zu bringen, umso mehr als sie überzeugt waren, die Venezianer würden den Maltesern auf der Insel Unterschlupf gewähren (was Venedig jedoch heftig bestritt). Schließlich eroberten die Türken Kreta, aber ihr Sieg machte das östliche Mittelmeer kaum sicherer. Es muss sie stark verletzt und in ihrem Stolz gekränkt haben, dass 1669, im Jahr ihrer Sieges, eine Flotte unter dem Befehl eines gewissen Gabriel de Téméricourt eine große Galleone und einige kleinere Schiffe kaperte, die auf dem Weg von Istanbul nach Ägypten waren.

Die Schiffe der nordafrikanischen Fürstentümer – Tripoli, Algier und in geringerem Maß Tunis – operierten eher im westlichen Mittelmeer und sogar im Atlantik. Ihr Aufstieg im frühen 16. Jahrhundert hing untrennbar zusammen mit den Konflikt zwischen Türken und Spaniern, und diese Ausrichtung setzte sich fort, nachdem der Sultan sich vom Kampf zurückgezogen hatte. Der lange Krieg zwischen England und Spanien im späten 16. Jahrhundert bot den Nordafrikanern eine weitere Gelegenheit, sich als ernst zu nehmender Faktor in diesem Teil des Mittelmeeres zu behaupten, da die Engländer die nordafrikanischen Häfen als Stützpunkte für die Angriffe auf ihre Feinde nutzten. Während dieses Krieges strömten englische Abenteuer an die nordafrikanische Küste, und die Städte wurden damit internationaler. 1609 verzeichnete der englische Konsul in Algier die Ankunft eines großen, in Lübeck gebauten Schiffes mit einer gemischten Besatzung, bestehend aus türkischen, englischen und niederländischen Seeleuten. Englische Piraten zog es allmählich ostwärts: sie nahmen auch teil an den Angriffen auf Venedig, die die jahrhundertelange venezianische Vormachtstellung in der Levante zerstörten.

Im weiteren Verlauf des Jahrhunderts wurden die nordafrikanischen Fürstentümer mit einer anderen Überraschung konfrontiert. Eine wachsende Zahl niederländischer und englischer Schiffe passierte die Straße von Gibraltar, um anfangs mit den nord- und mittelitalienischen Städten und später mit den Osmanen Handel zu treiben. Diese großen Schiffe waren, zusammen mit kleineren französischen Schiffen, ein überaus verlockendes Ziel, das sie sich nicht entgehen ließen; und die Angriffe „barbarischer Piraten" (wie man sie in Europa nannte) auf europäische Schiffe entwickelten sich zu einem Hauptmerkmal der mediterranen Welt des 17. Jahrhunderts.

Trotz der Aktivität der Piraten, die (auf beiden Seiten) ihr Tun religiös zu rechtfertigen versuchten, wäre es falsch, eine scharfe Trennung zwischen Christentum und Islam vorzunehmen, ähnlich dem Gegensatz der Rivalität zwischen Spanien und Osmanischen Reich der das 16. Jahrhundert geprägt hatte. Es war ebenso wahrscheinlich, dass christliche Piraten christliche Schiffe angriffen; das beste Beispiel hierfür ist der geschlossene Angriff auf Venedig, und der Verkauf von „Passierscheinen" für eine sichere Durchfahrt (um deren Besitzer vor Piratenangriffen zu schützen) war quer durch alle Religionen verbreitet. Das belegen auch die in jener Zeit verbreiteten so genannten Kaperbriefe, durch die ein Land die eigenen Korsarenschiffe ermächtigte, Handelsschiffe anderer Nationen anzugreifen und zu plündern. Nordafrikanische Korsaren pflegten solche „Passierscheine" selbst an die Malteser zu verkaufen, und der französische Kaufmann D'Arvieux bemerkte, ziemlich erstaunt, in Tunis in der zweiten Hälfte des 17. Jahrhunderts: „Die Häfen dieses Königreichs stehen der ganzen Welt offen ... Die Malteser, obzwar unversöhnliche Feinde der Tunesier und aller Barbarenvölker ... kommen hierher mit ihren gehissten Flaggen."

Als Reaktion auf den von katholischen Würdenträgern aus dem Heiligen Land ausgeübten Druck verboten die Kreuzritter 1647 den maltesischen Schiffen, sich der palästinen-

Nach dem Abzug der Türken aus Malta wurde die Insel zu einer uneinnehmbaren Festung ausgebaut. Die ursprüngliche Siedlung befand sich auf zwei Landzungen auf der linken Seite dieses Stadtplans. Die große Landzunge in der Mitte entwickelte sich zur Stadt Valletta. Sie war vor allem landseits von gewaltigen Schutzwällen umgeben, die auch heute noch zu den eindrucksvollen Beispielen vergangener Militärarchitektur zählen.

Erstarkender Islam 237

Die Christen gingen ebenso unverhohlen der Kaperei nach wie die Muslime. Die Johanniter, auch Malteser genannt, nahmen für sich das Recht in Anspruch, Moriskenschiffe zu plündern, sie schreckten aber auch nicht davor zurück, andere christliche Schiffe anzugreifen. Nur durch die gemeinsame Anstrengung Frankreichs und des Papstes (als nominellem Oberhaupt der Johanniter) konnte diesem unhaltbaren Zustand ein Ende bereitet werden. Oben: Grabmal des Gianpaolo Lascaris Castellar, der 25 Jahre lang Großmeister des Johanniterordens war und im Alter von 97 Jahren starb.

sischen Küste auf weniger als zehn Meilen zu nähern; 1697 wurde die Verbotszone auf 50 Meilen erweitert. 1679 gab König Ludwig XIV. einen Erlass, der es französischen Bürgern verbot auf, maltesischen Piratenschiffen Dienst zu leisten, die in der Levante kreuzten. Außerdem zwang er die Ritter, dass ihre Schiffe das östliche Mittelmeer verließen. Die gemeinsamen Bemühungen des Papstes und insbesondere Frankreichs waren schließlich erfolgreich: Sie setzten dem katholischen Kaperwesen im östlichen Mittelmeerraum ein Ende, obwohl es noch bis 1740 dauerte, als der Großmeister des Ordens auch formell erklärte, dass es keinen Korsaren fortan mehr gestattet sei, in der Levante zu kreuzen. Interessanterweise waren es eher zwei christliche Mächte und nicht die Osmanen, die die letzten Nachfahren der Kreuzritter im östlichen Mittelmeer zügelten. Welches waren ihre Beweggründe gewesen?

Recht aufschlussreich ist der Fall des Papsttums. Es wollte die Christen im Vorderen Orient beschützen und auch öffentlich deutlich als Schutzmacht auftreten. Genauso wollte es auch die Johanniter, die immerhin ein päpstlicher Orden waren, in die Schranken weisen, was aber nicht immer den Wünschen Roms entsprach. Die Könige Frankreichs hatten eine andere Motivation. In den 1660er-Jahren herrschte in Frankreich wieder Frieden und Jean-Baptiste Colbert, der Finanzminister des Königs, kämpfte für die Expansion des französischen Handels im Mittelmeerraum. Das bedeutete vor allem mehr Geschäfte mit dem Osmanischen Reich, und in diesem Kontext bildeten die Johanniter einen Störfaktor. Die Ritter, die ihren Idealen der Kreuzfahrerzeit treu geblieben waren, nahmen für sich das Recht in Anspruch, Handelsbeziehungen zwischen Christen und Muslimen zu untersagen und zu bestrafen, selbst wenn die betreffenden Schiffe seiner christlichen Majestät gehörten. Im Zeitalter der Expansion des französischen Handels war dies nicht mehr hinnehmbar. Druck auf die Johanniter auszuüben war ein Mittel unter vielen, das die französische Krone anwandte, um das Kräfteverhältnis im Mittelmeerhandel so zu verändern, dass der Handel fortan dem Wohle des Staates und nicht dem irgend welcher dubioser Individuen dienen sollte. Im letzten Viertel des Jahrhunderts durften Korsaren aus Nordafrika und Malta keine französischen Schiffe mehr aufhalten und nach Personen oder Gütern durchsuchen, deren Transport nach den Regeln des Corso nicht erlaubt war. Gleichzeitig verschärfte der Staat die Kontrolle über die französischen Konsuln im Mittelmeerraum und sicherte der Handelskammer von Marseille die Jurisdiktion über alle französischen Bürger in der Levante zu. Ludwig XIV. versuchte im ganzen Mittelmeerraum die durch Heirat, Besitz und Religion eingegangenen Bindungen der Franzosen mit den Einheimischen aufzubrechen. Die Koppelung dieser Politik mit dem Aufbau des Nationalstaats kommt deutlich zum Ausdruck in den Worten des königlichen Gesandten Pitton de Tournefort über die französische Kolonie auf der Ägäisinsel Sikinos, die er 1700 besuchte: „Es gibt keine härtere Strafe für einen alten Sünder, als in Griechenland zu heiraten, und meist heiraten sie Frauen ohne Tugenden oder ohne Besitz; und dennoch begegnet man vielen, die das tun, trotz des entschiedenen Verbots des Königs, der, um der Ehre der Nation Willen, den überaus weisen Befehl gegeben hat, dass keiner seiner Untertanen in der Levante ohne die Genehmigung des königlichen Botschafters oder eines seiner Gesandten heiraten dürfe." Mit anderen Worten: Der Staat verteidigte nicht nur den staatlichen Handel im Mittelmeer, der Handel trug vor allem im 17. Jahrhundert auch maßgeblich zur Festigung des Staates bei. Die Bestrafung der zwei großen Korsarenstädte Valletta und Algier machte im 18. Jahrhundert nicht nur das Meer sicherer, auch wenn dies ein wichtiges Anliegen war; sie zielte auf die Ausschaltung zweier multinationaler Gesellschaften ab, die nach religiösen Grundlagen organisiert waren, zugunsten von Handelsgemeinschaften, die durch nationale Kriterien definiert wurden.

Livorno, „die ideale Stadt und aller Vaterland", war eine Gründung der Familie Medici und stieg rasch zu einem multinationalen Handelszentrum auf. Fremde Kaufleute wurden unterstützt, sich hier niederzulassen, indem ihnen Steuernachlässe, gesetzliche Privilegien und Glaubensfreiheit zugesichert wurden. Die Stadt entwickelte sich zu einer Drehscheibe zwischen Osten und Westen. Dieses Bild mit der Ansicht des Hafens stammt aus dem Jahr 1604.

Livorno und Smyrna

Das 17. Jahrhundert war Zeuge des Aufschwungs zweier Handelsstädte, die es verstanden hatten, aus den Wirren der Zeit Nutzen zu ziehen. Livorno und Smyrna (heute Izmir) waren ein Symbol ihrer Zeit, so wie einst Genua und Venedig stellvertretend für die blühenden norditalienischen Seerepubliken standen. Der Hafen von Livorno, der es von einer knapp 500 Einwohner zählenden Siedlung Mitte des 17. Jahrhunderts zu einem Handelszentrum mit über 12 000 Einwohnern gebracht hatte, war das Werk der Medici-Familie aus Florenz. Beginnend mit Ferdinand I. (1587–1609) waren die Medici nicht zuletzt auch deshalb erfolgreich, weil sie die Probleme ihrer Zeit innovativ angingen. Auf dem Höhepunkt ihrer Macht hatten Genua und Venedig protektionistische Maßnahmen zum Schutz ihrer eigenen Händler und Schifffahrt erlassen, die die Fremden von diesen Geschäften ausschlossen; so etwa wurde einem kretischen Händler namens Costa Michel, dem es gelungen war, im frühen 14. Jahrhundert eine Schiffsladung Pfeffer nach Venedig zu bringen, die ganze Fracht beschlagnahmt, weil sein Name nicht auf einer Liste der Bürger Venedigs stand. Im 17. Jahrhundert war die Vitalität der italienischen Handelsstädte und ihre Schiffs-

Erstarkender Islam 239

kapazität im Niedergang begriffen. Der Schlüssel zum Erfolg lag nicht im Ausschluss der Fremden, sondern darin, sie zu überzeugen, sich im eigenen Hafen und nicht dem des Nachbarn niederzulassen. Dies fiel insbesondere traditionsreichen Städten wie Venedig schwer, die mit ihren verkrusteten hierarchischen Strukturen dem Neuen nicht so aufgeschlossen waren und Fremden keine Privilegien anboten, vielmehr die eigenen Händler schützten.

Livorno kannte nicht diese Bürde der Vergangenheit. Die Medici verabschiedeten 1591 und 1593 eine Reihe von Privilegien, die *Livornine*. Diese Gesetze luden fremde Händler ein, sich in Livorno niederzulassen, gewährten ihnen Handelsfreiheit, Steuerfreiheit, günstige Wohnmöglichkeiten, Lagerräume und eine relative Glaubensfreiheit. Besondere Aufmerksamkeit wurde den aus Spanien geflohenen Juden geschenkt, die sich bis dahin in Nordafrika oder in der Levante angesiedelt hatten, da sie die idealen Mittler zwischen der Toskana und dem Osmanischen Reich waren. Während multinationale Hafenstädte bei den Osmanen nichts Ungewöhnliches waren, waren sie im christlichen Europa die Ausnahme, und Livorno galt nun als „ideale Stadt und aller Vaterland" *(la città ideale e la patria di tutti)*. Die Medici förderten Livorno nachhaltig auch als Freihafen (porto franco), in dem der Transithandel nicht besteuert wurde und fremde Kaufleute, die sich hier niederließen, geringere Gebühren als anderswo zahlten. Die *Livornine* profitierten auch von einer Getreideknappheit im Mittelmeer, die Italien hart getroffen hatte. Erstmals kam es zu massiven Getreidelieferungen aus Nordeuropa – Deutschland, Polen, England – und der Großherzog der Toskana agierte als Vorreiter in diesem Bereich. 1590 war er der erste italienische Herrscher, der Handelsagenten nach Danzig sandte (Venedig sollte bald folgen) und mit der Zeit stieg Livorno zum wichtigsten Getreideumschlagplatz auf. Es überraschte also nicht, dass Händler aus dem Norden eingeladen wurden, sich in Livorno niederzulassen. Bald wurde die Stadt auch von den Engländern entdeckt, die Livorno den etwas seltsamen Beinamen „Leghorn" gaben.

Während Livorno in hohem Maß vom Transithandel zwischen Ost und West profitierte, nutzte es auch seine Nähe zu den Häfen Nordafrikas. Im 17. Jahrhundert war es eng verstrickt mit der Kaperei, die die Nord- und Südseite des Mittelmeeres miteinander verband. Ein venezianischer Bericht von 1624 erklärte die Funktionsweise: „Livorneser, Korsen,

Die unglücklichen Gefangenen beider Seiten wurden zu Sklaven. Die Ritter vom Stefansorden machten es sich zur Aufgabe, von Muslimen gefangen genommene Christen zu befreien, was sie jedoch nicht hinderte, ihrerseits Mauren gefangen zu nehmen. Ein faszinierender Zyklus von Zeichnungen aus der Hand von Ignazio Fabroni, einem Ritter des Stefansordens, hält das Leben auf dem Schiff zwischen 1684 und 1688 fest. Die Zeichnung zeigt eine Gruppe von Muslimen, von denen einer angekettet ist, die mangels Wind auf dem Schiff entspannt sitzen.

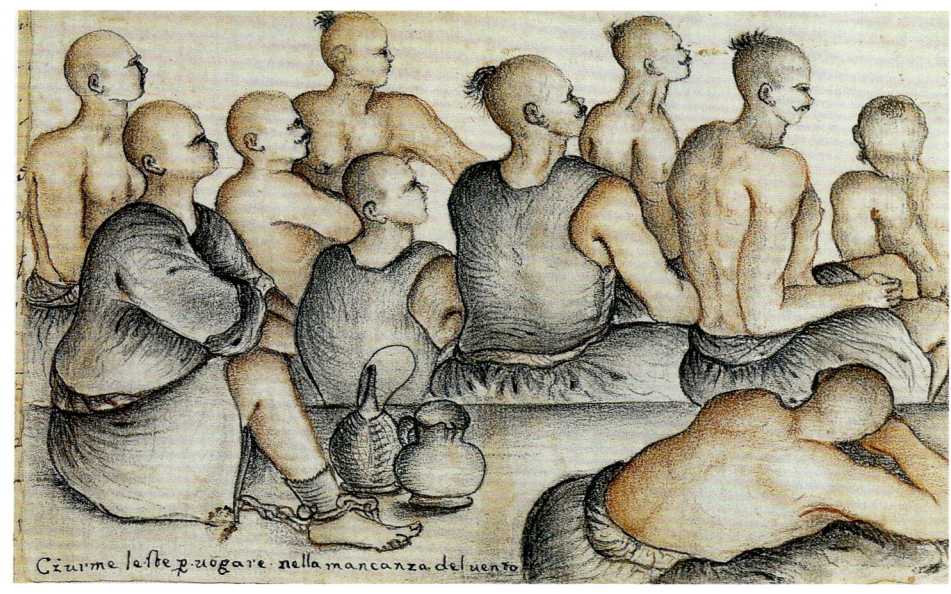

Leidende Mauren, angekettet und hilflos oder unter erdrückenden Lasten leidend, wurden zu einem bevorzugten Motiv barocker Plastiken – stellvertretend für die Leiden, die die Christen in muslimischer Gefangenschaft zu erdulden hatten. Diese Bronzefigur von Pietro Tacca, einem Bildhauer des frühen 17. Jahrhunderts, schmückt das Denkmal des Großherzogs Ferdinand I. de Medici in Livorno, der sich um den Kampf gegen die barbarischen Piraten verdient gemacht hat.

Genuesen, Franzosen, Flamen, Engländer, Juden, Venezianer und andere Händler haben sich in Algerien und Tunesien niedergelassen. Sie kaufen alle gestohlenen Güter auf, schicken sie in den Freihafen Livorno und von dort werden diese in ganz Italien vertrieben."

Diese Praktiken waren zwar allbekannt und weit verbreitet, wurden aber aus leicht nachvollziehbaren Gründen nicht öffentlich genannt. Öffentlich unterstützten die Medici den Kampf der Christen gegen die Ungläubigen, förderten gleichzeitig aber in Livorno die religiöse Toleranz. Livorno war auch Sitz des 1562 gegründeten Stefansordens. Dank der Raubzüge der Ordensritter blühte in Livorno der Handel mit gefangenen türkischen oder nordafrikanischen muslimischen Sklaven, und Cosimo II. (1609–1621) stellte sicher, dass stets zehn Galeeren für Kaperfahrten zu solchen Zwecken bereitstanden. So etwa

Das osmanische Gegenstück zu Livorno war Smyrna (heute Izmir) an der Westküste Anatoliens. In der ersten Hälfte des 18. Jahrhunderts stieg die Einwohnerzahl Smyrnas um das Achtfache, und vor allem niederländische, englische, französische und italienische Kaufleute ließen sich hier nieder. Wie andernorts waren auch hier die wirtschaftlichen Interessen stärker als die religiösen Bedenken. Die Szene im Vordergrund schildert einen Empfang beim niederländischen Konsul in der Zeit um 1665.

plünderten die Ritter 1607 Bône, den wichtigsten ostalgerischen Hafen, wobei sie 470 Menschen töteten und 1500 als Sklaven gefangen nahmen.

Der Hafen Smyrna (Izmir) an der westanatolischen Küste wies trotz eines verschiedenen Umfelds im 17. Jahrhundert eine verblüffende Ähnlichkeit mit Livorno auf. Im 16. Jahrhundert war Smyrna noch eine unbedeutende Hafenstadt. Jeder noch so kleine Überschuss an landwirtschaftlichen Erzeugnissen nahm den Weg nach Istanbul. Der Sultan förderte dieses Vorgehen, da er sich um die Versorgung der Hauptstadt sorgte und eine Ausfuhr der Nahrungsmittel in den Westen verhindern wollte. Im späten 16. Jahrhundert machte sich jedoch ein Wandel bemerkbar. Es hatte zu jeder Zeit einige westliche Händler gegeben, die hier aktiv waren; anderseits begünstigte die stark zerklüftete Küste mit den vielen vorgelagerten Inselchen den Schmuggel, der Teil des Alltags war. Mit den wiederholten Getreidekrisen in den 1590er-Jahren stieg die Anzahl westlicher Händler – zunächst Venezianer, gefolgt von Niederländern, Engländern und Franzosen – an und damit auch die Schmuggeltätigkeit, deren Zentrum Smyrna war. Den getreidehungrigen westlichen Händlern und ihren türkischen Gehilfen kamen dabei die in jener Zeit in Westanatolien häufigen Celali-Aufstände zugute, die bis ins 17. Jahrhundert andauerten. Die osmanische Verwaltung hatte kaum die Möglichkeit, die Versorgung der Hauptstadt mit Grundnahrungsmitteln (zu staatlich festgesetzten Niedrigpreisen) mit Gewalt durchzusetzen, wie es früher der Fall war, sodass die Lieferanten in der Provinz dies umgehend ausnutzten. Eine Urkunde von 1592 berichtet von einem „Gauner und Räuber" namens Firincioglu Reis, der sich als Kapitän einer Galeere des Sultans ausgab und geschickt worden sei, Getreide für Istanbul zu kaufen. Er kaufte große Mengen zum offiziellen Niedrigpreis auf, verschwand dann und verkaufte sie an westliche Händler zu weit höheren Preisen, was ihm einen enormen Profit bescherte. Ursprünglich vom Getreide angezogen, entdeckten die westlichen Händler bald, dass Westanatolien auch andere Produkte zu bieten hatte, z. B. Honig, Obst, Nüsse, Baumwolle und Tabak. Später im 17. Jahrhundert wurde Smyrna berühmt als Umschlagplatz für Seide aus Fernost. Begünstigt durch die Nachfrage des Westens nach bestimmten Gütern und die mangelnde Sicherheit in Anatolien erfuhr Smyrna eine stürmische Entwicklung. 1600 zählte die Stadt weniger als 500 Einwohner, doch 1650 waren es bereits 30 000–40 000. Während es 1600 noch keine westlichen Konsuln hier gab, waren um 1620 bereits die Niederlande, Frankreich, England und Venedig in Smyrna vertreten.

Wie Livorno war auch Smyrna eine junge Stadt, die im 17. Jahrhundert traditionsreiche Handelszentren wie Aleppo bald überflügelte. Und wie in Livorno so waren es die Neuankömlinge, vor allem jene aus Nordeuropa, besonders Engländer und Niederländer, die die Entwicklung vorantrieben. Sie bevorzugten Smyrna, zum Teil wegen der noch nicht fest gefügten Verbindungen und Strukturen, die nicht, wie anderswo, von Venezianern oder Händlern aus Marseille dominiert waren. Natürlich lebten in Smyrna auch Venezianer, doch zeigten sie sich weniger anpassungsfähig an die neuen Bedingungen des 17. Jahrhunderts als etwa Niederländer und Engländer, die es bald zu Wohlstand brachten. Gefangen in den Zwängen ihrer überkommenen Bürokratie und Gewohnheiten, klagten die Venezianer in Instanbul über Räuber und korrupte Behörden, die ihre Handelsaktivitäten behinderten. Die Engländer und Niederländer bezahlten eben diese Menschen und arbeiteten zielstrebig am Ausbau ihrer Kontakte ins Hinterland. Dazu zählte die Rekrutierung einheimischer Mittelsmänner – Juden, Griechen und Armenier – und so greift das Smyrna des 17. Jahrhunderts dem Auftreten nicht islamischer, vor allem christlicher Gemeinden voraus. Diese Entwicklung war ein für das östliche Mittelmeer spezifisches Merkmal. Die jüdische Gemeinde Smyrnas erlebte eine kulturelle Blüte durch den Zuzug zahlreicher

Das alte Smyrna *war vor dem 17. Jahrhundert ein beschaulicher Hafen, wohin die Bauern Anatoliens ihre Erzeugnisse brachten, die dann weiter nach Istanbul befördert wurden. Dieser französische Stich von 1575 zeigt, wie Kamele mit Ballenware beladen werden. Erst nach 1590 gewann der Handel mit Europa an Bedeutung; besonders Gewinn bringend war dabei der Handel mit Getreide, das, anstatt nach Istanbul zu gelangen, oft zu stark erhöhten Preisen ausgeführt wurde.*

Juden spanischer Herkunft. In der Stadt lebten auch jüdische Handwerker, und im 17. Jahrhundert wurde Smyrna zum Zentrum des jüdischen Druckgewerbes und des jüdischen Mystizismus; hier wurde Shabbetai Tevi geboren, der behauptete, der Messias zu sein, und schon bald zahlreiche Anhänger fand.

Livorno und Smyrna waren beide junge Städte, in denen fremde Kaufleute sich nicht scheuten, mit Piraten Geschäfte zu machen, dennoch gab es einen grundlegenden Unterschied zwischen ihnen: Livornos kommerzieller Wohlstand war Ausdruck der erfolgreichen Umsetzung der Pläne des toskanischen Großherzogs, während der Aufschwung Smyrnas, von dem zweifellos etliche osmanische Einzelpersonen profitierten, nicht das Ergebnis offizieller osmanischer Politik war, sondern vielmehr in Gegensatz zu den Interessen Istanbuls stand. Diese Feststellung will nicht das überholte Bild vom osmanischen Niedergang wieder aufleben lassen. Neueste Forschungen haben nämlich gezeigt, dass die Osmanen es durchaus verstanden, aus der wachsenden Kommerzialisierung des östlichen Mittelmeeres Nutzen zu ziehen. Das ändert jedoch nichts an der Tatsache, dass die Regeln der neuen Zeit nicht von Istanbul ausgingen.

Neue „Invasoren" aus Nordeuropa drangen im 18. und 19. Jahrhundert in den Mittelmeerraum ein – keine wilden Barbaren, sondern kultivierte Adlige und reiche Kunstliebhaber, für die die Grand Tour die krönende Belohnung einer humanistischen Ausbildung war. Sie kamen mit Plinius und Vergil in den Taschen und einem Erzieher oder Cicerone an der Seite. Ihr Hauptziel war Rom, aber viele besuchten auch Mailand, Florenz, Venedig und Neapel. Goethe unternahm diese Reise zwischen September 1786 und April 1788. Auf diesem Gemälde von Jacob Philipp Hackert ist er zu sehen, wie er das Kolosseum betrachtet. Der Mann neben ihm mit der Mappe ist wahrscheinlich der Maler Tischbein, sein Freund und Führer.

Eine zweite Invasion von außerhalb des Mittelmeeres war wirtschaftlicher und imperialistischer Natur. Während Großbritannien, Frankreich, Spanien und die Niederlande allmählich die ganze Welt erschlossen, wurde das Mittelmeer bloß ein einzelner Aspekt einer umfassenderen europäischen und universalen Geschichte. Im 19. Jahrhundert wurde das Binnenmeer nicht von einer mittelmeerischen Nation beherrscht, sondern von den Briten, die es ihrerseits zu Recht „Mare Nostrum" hätten nennen können. Es war auf dem Weg, vom Zentrum der zivilisierten Welt zu einem toten Wasser zu werden.

Unter den Osmanen. Konstantinopel war eine der kosmopolitischsten Städte der Welt. Hier lebten Angehörige fast aller Völker, die jeweils ihr bevorzugtes Wohngebiet hatten. Eine Folge französischer Stiche aus dem 17. Jahrhundert präsentiert die Vertreter der einzelnen ethnischen Gruppen. Dieser Stich zeigt eine jüdische Frau.

DIE IM VORIGEN KAPITEL BEHANDELTE EPOCHE, die im Zeichen des Seeräuberunwesens und der Konfrontation zwischen dem habsburgischen Spanien und der osmanischen Türkei stand, erlebte auch Bevölkerungsverschiebungen und demographische Krisen. Eine Ursache der Krise war die Beulenpest, die im 16. Jahrhundert weitgehend überwunden war, aber um die Mitte des 17. Jahrhunderts mit Macht zurückkehrte; ihre Auswirkungen in Mailand wurden von dem italienischen Schriftsteller Alessandro Manzoni in seinem 1827 erschienenen Roman *I promessi sposi* („Die Verlobten") anschaulich geschildert. Dafür studierte er gewissenhaft die Archive der Stadt, wo nach seiner Überzeugung zwei Drittel der Einwohner von der Pest befallen waren. Doch wenn es auch in der gesamten Region nicht so viele größere Ausbrüche wie im 14. und 15. Jahrhundert gab, scheint die Seuche in manchen Gegenden endemisch geworden zu sein, etwa in Smyrna, wo die Kaufleute der Stadt sie anscheinend als eine unabwendbare Tatsache des Lebens oder vielmehr des Todes hinnahmen.

Insgesamt aber scheint das erneute Aufflackern der Pest ein geringes, doch stetiges Bevölkerungswachstum vom späten 15. Jahrhundert an nicht gehemmt zu haben, was den Getreidebedarf anregte und in Regionen wie Sizilien den Getreidehandel wieder belebte. Holländische und andere Kaufleute nördlich der Alpen fanden es rentabel, nordeuropäisches Getreide zum Mittelmeer zu bringen. Dass in der frühen Neuzeit eine erheblich größere Zahl von Kaufleuten aus dem Norden im Mittelmeerraum tätig war, spiegelte auch den relativen Niedergang der traditionellen Handelsmächte in der Region wider. Ob die Katalanen bereits 1450 eine erschöpfte Kraft im internationalen Handel waren, ist fraglich, aber spätestens 1650 waren sie es eindeutig, umso mehr als politische Unruhen in Katalonien der Wirtschaft schadeten und die Kastilisierung einer einst stolzen Kultur beschleunigten. Genua bediente nun vorrangig den transatlantischen Handel über Sevilla und stellte Bankdienste für die Habsburger in Spanien bereit, blieb allerdings eine außergewöhnlich mächtige Wirtschaftsmacht in Gebieten wie dem spanischen Königreich Neapel. Mit der Ausweitung seiner Textil- und Glasindustrie und der zunehmenden Neigung der Patrizierfamilien, nicht in den Fernhandel zu investieren, sondern in Ländereien auf der Terraferma, die tief in die lombardische Ebene hineinreichten, stellte Venedig seine Wirtschaft um; durch das Versäumnis, eine aggressive Heiratspolitik zu verfolgen, blieben viele venezianische Adlige unverheiratet, während adlige Frauen ins Kloster gingen, sodass mehrere führende Familien bis zum 18. Jahrhundert erloschen.

Ein weiterer demographischer Wandel war das Ergebnis der religiösen Konflikte, die den Mittelmeerraum spalteten. Die unvollständige Vertreibung von Nichtchristen aus Spanien nach dem Fall des maurischen Granada 1492 zeitigte nachhaltige Folgen in Valencia und Aragón, Gebiete, die Ferdinand der Katholische ohne die offizielle Hilfe seiner ersten Frau Isabella regierte. Dort durften Muslime, teils aus steuerlichen Gründen, ihre Religion ausüben, bis die Existenz zahlreicher Zwangsbekehrter, die während des Aufstands der Germanías getauft worden waren, Karl V. 1525 veranlasste, den Islam in Aragón und Valencia zu verbieten. Kaum Beachtung fand die Christianisierung dieser maurischen Bevölkerung, seitdem als Morisken bezeichnet, und Versuche, sie zum Tragen christlicher Tracht zu zwingen und „maurische" Praktiken wie die traditionellen Tänze zu verbieten, waren wenig erfolgreich; viele christliche Geistliche hatten sogar Angst, ihr Amt in Moriskendörfern anzutreten. Das hatte zur Folge, dass der Islam in Spanien alles andere als vernichtet war, obwohl die Inquisition die Morisken verfolgte, wenn sie keine Marranen (heimliche Juden), Protestanten und Hexen ausfindig machte. Die Wurzel des Problems lag darin, dass niemandem sehr daran gelegen war, die Ostküste ihrer zahlreichen fleißigen Bevölkerung zu berauben: Dort stellte man weiterhin die unverwechselbare spanisch-moriskische Keramik her und baute Reis und andere exotische Produkte an. Auch verfügte Spanien nicht über die menschlichen Ressourcen, um moriskische Gebiete ohne weiteres wieder zu bevölkern, und hatte bereits bei der Vertreibung der Juden 1492 erfahren, dass ein solcher Schritt schwer wiegende wirtschaftliche Folgen haben konnte (Mitte des 17. Jahrhunderts kam der leitende Minister Olivares zu dem Schluss, es läge im Interesse Spaniens, wieder Juden ins Land zu lassen, doch wurde nichts unternommen); und offiziell waren die Morisken ja Christen, was ihre Vertreibung problematisch machte. Dagegen stand der Einwand, dass sie von den Türken als potenzielle Verbündete verstanden wurden, ein Einwand, der durch die ständigen Überfälle auf die spanischen Küsten unterstrichen wurde, die zum Beispiel Mallorca verwüstet und zur Neugründung vieler Küstenorte im Binnenland geführt hatten. Erst 1609–14 fand eine Vertreibung der Morisken statt, von denen die meisten nach Nordafrika gingen, wo sie zu frühen Gemeinden von Andalusis, Muslimen spanischer Abstammung, in Orten wie Oran und Bougie stießen. Einige waren natürlich bereit, Gleiches mit Gleichem zu vergelten, und griffen die Küsten des Landes an, aus dem man sie vertrieben hatte. Ungefähr eine viertel Million Morisken wurde nachweislich aus Aragón und Valencia verjagt.

Die Türken schlugen gegenüber religiösen Minderheiten eine genau entgegengesetzte Politik ein. Sie hatten bereits die spanischen Juden aufgenommen, deren handwerkliches Können weithin bekannt war. Sie machten Konstantinopel zu einer Stadt, in der gewichtige nicht muslimische Gemeinschaften blühten, sodass es ein großes jüdisches Viertel in Galata und sehr starke griechische und armenische Siedlungen gab. Spätestens im 18. Jahrhundert wurden die Führer der religiösen Gemeinschaften halbamtlich anerkannt, so der griechisch-orthodoxe Patriarch, dessen Autorität sich noch immer über weite Teile Griechenlands und Kleinasiens erstreckte, und der Haham Baschi oder Oberrabbi der Juden; man gewährte ihnen weitgehende Autonomie in der Führung ihrer Gemeinden, solange diese die fälligen Steuern zahlten.

Es war ein System, das auf den Grundsätzen einer von den frühen islamischen Reichen eingeführten bedingten Duldung aufbaute. Dies war jetzt wie damals notwendig, weil es große Gebiete gab, in denen der Islam in der Minderheit war, obwohl er sogar weit im Westen, etwa in Bosnien und Albanien, viele neue Anhänger gewann. Der Preis, den die christlichen Gemeinden zahlten, war das Aufgebot junger Männer für die türkische Armee, die berühmte Janitscharen-Truppe. Die osmanische Welt vereinigte in sich hartes Durchgreifen und eine überaus tolerante Haltung in weiten Bereichen; sie erlebte gleichzeitig wirtschaftliche Wiederbelebung in Konstantinopel und Smyrna und wirtschaftlichen Niedergang in Albanien und Griechenland, Regionen, die in den Konflikt zwischen Spanien und der Türkei gerieten. Die Frage war, ob die Quellen der Stärke im 18. Jahrhundert weiterhin über die Quellen der Schwäche den Sieg davontragen würden.

Das Mittelmeer als Schlachtfeld der europäischen Mächte 1700–1900

JEREMY BLACK

In der Mitte der in diesem Kapitel behandelten Periode fand zwischen zwei europäischen Mächten eine Schlacht statt, die sich entscheidend auf die Geschichte des Mittelmeeres im kommenden Jahrhundert auswirkte. Am 1. August 1798 traf eine britische Flotte unter Admiral Horatio Nelson einen französischen Verband in der Bucht von Abukir an der ägyptischen Küste vor Anker liegend an. In den Abendstunden griff Nelson überraschend auf beiden Seiten der französischen Linie an: auf der seichten küstennahen Seite, wo die Franzosen nicht vorbereitet waren, Widerstand zu leisten, und gleichzeitig von See her, ein Manöver, das nicht ohne Risiken war: HMS *Culloden* lief auf Grund und war außer Gefecht gesetzt. In einer bei Nacht ausgefochtenen Schlacht, in der die Briten aus nächster Nähe feuerten, verloren die Franzosen elf ihrer Schiffe; die beiden anderen entkamen, doch gingen auch sie bis Ende 1800 verloren.

Wegen der ungünstigen Position, in der die französische Flotte vor Anker ging, war Nelson eine Vernichtungsschlacht gelungen, indem er zunächst die Schiffe des französischen Vorgeschwaders schlug und dann vorwärts drängte, um die dahinter vertäut liegenden anzugreifen; Letztere hatten keine Hilfe leisten können. Die Franzosen waren nicht nur taktisch schlecht aufgestellt, sondern vermochten auf den britischen Angriff auch nicht angemessen zu reagieren. Admiral Nelson hatte seine Kapitäne darauf eingestimmt, energisch und gemeinsam zu handeln, und ihnen seine geplante Taktik ausführlich erläutert. Die britische Seemannschaft war überlegen, und die gut gedrillten Kanoniere schossen besser als die Franzosen.

Diese Schlacht hatte nicht nur die strategische Lage 1798 verändert, indem sie Napoleons ägyptischen Feldzug zum Scheitern brachte, sondern auch die Geschichte des Mittelmeeres und zur Herausbildung neuer Einflusssphären beigetragen, die sich nachhaltig auswirkten. Von 1798 bis zum Niedergang der britischen Seemacht nach 1945 war das Mittelmeer zwar kein britischer Binnensee, aber zumindest ein Meer, das von der Flottenstärke der Briten beherrscht wurde. Dies sollte zur Voraussetzung der Stärke des Empire im Mittelmeer und an seinen Küsten werden, sowohl direkt – auf Malta, den Ionischen Inseln, Zypern, in Ägypten und Palästina – als auch indirekt. Es war auch die Voraussetzung britischer Wirtschaftsmacht in der Region.

Warum rangen Briten und Franzosen 1798 um die Kontrolle ägyptischer Gewässer? Um diese Frage zu beantworten, müssen wir 100 Jahre zurückgehen und verstehen, wie es dazu gekommen war, dass das Mittelmeer eine völlig neue Stellung im internationalen Geschehen einnahm. Es war nicht mehr der Mittelpunkt der Welt. Der Vormarsch des Islam war aufgehalten worden, Venedig im Niedergang begriffen, und die wichtigsten Wege des Handels und kulturellen Austauschs verliefen nicht mehr über und um das blaue Meer. In einem Zeitalter, als Captain Cook Europas „Schattenseite der Erde" erforschte und ihm auf seiner zweiten Reise erstmals gelang, die Welt in Ostrichtung zu umsegeln, und Europa begann, die Welt zu beherrschen, sodass zum Beispiel britisch-französische Streitkräfte 1860 Peking besetzten, ist es leicht, das Mittelmeer als unwichtiges totes Wasser zu behandeln. Doch auch das wäre ein Fehler.

Wie kam es dazu, dass eine britische Flotte unter Horatio Nelson im August 1798 eine französische Flotte unter Admiral de Bueys vor dem Nildelta besiegte? Es war ein Zeichen, dass das Mittelmeer zur bloßen Kulisse für die Rivalitäten der europäischen Großmächte wurde. Genau einen Monat zuvor war Napoleon, damals Oberbefehlshaber einer französischen Armee, in Ägypten in der Absicht eingedrungen, England zu schwächen, indem er dessen Verbindungen nach Indien abschnitt. Aber die Schlacht um den Nil bereitete solchen Hoffnungen ein Ende. Eines der Schiffe Napoleons war La Muiron, eine 44-Kanonen-Fregatte, die 1789 in Venedig gebaut und 1797 von den Franzosen beschlagnahmt worden war. Dieses Modell aus Buchsbaumholz wurde von Napoleon 1803 in Auftrag gegeben, als er Erster Konsul war.

Der junge Held: Nelson war mit 18 Jahren (bevor er ein Auge und einen Arm verlor) bereits ein Offizier mit glänzenden Aussichten. Dieses Porträt wurde 1777 gemalt, als er in Westindien Dienst tat.

Der Niedergang des Osmanischen Reiches im 18. Jahrhundert, der im Nachhinein so klar scheint, war tatsächlich ein schrittweiser Prozess, unterbrochen von vielen türkischen Siegen (über die Venezianer 1715 und 1718 und die Österreicher 1739). Um 1700 hatte die türkische Flotte ihre Abhängigkeit von Galeeren aufgegeben und hielt technisch praktisch Schritt mit dem Westen. Eine italienische Ansicht von 1732 zeigt moderne Kriegsschiffe neben traditionellen muslimischen Schiffen.

Islamischer Niedergang, westlicher Aufschwung

Der Niedergang der islamischen Macht im 17. und 18. Jahrhundert ist ein komplexes Problem. Die Niederlage der Türken vor Wien 1683 wird oft als Beginn eines unausweichlichen Auflösungsprozesses des Osmanischen Reiches dargestellt, der auch die islamische Welt umfasste. 1717 fiel Belgrad an die Österreicher, 1783 überrannten die Russen die Krim, und 1827 wurde die ägyptische Flotte vor Kap Navarino vernichtend geschlagen, womit türkische Hoffnungen endeten, Griechenland zu halten.

Doch gab es auch wichtige gegenteilige Anzeichen. 1711 umzingelten die Türken Zar Peter den Großen am Pruth und zwangen ihn, demütigende Bedingungen anzunehmen, und 1715 wurden die Venezianer aus Morea (Peloponnes) vertrieben. Zwar hielten sie 1717 einem türkischen Angriff auf Korfu stand, doch behaupteten sich die Türken in Morea bei einem venezianischen Gegenangriff. 1739 wurden die Österreicher von den Türken nach Belgrad zurückgetrieben, und ihre verängstigten Generale übergaben die Festung. Die Türken hielten Morea und Belgrad bis ins nächste Jahrhundert.

Die türkische Flotte war im frühen 18. Jahrhundert nicht mehr die einstige Seemacht, doch im Schwarzen Meer und im Mittelmeer spielte sie weiterhin eine wichtige Rolle. Um die Jahrhundertwende gaben die Türken ihre traditionelle Abhängigkeit von Galeeren auf und bauten eine neue Flotte aus von Segeln angetriebenen Galeonen auf, die mit mehr Kanonen bestückt waren. Im frühen 18. Jahrhunderts gelang es den Türken, christliche Seemächte vom östlichen Mittelmeerbecken fernzuhalten. 1718 errangen die Türken vor Cerigo einen Sieg über eine feindliche christliche Flotte, die hauptsächlich aus venezianischen Kriegsschiffen bestand; die Christen verloren in der Schlacht fast 2000 Mann.

Im Westen wollten die Europäer die Nordafrikaner von der Kaperei abschrecken – zum Beispiel die französische Machtdemonstration unter Joseph de Bauffremont 1766 –, hatten aber kaum Erfolg auf Dauer. Gelegentlich wurden Stützpunkte von Freibeutern angegriffen, doch sie erwiesen sich meist als schwierige Ziele. Als eine große spanische Flotte 1784 Algier angriff, hinderte eine Linie algerischer Kriegsschiffe die Spanier daran, sich der Küste zu nähern. Weiter im Osten entstand dem Osmanischen Reich mit dem Aufstieg Russlands ein ernst zu nehmender Feind, dem es wenig entgegenzusetzen hatte. 1739 drangen die Russen in Bessarabien und der Moldau ein, schlugen die Türken bei Stawutschanach und nahmen Chotin und Jassy ein; 1770 und 1774 errangen die Russen beein-

In der Schlacht bei Tschesme (1780) vor der Küste Anatoliens besiegte die russische Flotte unter dem Kommando von Alexej Orlow, dem Günstling Katharinas der Großen, die Türken. Der Krieg war Teil der anhaltenden russischen Expansionsbestrebungen in der Schwarzmeerregion zu Lasten des Osmanischen Reiches.

drückende Erfolge, indem sie das türkische Festungssystem an der Donau durchbrachen, und rückten im Krieg von 1787–92 sogar über die Donau vor.

Auch zur See waren sie erfolgreich. Am 5. Juli 1770 wurde die osmanische Flotte aus 20 Linienschiffen und Fregatten und wenigstens 13 Galeeren von einem kleineren russischen Geschwader vor Chios ausmanövriert und durch Brander fast völlig vernichtet. Die Russen waren darauf in der Lage, die Dardanellen zu sperren, doch scheiterten ihre Versuche, Lemnos, Euböa und Rhodos zu erobern. Durch russische Beistandsversprechungen ermutigt, erhoben sich die Griechen in Morea, aber die Russen gewährten nicht die zugesagte Unterstützung. Auch war es schwierig, die griechischen Aktionen zu koordinieren, sodass die Türken den Aufstand unterdrücken konnten. Doch die russische Stärke zur See hatte ernste wirtschaftliche Auswirkungen auf die Türken. Andere Mittelmeermächte sahen sich gezwungen, die möglichen Folgen zu erwägen, sollte Russland seine Macht ausdehnen. Als seine Kriegsschiffe sich 1773 in Zante über die venezianische Quarantäne und andere Vorschriften hinwegsetzten, fragten sich Beobachter, welche militärischen, politischen und kommerziellen Folgen sich aus russischen Gewinnen gegenüber dem Osmanischen Reich ergeben könnten, einschließlich eines möglichen Stützpunktes im östlichen Mittelmeer.

Das Vordringen der Russen ins Mittelmeer wiederholte sich während der Französischen Revolution und der Napoleonischen Kriege, als eine russisch-türkische Streitmacht die

In den strategischen Plänen der Großmächte war Neapel von außerordentlicher Bedeutung, was sich nicht zuletzt auch in seiner bewegten Geschichte aus der Zeit um 1800 spiegelt. Um 1791, als dieses Gemälde entstand, entschieden sich seine Herrscher, die mit dem Hause Bourbon verwandt waren, gegen die Französische Revolution, und 1793 schlossen sie sich der Kriegskoalition gegen Frankreich an. Neapel wurde zu einem wichtigen Stützpunkt für Nelsons Flotte und nutzte ihm auch bei seinem Feldzug, der mit dem Sieg über Napoleon in Ägypten 1798 endete. Im darauffolgenden Jahr jedoch stürzten revolutionäre republikanische Kräfte mit französischer Hilfe die Monarchie und konnten erst durch Nelson besiegt werden. Nach seinem Sieg bei Austerlitz (1805) gab Napoleon Neapel seinem Bruder Joseph.

Ionischen Inseln einnahm. Diese bemerkenswerte Zusammenarbeit der einstigen Feinde war ein Zeugnis für die unerwarteten Folgen der französischen Aggression. Sie war auch ein Zeichen dafür, dass die islamische Welt des Mittelmeeres zumindest teilweise zu ihrer Sicherheit von europäischem Beistand abhing. Bündnisse zwischen Türken und christlichen europäischen Staaten waren zwar nicht neu; im frühen 16. Jahrhundert hatten die Türken sich mit Franz I. von Frankreich gegen Kaiser Karl V. verbündet, aber im 18. Jahrhundert änderten sich diese Allianzen und wurden zunehmend defensiv.

Wieder war das späte 18. Jahrhundert die entscheidende Periode. Schon früher war die Rede davon gewesen, die Türken vom Balkan zu vertreiben, als österreichische oder russische Streitkräfte erfolgreich waren oder Erfolge versprachen, zum Beispiel zu Beginn der 1690er-Jahre, 1711 und 1770/71, doch von den 1780er-Jahren an wurde diese Frage viel dringender. Die russische Annexion der Krim weckte bei anderen Interesse an entsprechenden Gewinnen. Eine Notiz im Archiv des französischen Außenministeriums von 1787 behauptete, dass Frankreich, wenn es sich mit seinem Verbündeten Österreich und mit Russland gegen die Türken zusammenschlösse, darauf hoffen könne, von Letzterem Kreta und Ägypten zu erwerben. Auch wurde die französische Besetzung von Zypern und Rhodos vorgeschlagen und die Notwendigkeit unterstrichen, die britische Besetzung Ägyptens zu vereiteln. 1798 sollten Franzosen in Ägypten an Land gehen und die einflussreichen Mamelucken-Beis angreifen.

In der französischen Politik hatte eine wichtige Verlagerung stattgefunden, die für das Mittelmeer folgenreich war. Bis dahin war Frankreich der zuverlässigste christliche Verbündete der Türken gewesen: im 16. und 17. Jahrhundert, weil die Franzosen sie als Verbündete gegen die Habsburger sahen, im 18. Jahrhundert, weil sie die russische Macht als Bedrohung ihrer Vorstellung von Europa verstanden. In den 1780er-Jahren hatte Frankreich eine beherrschende Stellung im Außenhandel des östlichen Mittelmeers erlangt. Aus politischen wie aus kommerziellen Gründen war es die einflussreichste auswärtige Macht im Osmanischen Reich und leistete auch militärische Hilfe. Den Franzosen wurde auch

Der osmanische Hof hielt an seinem strengen Zeremoniell fest. Hier wird der Vicomte d'Andrezel, französischer Botschafter in Konstantinopel, am 17. Oktober 1724 von Sultan Ahmed III. empfangen. Jeder im Gefolge des Botschafters wird von zwei türkischen Beamten flankiert und von ihnen aufgefordert, sich gemäß osmanischer Etikette vor dem Sultan, der als Einziger sitzen darf, zu Boden zu werfen.

zunehmend die strategische Bedeutung Ägyptens bewusst. 1785 unterzeichneten sie ein Abkommen mit den Beis, das die Schifffahrt durchs Rote Meer nach Indien öffnete, um über die Landenge von Suez Handel zu treiben.

Die Ansichten der Franzosen waren besonders wichtig, weil Frankreichs Position im Mittelmeer früher in diesem Jahrhundert erheblich erstarkt war. Der zweite Enkel Ludwigs XIV. von Frankreich, Philipp, Herzog von Anjou, hatte als Philipp V. (1700–46) den spanischen Thron bestiegen und die Kandidatur eines österreichischen Habsburgers im Spanischen Erbfolgekrieg (1701–14) erfolgreich vereitelt. Die Österreicher waren mit Mailand, Neapel und Sardinien entschädigt worden, was Philipp jedoch nicht hinnehmen wollte. 1717 drang Spanien in Sardinien und 1718 in Sizilien ein. Die meisten Sizilianer verweigerten ihrem König Viktor Amadeus II., Herrscher von Savoyen-Piemont, die Gefolgschaft, und die Insel wurde schnell erobert. Die anderen Mächte waren allerdings entschlossen, Änderungen an der Friedensregelung von 1713/14 nur mit ihrer Zustimmung zuzulassen. Die britische Flotte, deren Vorbereitungen die Spanier nicht von der Invasion hatten abbringen können, vernichtete am 11. August 1718 vor Kap Passaro den größten Teil der spanischen Flotte. Den schlecht ausgerüsteten Österreichern gelang es nicht, die isolierten Spanier aus Sizilien zu vertreiben, doch wurde deren Lage durch die britische Seeüberlegenheit geschwächt, und in Spanien rückten französische Streitkräfte ein. Der Krieg der Quadrupelallianz endete 1718 damit, dass Sizilien an Österreich und Sardinien an Viktor Amadeus fielen.

Der Krieg in Italien flammte 1733 wieder auf, als Frankreich, Spanien und Viktor Amadeus die Österreicher mit dem Ziel angriffen, Mailand für Letzteren zu gewinnen und Neapel und Sizilien für Don Carlos, den ältesten Sohn Philipps V. aus seiner zweiten Ehe mit Elisabeth Farnese. Französische und sardische Truppen besiegten in jenem Winter mühelos die Mailänder. Bei Bitonto besiegte Spanien 1734 in einer entscheidenden Schlacht das österreichische Heer in Süditalien. Danach eroberten die Spanier den Rest des Königreichs Neapel und Sizilien. Die Kämpfe endeten 1735, und im 3. Frieden von Wien 1738 behielt

Korsika, obgleich eine der größten Mittelmeerinseln, hat eine relativ geringe Rolle gespielt. Das vermutlich wichtigste Ereignis in seiner Geschichte war 1768 der Kauf durch Frankreich von Genua, wodurch Napoleon Bonaparte (1769 geboren) zum französischen statt zum italienischen Untertan wurde.

Carlos Neapel und Sizilien, während Mailand wieder an die Österreicher kam. Die Großmächte entschieden über die italienischen Fürstentümer. Italien musste die Entschädigungen für Verluste anderswo zur Verfügung stellen. Nach dem Tod von Gian Gastone, dem letzten Medici, fiel die Toskana 1737 an den Schwiegersohn des Kaisers, Franz Stephan, um ihn für den Verlust Lothringens an den Schwiegervater Ludwigs XV. von Frankreich zu entschädigen. Vorschläge, nach denen die Toskana unabhängig bleiben sollte, wurden nicht beachtet. Österreichs Versuche, die Bourbonen in Süditalien im Österreichischen Erbfolgekrieg (1740–48) herauszufordern, waren erfolglos, auch konnte es Genua nicht zurückgewinnen, nachdem es im Dezember 1746 durch einen Aufstand vertrieben worden war. Doch zeigte der Krieg auch die Verwundbarkeit italienischer Staaten. Als Carlos 1742 einen Angriff auf die Österreicher in Italien vorbereitete, wurde er durch die Androhung eines britischen Seebombardements eingeschüchtert. Es war dies eine eindrucksvolle Machtdemonstrationen, die Carlos zur Neutralität zwang.

Vom Wunsch beseelt, die Österreicher aus Italien zu vertreiben, hatte der französische Außenminister d'Argenson vorgeschlagen, Karl Emmanuel, Herrscher von Savoyen, Piemont und Sardinien, solle König der Lombardei und Führer einer italienischen Föderation werden. D'Argensons Ausführungen, wonach die italienischen Herrscher Freiheit von der tyrannischen Macht Österreichs suchten und die Bourbonen dies ausnutzen sollten, wurden durch Karl Emmanuels Entscheidung, sich wieder den Österreichern anzuschließen, zur reinen Theorie. Der Friedensvertrag überließ den Bourbonen die Vorherrschaft in Süditalien und den Österreichern im Norden, während Karl Emmanuel Teile von Mailand erhielt. Die Habsburger mussten Parma und Piacenza an Ludwigs XV. Schwiegersohn Don Philipp abtreten, womit ein neues bourbonisches Fürstentum in Italien geschaffen wurde.

Diese Regelung beendete die italienische Frage und garantierte, dass in Italien bis in die frühen 1790er-Jahre weitgehend Friede herrschte. Nachdem Österreich, Frankreich und Spanien ihre italienischen Interessen gesichert hatten, wandten sie sich anderen Schauplätzen zu: Österreich dem Konflikt mit Preußen und, in den 1780er-Jahren, dem erneuten Konflikt mit den Türken, Frankreich und Spanien den überseeischen Kämpfen mit Großbritannien. Sardiniens Expansionsbestrebungen wurden durch die neue territoriale Stabilität Italiens wirksam geknebelt. Frankreich war nicht gewillt, Pläne zu territorialem Zugewinn auf Kosten Mailands zu unterstützen, und niemand wollte Sardinien helfen, Teile der ligurischen Küste von Genua zu erwerben; ein Vorhaben, das die Schwäche der Idee offenbarte, Karl Emmanuel könnte als unparteiischer Führer eines italienischen Bundes handeln.

Die Rivalen: Frankreich und England

1768 kaufte Frankreich von Genua die Insel Korsika. Ein Großteil der Korsen war jedoch seit langem in Aufruhr und widersetzte sich den neuen Herren. Korsische Entschlossenheit, Kenntnis des Terrains und kämpferische Qualität verbunden mit Überheblichkeit und schlechter Planung auf französischer Seite führten anfänglich zu korsischen Erfolgen, doch 1769/70 verhalfen stärkere Streitkräfte, bessere Taktik und der Einsatz von Zerstörung, Terror und Straßenbau den Franzosen zum Erfolg. Korsika wurde Frankreich einverleibt, wodurch Napoleone di Buonaparte, 1769 geboren, französischer Untertan wurde. Die Franzosen hatten von der fehlenden ausländischen Unterstützung für die Korsen profitiert. Die Eroberung wurde von Voltaire, Rousseau und anderen kritisiert, die meinten, die Regierung solle sich auf innere Probleme statt auf außenpolitische Abenteuer konzentrieren. Französische Verwalter legten jedoch einen Plan zur sozialen und wirtschaftlichen Entwicklung der Insel vor.

Aus westlicher Sicht waren die Türken ein träges, unwissendes Volk, unwert, die Hüter des klassischen Erbes Europas zu sein. Auf William Pars' Aquarell vom Apollontempel zu Didyma rauchen sie müßig ihre Pfeifen, ohne auf die glorreiche Vergangenheit um sie herum zu achten.

Das Interesse an der Erhaltung des Osmanischen Reiches spiegelte Verschiebungen im Mittelmeerraum und in der weiteren Geopolitik wider. Im letzteren Fall war es, in einem neuen Ansatz, eine Sorge der Briten im späten 18. Jahrhundert. Befürchtungen wegen der Möglichkeit einer russischen Expansion ins Mittelmeer beschwor 1791 die Otschakow-Krise herauf, als die Briten fast einen Krieg gegen Russland begonnen hätten und zum ersten Mal die Verlegung einer Flotte ins Schwarze Meer erwogen. Die Krise führte zur Entsendung britischer Militärbeobachter, die argumentierten, das osmanische System müsse gründlich reformiert werden. Georg Köhler, ein Deutscher in der britischen Artillerie, untersuchte 1791/92 sechs Monate lang die Situation. Er legte dar, dass mehr als die Anschaffung neuer Waffen nötig sei: „Eine vollkommene Revolution in Regierung, Finanzen, Volkscharakter, Technik usw. muss vollbracht werden ... diese Gleichgültigkeit, die in jedem Bereich ihrer zivilen wie militärischen Verwaltung herrscht, ist vielleicht das größte aller Hindernisse für eine Besserung." Solche Kommentare kennzeichneten die neue Einstellung gegenüber orientalischen Kulturen, wobei die Angst und der ehrfürchtige Respekt des 16. Jahrhunderts durch Geringschätzung und ein Überlegenheitsgefühl, das die innewohnenden Stärken anderer Kulturen ignorierte, ersetzt wurden. Diese Ansichten warfen auch einen Blick voraus auf die große Krise der Mittelmeerwelt 1797–99.

1797 verlor Venedig, ein beständiger Angelpunkt von Kultur, Handel und lange Zeit eine Seemacht im Mittelmeerraum, seine Unabhängigkeit. Die Französische Revolution, die das politische Gleichgewicht in Europa verwandelte, führte zum Aufstieg Napoleons, zuerst als der anscheinend unschlagbare General der Republik, dann als Erster Konsul (1799) und schließlich als Kaiser (1804). Die französische Politik zielte darauf ab, die Ideologie der Revolution zu exportieren und den französischen Einfluss auch im Mittelmeerraum auszudehnen. Napoleon marschierte von den Siegen über sardische und österreichische Streitkräfte in Norditalien weiter bis 100 Kilometer vor Wien. Österreich musste im Frieden von Campo Formio (1797) eine Neuordnung Italiens annehmen, die Frankreich die Ionischen Inseln, das venezianische Albanien, Mantua und einen Großteil Norditaliens unter einem französischen Vasallenstaat, der Cisalpinischen Republik, zuschlug, während Österreich Venedig und Venetien erhielt.

Dies währte jedoch nicht lange, denn Napoleons Sieg bei Austerlitz 1805 brachte Venedig, Venetien und das venezianische Dalmatien an sein Königreich Italien. Das Geschick des Mittelmeeres wurde weit weg von seinen Küsten entschieden. Napoleon war 1805 König von Italien geworden – er hatte sich selbst in Monza mit der Eisernen Krone der lombardischen Könige gekrönt. 1808 wurde das Königreich mit der Einnahme von Ancona und dem umliegenden Gebiet erweitert, während die Toskana 1807, der Kirchenstaat 1809 und das österreichische Dalmatien (Triest, Fiume und Kroatien) 1809 an Frankreich fielen. Napoleon riss nicht nur Venedig an sich. Er brachte auch Kunstschätze nach Frankreich, Teil eines Prozesses kultureller Plünderung, der Frankreich erhöhen sollte. Diese Verfahrensweise wurde von Napoleon 1796 in Italien umfassend entwickelt.

Der napoleonische Traum

Nach der Eroberung Norditaliens 1797 plante Napoleon eine Invasion Großbritanniens, erkannte aber, dass ein solcher Plan scheitern würde. Daher drängte er auf eine Invasion Ägyptens, um seine militärische Stellung zu sichern und Frankreich einen besseren Ausgangspunkt für eine Herausforderung der Briten in Indien zu schaffen. Diese 1798 in Gang gebrachte Invasion war eine wichtige selbstständige Initiative Napoleons. Sie verriet ein charakteristisches Fehlen des Sinnes für gegenseitige Verständigung, der für die erfolg-

Napoleons ägyptisches Abenteuer war ebenso sehr romantischer Traum wie eine Übung in Realpolitik. Auf dieser Abbildung trifft er, in orientalische Tracht gekleidet, den Pascha von Kairo.

reiche Arbeitsweise des internationalen Systems unerlässlich ist. Er nahm an, dass die Türken, die Oberherren eines de facto autonomen Ägyptens, eingeschüchtert werden könnten, das französische Vorgehen zu akzeptieren, das tatsächlich auf eine Reihe provokanter Akte folgte. Diese Annahmen waren mit Geringschätzung der Türken als militärische Macht gepaart. Napoleons Sinn für hochtrabende Sprache und seine Überzeugung, der Orient habe seinen Ansichten zu dienen, trat aus seinen Erinnerungen hervor: „In Ägypten fand ich mich befreit von den Hindernissen einer langweiligen Zivilisation. Ich war voller Träume ... Ich sah mich eine Religion gründen, nach Asien marschieren, einen Elefanten reiten, einen Turban auf dem Kopf und in der Hand den neuen Koran, den ich meinen Bedürfnissen entsprechend zusammengestellt hätte. In meinen Unternehmungen hätte ich die Erfahrungen der beiden Welten vereint, indem ich zu meinem eigenen Nutzen das Theater der gesamten Geschichte ausgebeutet, die Macht Englands in Indien angegriffen und mittels dieser Eroberung den Kontakt zum alten Europa erneuert hätte. Die in Ägypten verbrachte Zeit war die schönste in meinem Leben, weil sie die idealistischste war."

Nachdem Napoleon zunächst Malta mühelos überrannt hatte, landete er am 1. Juli 1798 in Ägypten. Nach der Einnahme Alexandrias schlug er die Mamelucken bei Shubra Khit (13. Juli) und Embabeh, in der Schlacht bei den Pyramiden (21. Juli), Siege defensiver Feuerkraft über Stoßtaktik. Kairo fiel, aber wir sind bei der Schlacht um den Nil angekommen, mit der dieses Kapitel begann. Nelsons Sieg ließ die Franzosen auf dem Trockenen sitzen. Angesichts einer feindseligen Bevölkerung, die einen grausam unterdrückten Aufstand in Kairo anzettelte, festigte Napoleon seine Stellung, indem er Desaix nilaufwärts schickte, um Oberägypten zu kontrollieren. Napoleon und der Großteil seiner Armee drangen ins damals türkische Palästina ein. El Arisch und Jaffa wurden erobert, aber Akko leistete mithilfe britischer Marinekanoniere erfolgreich Widerstand. Napoleons Belagerungstrain war von britischen Kriegsschiffen aufgebracht worden, er hatte seine Gegner unterschätzt, und alle Angriffe auf Akko scheiterten.

Napoleon wurde nach Ägypten zurückgedrängt, wo er am 25. Juli 1799 ein gerade gelandetes türkisches Heer bei Abukir schlug, indem er die Feldschanzen mit einem Kavallerieangriff stürmte. Angesichts der britischen Seemacht blieben die Franzosen isoliert.

„**Soldaten!** Von diesen Pyramiden herab blicken vierzig Jahrhunderte auf euch." Napoleon hatte keine Mühe, die Mamelucken 1798 zu schlagen. Doch spiegelt das Bild dieses verbreiteten Druckes von Krummsäbeln gegen Schusswaffen eher französische Verachtung für die Muslime als militärische Realität wider.

258 Das Mittelmeer als Schlachtfeld

Als eine türkische Armee 1799 bei Abukir landete, errang Napoleon einen weiteren wichtigen Sieg. Aber die Zerstörung seiner Flotte durch Nelson im Vorjahr isolierte ihn, und die ganze ägyptische Expedition war ein teurer Fehlschlag. Allerdings regte sie die wissenschaftliche Erforschung des alten Ägypten an – ein bleibender Beitrag zur europäischen Kultur, für die Napoleon mehr Lob verdient als für seine Siege.

Napoleon floh übers Meer zurück nach Frankreich, und das in Ägypten zurückgelassene Heer wurde 1801 von einer britischen Expeditionstruppe geschlagen.

Die Briten hatten ihre Seemacht im Mittelmeer genutzt, indem sie 1798 Minorca einnahmen, 1799 den Golf von Neapel absperrten und 1800 Malta eroberten. Das Becken war jetzt eine Frontlinie zwischen den Bündnissystemen zweier verfeindeter Reiche, wie es das wieder im Ersten Weltkrieg und wichtiger noch im Zweiten Weltkrieg sein sollte. Anders jedoch als beim Zusammenstoß zwischen Rom und Karthago war dies kein Kampf, den Mittelmeermächte ausfochten. Vielmehr war es ein Krieg, in dem das Mittelmeer im Sinne von geopolitischen Achsen verstanden wurde, ersonnen von Strategen in fernen Hauptstädten, und seine Mittel zur Unterstützung ihrer Strategien genutzt wurden. Dies trägt dazu bei, die französische Invasion Spaniens 1808 und die britische Gegenintervention

Das Mittelmeer als Schlachtfeld

ebenso zu erklären wie die Feldzüge beider Mächte in Süditalien und der Adria. Briten landeten im Juli 1806 in Kalabrien und griff die Franzosen an, die nach Austerlitz in das Königreich Neapel einmarschiert waren. Es war die einzige britische Invasion in Süditalien vor dem Zweiten Weltkrieg. Den britischen Soldaten, die die Franzosen 1806 bei Maida in Kalabrien schlugen, muss dies genauso entlegen erschienen sein, wie die römischen Legionäre Britannien empfunden hatten.

Es wäre aber falsch zu behaupten, dass alle Rivalitäten in den britisch-französischen Kampf eingeordnet werden oder die Streitkräfte dieser Reiche andere Mächte einschüchtern konnten. Dies erkannten die Briten deutlich in Ägypten 1807. Sechs Jahre zuvor hatte ein britisches Heer, anfangs unter Sir Ralph Abercromby, die Franzosen geschlagen und ihre Kapitulation erzwungen. 1807 entdeckten die Briten jedoch, wie gefährlich es war, mit unzureichenden Kenntnissen angesichts feindlicher einheimischer Truppen vorwärts zu drängen. In der Absicht zu verhindern, dass die Franzosen sich dort festsetzten, als Großbritannien Feindseligkeiten gegen die Türken eröffnete, erhielten 6000 Mann den Befehl, Alexandria zu belagern. Die Stadt fiel schnell, doch führten falsche Informationen über die Notwendigkeit, den Kontrollbereich zur Nachschubsicherung auszuweiten, zu einem Versuch, die Kontrolle über Rosette zu gewinnen. Der Angriff endete in einer Katastrophe, wobei die mittlere Marschkolonne von allen Seiten von Heckenschützen angegriffen wurde, die die engen Straßen und hohen Häuser ausnutzten. Auch ein zweiter Versuch scheiterte. Die Ägypter sperrten Alexandria darauf von der Landseite ab. Die unberechenbare Art des Konflikts veranlasste die Briten zum Abzug.

Auch Spanien litt unter der Rivalität zwischen Frankreich und Großbritannien. 1808 besetzten die Franzosen das Land vor allem, um den Briten zuvorzukommen. Am 2. Mai jenes Jahres kam es in Madrid zu einem Volksaufstand, der grausam niedergeschlagen wurde. Francisco de Goya beobachtete die Gräueltaten und verewigte sie auf dem Gemälde „Der dritte Mai". Es zeigt eine Rebellengruppe, die von französischen Soldaten exekutiert wird, eine unübertroffene Darstellung der Schrecken des Krieges.

Malta mit seinem hervorragenden Naturhafen Valletta war eine von mehreren europäischen Mächten begehrte Beute. Napoleon besetzte es 1798, wurde aber von den Maltesern vertrieben. Mit dem Frieden von Paris (1814) wurde es Teil des Britischen Reiches und blieb es durch das ganze 19. Jahrhundert als wichtiger britischer Marinestützpunkt – ein Rang, den es bis nach dem Zweiten Weltkrieg behielt.

Im selben Jahr wurden die Grenzen britischer Macht zur See deutlich als Vizeadmiral Sir John Duckworth' Versuch scheiterte, die Übergabe der türkischen Flotte zu erreichen. Am 15. Februar 1807 segelte er durch die Dardanellen, indem er die Beschießung von den Küstenfestungen abwehrte und ein Geschwader türkischer Fregatten zerstörte, doch die Türken ließen sich nicht einschüchtern. Als Duckworth am 3. März durch die Meerenge zurückkehrte, musste er den Beschuss durch türkische Kanonen durchstehen, die mit bis zu 800 Pfund schweren Steinkugeln feuerten.

Im Westen bewies der erbitterte Widerstand gegen die französische Besatzung in Spanien und Kalabrien den Willen der Mittelmeervölker, auch nach Zusammenbruch ihrer staatlichen Strukturen zu kämpfen. Die Franzosen mussten zur Niederwerfung des kalabrischen Aufstands, der 1806 begann, 48 000 Mann einsetzen, und in Spanien blieben noch größere Anstrengungen 1808–13 erfolglos. Die Marine dehnte den britischen Einflussbereich auf das ganze Mittelmeer aus. So vertrieb ein Geschwader unter Vizeadmiral Thomas Freemantle 1812–14 die Franzosen aus großen Teilen Dalmatiens, was zur Einnahme von Fiume 1813 und Triest 1814 beitrug. 1814 richtete Kapitän William Hoste Geschützgruppen an schwierigen Positionen ein, die Cattaro und Ragusa beherrschten und deren Garnisonen zur Kapitulation veranlassten.

Die neue Ordnung: fortgesetzte Rivalität

Der Wiener Kongress 1814/15 gab Minorca (im Frieden von Amiens 1802 abgetreten) nicht den Briten zurück, überließ ihnen aber Malta und die Ionischen Inseln zusätzlich zu Gibraltar, das 1704 erobert worden war. Danach spielte die britische Marine eine wichtige Rolle im Mittelmeer. Die Beschießung Algiers durch britisch-niederländische Schiffe 1816 führte zu einem Abkommen, das verbot, Christen zu Sklaven zu machen. Es spiegelte auch die Leistungsfähigkeit der britischen Industrie wider.

Im Vorjahr hatte ein amerikanisches Geschwader Algier gezwungen, Entschädigungen für Angriffe auf den amerikanischen Handel zu zahlen. Die Androhung einer Beschießung von See veranlasste Algier 1824, sich britischen Forderungen zu beugen. Vor allem dank der überlegenen britischen Artillerie vernichtete eine britisch-französisch-russische Flotte unter Sir Edward Codrington 1827 die türkische und ägyptische Flotte in der Schlacht in der Bucht von Navarino, der letzten großen Schlacht im Zeitalter der Kampfsegelschiffe und einer Schlacht, in der die westlichen Verluste weit geringer waren als die des Gegners: 177 gegenüber rund 17 000. Dies war entscheidend für die Vereitelung des türkischen Versuchs, den griechischen Unabhängigkeitskampf niederzuwerfen, die 1830 anerkannt wurde.

Die Freiheit der Griechen von der fast dreihundertjährigen türkischen Herrschaft war eine Sache, die englische und französische Empfindungen aus romantischen Gründen (und die Russen aus praktischeren) stark ansprach. Gegen Ende des Unabhängigkeitskriegs, im Oktober 1827, stellten diese drei Mächte eine türkische und ägyptische Kriegsflotte in der Bucht von Navarino auf dem Peloponnes. Im folgenden Kampf wurden die Türken von den überlegenen Geschützen der Verbündeten praktisch aufgerieben. Es war die letzte große Seeschlacht mit Segelschiffen.

Die britische Einnahme von Akko trug 1840 wesentlich zur Vertreibung ägyptischer Truppen aus Syrien bei. 1882 zerstörte ein britisches Geschwader die Festungen nahe Alexandria – ein wichtiges Vorspiel zur britischen Eroberung Ägyptens.

Doch erst im letzten Viertel des Jahrhunderts versuchten die Briten, ihre Überlegenheit zu See auszuspielen, um im Mittelmeerraum neue Territorien zu gewinnen; tatsächlich waren 1863 die Ionischen Inseln an Griechenland abgetreten worden, das 1830 mit britischer Hilfe unabhängig geworden war. Der britische Politikwechsel in den späten 1870er-Jahren wurde durch Befürchtungen über die beiden anderen Staaten veranlasst, die in (oder in Richtung) der Region expandierten, Frankreich und Russland. Nachdem sie mit Napoleon ihr erstes Kolonialreich verloren hatten, begannen die Franzosen mit dem Aufbau ihres zweiten, als sie 1830 mit 37 000 Soldaten Algier besetzten. Dies sollte nicht als Ausgangspunkt eines ausgedehnten Reiches dienen, sondern Frankreichs letztem Bourbonenkönig, Karl X., Popularität einbringen. In dieser Hinsicht war es ein Fehlschlag, denn Karl X. wurde in der Revolution von 1830 gestürzt, doch sein Nachfolger Louis-Philipp setzte die Politik fort. Oran wurde 1831 eingenommen, Bône 1833, und 1834 entschied Louis-Philipp, die gesamte Küstenlinie in Besitz zu nehmen; aber von 1835 an stießen die Franzosen auf starken Widerstand, den Abd el-Kader anführte, und Opposition aus dem Innern zog sie tiefer ins Land.

Die Franzosen standen bei der Ausdehnung ihrer Herrschaft vor politischen wie militärischen Problemen. Obwohl sie von der Uneinigkeit in der algerischen Gesellschaft und der Unterstützung mancher Algerier profitierten, wurde der Kolonialismus durch Eingliederung, wobei bestehende Machtstrukturen vom Mutterland übernommen und angepasst wurden, durch die Inbesitznahme von Land für französische Siedlungen sehr erschwert. Doch die französische Politik wurde von einer gewaltigen Streitmacht unterstützt. 1846 hatten die Franzosen 108 000 einsatzfähige Soldaten, ein Drittel ihrer regulären Armee, in Algerien. Das bedeutete einen Soldaten auf 25 bis 30 Algerier und eine Streitmacht, die Abd el-Kaders Truppen weit übertraf: Dessen Armee bestand aus einem Kern von rund 10 000 gut bewaffneten regulären Soldaten und rund 40 000 gut bewaffneten irregulären. Abd el-Kader kapitulierte 1847; drei Jahre zuvor waren die Franzosen in Marokko einmarschiert,

Das Gleichgewicht der Kräfte hatte sich in den 1850er-Jahren verschoben, und Großbritannien und Frankreich kamen den Türken nun zu Hilfe, damit Russland nicht die Vorherrschaft im Schwarzen Meer und auf dem Balkan errang, obwohl die unmittelbare Ursache des Krimkriegs relativ belanglos war: die Ansprüche sowohl der orthodoxen als auch der katholischen Kirche auf die heiligen Stätten (in Jerusalem und Betlehem). Tragisch und teuer für beide Seiten, war dies der erste Krieg, der fotografisch festgehalten wurde. Roger Fenton machte die Aufnahme von einer russischen Batterie nach dem Fall von Sewastopol.

da sie den Sultan beschuldigten, Abd el-Kader zu helfen, und hatten den Sultan bei Isly besiegt.

Mittlerweile war der russische Druck auf das Osmanische Reich schärfer geworden. Im russisch-türkischen Krieg von 1806–12 hatten die Russen die Moldau und die Walachei besetzt, südlich der Donau operiert und im folgenden Frieden Bessarabien gewonnen. In den Kriegen von 1828/29 rückten die Russen bis Adrianopel vor und nahmen es ein.

Der nächste Krieg, der allgemein als Krimkrieg (1853–56) bekannt ist, unterschied sich von den früheren Kriegen, weil die Briten und Franzosen den Türken zu Hilfe kamen, um Russland daran zu hindern, zur Vormacht im Schwarzen Meer und auf dem Balkan zu werden. Die Ursprünge des Konflikts spiegelten die Rolle der Religion und die Suche nach Prestige. Napoleon III. suchte Prestige, um seine innenpolitische Stellung zu stärken und um Frankreichs diplomatische Situation zu verbessern. Französische Interessen im Nahen Osten führten zur Unterstützung von Forderungen katholischer Priester nach Zugang zu den heiligen Stätten. Zugeständnisse der Türken hatten entsprechende Forderungen Russlands, des Schutzherrn der orthodoxen Geistlichkeit, zur Folge, aber der russische Druck verärgerte die Türken. Nikolaus I. suchte die frühere Expansion auf Kosten des verwundbaren Osmanischen Reiches fortzusetzen; in der Vergangenheit waren den Türken keine anderen Mächte zu Hilfe gekommen. Er deutete die Beziehungen zu diesen Mächten

Britische Interessen im Mittelmeer führten zur Einrichtung mehrerer Stützpunkte, die formal unterschiedlich definiert wurden. Durch den Frieden von Paris (1814) wurde die Insel Korfu zum britischen Protektorat. (Oben links: Soldaten spielen 1853 Kricket; zehn Jahre später wurde Korfu an das Königreich Griechenland abgetreten.) Auch Ägypten war seit 1882 de facto britisches Protektorat, obwohl es rechtlich erst 1914 diesen Status erhielt. Eine Radierung des Raucherbereichs im Kairoer Shepherd's Hotel spricht für sich (oben rechts).

jedoch falsch. Sardinien schlug sich 1855 auf die Seite der Verbündeten, um einen Platz am Verhandlungstisch zu bekommen und italienische Fragen vorzutragen, und schickte 15 000 Soldaten auf die Krim.

Frankreich schlug vor, auf Moskau vorzurücken, doch der Krimkrieg sollte nicht eine Neuauflage von 1812 sein: Den Verbündeten fehlten die Landtruppen Napoleons, dagegen waren sie viel mächtiger zur See. Die russische Marine war in der Lage, die Türken zu schlagen – 1853 bei Sinope –, nicht aber die Briten. Daher konzentrierte sich der Krieg auf Flotten- und Landungsunternehmen gegen die Russen. Flottenoperationen in der Ostsee, die St. Petersburg bedrohten, gingen einher mit einer groß angelegten Expedition zur Krim, um die Marinebasis Sewastopol einzunehmen. Dies schien eine angemessene Antwort auf den russischen Seesieg vor Sinope zu sein. Das Mittelmeer diente somit als Zugangsweg, nicht als Schauplatz, für den Konflikt im Krimkrieg.

Dieser Krieg hielt den russischen Vormarsch für ein viertel Jahrhundert auf, doch führten die Russen 1877/78 die Schwäche des Osmanischen Reiches in größerem Ausmaß als in früheren Kriegen vor Augen. Obwohl die Türken sich entschlossen wehrten, rückten die Russen bis auf 15 Kilometer an Konstantinopel heran. Während die Türken die Serben 1876 schlugen und die Griechen 1897 besiegen sollten, war klar, dass es angesichts russischer Macht und russischer Ziele in der orientalischen Frage jetzt um das Schicksal des Osmanischen Reiches ging. Aus Misstrauen wegen russischer Pläne erwarben die Briten Zypern als Protektorat (womit sie einen Stützpunkt im östlichen Mittelmeer gewannen) und bereiteten sich darauf vor, jeder russischen Flottenbewegung durch die Dardanellen Widerstand zu leisten.

Sorge wegen der Russen wie der Franzosen veranlasste die Briten, in Ägypten einzumarschieren: Ein Flottenstützpunkt in Alexandria schien unverzichtbar. Zudem hatte Ägypten mit dem Suezkanal noch größere strategische Bedeutung erlangt. Dieser war als französisch-türkisches Projekt 1859 begonnen und 1869 für die Schifffahrt geöffnet worden, aber 1875 kaufte die britische Regierung die Anteile des Khediven Ismail (Vizekönig des Osmanischen Reiches) und war fortan an Ägyptens Stabilität interessiert. Weiter im Westen machten die Franzosen Tunesien 1881 zum Protektorat: Eine Streitmacht rückte von Algerien ein, während andere Einheiten in Bône und Biserta landeten. Anschließend beschoss die Marine Sfax, das die französische Herrschaft ablehnte, und deckte eine erfolgreiche Landung.

Als der Suezkanal 1869 *mit einer prächtigen Zeremonie eröffnet wurde (unten: ein Aquarell von Edouard Riou), war dies ein wichtiges Ereignis in der Geschichte des Mittelmeers, aber noch bedeutsamer, wie bald klar wurde, für die Geschichte Großbritanniens und Indiens. Großbritannien hatte sich aus Furcht vor französischem Einfluss in Ägypten dem Kanal anfangs widersetzt. Doch sechs Jahre nach seiner Eröffnung wendete Premierminister Disraeli ihn zu Großbritanniens Nutzen, indem er alle Anteile des Khediven von Ägypten aufkaufte, womit er praktisch in britischen Besitz kam.*

In Ägypten hatten inzwischen antieuropäische nationalistische Ausschreitungen, die im Aufstand unter Arabi Pascha gipfelten, britische Interessen gefährdet. Die Briten marschierten 1882 ein und verjagten die Ägypter am 13. September 1882 bei Tel el-Kebir. Nach einem Nachtmarsch griffen sie die ägyptischen Feldschanzen in der Dämmerung ohne vorherige Beschießung an. Sir Garnet Wolseley zog den Vorteil der Überraschung vor, und seine Infanterie griff unter Einsatz ihrer Bajonette an. Die Initiative zu gewinnen lohnte sich, da Wolseley die Kontrolle über seine Truppe behielt, die Zusammenhalt, Disziplin und hohe Moral bewies. Kurz danach fiel auch Kairo, und Ägypten wurde praktisch britisches Protektorat, obwohl es erst 1914 den formalen Protektoratsstatus erhielt; bis dahin wahrte man den Schein osmanischer Souveränität.

Doch Evelyn Baring, später 1. Earl of Cromer, der 1877 zum Beauftragten für die Finanzen Ägyptens ernannt worden war, leitete die ägyptische Regierung von 1883 bis 1907 als Generalkonsul und Berater des Khediven. Ägypten wurde zur Basis für die britische Intervention im Sudan zur Unterstützung ägyptischer Herrschaftsansprüche. Diese Intervention führte schließlich 1898 mit dem Sieg bei Omdurman über die Mahdisten zum Erfolg.

Im frühen 20. Jahrhundert sollte es weitere Gewinne für europäische Mächte an den Küsten des Mittelmeeres geben. Nach dem erfolgreichen italienischen Krieg gegen die Türken mussten diese 1912 die Cyrenaika, Tripolis und den Dodekanes abtreten, trotz erbitterten Widerstands im Innern Libyens. Während Spanien ein Protektorat über Marokkos Mittelmeerküste gewann, kam das Landesinnere unter französische Kontrolle.

Als Folge der Zerschlagung des Osmanischen Reiches im Ersten Weltkrieg wurden Palästina und Transjordanien britische und der Libanon und Syrien französische Mandatsgebiete. Der Friedensvertrag von Sèvres brachte zeitweilig Teile der Türkei unter die Kontrolle der Siegermächte des Ersten Weltkrieges.

Obgleich bedeutsam, setzten diese Gewinne nur das bereits im 19. Jahrhundert festgelegte Muster fort. Die islamische Welt befand sich auf dem Rückzug, und die britische Seemacht beherrschte das Mittelmeer. Sofern christliche Elemente des Mittelmeerraums Vorteile errangen, dann gelang ihnen dies als Teil von Nationalstaaten, nicht als autonome Kräfte. Es waren also Frankreich, Italien und Spanien, die nach Vorteilen strebten, nicht Marseille/Provence, Genua/Venedig/Toskana/Neapel oder Barcelona/Katalonien. Dies war eine wichtige Verschiebung in der europäischen Politik, die dramatische Formen annahm,

Italien wurde zum ersten Mal seit dem Römischen Reich eine Nation, als Giuseppe Garibaldi in einem glänzenden Feldzug von Mai bis September 1860 eine kleine Truppe von Patrioten (die legendären „Tausend") von Piemont nach Sizilien führte, wo sie bei Marsala landeten (unten), *eine Armee der Bourbonen bei Calatafimi schlugen und die ganze Insel besetzten.*

Als Garibaldi in Neapel einzog, war die Sache der italienischen Einheit gewonnen. Viktor Emmanuel von Piemont, der von Norden her vorgerückt war, wurde zum König ausgerufen. Nachdem er ihm zum Thron verholfen hatte, kehrte Garibaldi auf seinen Bauernhof auf der Insel Caprera zurück.

als die Truppen Philipps V. von Spanien 1714 erfolgreich Barcelona belagerten und den katalanischen Freiheiten ein Ende setzten, dann wieder 1821, als österreichische reguläre Truppen unausgebildete und disziplinlose neapolitanische *Carbonari* bei Rieti schlugen und danach Neapel besetzten, und auch 1849, als Hunger und Cholera ein aufständisches Venedig veranlassten, vor der österreichischen Blockade zu kapitulieren.

Die Zahl der Staaten im westlichen Mittelmeer ging zurück. 1860 schloss sich eine Armee unter Viktor Emmanuel II. von Sardinien (das Königreich mit der Haupstadt Turin) mit Freischaren unter Giuseppe Garibaldi zusammen, um die Bourbonen in Neapel zu stürzen. Garibaldi und 1000 „Rothemden" waren von Genua nach Marsala gesegelt, um einen Aufstand in Sizilien gegen die Bourbonen zu unterstützen. Nach dem Sieg über eine neapolitanische Truppe bei Calatafimi nahm Garibaldi nach dreitägigem Straßenkampf Palermo ein. Er schlug die auf der Insel verbliebenen neapolitanischen Truppen bei Milazzo, überquerte die Straße von Messina, marschierte nach Norden, schlug die Neapolitaner am Volturno und nahm Neapel ein. Mittlerweile war Viktor Emmanuel II. von

Bologna nach Süden vorgerückt und gewann Schlachten bei Castelfidardo und Macerone gegen ein kleines päpstliches Heer bzw. die Neapolitaner. Garibaldi übergab seine Eroberungen Viktor Emmanuel, was diesem ermöglichte, das Königreich Italien zu schaffen. Gaeta widersetzte sich weiterhin den Invasoren, fiel aber im Februar 1861 nach langer Belagerung. Diese Eroberung des Königreichs beider Sizilien war einer der vollständigsten Siege der Epoche 1816–1913. Dass es Garibaldi gelungen war, in Sizilien einzurücken, nahm den Bourbonen den sicheren Zufluchtsort, den sie genutzt hatten, als napoleonische Truppen Neapel erobert hatten.

Kirchen und Staaten

Noch deutlicher wurde das Ende der alten Ordnung 1870 vor Augen geführt, als die neue italienische Armee in den Kirchenstaat einmarschierte. Die päpstliche Herrschaft hatte nur deshalb so lange überdauert, weil französische Truppen 1849 die päpstliche Autorität wiederhergestellt und 1867 einen Angriff Garibaldis zurückgeschlagen hatten. Wie beim Osmanischen Reich, allerdings noch weitaus stärker, hatte die nun alte Ordnung im Mittelmeer auf der Unterstützung „moderner" Streitkräfte beruht. Die französischen Soldaten, die halfen, 1849 die römische Republik zu stürzen und die päpstliche Autorität wiederherzustellen, waren mit Dampfschiffen (von Toulon nach Civitavecchia) und der Eisenbahn gebracht worden.

Das Ende des Kirchenstaates bezeichnete den Höhepunkt des Machtzerfalls des traditionellen Katholizismus. Obwohl die Kirche die Unterstützung eines großen Teils ihrer Mitglieder behielt, waren ihre Institutionen geschwächt, und das Gefüge des Katholizismus der Gegenreformation war zerstört worden. Es war dies ein langer Prozess, in dem die Politik säkularer nationalistischer Regierungen in der zweiten Hälfte des 19. Jahrhunderts nur das letzte Stadium darstellte. Schon früher hatte es Übergriffe seitens aufgeklärter Regierungen und danach als Folge der zerstörerischen Politik der französischen Revolutionäre und ihrer Vasallen gegeben.

Die Unterdrückung der Jesuiten war ein entscheidender Bruch mit dem Katholizismus der Gegenreformation gewesen. Als internationaler Orden mit einem besonderen Treuegelöbnis gegenüber dem Papsttum waren die Jesuiten innerhalb der Kirche beneidet worden, doch war ihr Sturz eher ein Triumph des Staates über die Kirche. 1759 aus Portugal vertrieben, wurde der Orden 1764 in Frankreich und 1767 in Spanien und Neapel verboten. Klemens XIV. hob unter dem Druck der bourbonischen Herrscher, die die päpstlichen Enklaven Avignon und Benevent an sich gerissen hatten, 1773 den Orden auf. Dies spiegelte das sinkende Ansehen des Papsttums. Der Orden wurde auch in den übrigen katholischen Staaten verboten. Die erzieherischen und seelsorgerischen Rollen der Jesuiten wurden weitgehend von anderen Gruppen übernommen, doch das Ordensverbot gereichte jenen, die es ausführten, kaum zur Ehre. Viele Jesuiten wurden brutal behandelt und viele nützliche Einrichtungen zerstört oder beschädigt. Zwei ungarische ehemalige Jesuiten und Dichter, Ferenc Faludi und David Szabó, sahen in dem Verbot den Tod einer Kultur, sicherlich markierte es das Ableben des alten Europa.

Die Kirche verlor auch in anderen Hinsichten an Autorität, da Herrscher versuchten, in ihren Territorien die Kontrolle über das religiöse Leben zu erlangen und zu behalten. Die geistliche Rolle in Zensur, Erziehung und Ehe wurde beendet oder verringert. Konkordate schränkten die steuerlichen Privilegien der Geistlichkeit ein. Angriffen auf traditionelle religiöse Praktiken konnte man sich jedoch erwehren. Versuche, Bräuche wie Bilderverehrung, Wallfahrten, Feste und Bruderschaften zu regulieren oder einzuschränken, führten

Rom stimmte für den Anschluss an das Königreich Italien, sobald es dies ungehindert tun konnte. (Napoleon III., der es für den Papst hielt, musste seine Soldaten 1870 abziehen.) Wie wir auf dem hier ausgehängten Plakat sehen, stimmten 40 805 Römer mit Ja, 46 mit Nein. Im päpstlichen Stadtteil Città Leonina gab es überhaupt keine Gegenstimmen. Ein enttäuschter Priester wird von einem Garibaldi-Mann beiseite geschubst. Der Vatikan selbst sollte jedoch eine selbst verwaltete Enklave bleiben.

zu Protesten, Zuwiderhandlungen, Gerichtsverfahren und manchmal, so 1790 in Florenz und Livorno, zu Gewalt. Im 19. Jahrhundert wurde diese Regulierung hartnäckiger, besonders weil Unterstützung für die Kirche nicht mehr länger universell war und stattdessen zu einem politischen Standpunkt wurde, der von politischen Gruppen in Frankreich, Italien und Spanien mit Misstrauen beobachtet wurde. Gleichzeitig mit der Veränderung der internationalen Beziehungen wandelten sich die traditionellen Voraussetzungen der Politik und der Kultur der Gesellschaft.

Handel und Gewerbe

Die alte Ordnung mit einem mächtigen Reich im östlichen Mittelmeerraum und einem vielfältigeren Muster souveräner Staaten weiter westlich war untergegangen. Das ganze Meer war von außen kommenden Interessen geöffnet worden. Dies lässt sich deutlich an einem Posten der Wirtschaftsstatistik ablesen. Während Marseille 1660 nur 19 000 Quintaux (ein Quintal entspricht 100 kg) Kaffee jemenitischer Herkunft aus Ägypten importierte, waren es 1785 143 310 Quintaux, von denen 142 500 aus Westindien kamen. Die Europäer hatten das Gros des Weltkaffeehandels übernommen. 1725 auf Martinique und Guadeloupe und 1730 auf Santo Domingo eingeführt, war westindischer Kaffee beliebter als der von den Holländern in Ostindien erzeugte, und die französischen Kolonien wurden schnell zur weltweit wichtigsten Quelle. 1770 wurden 350 000 Quintaux und 1790 über 950 000 Quintaux erzeugt. Das meiste ging nach Frankreich, und ein Großteil wurde dann reexportiert, von Marseille vor allem ins Osmanische Reich, womit sich der Handelsstrom von 1660 umgekehrt hatte.

Das Mittelmeer hatte noch immer Waren zu verkaufen. Kultur war einer der wichtigsten Exportartikel aus Italien. Salz aus Cagliari auf Sardinien, Alicante in Spanien, von Ibiza und aus Trapani auf Sizilien ging in die Ostsee, wie aus den Sundzöllen zu ersehen ist. Salz war in den 1780er-Jahren der größte schwedische Importposten aus Iberien und dem Mittelmeer; was Schweden und Dänemark mit Sardinien verband, deren führender Exportartikel es war. Wertmäßig machte Seide 1752 78,7 % der Exporte Piemonts aus.

Solche Exporte brachten Geld in den Mittelmeerraum, konnten aber nicht mit dem Wert der Überseewaren konkurrieren, die ins atlantische Europa geliefert wurden: Tee aus China, Baumwollstoffe aus Indien, Zucker, Kaffee und Tabak aus der Neuen Welt, Gold aus Brasilien. Auch erzeugte der Mittelmeerraum nicht die Güter, die seit dem späten 18. Jahrhundert von zunehmendem Wert waren: die Erzeugnisse der Hammerwerke und mit Dampf betriebene Maschinen, die nun aus Großbritannien kamen.

Als Folge davon stellte sich der Handel immer stärker als Durchdringung des Mittelmeerraums mit ausländischen Waren und mit Kaufleuten dar, die Rohstoffe zur Ausbeutung suchten. Versuche, den Handel zu befreien, halfen den einheimischen Volkswirtschaften wenig. Livorno verdankte seine Bedeutung als Handelszentrum vor allem seiner Bestimmung zum Freihafen 1675. Andere italienische Herrscher suchten dieser Errungenschaft nachzueifern. Messina wurde 1728 Freihafen, Ancona 1732. Als Österreich 1719 seinen Adriahandel anzukurbeln wünschte, erhielten Triest und Fiume diesen Status. 1748 wurde im Kirchenstaat der freie Binnenhandel eingeführt.

Doch vermochten diese Maßnahmen die Wirtschaft nicht umzuwandeln. Livorno leitete keine toskanische industrielle Revolution ein. Es gab am Mittelmeer keinen besonderen „Grund" für diese Situation. Anderswo in Europa führten erfolgreiche Häfen wie La Rochelle und Cádiz eher zu Wirtschaftsenklaven als zu wirtschaftlichem Wandel. Vergleichbar besaß Marseille in der zweiten Hälfte des 18. Jahrhunderts Tuch-, Zucker-, Glas-,

In den geschäftigen Häfen des Mittelmeers erlebte das 18. Jahrhundert einen radikalen Wandel der Handelswege. 1660 führte ein Hafen wie Marseille hauptsächlich Waren aus anderen Mittelmeerländern ein und aus. Kaffee etwa kam vor allem über Ägypten und wurde an westeuropäische Verbraucher verkauft. Ein Jahrhundert später (rechts: in einem Gemälde von Claude Joseph Vernet, spätes 18. Jahrhundert) kam er meist aus Westindien und wurde ins Osmanische Reich verkauft, eine völlige Umkehr des alten Musters.

Für die Menschen *Süditaliens brachte die Vereinigung keine Verbesserungen des Lebensstandards, und ihre Loyalität hielt sich eher im lokalen als im nationalen Rahmen. Oben: Milchverkäufer in Neapel. Unten links: Fischer, Sorrent. Unten rechts: Wasserträger, Palermo.*

Lokale Gewerbe, die den örtlichen Bedarf deckten, waren durch das ganze 19. und bis weit ins 20. Jahrhundert hinein verbreitet. Diese Salzpfannen in Südspanien blieben trotz der modernen Technik in Gebrauch.

Porzellan- und Seifenfabriken. Da aber der größte Teil Europas bis 1900 keine Industrialisierung und durchgreifende wirtschaftliche Umwandlung erlebte, ist es nicht hilfreich, von Scheitern zu sprechen. Zudem steht nicht fest, dass die Kriterien, anhand derer wirtschaftlicher Fortschritt definiert wird, der Vielfalt der Wirtschaftstätigkeit in dieser Periode das gebührende Gewicht verleihen. Untersuchungen einer Reihe von Regionen, die im Allgemeinen nicht mit wirtschaftlicher Entwicklung in Verbindung gebracht werden, zum Beispiel Venetien am Ende des 17. Jahrhunderts oder Spanien im 18. und 19. Jahrhundert, haben auf ein beträchtliches Maß an Unverwüstlichkeit und Anpassungsfähigkeit hingewiesen, das darauf schließen lässt, dass eine europäische Wirtschaftsgeographie, die den Süden als rückständig darstellt, nicht weiterhilft.

Zieht man dies in Betracht, hat es die revisionistische Strömung noch nicht zustande gebracht, eine industrielle Revolution auf dem Balkan im späten 18. Jahrhundert oder die sizilianische Entsprechung als Hintergrund für Garibaldis Invasion 1850 darzustellen. Tatsächlich ist es kein Zufall, dass einer der wesentlichen Exportartikel aus Sizilien und Neapel Menschen sein sollten, die wirtschaftlichen Vorteil in der Neuen Welt suchten. Das Gleiche galt für Schottland, wo eine durchgreifende industrielle Revolution stattgefunden hatte, aber alle wirtschaftlichen Indikatoren weisen auf einen grundlegenden Unterschied zwischen beiden hin.

Nicht nur die Industrie unterschied sich, sondern auch die Landwirtschaft. In Sizilien waren Zuwächse in der Weizenerzeugung nur durch eine Ausweitung der bebauten Bodenflächen zu erreichen; die Ernteerträge konnten nur erhalten werden, indem Brachland eingesät wurde. Bearbeitet wurde der Boden mit Hacken, die kaum die Oberfläche

Die Eisenbahn kommt nach Neapel. Durch die Revolutionierung der Verkehrsmittel und der Waren- und Menschenbeförderung wurden die Eisenbahnen entscheidend für die Entwicklung moderner Staaten. Ausgehend von Großbritannien, breiteten sich die Bahnlinien rasch in die fernsten Gegenden Europas aus, oft von britischen und französischen Ingenieuren gebaut, die erstaunliche natürliche Hindernisse überwanden.

der Erde aufrissen. In der Lombardei, einer von Natur aus fruchtbaren Agrarregion, nahm dagegen der Reisanbau seit den 1730er-Jahren zu, teils als Folge der Tätigkeit der Pachtbauern und teils, weil ausreichend einheimisches Kapital vorhanden war, um für die notwendige Bewässerung zu sorgen. In der zweiten Hälfte des Jahrhunderts gab es in der Lombardei deutliche Anzeichen einer landwirtschaftlichen Expansion, besonders im Anstieg der Reis-, Seide-, Käse- und Butterexporte. Es gab auch deutliche Verbesserungen in Venetien, wo sich der Maisanbau ausbreitete.

Allgemein jedoch war die Lage Italiens trüber, im Wesentlichen wegen der traditionellen Methoden und der extensiven Anbauweise anstelle landwirtschaftlicher Veränderungen und intensiver Methoden. Die Gemischtbetriebe der lombardischen Ebene, wo das Vieh Dünger und Milch lieferte, machten anderswo kaum Fortschritte, und Anstrengungen, den Kartoffelanbau zu fördern, zeigten wenig Wirkung. Die Hauptprobleme – schwieriges Gelände, Bodenerosion, Wassermangel, unzureichende Verkehrswege – beherrschten die Halbinsel noch um 1800, und die Hauptursache der erhöhten Produktion lag, vor

allem seit der Jahrhundertmitte, in der Ausweitung der bebauten Fläche. Obwohl sich die für den Handel produzierende Landwirtschaft in der zweiten Hälfte des Jahrhunderts fast überall in Italien ausbreitete und das Gemeindeland einbezogen wurde, war Ackerbau allein für den Eigenbedarf noch immer die Norm.

Das galt auch für die Transhumanz, den jahreszeitlich bedingten Viehtrieb, oft über sehr große Strecken, der lange ein wichtiger Aspekt landwirtschaftlicher Tätigkeit in ganz Europa gewesen war. Die Herrschaft des Menschen über hoch gelegene Weidegebiete und ihre Verbindung zur Mittelmeerküste war nur jahreszeitlich. Der Abtrieb des Viehs aus den Bergen Savoyens begann jedes Jahr am 10. Oktober. Etwa gleichzeitig brachen die Schafe der Mesta, des spanischen Wollmonopols, von ihren offenen Sommerweiden in Zentralspanien ins Tiefland auf, die größte jährliche Wanderung von Tieren in Europa. Weideland war der hauptsächliche Nutzen der Gebirgszonen, und es verband Regionen: die Apenninen mit der Ebene der Emilia, die Abruzzen mit den Ebenen der Capitanata nahe Foggia und so weiter. So entstanden die komplexen Muster, die die Wirtschaft des Mittelmeer-

Nationale Souveränität *und industrieller Fortschritt waren die beiden Faktoren, die am stärksten dazu beitrugen, das Gesicht des Mittelmeers im 19. Jahrhundert zu verändern. Selbst das Osmanische Reich sah sich mit regionalen Autonomieforderungen konfrontiert. Der griechische Freiheitskampf war nur ein einzelnes Symptom dafür. Überall im Reich war der Sultan gezwungen, seine autokratische Herrschaft zu lockern. Hier empfängt er 1842 Vertreter seiner unterschiedlichen Untertanen, die gleiche Rechte erbitten und ein Banner tragen, das die drei abrahamitischen Religionen darstellt.*

raums ausmachten. Schafe wurden aus dem Roussillon nach Barcelona und Vieh aus Piemont nach Genua getrieben.

Es gab gewisse Verbesserungen des Transportwesens, aber nur wenige vor dem Aufkommen der Eisenbahn. Die Eröffnung des Passes Col du Tende am südlichen Ende der Alpen für den rollenden Verkehr 1780 weckte Hoffnungen in Piemont, dass Wein über Nizza nach England exportiert werden könnte, doch sie endeten mit dem Ausbruch des Französischen Revolutionskrieges 1792. Im folgenden Jahrhundert musste die Ausweitung des Eisenbahnnetzes mit dem schwierigen Gelände in den meisten Küstenregionen fertigwerden, besonders wenn Berge an die Küste heranreichten. Der schlechte Zustand der Wirtschaft schmälerte auch die Anziehungskraft für Investoren. So gab es pro Quadratkilometer weitaus weniger Eisenbahnlinien auf dem Balkan, in Süditalien oder Spanien als in Deutschland, den Niederlanden oder England. Dennoch brachte jede Linie, die gebaut wurde, eine Veränderung.

Entsprechend wirkten sich Dampfschiffe stark auf Fahrtzeiten und Kalkulierbarkeit im Mittelmeer aus. Der Einfluss von Wind und Gezeiten ging zurück, obwohl Segelschiffe wichtig blieben, nicht zuletzt, weil sie billiger zu kaufen und zu bedienen waren. Dampfschiffe brauchten Kohle, und ihr Bedarf und ihre Kapazität führten dazu, dass sich der Handel auf eine kleine Anzahl Häfen mit den nötigen Anlagen konzentrierte, während eine große Anzahl Häfen zweitrangig wurden. Dieser Prozess wurde durch die Rolle des Dampfschiff-Zug-Umschlags in bestimmten Häfen unterstrichen.

Der Bedarf der wachsenden und wohlhabenderen Bevölkerung Europas trug dazu bei, die Produktion anzukurbeln. Im 19. Jahrhundert erreichte die Nachfrage den Balkan, was sich besonders auf die Baumwoll- und Tabakerzeugung auswirkte. Gleichzeitig diente ein großer Teil der Tätigkeit weiterhin der Deckung des Eigenbedarfs oder nur der heimischen Wirtschaft. Dies galt sowohl für die Landwirtschaft als auch für die Industrie und beeinflusste stark die kollektive Psychologie der Bevölkerung. Die unmittelbare Umgebung, nicht der ferne Staat war Quelle der Identität, des Interesses und der Loyalität. Dies zeigte sich deutlich in Süditalien nach der Vereinigung mit dem Norden am starken Widerstand in Neapel und Sizilien gegen die neue Regierung, die als fremd empfunden wurde. Allerdings hatte lokales Empfinden auch nicht zu großer Unterstützung für die neapolitanischen Bourbonen geführt. Das Regime war ziemlich schwach gewesen, besonders in Sizilien, das infolge des verbreiteten Banditenunwesens in vielen Gegenden nahezu unregierbar war.

In Spanien beruhte die Unterstützung für die Karlisten im 19. Jahrhundert auf lokalen Treueverhältnissen, vor allem in Navarra und im katalonischen Hochland. Während des zweiten Karlistenkrieges (1866–76) kam es 1873/74 auch zu einem republikanischen und antizentralistischen Aufstand in Cartagena. Früher hatte die korsische Erhebung gegen die genuesische Herrschaft 1730 die Form eines Kampfes zwischen dem ländlichen Milieu und den Städten, wo viele Genuesen lebten, angenommen, wobei beide Seiten um die Herrschaft über die fruchtbaren Schwemmlandebenen kämpften.

Lokalpatriotismus war auch auf dem osmanischen Balkan stark gewesen, und es lassen sich dort Verbindungen zwischen der dezentralisierten Macht, die charakteristisch für das 18. Jahrhundert war, und der schwachen Regierung im 19. Jahrhundert ziehen. Im 18. Jahrhundert kam eine neue Gruppe provinzieller Herrscher, allgemein als *Ayans* (Honoratioren) bekannt, mit einer lokalen Machtbasis auf. Häufig war eine wirksame lokale Verwaltung allein ihnen zu verdanken. Mächtige einheimische Familien beherrschten Albanien, Mittelgriechenland und Morea mithilfe privater Armeen. Bosnien wurde von den Beis geleitet, starken örtlichen muslimischen halb unabhängigen Adligen die die Landessprache beherrschten und lokale Traditionen verstanden, während die Macht des osmanischen Gouverneurs oft sehr begrenzt war. Der Verkauf von Staatsland an reiche Beamte in weiten Teilen des Osmanischen Reiches trug wenig dazu bei, die Zentralgewalt zu stärken. Die Schwäche der Zentralregierung zwang diese, viele *Ayans* in das Verwaltungssystem der Provinz aufzunehmen, und besonders in schwierigen Zeiten erhielten sie offizielle Ämter. Zu anderen Zeiten versuchten entschlossene Führer, die Macht der *Ayans* zu beschneiden. So leitete der energische Großwesir Halid Hamid Pascha 1785 einen solchen Versuch ein, der allerdings fallen gelassen wurde, als 1787 der Krieg mit Russland ausbrach.

Somit kann neben die scheinbar klaren Themen der Beherrschung von außen, der wirtschaftlichen Rückständigkeit und des Aufstiegs von Nationalstaaten eine vielfältigere Realität festgestellt werden. Alle drei eben genannten Punkte waren richtig, aber gleichzeitig gab es auch die Mannigfaltigkeit, die von einer so verschiedenartigen und komplexen Region zu erwarten ist und die dazu beiträgt, die Geschichte des Mittelmeeres so faszinierend zu machen.

Es waren die Künstler, die das Mittelmeer als einen neuen „Garten Eden" entdeckten. Die Maler der impressionistischen und postimpressionistischen Generation (um 1900) wollten einfach der Lebensfreude Ausdruck geben, die Meer, Sonne und Landschaft erzeugen, gepaart mit den Freuden des täglichen Lebens. Den idealen Rahmen dafür boten die einfachen Fischersiedlungen und Städte an der Côte d'Azur wie Juan-les-Pins, Antibes, Cannes, deren Namen seither zum Inbegriff mediterraner Lebenslust wurden. Zu diesen Künstlern zählte auch Henri Edouard Cross, der sich in St. Clear bei St Tropez niederließ, wo die Szene dieses Gemäldes angesiedelt ist. Seine pointillistische Maltechnik fängt die Lichtreflexe auf dem Blattwerk der Bäume und auf dem Wasser ein und strahlt eine Atmosphäre magischer Stille aus. Doch der fragile Charm, der die französische Küste so populär machte, dauerte nicht lange.

Das Bild vom alten Rom, das akademische Maler wie Sir Lawrence Alma-Tadema schufen, war im Detail streng klassizistisch, aber in seiner Ästhetik viktorianisch, vor allem hinsichtlich der femininen Schönheit und seiner idealisierten Sicht der Humanität. Sein Gemälde „Frühling" schildert eine Feier zu Ehren der Erntegöttin Ceres.

NORDEUROPA unterhielt zur mediterranen Welt bereits um 1450 sehr enge Beziehungen, als Brügge die Drehscheibe zwischen der deutschen Hanse mit den ihr angeschlossenen Handelsstädten der Nord- und Ostsee und dem Mittelmeerraum, vertreten unter anderm durch die Familie der Medici, bildete. Nicht nur Waren wurden getauscht, sondern auch Ideen und künstlerische Ansichten, zum Beispiel kopierten Künstler aus dem fernen Neapel Themen aus der Werkstatt von Jan van Eyck. Für die Künstler der flachen, wolkenverhangenen Niederlande bildeten die bergigen mediterranen Landschaften ein unvergessliches Erlebnis. Dennoch zeichnete sich Ende des 18. Jahrhunderts ein Wandel in dieser engen Beziehung ab. Hamiltons Grabungen im antiken Pompeji hatten eine verblüffende Wirkung auf Europas Kunststile, und die Verwendung pompejanischer Themen in der Landhausarchitektur war groß in Mode. Der Architekt Cockerell, der schon in den 1820er-Jahren Grabungen in Bassae unternahm, identifizierte als Erster korinthische Säulen in der griechischen Baukunst und integrierte sie in seine Baupläne.

Das Mittelmeer wurde aktiv in den grauen Alltag des Nordens integriert. Die Grand Tour, ein Muss für alle jungen gebildeten Männer, war der Auftakt zu einer neuen Erscheinung: dem Kulturtourismus in die mediterranen Länder. Andere Zeitgenossen flüchteten vor dem tristen Winter in den Süden, so auch Königin Viktoria, die Menton besuchte. Begünstigt wurde dieser Trend durch die Entwicklung des Eisenbahnverkehrs, der den Norden mit Südfrankreich verband und so auch den Zugang zu Norditalien erleichterte. Erschöpft und verrußt erreichten um 1900 die englischen Reisenden Florenz und Neapel und stürzten sich unverzüglich in die Entdeckung des italienischen Kulturerbes des Mittelalters und der Renaissance.

Schon frühzeitig wurde der mediterranen Welt im deutschsprachigen Raum eine besondere Aufmerksamkeit zuteil. Das junge Bildungsbürgertum machte sich auf die Spuren von Winckelmann und folgte Goethes „Italienischer Reise" in den Süden, um die Stätten der klassischen Antike zu entdecken. Auch Schriftsteller zog es „in das Land, wo die Zitronen blühen", wie zum Beispiel J. G. Seume, der 1801/02 eine Fußreise von Deutschland nach Italien unternahm und seine Eindrücke in der Beschreibung „Spaziergang nach Syrakus" festhielt. Besonders zahlreich waren auch die bildenden Künstler in Italien vertreten. Dazu zählten die Nazarener, eine Gruppe von Malern, die sich im frühen 19. Jahrhundert bei Rom zusammengeschlossen hatten und eine Erneuerung der Kunst unter anderem durch Rückbesinnung auf die italienische Malerei anstrebten. Im Verlauf des 19. Jahrhunderts schulten Generationen von Künstlern und Studierenden ihren Blick an den klassischen Stätten der Antike und den Kunstwerken der Renaissance.

Zu berücksichtigen ist ferner die Art und Weise, wie mittel- und nordeuropäische Institutionen versucht haben, die mediterrane Welt mit nach Hause zu bringen. Berühmte Museen wie der Pariser Louvre, das British Museum in London, das Pergamon-Museum, Bode-Museum und das Alte Museum in Berlin erweiterten kontinuierlich ihre Bestände und Sammlungen antiker und Renaissancekunst, mitunter auch mit etwas fragwürdigen Methoden. So etwa gelangten die *Elgin Marbles,* die auch die Parthenonskulpturen umfassten, ins British Museum. Die antiken Zeugnisse dienten Künstlern und Architekten als Orientierung und Inspiration zur Schaffung eigener Werke im Geist jener entfernten Klassik, die als Ausdruck eleganter Zurückhaltung und Erhabenheit galt.

Ein Aspekt der Beschäftigung mit dem antiken griechisch-römischen Erbe war auch die Gründung der zahlreichen Kunstakademien und archäologischen Institute mit Sitz in Rom und Athen. Die Erklärung für dieses über Generationen hinweg konstante Interesse liegt vielleicht in der Tatsache begründet, dass sich die nordeuropäischen Länder als Erben und Verwalter der griechischen und römischen Antike betrachteten, was auch durch die intensive Hinwendung zum Studium der klassischen Philologie – Latein und Griechisch – zum Ausdruck kam. Im 19. Jahrhundert erschienen nicht nur eine Fülle von Übersetzungen, Gesamtausgaben und kritischen Editionen von Werken antiker Philosophen und Geschichtsschreiber, es entstanden auch umfassende Lexika zur griechisch-römischen Antike, die auch heute noch als Standardwerke gelten.

Aus Sicht der Nordeuropäer waren die antiken Kunstwerke Griechenlands und Roms Sinnbild des Klaren, Rationalen, Ausgewogenen, die Harmonie und Erhabenheit ausstrahlten. Unweigerlich kam es dabei zu einer idealisierten, verklärten Betrachtung jener Epoche der mediterranen Welt, wie sie überaus deutlich in der Kunst des späten 19. Jahrhunderts umgesetzt wird. Stellvertretend seien hier die britischen „Olympischen Träumer" genannt, vertreten vor allem durch Sir Lawrence Alma-Tadema, der mit ungewöhnlicher Akribie Details klassischer Architektur, Kleidung und Landschaft in seine Gemälde einfügt. Dennoch sind die Gestalten seiner Gemälde dem Geist seiner Zeit verpflichtet, ästhetischer

Die Akropolis in Athen *wurde griechischer gemacht, als sie es seit Perikles' Tagen je gewesen ist, indem sämtliche später hinzugefügten Bauten entfernt wurden, sodass der Tempel heute völlig isoliert dasteht.*

Ausdruck der viktorianischen Epoche und ihres Geschmacks.

Ausschlaggebend in ihrer Nachwirkung nicht nur in Deutschland, sondern auch in ganz Europa und sogar Amerika waren die Schriften von Johann Joachim Winckelmann (1717–1768), der die Kenntnisse über die antiken Kunstwerke in den geschichtlichen Zusammenhang stellte, diese klassifizierte und Kriterien zur Bewertung der klassischen Plastik aufstellte. Winckelmann gilt als Begründer der modernen Archäologie und der vergleichenden Kunstgeschichte. Seine Auffassung vom Wesen der griechischen Kunst als „edle Einfalt und stille Größe" wurde für die deutsche Klassik bestimmend. Und gerade diese Sicht entsprach dem Kunstbetrachter des 19. Jahrhunderts. Dafür spricht zum Beispiel auch der Umstand, dass die Akropolis in Athen 1890 rekonstruiert wurde, wobei sämtliche umliegenden Bauten späteren Datums und ungeachtet ihres Wertes entfernt wurden, sodass sie heute eigentlich wie ein isoliertes Gerüst dasteht.

Nicht so eindeutig in ihrer Bewertung waren die Ansichten über die anderen Kulturen und Zivilisationen der mediterranen Welt wie etwa bezüglich des Islam, des maurischen Spanien, obwohl Letzteres häufig als eine Blütezeit und Epoche religiöser Toleranz bezeichnet wurde, die in deutlichem Gegensatz zum „Dunklen Zeitalter" des Mittelalters mit seiner Inquisition und seinem Obskurantismus stand. Es war jedenfalls etwas anderes, eine orientalische, fremde Welt, die sich schwer erschließen ließ und gerade deshalb eine besondere Faszination ausstrahlte.

Ein globalisiertes Mittelmeer: 1900–2000

DAVID ABULAFIA

Das Mittelmeer ist kein geschlossenes Meer. Die Straße von Gibraltar öffnete den Zugang zum Atlantik und damit den Phöniziern den Weg nach Tartessos und weiter bis zu den Zinnbergwerken von Cornwall. Der Bosporus seinerseits stellte die Verbindung zum Schwarzen Meer und zu den Steppen Russlands her. Seit Mitte des 19. Jahrhunderts war auch der Indische Ozean ans Mittelmeer über den Suezkanal angeschlossen, eine technische Meisterleistung, auch wenn schon vorher Landverbindungen zwischen Alexandria und dem Roten Meer bestanden. Dieses Kapitel will aufzeigen, wie sich das Mittelmeer vor allem im 20. Jahrhundert dank seiner Kontakte zur äußeren Welt gewandelt hat und untersucht gleichzeitig das Zusammentreffen von Kulturen im Mittelmeerraum in Städten wie Alexandria. Diese Veränderungen waren nicht politischer Art (wie etwa das Entstehen des britischen und französischen Einflusses im Mittelmeerraum), sondern umfassten auch den kulturellen Bereich, z. B. die Sehnsucht nach der klassisch-antiken Vergangenheit, die lange Zeit ein prägendes Merkmal der nordeuropäischen Kultur war und der Epoche der Grand Tour folgte. Diese Rückbesinnung fand neuen Ausdruck durch Ausgrabungen in Griechenland und Italien und durch die Wiederentdeckung der Renaissancekunst durch deutsche, britische und andere Kunstkenner.

Türkei – Niedergang und Neuanfang

Im 20. Jahrhundert vollzogen sich im Mittelmeerraum nachhaltige politische Veränderungen. Die mächtigen Reiche, die das Meer beherrscht hatten – im Fall des Osmanischen Reiches über fünf Jahrhunderte hinweg – erlebten einen tiefen Sturz. Gebiete wurden abgetreten oder hinzugewonnen, Italien etwa besetzte neue Territorien, verlor sie aber wieder innerhalb weniger Jahrzehnte. Zu Beginn des 20. Jahrhunderts schien sich im Mittelmeerraum eine neue Ordnung herauszubilden als zumindest teilweises Ergebnis einer französisch-britischen Vereinbarung, wonach das Mittelmeer nach der Einweihung des Suezkanals 1869 künftig als Verbindung zwischen Nordeuropa und dem Indischen Ozean dienen sollte. Dieses ursprünglich französische Konzept, das von Franzosen und Briten gemeinsam bis 1956 umgesetzt wurde, markiert den Anfang jenes Prozesses, der die „Globalisierung" des Mittelmeeres einleitete, denn der strategische Wert ihrer Präsenz im Mittelmeer war zunehmend bestimmt durch ihre Beziehungen zur Politik im Nahen und Fernen Osten. Für Großbritannien, das seit dem Utrechter Vertrag Gibraltar, seit 1814 Malta und schließlich seit 1878 auch Zypern besaß, war der Zugewinn einer direkten Seeverbindung nach Indien durch das Mittelmeer auch aus kommerzieller Sicht von herausragender Bedeutung: Nun konnte die langfaserige, ägyptische Baumwolle, deren Anbau extrem zunahm, gleichermaßen die Textilindustrien aus Indien und Lancashire versorgen. Auch ermöglichte der Suezkanal eine relativ zügige Kommunikation mit dem Empire. Die Aufnahme einer regelmäßigen Verbindung zum Suezkanal wurde begleitet durch die Entwicklung großer, stählerner Dampfschiffe, die auf der Route nach Osten eingesetzt wurden und allmählich die Segelschiffe verdrängten, obwohl das Dampfschiff im 19. Jahrhundert lange als schwerfällige, lärmende und übel riechende Erfindung galt. Doch gab es etliches

Das Mittelmeer als Tummelplatz war bereits ein um 1910 fest gefügtes Klischee und blieb es – wie wir am Schluss dieses Kapitels sehen werden – bis auf den heutigen Tag. Diese Farblithographie von Charles Besson mit ihren Rosensträußen und dem modellhaft wirkenden Flugzeug unterstreicht diesen Anspruch etwas großspurig.

Die osmanische Kapitulation vor den westlichen Werten kommt deutlicher als in jeder militärischen oder politischen Niederlage in der Übernahme des lateinischen Alphabets zum Ausdruck, das die arabischen Schriftzeichen ersetzte. Diesen Prozess leitete Mustafa Kemal ein, der sich den Beinamen Atatürk, „Vater der Türken", gab.

Kulturelle Übergänge waren in Städten wie Thessaloniki sichtbar, das im 19. Jahrhundert türkisch blieb und erst 1913 zu Griechenland kam. Die Kleidung einer jüdischen Familie der 1890er-Jahre weist türkische, traditionell griechische und europäische Elemente auf. 1916 bot die Hauptstraße der Stadt bereits einen westlichen Eindruck.

noch zu entdecken, was nicht so weit vom Mutterland entfernt war wie Indien. Das Interesse für die Erdölreserven bewog Großbritannien, engere Kontakte zum Nahen Osten zu knüpfen. Auch dies war ein Ergebnis technologischer Fortschritte, die langfristig die Wirtschaftsstruktur etlicher Mittelmeerländer und einiger kleinen Staaten weiter östlich nachhaltig veränderten: Die Entwicklung von Verbrennungsmotoren steigerte die Nachfrage nach Erdöl, und in der Zeit um den Zweiten Weltkrieg hatte die Schlacht um die Ölfelder im Irak und Iran entscheidenden Einfluss auf die Strategie der Kriegsparteien.

Ebenso wichtig wie die britischen, französischen oder italienischen Ziele in der Levante war auch der interne Konflikt, der das kränkelnde Osmanische Reich zerrieb: Es hatte sich machtlos gegenüber den starken nationalen Befreiungsbewegungen der Albaner, Bulgaren, Rumänen erwiesen und war ebenso unfähig, den Konflikt mit der eigenen Offiziersschicht zu bewältigen, die, geeint durch die erzwungene Teilnahme am Ersten Weltkrieg auf Seiten Deutschlands, von Mustafa Kemal angeführt wurde. Der osmanische Einfluss in Nordafrika hatte bereits im 19. Jahrhundert zu bröckeln begonnen, und zwar am deutlichsten in Ägypten, wo Muhammad Ali 1811 die Macht an sich riss, während die Beys von Algerien und Tunesien sich nicht gegen die Vereinnahmung durch die Franzosen hatten erwehren können, sodass Algerien bereits 1830 in französischen Besitz fiel. Hinzu kam, dass die griechische Regierung eine alte Rechnung zu begleichen hatte: Sie hatte ein Auge auf die kleinasiatische Küste und vor allem die Region um Smyrna (Izmir) geworfen, wo noch zahlreiche Griechen lebten. Griechische Nationalisten träumten sogar von der Rückgabe Konstantinopels, wobei diese „Große Idee" gar nicht so unrealistisch schien, als die Türkei selbst im Inneren mit einer Revolution konfrontiert war. Griechenland war aber zu weit gegangen. Unter ihrem neuen Anführer Atatürk, wie sich Mustafa Kemal nannte, erwiesen sich die Türken als hartnäckiger Gegner: 1922 vertrieben sie die Griechen aus den von ihnen besetzten westanatolischen Gebieten (und bekämpften auch erbittert die Armenier), was zeigte, dass dem neuen sekulären Nationalstaat Türkei eine bedeutende militärische Rolle in der Region zufiel. Die Türkei war nicht mehr Europas „kranker Mann am Bosporus", denn von Europa blieb nur noch ein kleines Gebiet um Istanbul, Edirne und Gallipoli übrig. Die Türkei musste die demütigende Ausweisung der muslimischen Bevölkerung aus Kreta hinnehmen – sie machte etwa 40% der gesamten Einwohnerzahl aus –, als die Insel ihre Unabhängigkeit erklärte und die *Enosis*, die Vereinigung mit Griechenland, vollzog. Zypern mit seiner gemischten Bevölkerung wurde 1914 britische Kolonie. Trotz dieser Niederlagen und territoriellen Verluste machte die Türkei eine tief greifende

Das alte Osmanische Reich, „der kranke Mann am Bosporus", zerbrach infolge der (von Großbritannien unterstützten) nationalen Befreiungsbewegungen seiner Völker, seiner Niederlage im Ersten Weltkrieg (als es an der Seite Deutschlands kämpfte) und einer internen Revolution, die das Kalifat abschaffte und es durch eine sekuläre Demokratie ersetzte. Der siegreiche britische General Allenby zog 1917 in Jerusalem ein, und der Nahe Osten kam zusammen mit einigen neu entstandenen Staaten unter die Kontrolle europäischer Großmächte.

Modernisierung nach europäischem Vorbild durch. Zum Reformprogramm zählte auch der Verzicht auf die arabische Schrift und die Einführung des lateinischen Alphabets. Dies führte zu einem interessanten Paradox. Die Türkei war, geographisch gesehen, eigentlich kein europäischer Staat mehr, aber durch die Annahme einer Staatsform nach westlichem Vorbild und einer sekulären Nationalkultur war es bestrebt, wieder zu Europa zu gehören. Ähnlich wie auf dem Balkan in derselben Zeit brachte die Begeisterung, mit der diese Politik in der Türkei umgesetzt wurde, die ethnischen und religiösen Minderheiten in harte Bedrängnis. Der Ausweisung der Griechen aus Kleinasien folgte eine groß angelegte Umsiedlung türkischer Einwohner aus Thrakien und Thessalien ins Mutterland Türkei. Dies wirkte sich erheblich auf das ethnische Gleichgewicht in anderen Gebieten Südosteuropas aus. Die bedeutende Hafenstadt Thessaloniki (Saloniki) wurde zunehmend hellenisiert, obwohl bis zum Ausbruch des Zweiten Weltkrieges etwa 40 % ihrer Einwohner sephardische Juden waren, die später unter deutscher Okkupation von den Nazis grausam ausgerottet wurden.

Der Mittlere Osten rückt in den Mittelpunkt

Die Niederlage im Ersten Weltkrieg setzte auch dem osmanischen Einfluss in Syrien und Palästina ein Ende, und 1917 zog der britische General Allenby im Triumph in Jerusalem ein. Der Sieg über die Türken fiel mit der Erklärung der britischen Regierung zusammen, wonach sie die Schaffung einer Heimstätte für das jüdische Volk in Palästina unterstützte. Ob die „Balfour-Deklaration" die Gründung eines völlig unabhängigen jüdischen Staates implizierte, ist eine andere Frage, doch bemühte sich Großbritannien konsequent um eine versöhnliche Haltung gegenüber den arabischen Anführern dieser Region, die durch die Balfour-Deklaration beunruhigt waren. Als Zeichen des Entgegenkommens wurde im östlichen Teil des ehemaligen Palästina das selbstständige Emirat Transjordanien gegründet (1921), das als Bindeglied zwischen der britischen Einflusssphäre im Irak und den britischen Interessen in Ägypten und Palästina dienen sollte. Dabei standen die arabischen

Als Frankreich 1920 *die Kontrolle über Syrien übernahm, begann es mit der Restaurierung der eindrucksvollen Zitadelle Crac des Chevaliers, die die Kreuzritter im 13. Jahrhundert erbaut hatten. War dies lediglich ein Ausdruck der Begeisterung für die ferne Vergangenheit oder ein Element französischen Nationalismus, der gleichsam darauf hinweisen sollte, dass die alte „nation franco-syrienne" wiederauferstanden war? 1946 gab Frankreich sein Mandat als Schutzmacht auf.*

Herrscher den wirtschaftlichen Vorteilen einer jüdischen Immigration für die Region nicht zwangsläufig ablehnend gegenüber. Tatsache aber war, dass unter den Juden aus Europa – ebenso wie unter den slawischen Völkern – verschiedene nationalistische Bewegungen entstanden. Deren Wurzeln lagen zum Teil in den Leiden der osteuropäischen Juden, wo die Regierung des zaristischen Russlands tatenlos den gegen die Juden gerichteten Pogromen zusah, und zum Teil in der Erkenntnis, dass das einzige Land, nach dem sich die Juden seit Jahrhunderten gesehnt hatten, Palästina, das Heilige Land, das Land des Volkes Israel, war. In den 1930er-Jahren wurde aber immer deutlicher, dass angesichts der sich verschärfenden antisemitischen Politik in Mitteleuropa und vor allem in Deutschland es nötig sei, über einen möglichen Zufluchtsort für die Juden nachzudenken. In diesem Kontext müssen wir jedoch zu den Konflikten zurückkehren, deren Quelle in einem gewissen Augenblick die jüdische Immigration und Staatsbildung in der Levante war. Zeitgleich mit den Briten, denen vom Völkerbund das Mandat über Palästina übertragen wurde (1920), erhielt Frankreich das Mandat für Syrien (einschließlich Libanon). Dort sah sich Frankreich als Bewahrer langer Traditionen und als Beschützer der christlichen Einwohner aus der libanesischen Hochebene ebenso wie als Erbe der französischen Kreuzritter, die hier im 12. und 13. Jahrhundert die erste „nation franco-syrienne" gegründet hatten. Ein interessanter kultureller Aspekt der französischen Mission in Syrien war das Projekt zur Restaurierung der Kreuzritter-Zitadelle Crac des Chevaliers, der wohl mächtigsten Festungsanlage in der gesamten Levante, aber auch ein deutliches Symbol dafür, dass Frankreich wieder hierher zurückgekehrt sei. Für die Briten waren diese Gebiete insofern von Nutzen, als sie eher als Zwischenstationen auf dem Weg nach Indien dienten.

Der Zusammenbruch des Osmanischen Reiches zeigte in der Levante andere Folgen. 1882 besetzten die Briten Ägypten, an dessen Spitze sich ein Khedive albanischer Herkunft befand und der sich mit den Briten die Kontrolle über den Sudan, wörtlich „der Süden", teilte. Dies war insofern strategisch bedeutsam, als Großbritannien dadurch direkten Zugang zu seinen zentral- und ostafrikanischen Kolonien Kenia, Uganda und Tanganjika hatte, die Deutschland nach Ende des Ersten Weltkrieges hatte abtreten müssen (Sansibar wurde in den 1880er-Jahren im Tausch gegen Helgoland erworben). Fortan wirkte Alexandria über 50 Jahre hinweg als ein multikulturelles Zentrum, das Italiener, sephardische Juden, Griechen, Albaner, Franzosen, koptische Christen als ihre Heimat betrachteten und die sich nicht ihrer Muttersprache bedienten, sondern Französisch als gemeinsame Umgangssprache verwendeten.

Italien – „die Kleinste der Großmächte"

Ein dezentes Kräftemessen zur Standortbestimmung im Rahmen der *Entente cordiale*, die Großbritannien mit Frankreich verband, sorgte im östlichen Mittelmeer für eine gewisse Stabilität. Die Hauptinteressen dieser einstigen Rivalen kollidierten nicht miteinander. Beide waren demokratische Staaten, deren Regierungen größte Anstrengungen unternahmen, einen Krieg mit aggresiven Gegnern in Mitteleuropa zu vermeiden. Den Beweis dafür lieferten die Ereignisse der 1930er-Jahre. Komplizierter war die Rolle Italiens, der „vierten Großmacht": Italien begann mit der Umsetzung seiner Ambitionen – der Sicherung seiner Vormachtstellung im Mittelmeerraum –, nachdem die faschistische Partei Mussolinis 1922 die Regierung übernommen hatte. Italiens neue Politik erklärte sich auch durch seine zentrale Lage im Mittelmeer. Anders verhielt es sich mit Frankreich, das zwar auch ans Mittelmeer grenzt, aber weit mehr als eine Mittelmeermacht war: Es besaß ein ausgedehntes Kolonialreich in Westafrika, Südamerika, Südostasien und im Pazifik, zu dem im 19. und frühen 20. Jahrhundert ausgedehnte Territorien in Nordafrika hinzu-

Nirgendwo im Mittelmeer waren nationale und internationale Interessen so stark miteinander verflochten wie in Ägypten, und am deutlichsten kam dies in der kosmopolitischen Stadt Alexandria zum Ausdruck (unten: Straßenszene um 1900). Der zunächst weitgehend finanzielle britische Einfluss erhielt bald auch eine politische Komponente, obwohl der legale und verfassungsrechtliche Rahmen unklar war. Mit Ausbruch des Ersten Weltkrieges übernahm Großbritannien das Protektorat über Ägypten, das offiziell bis 1921 dauerte, gab aber seinen Einfluss – die Briten kontrollierten beispielsweise die Verteidigung – erst nach dem Ende des Zweiten Weltkrieges auf.

Italien erhob erst spät koloniale Ansprüche. Diese Propagandakarte aus der Zeit um 1914 enthält die erhofften Gebietsgewinne, darunter Teile Tirols und der einst von Venedig beherrschten dalmatinischen Küste.

kamen – Algerien, Tunesien, weite Teile Marokkos (wobei sich dessen Mittelmeerküste in spanischem Besitz befand). Im Vergleich zu Frankreich wies Italien einen niedrigen Industrialisierungsgrad auf, und mit wirtschaftlich hoch entwickelten Staaten wie Großbritannien oder Deutschland konnte es sich schon gar nicht messen. In Mittel- und Süditalien herrschte bittere Armut, und selbst der nationale Vereinigungsprozess, der sich über fast 25 Jahre hinauszog, war auf starken regionalen Widerstand gestoßen. Der Drang, ein neues Imperium zu schaffen, fand beim König und im Parlament begeisterten Zuspruch und war zweifelsohne auch Ausdruck für das Streben nach einer starken nationalen Identität und neuen Aufgaben. Erfolgversprechender waren dabei die Aktionen im näheren Umkreis. Die geringe Entfernung zu Libyen lud geradezu zu dessen Besetzung ein, umso mehr als das liberale Italien am Vorabend des Ersten Weltkrieges die offenkundige Schwäche des Osmanischen Reiches in dieser Region ausnutzen wollte; andere Ziele, wie etwa das entfernte Äthiopien und Abessinien, gerieten bereits im späten 19. Jahrhundert ins Visier, wurden aber erst 1935 in Mussolinis brutalem Krieg gegen Äthiopien erobert. Der Dodekanes, einschließlich Rhodos, wurde schon 1912 besetzt,

Mussolini blickte entrückt in die Ferne. Der italienische Angriff auf Abessinien im Jahre 1935 – die letzte und brutalste imperialistische Eroberung durch einen europäischen Staat – verschaffte Italien kurzzeitig ein afrikanisches Reich. 1936 entstand in der Nähe eines Schlachtfeldes die von italienischen Soldaten in Sandstein geschaffene Skulptur Mussolinis, die schon längst wieder zu Staub zerfallen ist.

Im April 1939, wenige Monate vor Ausbruch des Zweiten Weltkrieges, annektierte Mussolini das Königreich Albanien. Das Foto zeigt italienische Truppen samt Versorgungsmaterial, die in Durrës (Durazzo) an Land gehen.

gewissermaßen „beiläufig", während des Krieges, der Italien den Besitz des einst türkischen Libyen brachte.

Ein weiterer Schauplatz eröffnete sich in Sichtweite der *la patria* – Albanien, ein weitgehend islamisches Land, mit einer kriegerischen Bevölkerung und schwachen Regierung. Selbst als es im Ersten Weltkrieg die türkische Herrschaft abschüttelte, wurde es zum Gegenstand griechischer, italienischer und serbischer Ambitionen; die Oberhand behielten schließlich die Italiener, von denen Albanien in hohem Maß abhängig war. So etwa befand sich der Sitz der Nationalbank von Albanien noch vor dem italienischen Einmarsch im April 1939 nicht im verarmten Tirana, sondern in Rom. Der glücklose albanische König Zogu I. (ursprünglich ein Stammesführer aus dem Binnenland) war lediglich eine Marionette Italiens im Laufe seiner kurzen politischen Karriere, in der er sich vom Präsidenten (1925) zum König ernannte (1928). Die Invasion in Albanien blieb italienischen Soldaten als langer und bitterer Feldzug in Erinnerung, während die Unfähigkeit Italiens, Albanien schnell und reibungslos einzunehmen, beim Bündnispartner Deutschland die Sorge aufkommen ließ, ob im Falle eines größeren Krieges Mussolinis Streitkräfte doch kein schlagkräftiger Verbündeter sein könnten. An der albanischen Küste machten malariaverseuchte Sumpfgebiete das Leben unerträglich; im Binnenland mussten sich die Italiener mit Banditen abgeben, die kein Interesse für eine entschlossene Regierung zeigten, wie sie der Duce versprochen hatte. Und Tirana selbst wurde in eine italienisierte Hauptstadt verwandelt, mit Ministerien und einem Grand Hotel in monumentalem römischen Stil; und doch wollte keine richtiges Leben in die Hauptstadt einkehren. Außer den Vorkommen an Chromerz in Albanien erwiesen sich Italiens europäische Kolonien als wenig Gewinn bringend; einziger Vorteil war die Kontrolle über seine Häfen Durazzo (Durrës) und Valona (Vlorë). Italien hatte bereits 1920 die Insel Saseno (Sazan) gegenüber Valona erworben, doch war es nicht gelungen, Valona selbst einzunehmen. Italiens Einflusssphäre in Albanien schien zwar die Vormachtstellung in der Adria auszubauen und erinnerte in gewissem Maß an die Rolle Venedigs im Mittelalter; es lässt sich aber kaum behaupten, dass die Kontrolle der Adria einen lebenswichtigen strategischen Zweck erfüllte, da es in der Region keine nennenswerten Rivalen gab: Jugoslawien war keine Herausforderung, und einer der

Libyen wurde 1912 an Italien abgetreten, obwohl die umfassende Kolonisierung erst in den 1930er-Jahren begann. Für Mussolini war das Teil seines Traumes vom Wiederauferstehen des Römischen Reiches.

Triest, das zur K.u.K.-Monarchie gehörte, kam 1919 zu Italien. Seine Bevölkerung – Italiener, Österreicher, Juden – machten es zu einem kosmopolitischen Kulturzentrum. Zum Ausdruck kam diesauch im Pseudonym des Schriftstellers, der hier lebte: Ettore Schmitz, genannt „Italo Svevo".

wichtigen dalmatinischen Häfen, Zar (Zadar) befand sich bereits in italienischem Besitz und war eher durch den Luxardo-Branntwein bekannt. Triest kam nach dem Ersten Weltkrieg von Österreich-Ungarn an Italien und war eigentlich ein wertvoller Besitz, da es vom Mittelmeer aus den Zugang zu den wichtigsten Städten Südmitteleuropas ermöglichte und einen besonderen Aufschwung nahm. Der Zusammenbruch der österreichisch-ungarischen Doppelmonarchie und Triests Übergang zu Italien setzten dem ungehinderten Zugang zu den mitteleuropäischen Märkten, der im 19. Jahrhundert bestanden hatte, ein Ende. Triests Kontakte zu Italien einerseits und zum neu gegründeten Jugoslawien andererseits befruchteten die literarische Tradition der Stadt, in der die intellektuelle Wiener Welt mit dem Gedankengut Norditaliens verschmolz. Beispielhaft ist das Werk von Italo Svevo, und auch der irische Schriftsteller James Joyce war hier wiederholt zu Gast. Triest war für seine Versicherungsgesellschaften berühmt, die im Gefolge des blühenden Seehandels entstanden waren, und die jüdische Gemeinde, deren Mitglieder aus Italien und Österreich gekommen waren und sich hier niedergelassen hatten, waren vor allem in diesem Bereich und im Weinbrandhandel tätig. Auf der anderen Seite der istrischen Küste war Fiume (Rijeka) zu einem italienischen Vorposten geworden, nachdem der Dichter und Freischarenführer d'Annunzio 1919 an der Spitze einer privaten Armee triumphierend in die Stadt einzog, um die Zugehörigkeit Fiumes zum siegreichen und vereinten Italien zu verkünden. Dennoch erhielt Fiume zunächst den Status einer freien Stadt und kam erst 1924 an Italien.

Nach 1922 wurde die inhaltliche Ausrichtung des italienischen Nationalgefühls entscheidend durch die faschistische Regierung bestimmt. Mussolini feierte die Wiederauferstehung des Römischen Reiches unter seiner Führerschaft; Italien war aber weitgehend eine mediterrane Macht innerhalb des Mare nostrum, „unseres Meeres". Die Anlehnung ans alte Rom fand u. a. ihren Ausdruck in der Übernahme römischer Insignien durch die faschistische Bewegung, vor allem der *Fasces,* der Rutenbündel mit Beil, die zum offiziellen Staatssymbol wurden und ihr den Namen gaben. Der Duce wollte aber die Botschaft vom neuen Imperium unter das Volk bringen; dazu ließ er durch das Zentrum von Rom eine prunkvolle Siegesstraße anlegen, die hinter dem Forum und dem Palatin verlief und

Frankreich zeigte eine aufgeklärtere Einstellung in Fragen der Kolonisiation als andere Mächte. Algerien, das bereits in den 1830er-Jahren besetzt wurde, war de facto ein französisches Département, und seine Hauptstadt Algier (rechts) war weitgehend auch eine französische Stadt. Diese enge Bindung an das Mutterland machte den Unabhängigkeitskampf besonders blutig.

von in Stein gemeißelten Szenen gesäumt war, die den Aufstieg Roms von einer kleinen Siedlung auf sieben Hügeln zur blühenden Metropole unter Kaiser Trajan bildhaft darstellten. Dabei wurden auch Gebiete mit einbezogen, die heute zu Frankreich oder Großbritannien gehörten. Einen Sonderaspekt faschistischer Propaganda bildeten die historischen Zeitschriften, die sich der Geschichte jener Territorien widmeten, die einst unter italienischer Herrschaft standen, darunter das französische Korsika, das britische Malta und das jugoslawische Dalmatien, und die nun Teil der *Italia irredenta* („Das unerlöste Italien") waren.

Mediterrane Rivalitäten: 1930–45

Mit dem Besitz neuer Territorien öffneten sich den Siegern zusätzliche geschäftliche Möglichkeiten, Karrierechancen und Einflussbereiche, die Herrschaft über Länder wie Libyen bedeutete aber auch, dass man sie nach westlichem Vorbild „zivilisieren" müsse. Die Idee von der Verbreitung der westlichen Kultur und Zivilisation aus dem nördlichen Mittelmeerraum in die südlichen Regionen fand besonders viele Anhänger in Frankreich. So wie die Italiener Tripolis in eine moderne Großstadt mit breiten Boulevards und einer stattlichen Kathedrale verwandelten, so wurde auch Algier zu einer französischen Stadt an der nordafrikanischen Küste, die kulturell und wirtschaftlich nach Norden ausgerichtet war. Das französische Algerien war säuberlich getrennt in das eher wilde Innere der Sahara, das südwärts bis an die anderen französischen Kolonien und Protektorate aus Westafrika reichte, und den nördlichen Küstensaum, der sich dem französischen Mutterland zugehörig fühlte. Deutliche Unterschiede trennten die europäischen Siedler von den Einheimischen, auch wenn die algerischen Juden bevorzugt wurden, indem sie die französische Staatsbürgerschaft und damit einen europäischen Status erhielten. In Algier wurde eine Universität nach Pariser Vorbild gegründet, an der zahlreiche bedeutende Historiker zur Geschichte des Mittelmeeres, darunter auch Fernand Braudel, ausgebildet wurden. Einen nachhaltigen Aufschwung erfuhr auch die weiter westlich gelegene Küstenstadt Oran, die einen hohen Anteil spanischer Einwohner zählte. Dabei besaß Spanien in dieser Zeit nur wenige Territorien im Mittelmeerraum, sieht man einmal ab von den seit alters her spani-

Ein globalisiertes Mittelmeer

schen Besitzungen Ceuta und Melilla ab. Dennoch erweiterte es seinen Einflussbereich auf einen schmalen Landstreifen zwischen Tetuán und Tanger an der Nordküste des Sultanats von Marokko gegenüber dem seit langem britischen Gibraltar. Im Osten hatte Frankreich den Zusammenbruch der lokalen Kräfte und die Schwächen des Osmanischen Reiches genutzt und 1883 Tunesien in Besitz genommen. Es war kein Zufall, dass italienische Wirtschaftsinteressen hier überdurchschnittlich stark vertreten waren, denn jüdische Geschäftsleute aus Livorno spielten eine besonders aktive Rolle. Als überaus zäh erwies sich Marokko, obwohl die Franzosen bereit waren, mit Spanien ihren Einflussbereich und die Macht zu teilen und den Sultan im Amt zu lassen. Eine Schwierigkeit, die sich im frühen 20. Jahrhundert dabei abzeichnete, war der Versuch Deutschlands, sich am Atlantik in Marokko als Großmacht zu behaupten, obwohl bedeutende Häfen wie Mogador enge wirtschaftliche Beziehungen zu Großbritannien unterhielten. Eine Schlüsselrolle spielten hierbei in Mogador sowie in London ansässige jüdische Kaufleute. Der Wettlauf um die Vormachtstellung im Mittelmeerraum endete jedoch damit, dass Frankreich, Großbritannien und Italien neue Territorien erwarben und ihren Einflussbereich ausbauten; die Briten berücksichtigten dabei ihre jenseits des Mittelmeeres hinausgehenden imperialen Ziele, Frankreich stellte zwar ähnliche Überlegungen an, konzentrierte sich dabei aber auf den Besitz neuer Gebiete unmittelbar südlich seiner europäischen Grenzen, während Italien erste Versuche unternahm, ein Kolonialreich zu errichten, das bei aller Größe nur äußerst kurzlebig war.

Mit dem Eingriff des faschistischen Italien im Spanischen Bürgerkrieg der 1930er-Jahre wurden weitere Vorhaben erkennbar. Francos Feldzug gegen die linken Kräfte begann 1936 in Spanisch-Marokko und hatte entscheidende Auswirkungen auf die Gebiete an der spanischen Mittelmeerküste. Auch die Bestrebungen der Katalanen und Basken, autonome Regierungen zu schaffen, wurden unterdrückt. Der Bürgerkrieg wurde mit äußerster Brutalität geführt, die sich auch nach dem Ende der militärischen Aktionen fortsetzte: es kam weiterhin zu zahlreichen Hinrichtungen, die Presse wurde unter strengster Zensur gehalten, spanische Flüchtlinge drängten in Massen nach Südfrankreich und zogen weiter ins Exil nach Südamerika. Die Boulevards großer spanischer Städte trugen nun die Namen der Führer der falangistischen Bewegung, z. B. Primo de Rivera, Franco u. a. Während des Zweiten Weltkrieges war Generalissimus Francesco Franco Bahamonde so vorsichtig und

Die zwei faschistischen Staaten *aus den Jahren vor dem Zweiten Weltkrieg, Mussolinis Italien und Francos Spanien, verfolgten gemeinsame Interessen. Hitler und Mussolini unterstützten Franco (oben)* **während des Spanischen Bürgerkriegs. Francos Versuche, jedwelche Opposition auszuschalten, schlugen schließlich fehl. Katalonien wahrte seine scheinbare Autonomie, auch wenn sie sich, wie hier, nur durch den traditionellen Sardana-Tanz vor der Kathedrale von Barcelona äußerte.**

distanzierte sich von den Deutschen, obwohl diese ihn im Bürgerkrieg entscheidend unterstützt hatten. Francos Entscheidung, nicht den Achsenmächten beizutreten, half ihm nach Ende des Zweiten Weltkrieges seine Macht zu retten und im Amt zu bleiben. Dazu trug wohl auch der Beschluss bei, die Einrichtung amerikanischer Militärbasen auf spanischem Territorium zu ermöglichen. Allmählich zeichnete sich eine zaghafte Liberalisierung ab, ein grundlegender Kurswechsel blieb aber aus. Dennoch durchleben Katalanen, Basken, Galizier eine schwere Zeit: Ihre Sprachen wurden in den Schulen nicht mehr unterrichtet; Publikationen auf Katalanisch waren weitgehend verboten, außer sie widmeten sich irgend welchen obskuren Werken des Mittelalters. An die Zeiten längst vergangener wirtschaftlicher und politischer Blüte durfte erinnert werden, auch wenn dabei verdeckte nationale Gefühle mitschwangen. So erklärt sich auch, dass Personen wie etwa der Historiker Fernan Soldevila sich jetzt eines Interesses erfreuten, das kaum je einem Gelehrten des Mittelalters zuteil worden war. Auch vermochte das Franco-Regime nicht jede Form katalanischer Kultur und Nationalstolz zu unterdrücken, wie etwa den stets Samstag abend vor der Kathedrale von Barcelona aufgeführten Sardana-Tanz.

Wenn wir im Bereich des Hypothetischen bleiben, so hätte Mussolini vielleicht noch eine Weile überleben und einige seiner Besitzungen im Mittelmeer retten können, wenn er sich nicht mit Deutschland verbündet hätte und wenn er nicht die Gelegenheit genutzt hätte, die sich 1940 nach Besetzung Frankreichs auftat, Nizza und einer schmalen Landstreifen im Südwesten Frankreichs zu annektieren. Es gab genug Unstimmigkeiten mit Deutschland, und Mussolini verfolgte den Anschluss Österreichs ans Reich mit tiefer Sorge, denn die Haltung der deutschsprachigen Bevölkerung in Südtirol, das seit dem Zusammenbruch Österreich-Ungarns zu Italien gehörte, konnte zu Spannungen mit Deutschland führen. Die harsche Kritik, die er sich vom Völkerbund wegen seines grausamen Vorgehens in Abessinien einholte, überzeugte Mussolini, dass er sich langfristig nicht auf die demokratischen Mächte stützen sollte. Es steht außer Zweifel: Mussolini war davon fest überzeugt, dass die Zukunft dem Faschismus und den autoritären Regierungen unterschiedlicher Ausprägung gehören würde, die bereits Spanien, Griechenland, Rumänien und weiter nördlich, Deutschland und Polen erfasst hatten, und dass sie das Bollwerk gegen die Verbreitung des nicht minder autoritären Kommunismus der Sowjetunion seien. 1938 führte Mussolini nach dem Vorbild der NS-Rassegesetze ein antisemitisches Gesetzesdekret ein, das bei der großen Mehrheit der Italiener für Verwirrung sorgte, aber ein Hinweis darauf war, dass er engere Bindungen zum Dritten Reich anstrebte.

Der Mittelmeerraum war vom Ersten Weltkrieg insoweit betroffen, als in den Konflikt auch das geschwächte Osmanische Reich hineingezogen worden war. Völlig anders war die Situation im Zweiten Weltkrieg. Italien gelang es nicht, sich als ebenbürtiger Partner Hitlers zu erweisen, und das italienische Heer überschüttete sich in den Kämpfen in Griechenland, Jugoslawien und Nordafrika nicht gerade mit Ruhm; andererseits standen italienische Offiziere oft im Ruf, sich in Südfrankreich und Jugoslawien besonders menschlich gegenüber Juden und anderen verfolgten Minderheiten verhalten zu haben. Aus Sorge vor einer möglichen Invasion auf Sardinien (einer vermutlich zwecklosen Aktion), übersahen die Italiener, dass das eigentliche Ziel der Alliierten Sizilien war. Daraufhin entmachteten Italiens Generäle Mussolini und wechselten 1943 die Seiten, womit die Kriegsgräuel noch lange nicht beendet waren. Den Italienern gelang es nicht, auf Malta Fuß zu fassen, wo die Briten 1940–43 einen Angriff durch deutsche und italienische Truppen hartnäckig abwehrten. Es war dies die zweite große Belagerung Maltas, und die vor fast 400 Jahren von La Vallette erbauten Verteidigungsanlagen bildeten nun die Frontlinie der

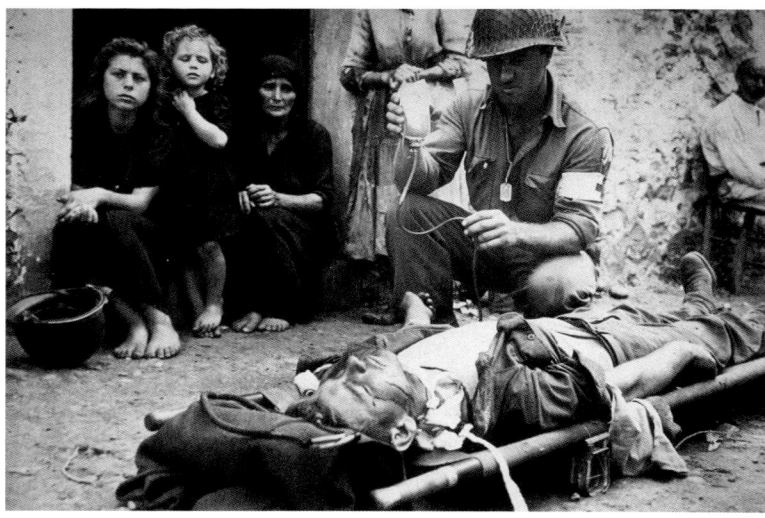

Als wichtiger Kriegsschauplatz spielte das Mittelmeer eine entscheidende Rolle im Kampf gegen Nazi-Deutschland. Nach Zurückschlagung von Rommels Angriff auf Ägypten verfolgte ihn die 8. Britische Armee durch ganz Libyen und Tunesien, wo sie sich mit den US-Kräften zusammenschloss, die in Nordafrika gelandet waren. Von hier starteten die Alliierten dann die Invasion Siziliens (oben) und rückten anschließend nordwärts. Mussolini wurde gefangengenommen und Italien wechselte die Seiten.

Alliierten im Kampf um die Sicherheit der Schiffsrouten im Mittelmeer, die den Zugang nach Indien und Fernost sicherten, wo britische Besitzungen von der kaiserlichen Armee Japans erobert worden waren. Wäre es Deutschland gelungen, die Briten in Ägypten zu besiegen, so hätte sich der Kriegsverlauf nicht nur im Mittelmeer, sondern auch insgesamt geändert. Hitler träumte davon, die Ölfelder in Persien unter seine Kontrolle zu bringen, und selbst das Vorrücken nach Stalingrad war eng verbunden mit seinen Versuchen, im Mittleren Osten Fuß zu fassen. Der Sieg bei El-Alamein (1942) rettete die britischen Interessen im Mittleren Osten. Entscheidend war auch, dass es den Deutschen nicht gelang, nach Palästina vorzudringen. Der Großmufti als Anführer der muslimischen Gemeinde beschloss, Hitler zu unterstützen, wohl hoffend, dass dies die Zuwanderung der Juden nach Palästina verhindern würde, umso mehr als es in der Region zu akuten Spannungen zwischen seinen Landsleuten und den Juden – teils Flüchtlinge, teils zionistische Siedler und teils Einheimische – weiter anhielten.

Sieg der Alliierten und seine Folgen

Zum Sieg der Alliierten über Deutschland trug auch deren Invasion auf Sizilien bei sowie ihr langsames, aber unaufhaltsames Vorrücken nach Norden in Richtung der Lombardischen Ebene. Hier, in der Kleinstadt Salò am Garda See, trat Mussolini (nach seiner spektakulären Befreiung aus der Gefangenschaft) an die Spitze einer faschistischen Gegenregierung, die jedoch unter deutscher Oberaufsicht stand und den Zugang zu den österreichischen Alpen verwehrte. Der Sieg der Alliierten war nicht allein den westlichen Demokratien zu verdanken. In Jugoslawien hatte die Brutalität der Deutschen den Widerstand der Serben aus dem Zentrum und Süden des Landes ausgelöst, die einen erbitterten Partisanenkampf gegen die Deutschen führten. Die Alliierten, die der Loyalität der konservativen Tschetniks nicht trauten, beschlossen daher, die Kommunisten zu unterstützen. Das Ergebnis war die Gründung eines kommunistischen Staates, der an Österreich und Italien grenzte und sich auch Albanien einverleiben wollte. Der scheinbare Sieg Stalins auf diesem Kriegsschauplatz rief tiefe Sorge hervor. Jugoslawiens KP-Führer Tito, eine eitle, verschlagene und den Pomp liebende Person, hatte jedoch keineswegs die Absicht, Stalins Handlanger zu werden. Nicht zuletzt auch dank der räumlichen Entfernung zur Sowjetunion gelang es ihm, Stalins Versuchungen und Drohungen zu widerstehen und ein autoritäres Regime aufzubauen, das mit ziemlichen Erfolg die verschiedenen Völker Jugosla-

Ein sowjetisches Mittelmeer *konnte nach 1945 glücklicherweise verhindert werden, als die meisten ost- und südosteuropäischen Staaten in den Einflussbereich der UdSSR gerieten. Auch Griechenland, wo sich Stalin vereinbarungsgemäß heraushielt, musste in einem Bürgerkrieg gegen die kommunistische Gefahr kämpfen. Albanien suchte eher die Nähe zu China als zur Sowjetunion. Und Jugoslawien unter Marschall Tito verstand es, seinen eigenen unabhängigen sozialistischen Weg zu gehen. Anders als Polens Parteisekretär W. Gomulka (zusammen mit Tito auf dessen Yacht) konnte er dem sowjetischen Druck widerstehen und hielt auch die Serben, Kroaten und Bosnier zusammen.*

wiens – Slowenen, Kroaten, Bosnier, Serben und Montenegriner – zusammenhielt. Marschall Tito nutzte zu seinem Vorteil die Besorgnis des Westens über Stalins Repressionen und über die etwas verhüllteren, aber ebenso unnachgiebigen Positionen der sowjetischen KP-Führer nach ihm, und strebte die Schaffung eines sozialistischen Staates an, der auch zum Westen enge Beziehungen unterhielt. Mitte der 1950er-Jahre verfolgte Jugoslawien einen eigenen Kurs, einen dritten Weg, der zwischen den USA und ihren Verbündeten einerseits und dem sowjetischen Lager der Comintern-Staaten andererseits angesiedelt war. Dazu unterstützte Tito die Begegnungen der blockfreien Staaten, darunter Indien und – aus dem Mittelmeerraum – die arabische Republik Ägypten. Ob diese Bemühungen zur Schaffung einer einflussreichen dritten Kraft auf der internationalen politischen Bühne geführt haben, ist eine eher akademische Frage. Tatsache bleibt, dass es Jugoslawien gelang, seine prekäre Position zwischen den Großmächten USA und Sowjetunion beizubehalten. Unbestritten ist auch, dass es Tito verstanden hatte, im Vielvölkerstaat Jugoslawien den Ausbruch ethnischer Konflikte zu verhindern, die nach seinem Tod 1980 dafür umso heftiger aufflammten. Tito regelte auch mit Italien die umstrittene Frage des Grenzverlaufs in der Region Istrien: Er trat Triest (das kurzzeitig als freie Stadt unter britischamerikanischem Schutz gestanden hatte) an Italien ab, während Italien Garantien erhielt, dass die italienischsprachige Bevölkerung der istrischen Küstenstädte, die nunmehr zu Jugoslawien gehörten, keine Benachrichtigung zu befürchten hätte.

Weitaus prekärer war die Lage in Griechenland und Albanien. Griechenland wurde in den späten 1940er-Jahre von einem blutigen Bürgerkrieg erschüttert, der das Land in zwei Lager spaltete. Die Kommunisten versuchten, die Macht an sich zu reißen, und ihr Sieg hätte das Land unter Stalins Einflussbereich gebracht. Damit hätte Moskau aber freien Zugang zu den strategisch wichtigen Mittelmeerhäfen erhalten. In Albanien erfolgte die Machtübernahme durch die Kommunisten problemloser, aber Enver Hoxha, der neue KP-Führer, reagierte erzürnt auf Titos politischen Kurs, da er mit einiger Berechtigung darin einen Versuch Titos sah, sich Albanien einzuverleiben, dessen Einwohner gar nicht zu den slawischen Völkern zählten. Der Konflikt zwischen David und Goliat wurde, für alle wahrnehmbar, propagandistisch ausgetragen: Dabei präsentierte sich Albanien als der wahre Vertreter des Marxismus-Leninismus und wetterte gegen den abtrünnigen Kapitalisten Tito. Das ging gut, solange Stalin und sein nächster Nachfolger Albanien noch als nützliches Instrument sahen und solange Hoxha glaubte, das auch Moskau einen streng marxistischen Kurs beibehalten würde. In den 1960er-Jahren kam es jedoch zu einer zunehmenden Entfremdung zwischen Albanien und der UdSSR. Sie erreichte ihren Höhepunkt mit der Aufnahme enger Beziehungen zwischen Albanien und der Volksrepublik China unter Mao, das als Vorbild eines wahren Sozialismus gepriesen wurde, während Albanien Chruschtschow und Breschnew als „Sozialfaschisten" bezeichnete. Außerdem schmückten Büsten Stalins in Albanien jeden Platz noch lange Zeit, nachdem sie aus allen anderen kommunistischen Ländern schon längst verschwunden waren. Hoxha genoss es, seinen Landsleuten zu wiederholen, was Chruschtschow Albaniens KP-Führer gesagt hatte: „Macht euch um das Getreide keine Sorge; was ihr in einem ganzen Jahr verbraucht, fressen in unserem Land die Mäuse"; diese Worte waren ja Ausdruck für die tiefe Verachtung der Sowjetunion gegenüber Albaniens Regime. Mit Chinas Hilfe wurde auch ein bescheidenes Industrialisierungsprogramm gestartet. Statt einer Trennung des Mittelmeers in Islam und Christentum kam es nun zu einer Aufspaltung in einen neuen Westen und einen neuen Osten, doch weder Jugoslawien noch Albanien waren bereit, dem sowjetischen Wunsch nachzukommen und der UdSSR die Nutzung von Tiefseehäfen im Mittel-

Ägypten *machte einen Neuanfang, als eine Volksrevolution die Monarchie abschaffte und damit auch die britischen Privilegien endeten. Gleichzeitig verstaatlichte es den Suezkanal. Präsident Nasser agierte gegenüber der Sowjetunion überaus geschickt, da es ihm gelang, trotz umfassender sowjetischer Hilfe, unter anderem für den Bau des gewaltigen Assuan-Staudamms am Nil, kein Satellitenstaat der UdSSR zu werden. Nasser, hier im Bild mit Nikita Chruschtschow, präsentiert dem sowjetischen KP-Führer die eindrucksvollen Zeugnisse der Vergangenheit bei Luxor.*

Ein globalisiertes Mittelmeer

Zu den Wirren im Mittelmeer nach dem Zusammenbruch des Osmanischen Reiches kam ein neuer Konflikt hinzu: der Zionismus. Im frühen 20. Jahrhundert ließen sich jüdische Siedler weiterhin in dem unter britischem Mandat stehenden Palästina nieder, und der Kibbuz, eine u. a. auf sozialistische Ideen zurückgehende idealistische Form der Landbearbeitung, schien sich als Vorlage für einen jüdischen Staat zu eignen, den die Balfour-Deklaration in Aussicht gestellt hatte. Oben: Weinlese unter den Augen der Bewacher in einem Wachtturm. Die Verfolgung der Juden durch das Nazi-Regime machte die Forderung nach einem eigenen jüdischen Staat besonders aktuell. Während und nach dem Krieg brachten Boote illegale Einwanderer (oben rechts) nach Palästina, die dem Holocaust entkommen waren. Unvermeidlich kam es daher zu Konflikten mit den arabischen Nachbarn Israels.

meer zu gestatten. China, seinerseits, konnte realistischerweise nicht auf Albanien als seinen militärischen Vorposten in Europa bauen, sondern zog es vor, Albaniens UN-Vertreter als sein Sprachrohr bei den Vereinten Nationen einzusetzen, bis 1971 die Volksrepublik China den Platz von Taiwan (Republik China) einnahm. Zu diesem Zeitpunkt und verstärkt nach Maos Tod 1976 erkannte China, dass es für Albanien kaum noch Verwendung hatte, das in noch stärkere Isolation geriet.

Die Dekolonisierung beeinträchtigte zwar den Wunsch der Briten, Teile des Mittelmeers unter Kontrolle zu halten, hatte aber unmittelbare Auswirkungen auf Frankreich. Eine marokkanische Unabängigkeitsbewegung setzte 1956 die Übergabe der französischen und spanischen Protektoratszone (mit Ausnahme von Ceuta und Melilla) an Marokko durch sowie die Schaffung eines souveränen Staates unter der scherifischen Dynastie. 1956 wurde auch Tunesien unter der von Habib Bourguiba geführten Destur-Partei unabhängig, und Bourguiba wurde zum Symbol einer gemäßigten Position in der arabischen Welt. Weitaus verworrener zeigte sich die Lage in Algerien, das seit den 1830er-Jahren französische Kolonie war, jedoch schon lange zur Seele Frankreichs gehörte; in der Tat waren die großen Küstenstädte auch formell in Frankreich integriert. Für die französische Regierung und mehr noch fürs Militär und die Algerienfranzosen kam die Abtretung Algeriens daher einer Amputation gleich. Der algerische Bürgerkrieg (1954–1962) wurde mit äußerster Brutalität geführt; dazu trugen auch terroristische Bewegungen bei, wie z. B. die Frankreich loyale OAS und die für die Unabhängigkeit kämpfende FLN. Nach einer vom Militär unterstützten Rebellion der Algerienfranzosen („Putsch von Algier") kam es zum Sturz der

IV. Republik in Frankreich. Charles de Gaulle riss jedoch erneut die Macht an sich und sicherte sich die Unterstützung jener Generäle, die entschiedene Gegner einer Abtretung Algeriens waren. Schließlich stimmte die Regierung der V. Republik der Unabhängigkeit Algeriens zu, für die sich 1962 auch in einem Referendum die überwältigende Mehrheit der Algerier aussprach. Es entstand ein autoritär sozialistischer Staat unter Führung von u. a. Präsident Houari Boumedienne (1965–78), dem es nicht gelang, die zahlreichen Wirtschaftsprobleme des Landes in den Griff zu bekommen, welche nicht zuletzt auch für sozialen und politischen Sprengstoff sorgten. Sie wurden auch nicht dadurch gelöst, dass man sie stets als Erbe der Kolonialzeit bezeichnete. In den 1990er-Jahren spitzten sich die Konflikte zwischen Regierung und islamistischen Gruppen, aber auch zwischen Arabern und Berbern zu. Dabei kam es wiederholt zu Massakern und blutigen Auseinandersetzungen, die im Jahr 2000 leicht zurückgingen.

Eine Folge der Unabhängigkeit Algeriens war die massive Abwanderung von Algerienfranzosen, Christen und Juden gleichermaßen; sie ließen sich vor allem in Marseille und Toulon nieder, die enge Kontakte mit Algerien hatten. Danach kam es zu großen Migrationswellen muslimischer Algerier (sowie Tunesier und Marokkaner) nach Frankreich, die zu einem starken Anstieg des Anteils nordafrikanischer Einwohner führten. Die Spannungen zwischen der einheimischen Bevölkerung und den Immigranten verschärften sich auch in Frankreich und sicherten den rechtsgerichteten Parteien und ihren Vertretern in den 1990er-Jahren einen hohen Stimmenzuwachs; so stieg der *Front National* von Jean-Marie Le Pen in Nizza zu einer einflussreichen politischen Kraft auf. Einen Höhepunkt markierte diesbezüglich das Jahr 2002 in Frankreich, als bei den Präsidentschaftswahlen nach dem ersten Durchgang Le Pen der einzige Herausforderer von Präsident Chirac blieb, der mit Korruptionsvorwürfen zu kämpfen hatte. Die linken Kräfte hatten sich derweil in Fraktionskämpfen aufgerieben. Im alles entscheidenden zweiten Durchgang unterlag Le Pen zwar haushoch, die politische Szene Frankreichs und die breite Öffentlichkeit waren aber schockiert. Gleichzeitig diente Le Pens Erfolg im ersten Durchgang als Warnung dafür, dass sich das demographische Gleichgewicht im Mittelmeer verlagerte: Um das Jahr 2000 gab es in jedem westeuropäischen Staat eine beträchtliche Zahl muslimischer Einwohner (davon allein etwa 5 Millionen in Frankreich), von denen viele aus dem Mittelmeerraum stammen: Nordafrikaner vor allem in Frankreich, Türken und Marokkaner in Deutschland und Holland.

Wir müssen uns nun den Arabern und ihren Nachbarn im östlichen Teil des Mittelmeers zuwenden, wo die politischen Verhältnisse noch komplexer sind.

Israel und die Araber

Das Scheitern der sowjetischen Politik gegenüber den zwei kommunistischen Mittelmeerstaaten Jugoslawien und Albanien hinderte Moskau nicht in seinen Bemühungen, engere Beziehungen zu den arabischen Staaten im Nahen Osten anzustreben. Ein entscheidendes Ereignis war der Sturz der Monarchie in Ägypten (1952) und die Machtübernahme durch einen Revolutionsrat, an dessen Spitze sich Gamal Abd el-Nasser setzte. Er war eine schillernde Persönlichkeit, beseelt vom Wunsch, als Vorkämpfer der arabischen Welt zu gelten, als Anführer der blockfreien Staaten, als Initiator politischer und sozialer Reformen im eigenen Land, als Feind des Kolonialismus und Neo-Kolonialismus und als entschiedener Gegner des Staates Israel. Die einschneidende politische Veränderung im Mittelmeer nach 1945 war die Schaffung eines jüdischen Staates auf dem Mandatterritorium Palästina als Heimstätte für alle Juden, die die Gräuel der NS-Zeit überlebt hatten sowie für all jene, die unter Verfolgungen zu leiden hatten. Zu den Einwanderern aus Osteuropa, denen die Briten zwischen 1945 und 1948 häufig den Zutritt nach Palästina verwehrten, kamen Hunderttausende jüdischer Flüchtlinge aus arabischen Ländern hinzu, in denen es nach der Nachricht von der Gründung eines jüdischen Staates zu beispiellosen Übergriffen auf Juden, zur Beschlagnahme von jüdischem Besitz und der Verhaftung jüdischer Anführer kam. Auf diese Weise erlosch so manche jüdische Gemeinde, die im Mittelmeerraum und dem Nahen Osten rund 2000 Jahre bestanden hatte: Nassers Politik richtete sich nicht nur gegen die Juden aus Ägypten, sondern auch gegen Italiener, Griechen und andere Nichtaraber – von „Fremden" kann wohl kaum die Rede sein, nachdem sie schon so lange in Ägypten wohnten, aber als solche wurden sie in der Öffentlichkeit präsentiert. Zu ähnlichen Massenabwanderungen kam es auch in Syrien, im Irak und Jemen; sie führten dazu, dass der neue Staat Israel einen anderen Charakter erhielt, als es sich seine Gründer vielleicht vorgestellt hatten, von denen die meisten mittel- und osteuropäische Aschkenasim waren. Ein Kerngedanke des frühen Zionismus war in der Tat die Idee der Rückkehr ins Gelobte Land. Die Einführung der Kibbuzim, deren Funktion und Struktur sich an den sozialistischen Prinzipien vom Gleichheit und Gemeineigentum orientierten, hatte eine hohe politische und ökonomische Tragweite: Aus den Reihen der Kibbuzim-Mitglieder ging eine frühe Generation engagierter Politiker und aufopferungsbereiter Soldaten hervor, während die von israelischen Agronomen entwickelten Techniken die Wüste in blühende Gärten verwandelten. Die Integration der orientalischen Juden in die israelische Gesellschaft wurde anfangs dadurch erreicht, dass man von ihnen die Bereitschaft voraussetzte, sich bis zu einem bestimmten Grad der westlich orientierten und zum Teil laizistischen jüdischen Kultur anzupassen. Unter den Immigranten führte dies jedoch zu einigem Unmut. Dazu trug auch der Umstand bei, dass die wohlhabende, westlich orientierte frankophone Elite unter den nordafrikanischen Juden bestrebt war, nach Frankreich und Quebec (Kanada) auszuwandern, wodurch viele maghrebinische Juden in Israel ohne Führungsstrukturen blieben, über die andere jüdische-orientalische Gemeinschaften jedoch verfügten. Daraus erwuchsen später soziale Probleme, die unter einigen idealistischeren Gründern Israels geradezu Entsetzen auslösten.

Die Gründung des Staates Israel basierte formell auf Großbritanniens Vorschlag von 1938 zur Zweiteilung Palästinas in einen jüdischen und einen arabischen Staat, sowie auf der Empfehlung der UN-Vollversammlung von 1947, dem britischen Vorschlag zu folgen. Die Weigerung der Araber, die Existenz eines jüdischen Staates anzuerkennen, sowie die Angriffe auf Israel durch seine arabischen Nachbarn führten 1948/49 zum Palästinakrieg und anschließend zu einem massiven Flüchtlingsstrom von Arabern aus den umkämpften Gebieten. Viele wurden unter schlechtesten Bedingungen in dem von Ägypten kontrollierten Gazastreifen eingepfercht, während andere in das Gebiet flüchteten, das 1948 an den König von Jordanien abgetreten wurde und heute als Westbank (Westjordanland) bekannt ist. Der jordanische König Abdullah war bereit, mit Israel Frieden zu schließen und Palästina zwischen Juden und Arabern aufzuteilen, aber seine Ermordung und der Wunsch, die Einheit der arabischen Front beizubehalten, machten diesen Plan zunichte. Die Araber waren in ihrem Stolz zutiefst verletzt worden. Viele Flüchtlinge konnten sich einfach nicht mit dem Gedanken abfinden, nicht mehr in ihre verlassenen Heime nach Palästina zurückkehren zu dürfen. Dieser Traum förderte die Gründung der Palästinensischen Befreiungsorganisation (PLO) unter Ahmad Shukairy im Jahr 1964, die als politischer und militärischer Dachverband der verschiedenen Befreiungsorganisaitonen galt und zu deren erklärten Ziele die Auslöschung des Staates Israels und die Vertreibung aller Juden zählten.

Der schwelende Konflikt zwischen Griechen und Türken, dessen Wurzeln im Mittelalter liegen und der auch im 19. Jahrhundert andauerte, entflammte erneut nach dem Ersten Weltkrieg, als die Griechen rücksichtslos aus Anatolien vertrieben wurden. Danach flaute der Konflikt weitgehend ab, außer auf Zypern, wo die beiden Bevölkerungsgruppen seit der türkischen Kriegserklärung 1914 unter britischem Mandat zusammenlebten. 1960 wurde Zypern unabhängig, und die Briten verließen die Insel. Die griechischen Zyprioten unter Erzbischof Makarios, dem Präsidenten, neigten zu einer Vereinigung mit Griechenland. Für die Türken war diese Lösung nicht akzeptabel, sodass sie 1974 im Nordteil der Insel landeten und Zypern geteilt wurde.

Das Bestehen Israels veränderte grundlegend die Politik im östlichen Mittelmeer, und die Frage des Existenzrechts Israels dominiert seit 1948 das politische Geschehen in dieser Region. Israel wurde 1948 sofort von den USA und von der UdSSR anerkannt; dennoch beeilte sich Stalin zu erklären, dass er von den Israelis nichts zu beziehen gedenke, da sich die Sozialisten aus dem Kibbuzim nicht mit seinen eigenen Sozialisten vergleichen ließen. Spätere sowjetische Parteiführer gewährten Israels arabischen Nachbarn umfassende Hilfen. Moskau hatte keinerlei Bedenken gegen Nassers Pläne zur Verstaatlichung des Suezkanals, die den Widerstand der Briten und Franzosen hervorriefen. Der Sinaifeldzug von 1956, als Israel in kürzester Zeit die gesamte Sinaihalbinsel besetzte, bedeutete für Ägypten eine tiefe Demütigung, war der UdSSR aber höchst willkommen, da er von Moskaus Druck auf Ungarn ablenkte, das noch im selben Jahr von russischen Truppen besetzt wurde. Der britische Premierminister Sir Anthony Eden war kein großer Bewunderer Israels, aber er war überzeugt, Nasser sei der neue Hitler, und dessen Obsession – der Suezkanal – ließ ihn vergessen, dass sich die Welt geändert hatte: Der Suezkanal hatte nicht mehr die Bedeutung von einst, da Indien nun ein unabhängiger Staat war und die anderen

Ein globalisiertes Mittelmeer **301**

Regionen des britischen Empire oder Commonwealth durch die Entwicklung der Düsenflugzeuge um ein Vielfaches schneller erreicht werden konnten als früher. Der Suezkanal war nach 1967 nicht mehr lebenswichtig für Großbritannien; er blieb mehr als 12 Jahre geschlossen und beeinträchtigte auf keinerlei Weise den britischen Handel.

Die tatsächliche Schwierigkeit war Moskaus Versuch, eine Einflusssphäre im Nahen Osten aufzubauen. Die USA wurden zunehmend als kapitalistisch-imperialistische Beschützer des kolonialistischen Israels abgestempelt, dessen Bild in der sowjetischen und arabischen Presse offen mit antisemitischen Motiven versehen war, die unmittelbar der NS-Propaganda entlehnt schienen. Die UdSSR begann das ehrgeizige ägyptische Projekt zum Bau des Assuan-Staudammes zu finanzieren. Ägypten, der größte arabische Staat, sah sich als Verfechter der arabischen Einheit und spielte behutsam seine nationale Identität (bildlich dargestellt durch die Pharaonen, Saladin und Nasser) gegen die bereits gefasste arabische Einheit aus. Mit der Sperrung des Golfs von Akkaba für israelische Schiffe löste Nasser den Sechstagekrieg aus; dabei besetzte Israel u. a. die Sinaihalbinsel bis zum Suezkanal, Syrien verlor die Golanhöhen, und vor allem verlor Jordanien die West Bank (das Westjordanland) und Ost-Jerusalem. Diese Gebietsverluste bedeuteten eine tiefe Demütigung für die arabische Welt, die fortan hartnäckig Verhandlungen mit Israel verweigerte und eine mögliche Chance ungenutzt ließ, dass Israel die Territorien im Tausch für Frieden zurückgeben bereit war. Ein israelischer Politiker sagte mal: „Die Araber haben nie die Gelegenheit verloren, eine Gelegenheit zu verlieren." Der Jom-Kippur-Krieg (1973), als Ägypten Israel angriff und den Sinai wiederzugewinnen versuchte, endete eigentlich in einer Pattsituation, hatte aber längerfristig zur Folge, dass Friedensgespräche zwischen Ägyptens Präsident Sadat und Israels Regierungschef Menachem Begin eingeleitet wurden. Bis April 1982 gab Israel die Sinaihalbinsel an Ägypten zurück, es erfolgte ein Botschafteraustausch, und die USA gewährten beiden Seiten umfassende Finanzhilfen, um die Friedensgespräche fortzusetzen, doch kam es jahrelang zu keinerlei Fortschritten in der Frage des Westjordanlandes, und Syrien konnte sich auch nicht durchringen, um über die Golanhöhen zu verhandeln.

In der Zeit des Sechstagekriegs gab es Bemühungen zur Schaffung einer einzigen arabischen Staatseinheit. Erste Ansätze dazu bestanden allerdings schon 1958–61, als Ägypten und Syrien die „Vereinigte Arabische Republik" gebildet hatten, politischer und wirtschaftlicher Druck führte dann die beiden Staaten wieder auseinander. Seither gab es weitere Entwürfe, die aber kaum mehr Wert waren, als das Papier, auf dem sie geschrieben waren. Niemand wollte wirklich mit der 1969 von Oberst Gaddhafi gegründeten Sozialistischen Libysch-Arabischen Volksrepublik eine Fusion eingehen. Seine „Grüne Revolution", eine Mischung von sozialistischen Ideen, panarabischem Nationalismus, Ökologie und Islam, offenbarte am deutlichsten die mangelnde Einheit zwischen den arabischen Staaten. Er verbot, in der Öffentlichkeit eine andere Sprache als Arabisch zu sprechen, und setzte der hedonistischen Lebensweise reicher Libyer, die vom Erdölboom unter König Idris profitiert hatten, ein Ende. Das wäre noch harmlos gewesen, hätte Gaddhafi den internationalen Terrorismus nicht bis um das Jahr 2000 umfassend unterstützt, als er erkannte, dass es seinem Land mehr Nutzen bringt, sich in der Mittelmeerpolitik und auf internationaler Ebene kooperativer zu zeigen. Vielleicht beunruhigten ihn auch die Ereignisse im nahen Algerien, wo Islamisten, Berber und bewaffnete Rebellen die Regierung bekriegten und die blutigen Massaker bis Ende der 1990er-Jahre vermutlich etwa 100 000 Menschenleben forderten.

Die vorgriechische Zeit im Mittelmeer war bis ins späte 19. Jahrhundert so gut wie unbekannt. Die Ausgrabungen von Troja und Mykene durch Heinrich Schliemann warfen ein neues Licht auf das „Dunkle Zeitalter" (3.–2. Jahrtausend v. Chr.). Den kostbaren Goldschmuck, den er in Troja ausgrub und fälschlicherweise als „Schatz des Priamos" bezeichnete, trägt auf diesem Foto (links) Schliemanns Gattin Sophia.
Dreißig Jahre später brachte der Brite Sir Arthur Evans die kretische Zivilisation ans Licht, als bei Grabungen der Palast von Knossos freigelegt wurde. Er beeindruckte durch die herrlichen Fresken, die von Evans recht frei restauriert wurden, sowie durch die zahllosen Wachstäfelchen mit Inschriften, dern Entzifferung erst in den 1950er-Jahren gelang.

Konfliktherde im Mittelmeerraum im späten 20. Jahrhundert

Es wäre falsch zu glauben, der Konflikt zwischen Israel und Arabern sei die einzige Quelle von Spannungen in den letzten Jahrzehnten des 20. Jahrhunderts gewesen. Ungelöst blieb nach wie vor die Zypernfrage: Nach den Rückzug der Briten von der Insel 1960, gewalttätigen Ausschreitungen und der Gründung einer Republik teilten sich die griechischen Zyprioten, die die Mehrheit stellten, die Macht mit den türkischen Zyprioten, die eine große Minderheit bildeten. Unter dem ersten Präsidenten, Erzbischof Makarios, erreichte das Land eine gewisse Stabilität, obwohl die Türkei die Absichten Griechenlands in Bezug auf Zypern mit Misstrauen verfolgte, umso mehr als nicht wenige griechische Zyprioten die Zukunft ihres Landes nur in der *Enosis*, der Vereinigung mit Griechenland, sahen. Die Angst der Türkei vor einer Intervention Griechenlands auf Zypern erreichte 1974 ihren Höhepunkt mit der Invasion des türkischen Militärs in Nordzypern und der Vertreibung der griechischen Zyprioten aus dem nördlichen Teil der Insel und der türkischen Zyprioten aus dem Süden. Zypern wurde geteilt, obwohl der 1975 ausgerufene „Türkische Föderationsstaat von Zypern" nur von der Türkei anerkannt wurde und im Grunde eine türkische Provinz ist. Zwar bewegte die noch offene Zypernfrage die Gemüter weit weniger und stand nur in unmittelbarer Nachbarschaft Zyperns im Mittelpunkt des Interesses, sie hatte aber auch eine positive Auswirkung: Die türkische Invasion auf Zypern beschleunigte den Sturz der griechischen Militärdiktatur, die 1967 von Offizieren, „der Obristen", errichtet worden war. Der griechische König, von dem man glaubte, er habe eine zwielichtige Rolle bei der Machtergreifung durch das Militär gespielt, musste abdanken und ins Exil gehen. Griechenland wurde Republik und erhielt umfassende Hilfe von Westeuropa, das an der Stabilität im östlichen Mittelmeer interessiert war. 1981 trat Griechenland als Vollmitglied der Europäischen Gemeinschaft bei, obwohl es hinsichtlich der wirtschaftlichen Leistungsfähigkeit noch ein Gefälle im Vergleich zu den anderen EG-Staaten gab. Entgegen mancher Bedenken schaffte Griechenland auch den Beitritt zur Eurozone ab Januar 2002, eine Leistung, die nicht unterschätzt werden darf. Die Diskussion über eine Erweiterung der EU durch den Beitritt der Türkei rief in Griechenland ein gewisses Unbehagen hervor. Obwohl beide Staaten Mitglieder der NATO und damit im Grund Verbündete sind, bleiben

Einige mutige Reisende *des 19. Jahrhunderts, darunter Lord Byron und Kinglake, sind in abgelegene Regionen des Balkan vorgedrungen, wo die traditionelle islamische Lebensweise seit dem Mittelalter weitgehend noch unverfälscht erhalten geblieben war. Einen lebendigen Eindruck vom Alltag im ländlichen Albanien in den 1840er-Jahren vermitteln die Zeichnungen von Edward Lear.*

Moderne Künstler *inspirierten sich auch aus den Zeugnissen frühgeschichtlicher Kunst, die so völlig anders waren als die bekannten Kunstwerke der klassischen griechischen und römischen Antike. Auf Sardinien blühte im 12.–8. Jahrhundert v. Chr. eine eigenständige Kultur. Ihre stark überlängten Personendarstellungen (rechts oben) inspirierten auch den italienischen Künstler Alberto Giacometti (rechts unten). Auch den britischen Bildhauer Henry Moore regten die kykladischen Idole für seine Werke an.*

die Beziehungen zwischen Türkei und Griechenland durch ein gewisses Misstrauen geprägt. Tatsache ist, dass die Mitgliedschaft beider Länder in der NATO und die Griechenlands auch in der EU als Stabilitätsfaktor im Ägäisraum wirkt.

Mit der Unabhängigkeit von Malta und Zypern verlor Großbritannien seinen Status als Kolonialmacht im Mittelmeer, obwohl es weiterhin bedeutende Marinebasen auf Zypern unterhält. Dennoch blieb den Briten eine winzige Kolonie im äußersten westlichen Mittelmeer: Gibraltar. Spaniens Bemühungen um die Rückgabe der Insel intensivierten sich besonders unter Franco, der 1965 eine spanische Blockade gegen Gibraltar einleitete, die eher der umliegenden spanischen Wirtschaft schadete als der Kolonie selbst. Auch im jüngsten Referendum sprachen sich die Einwohner (ein Gemisch von Maltesern, Indern, sephardischen Juden und natürlich Spaniern) für einen Verbleib bei Großbritannien aus. Mittlerweile erkannten auch die Briten, dass Gibraltar nicht mehr die strategische Bedeutung hat wie einst, und Gibraltar entwickelte vor allem den Dienstleistungs- und Finanzsektor als auch die Offshore Geschäfte, die Spanien mit Drogengeschäften und Geldwäsche

in Verbindung bringt. Andererseits ist Spanien mit demselben Problem konfrontiert: Ceuta und Melilla. Ersteres kam 1415 an Spanien, nachdem es ursprünglich portugiesisch gewesen war, während Melilla seit 1497 spanisch ist. Spanien sah keinen Anlass dafür, diese beiden Vorposten in Nordafrika wieder an Marokko abzutreten. Zu einem bizarren Konflikt kam es im Sommer 2002, als auf der 13,5 ha großen Petersilieninsel (Isla Perejil) vor der marokkanischen Küste, die sich in spanischem Besitz befindet, marokkanische Soldaten landeten. Diese Episode zeigte, dass Marokko bereit war, die Spannungen ausnutzen, die in Verbindung mit dem Status Gibraltars und den Drogentransporten über Ceuta ausgebrochen waren, und ebenfalls die Frage der territoriellen Integrität zur Diskussion stellte. Die Gibraltarfrage hatte die britisch-spanischen Beziehungen zwar getrübt, aber dennoch Auswirkungen auf die EU-Politik gehabt, z. B. auf die Finanzpolitik und die Liberalisierung des Luftverkehrs.

Die EU vergab Hilfsmittel auch an weniger entwickelte Regionen im Mittelmeerraum, so etwa an Süditalien, Griechenland und Spanien. Sie konnten in Süditalien jedoch nicht die Landflucht eindämmen und führten auch nicht zu einem nennenswerten Anstieg der Industrieproduktion. Für 2004 rechnet man mit der Erweiterung der EU um die Mittelmeerstaaten Slowenien, Malta und möglicherweise Zypern. Die gleichzeitige Aufnahme osteuropäischer Staaten wie Estland bedeutet damit eine weitere Verlagerung der EU vom Mittelmeer in Richtung Mitteleuropa (dem auch Slowenien angehört). Damit wird es schwieriger, die Regionalinteressen der einzelnen Mitgliedstaaten voll zu berücksichtigen. Auch das ist ein Zeichen der Globalisierung des Mittelmeeres, seiner Integration (oder zumindest seiner nördlichen Küsten) in einen Handels- und Industriekomplex, dessen Drehscheiben eher Brüssel und Frankfurt am Main sind und nicht Athen und Rom.

Nordeuropäische Visionen: Neue Sicht auf die klassische Antike
Das Bild von der klassischen Antike als einer Epoche der Klarheit, Strenge und Reinheit wurde in diesem Band bereits angesprochen. Es war ein Ideal, das den viktorianischen Wertvorstellungen entsprach, wie auch immer sein Bezug zur raueren Wirklichkeit der antiken Welt auch gewesen sein mag. Mit Beginn des 20. Jahrhunderts setzte mit den Ansichten von Jane Harrison, Fellow am Newnham College in Cambridge, allmählich eine radikalere Neubewertung ein, die sich dem Studium der dunkleren Aspekte der griechischen Kultur widmete, wie z. B. Mysterienkulte zu Ehren von Dionysos und anderen Gottheiten, die nicht ins gängige Bild von Griechenland und den Griechen passten. Eine andere abweichende Ansicht äußerte später D. H. Lawrence. Seine Freude angesichts der Bilder ungehemmter etruskischer Lebenslust, die er an den Wänden der Grabanlagen aus Tarquinia entdeckt hatte, schilderte er in seinem Buch *Etruscan Places*. Ihm sagte eher die Spontaneität der Etrusker als die Kühle der griechischen Antike zu. Die etruskische Kunst war zur Natur hin ausgerichtet, erdgebunden, sexuell eindeutig, eher real als ideal. Auf seinen Reisen durch die Toskana, durch Sardinien und an die italienischen Seen gelang es ihm, ein weniger idealisiertes Italien zu entdecken als seine in Florenz oder Venedig residierenden Zeitgenossen; er fand ein Italien bitterster Armut und das sich von der Antike und Renaissance entfernt hatte. Man muss hinzufügen, dass die etruskische Kunst und die des frühgeschichtlichen Sardinien einen bemerkenswerten Einfluss auf Künstler des 20. Jahrhunderts wie Giacometti gehabt haben, dessen überlängte Figuren sofort an die sardischen Kunstwerke der Nuraghen-Kultur und der Etrusker erinnern.

Das Bild der Nordeuropäer vom Mittelmeerraum wandelte sich auch infolge einer Reihe von Aufsehen erregenden Entdeckungen im späten 19. und frühen 20. Jahrhundert. Sie

Der Bikini ist keineswegs eine Erfindung unserer Zeit. Die früheste Darstellung findet sich auf römischen Mosaiken in Piazza Armerina auf Sizilien und zeigt zwei Sport treibende Frauen.

Selbst die zerklüftete Küste Korsikas wird auf dem Poster von Roger Broders aus den 1930er-Jahren zu einem endlosen Badestrand.

warfen neue Fragen auf zum Ursprung der griechischen Zivilisation und schienen zu bestätigen, dass den Epen Homers ein gewisser wahrer Kern zugrunde lag. Auch ließen sie eine vorklassische Welt erkennen, die sich schon im Ansatz von Winckelmanns und Jowetts Welt unterschied. Schliemann unternahm vor 1900 Grabungen in Troja und Mykene, wobei ihm etliche Irrtümer unterliefen, doch erlaubten seine Funde, die Geschichte des Mittelmeerraumes noch früher zu datieren. Die Tätigkeit von Arthur Evans nach 1900 auf Kreta erweckte (dank der phantasievollen Rekonstruktion der Palastanlage von Knossos) eine Zivilisation zu neuem Leben, die zwischen Europa und Ägypten angesiedelt war und in mancherlei Hinsicht mit der ägyptischen Kultur eine Reihe von Gemeinsamkeiten aufwies, so z. B. in den mit Fresken ausgeschmückten Palästen, goldenen Trinkgefäßen und rätselhaften Schriften. Daher wurde sie schon bald als „früheste europäische Zivilisation" bezeichnet. (Der Begriff ist natürlich äußerst unzulänglich, da er voraussetzt, dass Europa um 1500 v. Chr. bereits eine gewisse eigene Identität besaß, was natürlich nicht der Fall war. Er erwies sich aber als sehr attraktiv, denn er zeigte, dass ein derartig hoher Entwicklungsgrad einer Zivilisation nicht nur afrikanischen oder asiatischen Kulturen von Luxor bis Ur vorbehalten ist.) Zu einer Zeit, als man glaubte, dass hochgewachsene, hellhaarige „Dorer" Griechenland erobert und „arisiert" hätten (um die Terminologie der NS-Zeit zu verwenden), blieb das Rätsel um die Herkunft der Minoer Kretas und der Mykener vom Festland weiterhin ungelöst. Es wurde erst in den 1950er-Jahren von Ventris und Chadwick gelöst, die nachgewiesen haben, dass die Sprache der später gefundenen Täfelchen in Knossos, Pylos und anderen Orten auf dem Festland und den Inseln eine Form des Frühgriechischen war, wie Homer schon lange vermutet hatte; aber selbst Ventris hatte erwartet, dass sich vielleicht irgendeine Beziehung zu einer nicht indoeuropäischen Sprache, z. B. dem Etruskischen, nachweisen lassen würde.

Das war die Zeit der Neuentdeckung der mediterranen Welt; und sie war sicherlich mehr als nur Italien und Griechenland. Es gab Lücken, die zu füllen lange dauerte. Das Interesse für Byzanz und seine Welt konnte kaum im 19. Jahrhundert geweckt werden, ungeachtet der älteren Studien des berühmten Historikers Gibbon über den Aufstieg und den Fall des Römischen Reiches. Doch Gibbon hatte durch sein Urteil über die Byzantiner spätere Generationen gehindert, sich ein positives Bild über das Byzantinische Reich zu bilden.

„Die Griechen Konstantinopels wurden nur durch den Geist der Religion angeregt, und dieser Geist erzeugte nur Feindseligkeit und Zwist." Politische Intrigen, christlicher Obskurantismus und schwülstige, verderbte griechische Prosa und Dichtung hatten Byzanz in Verruf gebracht. Auch wurde der Niedergang des Griechischen dem Aufstieg und der Blüte des Lateinischen im Mittelalter gegenübergestellt oder das griechisch-orthodoxe Christentum den von Cicero und anderen Autoren vertretenen heidnischen Tugenden. Bei Ausgrabungen klassischer Stätten in der hellenischen Welt ignorierten die Archäologen byzantinische Funde, auch wenn in der Zeit um den Zweiten Weltkrieg Historiker wie Runciman in Großbritannien, Bréhier und Diehl in Frankreich der griechischen Welt im Mittelalter ein verstärktes Interesse entgegenbrachten.

Obwohl Byzanz lange Zeit von einer Aura des Geheimnisvollen umgeben war, verzeichnete man ab dem späten 19. Jahrhundert ein wachsendes Bewusstsein für die Geschichte und Kunst des islamischen Mittelmeerraums. Entscheidend trug dazu die Feststellung bei, dass das muslimische Spanien gleich einem Leuchtfeuer erstrahlte, während das restliche Europa im Dunklen Zeitalter versunken war. Dieser Linie folgt Reinhard Dozy, ein Niederländer, der in Deutsch und Französisch schrieb, der romantisierte Studien zum muslimi-

Dreißig Jahre trennen diese zwei gegensätzlichen Aufnahmen voneinander. Sie zeigen die Promenade des Anglais in Nizza (links) Anfang des 20. Jahrhunderts und Juan-les-Pins (rechts) *in den 1930er-Jahren.* Durchgesetzt hat sich die Strandatmosphäre mit Badespaß und dem Liegen in der Sonne.

schen Spanien verfasste und dessen fremden Charakter hervorhob, aber zugleich den nachhaltigen Einfluss dieser Kultur auf das christliche Europa herausstrich. Besonderer Popularität erfreuten sich auch die Schriften von Washigton Irving. Der orientalischen Welt verpflichtete Künstler griffen bevorzugt auf bestimmte Motive wie den Harem und Basar zurück. Weitgehend unbekannt blieb, von Südgriechenland abgesehen, der ans Mittelmeer grenzende Teil des Balkans, vor allem Albanien.

Reisende in den warmen Süden

Während archäologische und historische Entdeckungen neue Ansätze zur Betrachtung der mediterranen Welt und ihrer Vergangenheit lieferten, treten die Kontinuitäten vom späten 19. bis zur Mitte des 20. Jahrhunderts deutlich hervor. Das Mittelmeer war von Ländern umgeben, in denen zahllose Museen die Verbreitung der antiken Kultur in ihrer ursprünglichen Form oder in der Wiederaufnahme durch die Renaissance dokumentierten. Jene, die zum Beispiel das Landesinnere Süditaliens besuchten, waren immer noch Reisende und nicht Touristen. Die Historikerin Evelyn Jamison reiste um 1910 unerschrocken von Archiv zu Archiv, nicht selten hoch zu Ross oder in einem Wagen, durch eine Welt in der Hotels und Restaurants Seltenheitswert hatten. Und ähnlich erging es D. H. Lawrence auf Sardinien. Lediglich der Aufschwung der Côte d'Azur im späten 19. Jahrhundert verwandelte einen schmalen Küstenstreifen um Menton und Nizza zu einem Vergnügungsort für die Reichen. Länger noch dauerte es, bis Monaco zum Tummelplatz der Prominenz aufstieg; das hing mit der Entscheidung der Fürsten zusammen, die Société des Bains de Mer zu gründen, die sich viel intensiver um das Glücksspiel als um die Badefreuden im Fürstentum kümmerte. Um diese Zeit entstanden in Italien die ersten Seebäder in Montecatini, Abano und Rimini, deren Besucher zunächst fast ausschließlich Italiener waren. Was sich in der zweiten Hälfte des 20. Jahrhunderts dramatisch änderte, das waren die Besucherzahlen, die Ziele der Besucher und die Leichtigkeit, mit der sie die Küsten fast überall erreichen konnten. Mit anderen Worten: Touristen ersetzten die Reisenden.

Anfangs war es noch eine sanfte Invasion. Sie begann nach dem Zweiten Weltkrieg, als der wachsende Luft-, Bahn- und Straßenverkehr das Reisen billiger und zugleich bequemer machte. In Scharen fielen Deutsche und Briten in den 1950er-Jahren in Rimini und den Nachbarorten ein und verhalfen der lokalen Wirtschaft zu raschem Aufschwung. Der Massentourismus mit seinen neuen Hotelbauten und der gesamten Infrastruktur wurde zu

Mittelmeerreisen sind weit über die Grenzen Europas hinaus beliebt und genießen geradezu Kultstatus. Gruppen japanischer und amerikanischer Touristen gehören heute zum Straßenbild an allen sehenswerten Orten. Soziologen gehen sogar so weit, dass sie den modernen Massentourismus als Entsprechung der Pilgerreisen des Mittelalters sehen. Ähnlich den Pilgern gehört es für die Touristen von heute einfach dazu, herausragende Stätten zu besichtigen. Wie jene meinen auch sie, nachweisen zu müssen, dass sie die Sehenswürdigkiten besucht haben. Den Beweis erbringt in diesem Fall das Foto.

einem Hauptfaktor im wirtschaftlichen Aufschwung Italiens, Spaniens und Griechenlands. Es entstanden Satellitenstädte wie Riccione, Milano Marittima, und ähnliche Entwicklungen vollzogen sich auch neben Pisa, wo Viareggio zu einem bedeutenden touristischen Zentrum der Toskana aufstieg, das eher den Bedürnissen jener entgegenkam, die nicht sosehr an den Kulturschätzen von Florenz und anderen toskanischen Städten interessiert waren, sondern lieber Badeurlaub machten. Trotzdem gehörten die Tagesausflüge zum Standardprogramm der Urlauber aus Nordeuropa, vor allem wenn bestimmte touristische Höhepunkte wie der schiefe Turm zu Pisa angesteuert werden.

Die entscheidende Veränderung vollzog sich jedoch erst mit dem Aufkommen des Luftverkehrs. In vielerlei Hinsicht waren die Briten aufgrund fehlender direkter Festlandverbindungen zum Mittelmeer die Vorreiter in diesem Sektor. Ihnen folgten bald Deutsche und Skandinavier. In den 1950er-Jahren wurden regelmäßige Charterflüge zu den beliebtesten Urlaubszielen eingeweiht, so zum Beispiel nach Mallorca, an die spanische Küste, die italienische Adria, um nur einige Beispiele zu nennen. Allein auf Mallorca macht der Tourismus rund 84 % der Wirtschaft aus.

Das Reisen wurde nicht nur demokratischer, sondern auch globalisiert. Wer etwa nach Spanien reisen wollte, musste kein Abenteuer mehr eingehen, er konnte auf Pauschalreisen zurückgreifen oder, als Individualtourist, Flug, Unterkunft, Verpflegung, Tagestouren und Extraleistungen buchen. Zudem sicherten die Reiseveranstalter vor Ort einen sprachkundigen Vertreter, der dem Urlauber bei verschiedenen Problemen behilflich sein konnte. Es änderten sich somit auch die Reisegewohnheiten. Natürlich werden große Museen oder „Museumsstädte" wie Venedig, Pisa oder Athen weiterhin hohe Besucherzahlen verzeichnen, aber viele Nordeuropäer reisen nach Spanien, Italien und Griechenland, nicht um Kultur zu entdecken.

So etwa ist für viele ein Urlaub im Mittelmeer mit dem Ziel verbunden, sonnengebräunt zurückzukehren, gleichsam als Nachweis, dass man „im Süden" war. Nicht zuletzt wird heute Sonnenbräune mit Erholung, Gesundheit, Fitness assoziiert. Dabei war es um 1910 geradezu umgekehrt: eine gebräunte Haut wurde mit körperlicher Arbeit auf dem Feld, im Freien in Verbindung gebracht und sicherlich nicht mit vornehmen Damen, die sich durch einen hellen, blassen Teint auszeichnen. In der Zeit um den Zweiten Weltkrieg galt ein blasser Teint bereits als Hinweis auf schwache Gesundheit, auf ein Dasein als Bürokraft. Den Anstoß zu dieser neuer Sicht hatte die in den 1920er-Jahren aufgetretene FKK (Freikörperkultur) gegeben, die für gemeinsames Sporttreiben in der Natur ohne Bekleidung und ohne Trennung der Geschlechter plädierte. Ein weitaus größerer Einfluss war von der berühmten Modemacherin Coco Chanel ausgegangen, die nach einer Kreuzfahrt auf dem Mittelmeer in den 1920er-Jahren beschloss, ihre Sonnenbräune als modisches Accessoire einzusetzen, und damit Generationen von Frauen als Vorbild diente. Die Zurschaustellung des weiblichen Körpers erhielt neue Impulse mit dem Aufkommen des Bikini 1946, obwohl es noch lange dauerte, bis er sich endgültig durchsetzte. Der Bikini als Zeichen angeblicher Unsittlichkeit bewog daher die spanischen Behörden unter Franco, an Spaniens Stränden das Tragen von Bikinis zu verbieten, und sogar die Männer durften sich am Strand nicht mit nacktem Oberkörper zeigen. Die Ankunft von Scharen von Touristen, die ihren Körper der Sonne aussetzten, rief bei der einheimischen Bevölkerung der Mittelmeerländer Unverständnis hervor, wussten sie doch, dass man die Sonne mittags möglichst meiden solle. Der Zusammenprall der Kulturen wurde noch augenfälliger in den 1980er-Jahren, als die Frauen immer öfter mit unverhülltem Oberkörper baden gingen. Was den einen als Zeichen der Liberalisierung galt, versetzte andere in ein Dilemma, und daher gab es darauf auch unterschiedliche Reaktionen. Während in Italien in den späten 1990er-Jahren die Behörden mancherorts Frauen untersagten, sich „oben ohne" am Strand zu zeigen, war dies in Südfrankreich durchaus erlaubt. Auch überrascht es nicht, dass traditionelle Gesellschaften wie das katholische Malta und das islamische Tunesien diesbezüglich strenger vorgehen.

Ein Land hatte schon frühzeitig erkannt, dass der Tourismus, einschließlich der FKK, ein durchaus Gewinn bringendes Geschäft sei – das ehemalige Jugoslawien. Noch während der Tito-Ära entstanden an der dalmatinischen Küste speziell auf den Massentourismus ausgerichtete Hotelanlagen, die besonders bei deutschen Urlaubern sehr beliebt waren. Auch wurden die FKK-Anlagen gefördert, gegen die, seltsamerweise, das Tito-Regime nichts einzuwenden hatte. Speziell in den großen touristischen Badeorten entstanden, vor allem aus wirtschaftlichen Überlegungen heraus, landesspezifische Bars, Restaurants, Nachtlokale usw., die die Urlauber an die Vertrautheit von daheim erinnern sollten; das klassische Beispiel dafür ist Mallorca mit seinen Enklaven für deutsche oder britische Touristen. Die eingetretenen Veränderungen wirkten sich auch im Bereich der längerfristigen Migration aus, indem landesfremde Bürger Grundbesitz in beliebten Urlaubszielen erwarben und Feriendomizile errichteten wie etwa das bei Deutschen besonders geschätzte Mallorca. Zunehmend wollten die Neuankömmlinge auch politisch auf der Insel mitreden, was unter den Einheimischen für einen gewissen Unmut sorgte, da sie sich nicht selten als in der eigenen Heimat Benachteiligte sahen.

Ein Besucher aus Asien hält mit der Kamera die Fassade der Mailänder Kirche Santa Maria delle Grazie fest.

Regatten im Mittelmeer blicken auf eine lange Tradition zurück. Die ältesten Bootswettbewerbe fanden in der Antike statt, erfreuten sich aber auch später, während der Renaissance, einer großen Beliebtheit. Es gab sie von Venedig bis ins moderne Sardinien.

Wir werden jetzt den Blick auf weitere Migrationsphänomene werfen, die das soziale und kulturelle Leben in den mediterranen Städten zu beeinflussen begannen.

Über lange Zeit hinweg profitierten die Mittelmeerländer vor allem vom sommerlichen Massentourismus, in den letzten Jahren jedoch zeichnete sich allerdings eine neue Entwicklung ab: der Kurzurlaub, vor allem die Städtereisen. Dazu trugen insbesondere die immer niedrigeren Flugpreise bei, die das Ergebnis eines scharfen Konkurrenzkampfes sind, in dem die Billiganbieter mit immer günstigeren Tarifen um die Gunst der Kunden ringen. Immer beliebter wurden auch Reisen in Mittelmeerländern, die ins ländliche Milieu führen, wobei Gegenden wie die Provence und besonders die Toskana mit ihren Landsitzen und restaurierten Bauernhäusern bevorzugt werden.

Mediterrane Lebensart

Der Tourismus bewirkte auch wesentliche kulturelle Veränderungen jenseits des Mittelmeerraums. Die immer zahlreicheren italienischen Restaurants ließen anfänglich auf bestimmte Emmigrationsmuster schließen, obwohl sie nicht selten schon recht bald nicht mehr ihre landestypischen Speisen zubereiteten, sondern sich der neuen Umgebung anpassten. So etwa erinnert ein Hauptgericht, bestehend aus Spaghetti mit Fleischbällchen nach New Yorker Art, kaum noch an die pasta al sugo aus Bologna. Und die italienische Pizza trat in den 1970er-Jahren ihren Siegeszug auch jenseits der Alpen an. Manche nur lokal bekannte Spezialitäten wie etwa die Genueser Pesto-Sauce, die in den 1970er-Jahren außerhalb von Ligurien und der Provence kaum bekannt war, erreichte in Mittel- und Nordeuropa einen so hohen Bekanntheitsgrad, dass darauf basierend die seltsamsten Variationen kreiert wurden, darunter auch roter Pesto aus sonnengetrockneten Tomaten, die damit in der nordeuropäisch geprägten „italienischen" Küche einen Stellenwert erhielten, den sie außer in einigen wenigen Regionen tief im Süden Italiens nie gehabt hatten. Auch die Zahl der griechischen und jugoslawischen Lokale nahm in Deutschland stark zu; hinzu kommen türkische Schnellimbissbuden und Stehrestaurants, in denen neben dem klassischen Döner Kebab auch andere türkische Spezialitäten angeboten werden. Viel resistenter gegenüber diesen kulinarischen Invasionen erwies sich lange Zeit Frankreich, und zwar nicht zuletzt wegen seiner raffinierten kulinarischen Traditionen. Den neuen Vorlieben und Geschmacksrichtungen trugen auch die Winzer Rechnung. So etwa bauten Amerikaner in Süditalien, in Salentino, den kaum bekannten apulischen Wein an, und auf den Golanhöhen Israels führten kalifornische Methoden zu hervorragenden Ergebnissen. Ähnliche Erfolgsgeschichten lassen sich auch aus Griechenland und Spanien berichten, wo besonders katalanische Weine sich wachsender Anerkennung in Europa und Nordamerika erfreuen. Wichtig ist dabei, dass diese Veränderungen Ausdruck eines Globalisierungsprozesses sind: Das mediterrane Element wird den Verbrauchern weltweit, in Flaschen abgefüllt, geliefert.

Der Massentourismus verwandelte das Mittelmeer in einen Tummelplatz zunächst für die Reichen und später auch für die Durchschnittsbürger. Die entspannt wirkenden jungen Leute auf der Spanischen Treppe in Rom sind nicht sonderlich interessiert an der barocken Gestaltung dieser baulichen Anlage. Viele der besonders sehenswerten architektonischen und kunsthistorisch wertvollen Attraktionen sind in ihrer Einzigartigkeit, deretwegen sie besucht werden, durch den Daueransturm von Touristen gefährdet.

Ehrlicherweise muss man sagen, dass das die dritte große Revolution in Sachen Ernährung ist, die die mediterrane Welt, zyklisch fast, alle 500 Jahre erfasst: Die Erste fand um das Jahr 1000 zur Zeit der Araber statt und bestand im Anbau exotischer Obst- und Gemüsesorten, darunter der Zitrusfrüchte; die zweite brachte durch den Kontakt mit der Neuen Welt bislang unbekannte Kulturen wie die Maispflanze in den Mittelmeerraum, während die dritte Revolution im Transfer der mediterranen Küche weit über die Grenzen der Mittelmeerregionen hinaus besteht und um das Jahr 2000 angesetzt werden kann.

Demokratischer erwies sich die Integration der mediterranen Welt in den Fernreisetourismus. Zwei „Invasionen" traten dabei deutlich hervor: Amerikaner waren vor Ausbruch des Zweiten Weltkrieges keineswegs unbekannt im Mittelmeerraum, aber die Aufnahme historischer Stätten aus Italien, Griechenland, Südfrankreich und Ägypten in den Fernreiseverkehr beweist einmal mehr, dass erst günstige Preise und ein komplexeres Kommunikationssystem die Mittelmeerregionen auf dem Luftweg von jenseits des Atlanitks leicht zugänglich machten. Das Ergebnis war, dass ein hoher Anteil der US-Touristen in Rom, Athen oder Florenz Schüler und Studierende waren. Im Allgemeinen haben die US-Reisenden auch zu einer Lockerung der „Kleiderordnung" im Urlaub beigetragen, sodass T-Shirts und Shorts bei Jugendlichen, aber zunehmend auch bei Erwachsenen in ganz Europa verbreitet sind. Die Japaner suchten nach einer Erklärung für die wirtschaftlichen Erfolge Westeuropas und beschäftigten sich daher mit dessen Kultur und Geschichte. Zusätzlich beschleunigten solche Kontakte die sowieso schon rapide Verwestlichung Japans. Die Anwesenheit amerikanischer, japanischer und nordeuropäischer Touristen entwickelte sich zu einem beträchtlichen Faktor wirtschaftlichen Wachstums. Diese so positive Aspekte hatten jedoch auch seine Schattenseite: Sobald in diesen Ländern die Wirtschaft schwächelte, machte sich dies in den einzelnen Volkswirtschaften der Urlaubsländer bald bemerkbar, die in hohem Maß vom Fremdenverkehr abhängig sind. Besonders ernst sind die Folgen politischer Instabilität und politisch motivierter Konflikte auf das Touristengeschäft. Unruhen haben der Wirtschaft Ägyptens (nach dem Massaker von Luxor 1997) stark zugesetzt, verhehrende Folgen haben die Unruhen in Israel als Ergebnis der palästinensischen Intifada 2001/02, und es dauerte Jahre, bis die einst boomende Tourismusbranche an der dalmatinischen Küste und auf den ihr vorgelagerten Inseln sich nach dem Zerfall Jugoslawiens in den 1990er-Jahren wieder einigermaßen erholte. Nicht anders als den Handelsrouten im Mittelalter ergeht es heute den touristischen Reisezielen: wenn Kroatien oder Israel, beispielsweise, unsicher werden, dann ist es zum Vorteil anderer Regionen, z. B. Zypern, Malta, Türkei usw. Andere Staaten, z. B. Albanien, Libanon, Libyen und Algerien, verfügen über ein erhebliches touristisches Potenzial, das aufgrund fehlender politischer Stabilität oder von politischen Differenzen mit dem Westen noch nicht entsprechend genutzt wird.

Wir können somit mit Fug und Recht behaupten, dass zwei Erfindungen, wie sie unterschiedlicher nicht sein dürften, die Beziehungen zwischen der mediterranen Welt und Nordeuropa in der zweiten Hälfte des 20. Jahrhunderts maßgeblich verändert haben: das Flugzeug und der Bikini.

Bibliographie

Das Mittelmeer – ein vieldeutiger Begriff
Grundlegende Studien zur Geschichte der mediterranen Welt:

Fernand Braudel, *Das Mittelmeer und die mediterrane Welt in der Epoche Philipps II.*, 3 Bde, Frankfurt/Main, 2001 (zur Entstehung dieses Werks siehe auch E. Paris, *La genèse intellectuelle de l'œuvre de Fernand Braudel*, Athen 1999).
N. Horden, S. Purcell, *The Corrupting Sea: A Study of Mediterranean History*, Oxford 2000, das der 1. Band eines geplanten 2-bändigen Werks ist.
J. Carpentier, F. Lebrun u. a., *Histoire de la mediterranée*, Paris 1988; ein Sammelband, der v. a. für die moderne Zeit besonders geeignet ist.
Im Text erwähnte Periodika:
Mediterranean Historical Review, begr. von Shlomo Ben-Ami, veröffentlicht in London und hg. in Tel-Aviv seit 1986.
Mediterranean Studies, veröffentlicht in Aldershot seit 1998 und davor in den USA; Hg. Richard W. Clement von der University of Kansas.
The Journal of Mediterranean Studies: History, Culture and Society in the Mediterranean World, veröffentlicht seit 1991 von der University of Malta, hg. von Anthony Spiteri.
Al-Masāq: Islam and Medieval Mediterranean, hg. seit 1988 von Dionisius Agius, Leeds; erscheint in London.

Geographische Lage
O. Rackham, A. T. Grove, *The Nature of Mediterranean Europe: An Ecological History*, New Haven 2001; mit ausführl. Bibliographie.
L. Jeftić, J. D. Milliman, G. Sestinii (Hg.), *Climatic change and the Mediterranean*, London 1992.
F. di Castri, H. A. Mooney, *Mediterranean Type Ecosystems: Origin and Structure*, London 1973.
HISTORISCHE PERSPEKTIVE
C. Delano Smith, *Western Mediterranean Europe: a historical geography of Italy, Spain and southern France since the Neolithic period*, London 1979.
J. S. P. Bradford, *Ancient Landscapes*, London 1957.
R. Sallares, *The Ecology of the Ancient Greek World*, London 1991.
T. W. Potter, *The Changing Landscape of South Etruria*, London 1979.
ZUR DESERTIFIKATION
R. Meiggs, *Trees and Timber in the Ancient Mediterranean World*, Oxford 1982.
P. Mairota, J. B. Thornes, N. Geeson (Hg.), *Atlas of Mediterranean Environments in Europe: The Desertification Context*, Chichester 1998.
C. J. Brandt, J. B. Torres (Hg.), *Mediterranean Desertification and Land Use*, Chichester 1996.
J. L. Rubio, A. Calvo (Hg.), *Soil Degradation and Desertification in Mediterranean Environments*, Logroño 1996.
ZU FLORA UND FAUNA
P. R. Dallman, *Plant life in the World's Mediterranean Climates*.
J. Perlin, *A Forest Journey: The Role of Wood in the development of Civilization*, New York 1989.
ZU TÄLERN, BERGEN UND EROSION
J. R. McNeill, *The Mountains of the Mediterranean World*, Cambridge 1992.
C. Vita-Finzi, *The Mediterranean Valleys*, Cambridge 1969.

LOKALE STUDIEN
A. Gilman, J. B. Thornes, *Land-use and Prehistory in Southeast Spain*, London 1985.
J. V. Thirgood, *Cyprus a Chronicle of its Forests, Land and People*, Vancouver 1987
O. Rackham, J.A. Moody, *The Making of Cretan Landscape*, Manchester 1996.

Die frühen Handelsreiche: Vorgeschichte bis um 1000 v. Chr.
ZUR VORGESCHICHTE EUROPAS UND DES MITTELMEERES
L. Cavalli-Sforza u. a., *The History and Geography of Human Genes*, Princeton 2001.
J. G. D. Clark, *Prehistoric Europe: the economic basis*, London 1952.
C. Renfrew, *Trade and Culture Process in European Pre-History*, London 1969.
D. H. Trump, *The Prehistory of the Mediterranean*, London 1981.
V. Gordon Childe, *The Bronze Age*, London 1943.
R. Leighton, *Sicily before History. An Archaeological Survey from the Palaeolitic to the Iron Age*, London 1999.
J. D. Evans, *The Prehistoric Antiquities of the Maltese islands*, London 1971.
WICHTIGE ARTIKEL
E. D. Oren (Hg.), *The Sea Peoples and their World: a reassessment*, Philadelphia 2000.
J. Sasson (Hg.), *Civilizations of the Ancient Near East*, New York 1995.
S. Gitin, A. Mazar, E. Stern (Hg.), *Mediterranean Peoples in Transition 13th to early 10th century BC.*, Jerusalem 1998.
R. R. Holloway, *Italy and the Aegean 3000–700 BC*, Louvain la Neuve & Providence 1981.
ÄGÄISCHE BRONZEZEIT
E. Cline, *Sailing the dark wine sea: international trade and the Late bronze Age Aegean*, Oxford 1994.
O. Dickinson, *The Aegean Bronze Age*, Cambridge 1994.
J. C. M. Driessen, *The troubled island: Minoan Crete before and after the Santorini eruption*, Lüttich 1997.
TROJA UND TROJANISCHER KRIEG
T. Bryce, „Trojan War in its Near east Context", in *Journal of Ancient Civilizations*, Bd. 6 (1991), S. 2–21.
L. Foxhall, J. Davies, *The Trojan war, its history and context*, Bristol 1984.
M. Wood, *In search of the Trojan war*, London 1996.
SEEFAHRT UND SCHIFFBAU IN DER BRONZEZEIT
R. E. Gardiner, *The Age of the galley: Mediterranean oared vessels since pre-classical times*, London 1995.
S. Wachsmann, *Seagoing ships and seamanship in the Bronze Age Levant*, London 1998.
HETHITER
O. R. Gurney, *Die Hethiter. Ein Überblick über Kunst, Errungenschaften und gesellschaftlichen Aufbau eines großen Volkes in Kleinasien im 2. Jahrtausend vor unserer Zeitrechnung*, Dresden, 1980.
T. Bryce, *The Kingdom of the Hittites*, Oxford 1998.
J. G. MacQueen, *The Hittites and their contemporary in Asia Minor*, London 1996.
H. A. Hoffner Jr. (Hg.), „Perspective on Hittite Civilisation: selected writings of Hans Gustav Güterbock", *Assyriological Studies*, Chicago 1997.
H. A. Hoffner, Jr., „New Directions in the Study of Anatolian texts", in K. A. Yener, H. A. Hoffner, Jr. (Hg.),

New Perspectives in Hittite Archaeology and History, Winona Lake 2002.
K. A. Yener, H. A. Hoffner, Jr (Hg.), „Recent developments in Hittite Archaeology and History", *Papers in Memory of Hans G. Güterbock*, Winona Lake 2002.
DIE AHHIYAWA-FRAGE
Hans G. Güterbock, „The Hittites and the Aegean world", Teil 1 „The Ahhiyawa problem reconsidered", *American Journal of Archaeology* 87 (1931), S. 133–138.
Hans G. Güterbock, A new look at one Ahhiyawa text", in H. A. Hoffner (Hg.), *Hittite and other Anatolian and Near eastern Studies in honour of S. Alp*, Ankara 1992.
M. Marazzi, „La misteriosa terra di Ahhiyawa", in M. Marazzi (Hg.), *Società Micerea*, Rom 1994, S. 323–336.
DIE SEEVÖLKER
R. D. Barnett, „The Sea Peoples", *Cambridge Ancient History*, 2 Bde, Cambridge 1975.
B. Cifola „The Role of the Sea Peoples at the end of the late Bronze Age: a reassessment of textual and archaeological evidence", *Orientis Antiqui Miscellanea* Bd. 1, 1994, S. 1–21.
W. Dever, „The late Bronze Age-Early Iron I Horizon in Syria-Palestine: Egiptians, Canaanites, Sea Peoples and Proto-israelites", in W. J. Ward (Hg.), *The Crisis Years*, Dubuque 1992, S. 99–110.
O. Margalith, *The Sea Peoples in the Bible*, Wiesbaden 1994.
A. Raban, R. Stieglitz, „The Sea Peoples and their contribution to civilization", *Biblical Archaeology Review*, Bd. 17, Teil 6, 1991.
N. K. Sanders, *The Sea Peoples. Warriors of the Ancient Mediterranean*, London 1978.
I. Singer, „The Origin of the Sea Peoples and their settlement on the coast of Canaan", in M. L. Heltzer (Hg.), *Society and economy in the eastern Mediterranean*, Leuven 1998, S. 239–250.
NIEDERGANG DER BRONZEZEIT
R. Drews, *The end of the Bronze Age: changes in warfare and the catastrophe ca. 1200 BC*, Princeton 1993.
M. L. Heltzer, E. Lipinsky (Hg.), *Society and economy in the eastern Mediterranean (c. 1500–1000 BC)*, Leuven 1998, 251–260.
S. Sherratt, „Circulation of metal and the end of thge bronze Age in the eastern mediterranean", in C. F. Pare (Hg.), *Metals make the World go round*, Oxford 2000, S. 82–98.
C. S. Mathers (Hg.), *Development and decline in the Mediterranean Bronze Age*, Sheffield 1994.
PHILISTER
J. F. Brug, „A Literary and archaeological study of the Philistine", in *BAR International Series* 265, Oxford 1985.
I. Singer, „Egyptians, Canaanites and Philistines in the period of the emergence of Israel", in I. Finkelstein & N. Na'aman (Hg.), *From Nomadism to Monarchy*, Jerusalem 1994.
C. S. Ehrlich, *The Philistines in transition: a history from ca. 1000–730 BC*, Leiden 1996.
R. A. Macallister, *The Philistines, their history and civilization*, Oxford 1914.
DIE BEDEUTUNG ZYPERNS
A. M. Snodgrass, „Cyprus and the beginning of Iron technology in Eastern Mediterranean", in J. D. M. Muhly (Hg.), *Early metallurgy in Cyprus: 4000–500 BC*, Nikosia 1982, S. 285–324.

Die Rolle der Religion
M. Giebel, *Das Geheimnis der Mysterien. Antike Kulte in Griechenland, Rom und Ägypten*, München, 1993.
L. E. Roller, *In Search of God the Mother: the Cult of the Anatolian Cybele*, Berkeley 1999.

Die Schlacht um die Seewege: 1000–300 v. Chr.
Die Mykenische Periode
A. F. Harding, *The Mycenaeans and Europe*, London 1984.
M. Cultraro, *L'annello di Minosse*, Mailand 2001.
F. Cassola, *La Ionia nel mondo miceneo*, Neapel 1957.
M. Sakellariou, *La migration grecque en Ionie*, Athen 1958.
A. M. Snodgrass, *The dark Age of Greece, An Archaeological Survey of the 11th to the 8th centuries BC*, Edinburgh 1971.
Griechenland, die Ägäis und die Levante während der „Dark Ages", Wien 1983.
V. R. D'Desborough, *The Greek Dark Ages*, London 1972.
Griechische Kolonisation
T. J. Dunbabin, *The Western Greeks*, Oxford 1948.
T. J. Dunbabin, *The Greeks and their Eastern Neighbours*, London 1957.
J. Bérard, *La colonisation grecque de l'Italie méridionale et de la Sicile*, Paris 1957.
J. Boardman, *The Greeks Overseas*, London 1973.
A. J. Graham, *Colony and mother city in ancient Greece*, Chicago 1983.
M. Casewitz, *Le vocabulaire de la colonisation en grec ancien*, Paris 1985.
I. Malkin, *Religion and Colonization in Ancient Greece*, Leiden 1987.
E. Lepore, *Colonie greche dell'Occidente antico*, Rom 1989.
Seefahrt und Handel in der Antike
H. Knorringa, *Emporos. Data on trade in Greek Literature from Homer to Aristotle*, Utrecht 1926.
J. S. Morrison, R. T. Williams, *Greek oared Ships 900–322 BC*, Cambridge 1968.
L. Casson, *Ships and Seamanship in the Ancient World*, Baltimore 1995.
M. Gras, *La Méditerranée archaïque*, Paris 1995.
M. Giuffrida Ientile, *La pirateria tirrenica. Momenti e fortuna*, Rom 1983.
G. Bunnens, *L'expansion phénicienne en Méditerranée*, Brüssel-Rom 1979.
H. Klengel, *Handel und Händler im alten Orient*, Köln 1979.
H. G. Niemeyer (Hg.), *Phönizier im Westen*, Mainz 1982.
Karthago – die alte Handelsmetropole am Mittelmeer. Eine archäologische Grabung. Beiträge von H. G. Niemeyer, A. Rindelaub und K. Schmidt. Hamburg, 1996.
M. E. Aubet, *Tiro y las colonias fenicias de Occidente*, Barcelona 1987.
M. Gras, P. Rouillard, J. Teixidor, *L'univers phénicien*, Paris 1989.
Griechischer Handel
L. Breglia, „Le antiche rotte del Mediteraneo documentate da monete e pesi" in *Rendiconti dell'Accademia di Napoli* 30 (1955), S. 211–326.
E. Will, *Korinthiaka. Recherches sur l'histoire et la civilisation de Corinthe des origines aux guerres médiques*, Paris 1955.
A. Mele, „Il commercio greco arcaico. Prexis ed emporie", in *Cahiers du Centre J. Bérard* 4, Neapel 1979.
W. Johnston, *Trademarks on Greek Vases*, Warminster 1979.
J. Boardman, *Kolonien und Handel der Griechen. Vom späten 9. bis zum 6. Jahrhundert v. Chr.*, München 1981.
M. Mello (Hg.), *Il commercio greco nel Tirreno in etá arcaica: studi in memoria di M. Napoli*, Paris 1993.
A. Bresson, P. Rouillard, *L'emporion*, Paris 1993.
Euböa und sein Handel
D. Ridgway, *L'alba della Magna Grecia*, Mailand 1984.
Ost- und Westgriechischer Handel
Les céramiques de la Grèce de L'Est et leur diffusion en occident. Atti del Colloquio del centro J. Bérard – Napoli 1976, Rom 1978.

C. Vandermersch, *Vins et amphores de Grande grèce et Sicile (Ie–IIIe s. avant J.-C.)*, Neapel 1994.
Il commercio etrusco arhaico: Atti dell'Incontro di studio, 5- diecembre 1983, Rom 1985
Etruskischer Handel
M. Cristofani, *Gli etruschi del mare*, Mailand 1983
M. Gras, *Trafics tyrrhéniens archaïques*, Rom, 1985.
M. Torelli, *Die Etrusker. Geschichte, Kultur, Gesellschaft*, Frankfurt/Main, 1988.

Die Entstehung des *Mare nostrum*: 300 v. Chr.– 500 n. Chr.
P. Horden, N. Purcell, *The Corrupting Sea. A Study of Mediterranean History*, Oxford 2000, ist der bei weitem fundierteste Beitrag zum Mittelmeer in der Antike und im Mittelalter.
C. Starr, *The influence of Sea Power in Ancient History*, Oxford 1989, ist knapper, aber durchaus brauchbar.
Zur griechischen Welt nach dem Tod Alexanders des Großen:
G. Shipley, *The Greek World after Alexander 393–30 BC*, London 2000.
Aufstieg Roms als Seemacht
E. D. Rawson, „The expansion of Rome", in *The Roman World*, hg. von J. Boardman, J. Griffin, O. Murray, Oxford 1988, S. 39–59.
Zu den hellenistischen und römischen Kriegen in dieser Zeit siehe:
J. S. Morrison, „Hellenistic oared warships 399–31 BC", und B. Rankov, „Fleets in the early Roman Empire 31BC–324AD", in *The Age of the Galley*, hg. von R. Gardiner und J. Morrison, London 1995, S. 66–77 und 78–85.
Schiffe und Seefahrt allgemein
L. Casson, *Ships and Seamanhip in the Ancient World*, Princeton 1971, ist das Standardwerk dazu.
P. Janni, *Il Mare degli Antichi*, Bari 1996, ist anregend, gut illustriert und hat eine reiche Bibliographie.
Unterwasserarchäologie
P. A. Gianfrotta, P. Pomey, *Archeologia subacquea: storia, tecniche, scoperte e reliti*, Mailand 1980.
A. J. Parker, „Sea transport and trade in the ancient Mediterranean", in *The Sea and History*, hg. von E. E. Rice, Stroud 1996
P. Pomey, A. Tchernia, „Le tonnage maximum des navires de commerce romain", *Archaeonautica* 2 (1978), S. 233–251.
Zur Organisation des römischen Handels siehe
K. Hopkins, „Models, ships and staples", in *Trade and Famine in Classical Antiquity*, hg. von P. Garnsey und C. R. Whittacker, Cambridge 1983, S. 84–109.
P. Garnsey, K. Hopkins und C. R. Whittacker, London 1983, darin „Einführung" (S. IV–XXV), und M. Grant, R. Kitzinger (Hg.), *Civilization of the Ancient Mediterranean*, Bd. 2, darin „Roman trade, industry and labour", S. 755–777, New York 1988.
J. Paterson, „Trade and traders in the Roman world: scale, structure and organization", in *Trade, traders and the Ancient City*, hg. von H. Perkins und C. Smith, London 1998, S. 149–167.
J. Rougé, *Recherches sur l'organisation du commerce maritime en Méditerrannée sous l'empire romain*, Paris 1966, ist immer noch sehr anregend.
Zu den Täfelchen von Murecine siehe:
L. Casson, „The Role of the State in Rome's grain trade", in *Ancient Trade and Society*, Detroit 1984, S. 96–116.
Zum Wiener Papyrus siehe:
L. Casson, P. Vindob, „G. 40822 and the shipping of goods from India", in *Bulletin of the American Society of Papyrologists* 23,. S. 73–79.
The Periplus Maris Erythraei, Einführung, Übersetzung und Kommentar von L. Casson, Princeton 1989.

L. Casson, „Rome's trade with the east: the sea voyage to Africa and India", in *Ancient Trade and Society*, Detroit 1984, S. 182–198.
A. M. McCann, *The Roman Port and Fishery of Cosa*, Princeton 1987.
D. Blackman, „Ancient harbours in the Mediterranean", *International Journal of Nautical Archaeology* 11, 1982, S. 79ff.
G. E. Rickman, „Portus in perspective", in *Roman Ostia, revisited*, hg. von A. Gallina Zevi und A. Claridge, London 1996.
R. Meiggs, „Roman Ostia", Oxford, 1973, ist die klassische Studie zu Ostia.
E. Rodriguez Almeida, *Il Monte Testaccio: ambiente, storia, materiali*, Rom, 1984.
A. Cameron, *The Mediterranean World in Late Antiquity*, London, 1993.

Zerfall der mediterranen Welt: 500–1000
Zur Beziehung Meer – Flottenbewegung:
B. Lewis, *The Arabs in History*, London, 1950.
J. H. Pryor, *Geography, technology and war: studies on the maritime history of the Mediterranean*, Cambridge, 1988.
Zu den Folgen des Niedergangs des Weströmischen Reichs auf den Seehandel siehe
R. Hodges and D. Whitehouse, *Mohammed, Charlemagne and the Origins of Europe*, London, 1983.
C. J. Wickham, „Marx, Sherlock Holmes and late Roman commerce", JRS 78, 1988, S. 189–93, und
G. E. Rickman, „Mare nostrum" in *The Sea and History*, hg. von E. E. Rice, Stroud 1996.
Zum Handel im frühen Mittelalter siehe auch:
M. McCormick, *Origins of the European economy*, Cambridge, 2001.
A. R. Lewis, *Naval power and Trade in the Mediterranean*, Princeton, 1951.
J. Haywood, *Dark Age Naval Power*, London, 1991.
Zu Amalfi
A. Citarella, *Il commercio di Amalfi nell'alto Medioevo*, Salerno, 1977.
M. del Treppo and A. Leone, *Amalfi medioevale*, Neapel, 1977.
B. Kreutz, „The ecology of maritime success: the puzzling case of Amalfi", *Mediterranean Historical Review*, Band 3, 1988, S. 103–113.
Zu den Händlern der Genizah
S. D. Goitein, *A Mediterranean Society: the Jewish commnunities of the Arab world as portrayed by the documents of the Cairo Genizah*, Band 1, *Economic Foundations*, Berkeley 1967, gefolgt von weiteren fünf Bänden bis 1993.
Zum islamischen Spanien siehe vor allem
O. R. Constable, *Trade and traders in Muslim Spain: the commercial realignment of the Iberian peninsula*, Cambridge, 1994.
C. Picard, *La mer et les musulmans d'occident au Moyen Âge*, Paris, 1997.
X. de Planhol, *L'Islam et la mer*, Paris, 2000.
Zu Byzanz
H. Ahrweiler, *Byzance et la Mer*, Paris, 1966.

Ein christliches Mittelmeer
Allgemeine Übersichten
M. Tangheroni, *Commercio e navigazione nel Medioevo*, Rom-Bari, 1996.
R. S. Lopez, *The commercial revolution in the Middle Ages*, Englewood Cliffs 1971.
G. Jehel, *La Méditerranée médiévale de 350 à 1450*, Paris, 1992.
R. S. Lopez, I. W. Raymond, *Medieval trade in the Mediterranean World*, New York, 1968.
Nützliche Beiträge
B. Garí (Hg.), *État et colonisation au Moyen Âge et à la Renaissance*, Lyon, 1989, mit Beiträgen von Pistarino, Lopez, Goitein u. a.

M. Balard, A. Ducellier, *Le partage du monde: échange et colonisation dans la Méditerranée médiévale*, Paris, 2000.
G. Airaldi (Hg.), *Gli Orizzonti aperti. Profili del mercante medievale*, Turin, 1997
D. Abulafia, N. Berend (Hg.), *Medieval Frontiers: concepts and practices*, Aldershot, 2002.
Zu europäischen Handelszentren (von West nach Ost):
J. Guiral-Hadziiossif, *Valence, port méditerranéen au XVe siècle (1410–1525)*, Paris, 1986.
A. Furió (Hg.), *València, un mercat medieval*, Valencia, 1985.
S. Bensch, *Barcelona and its rulers, 1096–1291*, Cambridge, 1995.
M. del Treppo, *I mercanti catalani e l'espansione della Corona d'Aragona nel XV secolo*, Neapel, 1972.
F. Fernández-Armesto, *Before Columbus: exploration and colonisation from the Mediterranean to the Atlantic, 1229–1492*, London, 1987.
F. Fernández-Armesto, *Barcelona: 1000 years of a city's past*, Oxford, 1991.
D. Abulafia, *A Mediterranean Emporium: the Catalan Kingdom of Majorca*, Cambridge, 1994.
P. Macaire, *Majorque et le commerce international (1400–1450)*, Lille, 1985.
C.-E. Dufourcq, *La vie quotidienne dans les ports méditerranéens au Moyen Âge: Provence-Languedoc-Catalogue*, Paris, 1975.
E. Bach, *La Cité de Gênes au XIIe siècle*, Kopenhagen, 1955.
J. Heers, *Gênes au XVe siècle: civlisation méditerranéene, et grand capitalisme populaire*, Paris, 1971.
F. C. Lane, *Venice: a maritime republic*, Baltimore, 1973, bleibt das Standardwerk zur Geschichte Venedigs, auch wenn es im Ton etwas exaltiert wirkt.
F. C. Lane, *Venetian ships and shipbuilders of the Renaissance*, Baltimore, 1934.
S. M. Stuard, *A state of deference: Ragusa/Dubrovnik during the medieval centuries*, Philadelphia, 1992.
B. Krekić, *Dubrovnik in the 14th and 15th centuries: a city between East and West*, Norman, 1967.
Zu den Beziehungen dieser Zentren und den Staaten im zentralen und östlichen Mittelmeer siehe
D. Abulafia, *The Two Italies: economic relations between the Norman Kingdom of Sicily and the nothern communes*, Cambridge, 1977.
H. Bresc, *Un monde méditerranéen: Économie et Société en Sicile*, 2 Bände, Rom-Palermo, 1986.
F. Thiriet, *La Romanie vénitienne au Moyen Âge*, Paris, 1975, das auch Kreta umfasst.
M. Balard, *La Romanie génoise, XIIIe-début du XVe siècle*, 2 Bände, Rom-Genua, 1978, das auch das Schwarze Meer berücksichtigt.
G. Airaldin and B. Z. Kedar, *I comuni italiani nel regno di Gerusalemme*, Genua, 1987.
P. Edbury, *The Kingdom of Cyprus and the crusades, 1191–1374*, Cambridge, 1991.
Die neueste Synthese zum levantinischen Handel ist
E. Ashtor, *Levant trade in the later Middle Ages*, Princeton, 1983.
Zu den politischen Rivalitäten und ihrer Beziehung zur Wirtschaft siehe:
D. Abulafia, *The Western Mediterranean Kingdoms, 1200–1500: the struggle for dominion*, London, 1997.

Erstarkender Islam: 1500–1700
Fernand Braudel, *Das Mittelmeer und die mediterrane Welt in der Epoche Philipps II.*, 3 Bde, Frankfurt/Main, 2001.
Zu Nordafrika siehe v.a.
A. Hess, *The Forgotten Frontier: A History of the Sixteenth Century ibero-African Frontier*, Chicago, 1978.
Zur Kriegsführung im Mittelalter siehe v. a.
John Guilmartin, *Gunpowder and galleys: changing technology and Mediterranean warfare at sea in the sixteenth century*, Cambridge, 1974.

Zu den Bindungen Italiens mit den Türken siehe
K. Fleet, *European and Islamic trade in the early Ottoman state: the merchants of Genoa and Turkey*, Leiden, 1999.
Eine lebendige Darstellung des Aufstiegs der Osmanen bietet
S. Runciman, *The Fall of Constantinople*, Cambridge, 1965, S. 163.
Grundlegende Studien zu dem Osmanen schrieb
H. Inalcık, *The Ottoman Empire: The Classical Age 1300–1600*, London, 1973.
H. Inalcık, „Bursa and the Silk Trade", in *An Economic and Social History of the Ottoman Empire*, Hg. Halil Inalcik mit Donald Quataert, Cambridge 1994, S. 219.
C. Kafadar, *Between Two Words: The Construction of the Ottoman State*, Berkeley 1995.
Zu den Beziehungen zwischen Osmanen und nicht muslimischen religiösen Gruppen siehe:
P. Konortas, „From Ta'ife to Millet: Ottoman Terms for the Ottoman Greek Orthodox", in *Ottoman Greeks in the Age of Nationalism*, Hg. Dimitri Gondicas, Charles Issawi, Princeton 1999.
C. Wardi, „The Question of the Holy Places in Ottoman Times", in *Studies in Palestine During the Ottoman Period*, Hg. Mosha Ma'oz, Jerusalem 1975.
Charles Frazee, *Catholics and Sultans: The Church and the Ottoman Empire 1453–1923*, Cambridge, 1983.
M. Zilfi, „The Kadizadelis: discordant revivalism in seventeeth-century Istanbul", *Journal of Near Eastern Studies* 93, 1986, S. 251–69.
M. Greene, *A Shared World: Christians and Muslims in the Early Modern Mediterranean*, Princeton, 2000.
X. de Planhol, *Les minorité en Islam*, Paris 1997.
W. Feldman, *Music of the Ottoman Court: Makam, Composition and the early Ottoman intrumental repertoire*, Berlin, 1996.
Zu den Entwicklungen im Westen siehe:
D. Sella, „Crisis and Transformation in Venetian Trade", in *Crisis and Change in the Venetian Economy*, London, 1968.
LEVANTINISCHER HANDEL
Paul Masson, *Histoire du commerce français dans le Levant au XVII siècle*, Paris, 1896.
R. Mantran, *Istanbul dans la Seconde Moitié du XVIII Siècle*, Paris, 1962.
KORSAREN UND KORSARENWESEN
P. Earle, *Corsairs of Malta and Barbary*, London, 1970.
G. Fischer, *Barbary Legend: War, Trade and Piracy in North Africa 1415–1830*, Oxford, 1957.
A. Tenenti, *Piracy and the Decline of Venice 1580–1615*, London, 1967.
AUFSTIEG VON LIVORNO UND SMYRNA
D. Goffman, *Izmir and the Levantine World 1550–1650*, Seattle, 1990.
M.-C. Engels, *Merchants, Interlopers and Corsairs: The „Flemish" Community in Livorno and Genoa (1615–1635)*, Hilversum, 1997.
Merci e Monete a Livorno in Età Granducale, Hg. Silviana Balbi de Caro, Mailand, 1997.
JOHANNITERORDEN
R. Cavaliero, „The Decline of the Maltese Corso in the XVIIIth Century", *Melita Historica*, 1959.
H. J. A. Sire, *The Knights of Malta*, New Haven, 1994.
T. Philipp, *The Syrians in Egypt 1725–1975*, Stuttgart, 1985.
B. J. Slot, *Archipelagus Turbatus: Les Cyclades entre colonization latine et occupation ottomane c. 1500–1718*, Istanbul, 1982.
A. Salzmann, „An Ancien Regime Revisited: ,Privatization' and Political Economy in the Eighteenth Century Ottoman Empire," *Politics and Society* 21 (1993), S. 393–423.
ITALIEN
E. Cochrane, J. Kirshner, *Italy 1530–1630*, London, 1988.
J. A. Marino, *Early Modern Italy, 1550–1796*, Oxford, 2002.
T. J. Dandelet, *Spanish Rome, 1500–1700*, New Haven, 2001.

Das Mittelmeer als Schlachtfeld der europäischen Mächte: 1700–1900
ALLGEMEINER ÜBERBLICK
Jeremy Black, *Europe in the Eighteenth Century*, 2. Aufl., Basingstoke, 1999.
Jeremy Black, *European International Relations 1648–1815*, Basingstoke, 2002.
John Lynch, *Bourbon Spain 1700–1808*, Oxford, 1989.
C. J. Esdaile, *Spain in the Liberal Age: from Constitution to Civil War, 1808–1939*, Oxford 2000.
ITALIEN
J. A. Marino, *Early Modern Italy, 1550–1796*, Oxford, 2002
D. Carpanetto and G. Ricuperati, *Italy in the age of reason, 1685–1789*, London, 1987.
H. Gross, *Rome in the age of Enlightenment*, Cambridge, 1990.
TÜRKISCHE HERRSCHAFT
P. F. Sugar, *Southeastern Europe under Ottoman rule, 1354–1804*, 1983.
H. G. Majer (Hg.), *Die Staaten Südosteuropas und die Osmanen*, München, 1989.
J. Matuz, *Das Osmanische Reich. Grundlinien seiner Geschichte*. Darmstadt, 1996
EINE WICHTIGE FORM KULTURELLER PERZEPTION
J. Black, *Italy and the Grand Tour*, New Haven, 2003.
Jeremy Black, *Britain as a Military Power 1688–1815*, London, 1990.
E. Eickhoff, *Venedig, Wien und die Osmanen. Umbruch in Südosteuropa. 1645–1700*. Stuttgart, 1992.

Ein globalisiertes Mittelmeer: 1900–2000
Einen allgemeinen Überblick über die Politik im späten 20. Jh. bietet
David Reynolds, *One world divisible: a global history since 1945*, London, 2000.
Zur Präsenz der Franzosen in Algerien
J. Carpentier, F. Lebrun u. a., *Histoire de la Méditerranée*, Paris, 1998.
NORDAFRIKA
P. Laffont, *Histoire de la France an Algérie*, Paris, 1980.
M. Bennoune, *The making of contemporary Algeria, 1830–1967: colonial upheavals and post-independence development*, Cambridge, 1988.
J. -P. Sartre, *Colonialism and Neocolonialism*, London, 2001.
F. Fanon, *The Wretched of the Earth*, New-York, 1965, mit einem Vorwort von J.-P. Sartre.
LIBERALES UND FASCHISTISCHES ITALIEN
A. Lyttleton, Hg., *Liberal and Fascist Italy*, Oxford, 2001.
R. J. B. Bosworth, *Italy, the least of the great powers: Italian foreign policy before the First World War*, Cambridge, 1979.
R. De Felice and L. Goglia, *Mussolini: il mito*, Rom-Bari, 1983.
D. Mack Smith, *Mussolini's Roman Empire*, London, 1976.
R. J. B. Bosworth, *Mussolini*, London, 2000.
SPANIEN
H. Thomas, *The Spanish Civil War*, London, 1961.
P. Preston, *Franco: a biography*, London, 1993.
TÜRKEI
B. Lewis, *The emergence of modern Turkey*, London, 1961.
G. L. Lewis, *Modern Turkey*, London, 1974.
DIE ENTSTEHUNG ISRAELS
N. Bethell, *The Palestine Triangle: the struggle between the British, the Jews and the Arabs, 1935–48*, London 1979.
M. Gilbert, *Israel: a history*, London, 1998.
A. Shlaim, *The Iron Wall: Israel and the Arab world*, London, 2000.
M. Oren, *Six Days of War: June 1967 and the making of the modern Middle East*, Oxford, 2002.
TOURISMUS
B. Korte, C. Harvie, R. Schneider, H. Berghoff, *The making of modern tourism: the cultural history of the British experience, 1600–2000*, New York, 2000.

J. Boissevain (Hg.), *Coping with tourists: European reactions to mass tourism*, Oxford, 1996.
K. Hudson, *Air Travel: a social history*, Bath, 1972.
L. Withey, *Grand tours and Cook's tours: a history of leisure travel, 1750 to 1915*, London, 1997.
P. Brendon, *Thomas Cook: 150 years of popular tourism*, London, 1991.

FOLGEN DES TOURISMUS FÜR SPANIEN
M. Barke, J. Towner, M. T. Newton, Hg, *Tourism in Spain: critical issues*, Wallingford, 1996.
A. M. Bernal u. a., *Tourisme et développement regional en Andalousie*, Paris, 1979.

FOLGEN DES TOURISMUS FÜR ITALIEN
Touring Club Italiano, *Novant'anni di turismo in Italia, 1894–1984*, Turin, 1994.

H. Levenstein, *Seductive journey: American tourists in France from Jefferson to the Jazz Age*, Chicago, 1998.

ZUR BEDEUTUNG DER MODETRENDS
J. Craik, *The face of fashion: cultural studies in fashion*, London, 1994.
C. Probert, *Swimwear in Vogue since 1910*, London, 1981.
M. und A. Batterberry, *Fashion: the mirror of history*, London, 1982.

Bildnachweis

1 Schematische Darstellung der Welt nach Isidor von Sevilla, 1472
2–3 Der Meeresgott Okeanos, Mosaik, Museum von Sousse, Tunesien
6 Arabische Weltkarte (Ausschnitt) nach der Weltkarte von al-Idrisi, 1154, Geograph am Hofe Rogers II. von Sizilien. Bodleian Library, Oxford
6u. Englische Weltkarte, spätes 14. Jh. MS Royal 14. C.IX. British Library, London
7o. Detail des Mittelmeerraums aus der Weltkarte von Fra Mauro, Venedig, 15. Jh. Museo Correr, Venedig,
7u. Satellitenfoto des Mittelmeerraumes. Foto NASA/Science Photo Library
10 Jean Puy (1876–1960), *Markt von Savany*, Musée de l'Annonciade, St. Tropez, Foto Scala
12 Fernand Braudel, 1980. Foto Roger Viollet
13li. Ignazio Danti (1536–1568), Karte von Sardinien. Vatikanische Museen, Gallerie delle Carte Geografiche. Foto Scala
13re. Landkarte von Sizilien und Malta nach al-Idrisi, 15. Jh. Bodleian Library, Oxford
14 Illustration aus dem *Dioskurides Kodex*, Konstantinopel, 512 n. Chr. Jede Pflanze wurde von arabischer Hand später bezeichnet. Österreichische Nationalbibliothek, Wien
15 Landkarte des Mittelmeerraums von Henry Martellus, 15. Jh. Add. MS 15760 ff 72v–73, British Library, London
17 Indisch-portugiesische Elfenbeinplatte aus einer Schmuckschatulle, Sri Lanka, 1540. Schatzkammer der Münchner Residenz. Foto Archiv Werner Forman
19 Reisfelder bei Valencia. Foto Hugh Palmer
20 Transhumanz in den Cévennen. Foto Französisches Touristenamt
22 Auberginen, Zeichnung aus dem *Cerruti Tacuinum sanitatis*, 14. Jh., Italien. Österreichische Nationalbibliothek, Wien
22–23 Alessandro Magnasco (1667–1749), *Marktszene*. Museo Civico d'Arte Antica, Mailand. Foto Scala
23 Luis Melendez (1716–1780), *Stillleben mit Zitronen*. Mit freundl. Genehmigung von P. & D Colnaghi
24 Solomon Schechter beim Studium der Genizah Fragmente. Foto Universitätsbibliothek, Cambridge

26–27 Martinus Rørbye, *Hafen von Palermo*, 1846. Thorwaldsen Museum, Kopenhagen
30–31 Luftaufnahme von Corniglia, einem Dorf der Cinque Terre, an der Küste zwischen Genua und La Spezia. Foto G. A. Rossi/Image Bank
32 Karte Kretas von Cristoforo Buondelmonti aus *The Book of Islands*, um 1420. Aus einer 1485 entstandenen Kopie. The British Library, London
34 Moguer bei Huelva, Spanien. Foto Hugh Palmer
35 Figur am Neptunbrunnen in Florenz. Foto AKG, London/Robert O'Dea
36 Wüstenlandschaft bei Almería, Spanien. Foto Ardea
38 Zypresse auf Kreta. Foto Ardea
38–39 Apuanische Alpen, Toskana. Foto Hugh Palmer
40–41 Satellitenfoto der Straße von Gibraltar. Foto NASA/Corbis
41 Küste von Eze nach Cap Ferrat, Frankreich. Foto Hugh Palmer
42o. Minoischer Becher. British Museum, London
42u. Nordöstlich von Aix-en-Provence, acht Monate nach einem Waldbrand. Foto Georgina Bruckner
43 Detail aus dem Genter Altar. Kathedrale St. Bavo, Get. Foto Scala
44 Phrygana in Südrhodos, Griechenland. Foto Ardea
45 Dehesa in Estremadura, Spanien. Foto Ardea
46o. Eber. Mosaik aus Chebba, 2. Jh. n. Chr. Bardo Museum, Tunesien
46u. Krabbe. Detail eines etruskischen Trinkbechers, 525 v. Chr., zugeschr. dem Adler-Maler. J. Paul Getty Museum, Los Angeles
47o. Herde, auf einer makedonischen Oktodrachme, um 520–500 v. Chr. Bibliothèque Nationale, Paris
47o. re. Hirsch, auf einer silbernen Tetradrachme aus Ephesus, 375–300 v. Chr., Bibliothèque Nationale, Paris
47u. li. Eule, auf einer attischen rotfigurigen Schale, um 480–470 v. Ch. J. Paul Getty Museum, Los Angeles
47u. re. Löwe, Mosaik aus dem Palast von Konstantinopel. Türkisches Nationalamt für Tourismus
48 Pomona, Personifizierung des Herbstes, 3. Jh. v. Chr. Mosaik aus Paphos, Zypern. Foto Sonia Halliday
49o. Schwarzfigurige attische Schale. Museum of Fine Arts, Boston
49li. Vorratsgefäß, vermutl. aus Knossos, um 1450 v. Chr. Nationalmuseum, Heraklion
50–51 Palmenhain südlich von Kairo. Foto Yann Arthus-Bertrand/Altitude
52–53 Terrassenfelder bei Vale di Susa, westlich von Turin. Stich aus Blaeu, *Sabaudiae Ducis* ..., Amsterdam 1682
54o. Francesco del Cossa (1536–1478), *Herbst*. Nationalgalerie Berlin
54b Miniatur aus der *Alba-Bibel*. Mit freundl. Genehmigung des Herzogs von Alba
55 Weingarten in der Provence. Foto Hugh Palmer
56 Ozieri, Sardinien. Foto Schuschitzki
57 Lindos, Rhodos. Postkarte um 1900. Privatsammlung
58 Olivenbaum, Kreta. Foto Ardea
59 Kreta. Foto Ardea
60li. Der Wind. Illustration zu *Die Wunder der Schöpfung* vom arabischen Kosmographen al-Quazwini (1203–83). Aus einer osman. Kopie des 15. Jh. The British Library
60u. Detail aus Giovanni Bellini, *Die Agonie im Garten*, um 1465. National Gallery, London
61o. Aquädukt in Segovia. Foto J. Allan Cash
61u. Brunnen bei Adrar, Algerien. Foto Paul Almassy
61re. Landwirtschaft in der Oase, Ägypten. Foto Josephine Powell
62–63 Bootsmodell aus dem Grab des Meket-Re, Theben, um 2000 v. Chr. Metropolitan Museum of Art, New York
64o. Vase, 5. Jh. v. Chr. The British Museum, London
64u. Mosaik mit Tiefseefischen, 1. Jh. n. Chr. Museo Nazionale, Neapel
66 Kykladische Marmorfigur eines Harfespielers, um 2500 v. Chr. J. Paul Getty Museum, Los Angeles
68 Höhlenmalerei aus Lascaux, Frankreich
69 Ägyptisches Grabrelief eines Bootsbauers, 20. Jh. v. Chr. Marburg Fotoarchiv
70 Ramses II. aus dem Großen Tempel von Abu Simbel. Foto Roger Wood
71 Hissarlik bei Troja. Foto Informationsbüro der türkischen Regierung

72li. Hethitisches Relief von Bogazkale. Archäologisches Museum, Ankara
72re. Löwentor von Bogazkale. Hirmer Fotoarchiv
73. Europa auf dem Stier. Relief vom Heratempel aus Selinus. Hirmer Fotoarchivv
74–75 Fresko aus Santorini, Thera, vor 1500 v. Chr. Nationales Archäologiemuseum, Athen. Foto Scala
75 Stilisiertes Boot auf Terrakottagefäß aus Skyros, Kykladen. Nationalmuseum, Athen
76o. Diskus von Phaistos. Nationalmuseum Heraklion
76u. Linear-B-Schrift. Zeichnung veröffentlicht von Arthur Evans
77 Ansicht des Palastes von Knossos. Foto Leonard von Matt
78 Fayence-Platten mit Darstellung minoischer Häuser aus Knossos. Nationalmuseum, Heraklion
79 Malerei auf Steinsarkophag, gefunden bei Hagia Triada. Nationalmuseum Heraklion
80 Nuraghen, Sardinien. Foto Fototeca Unione
81 Bronzefigur aus Sardinien. Museo Nazionale, Cagliari
82 Trojanisches Pferd. Detail eines Pythos aus dem 6. Jh. v. Chr. aus Mykene. Archäologisches Museum, Mykene
83 Detail aus einer attischen schwarzfigurigen Amphora aus Vulci. Martin von Wagner Museum, Würzburg
84 Elfenbeinkopf aus mykenischem Grab. Nationalmuseum, Athen
85 Detail des Krieger-Kraters, mykenisch, um 1200 v. Chr.
86, 87 Details aus einem Relief zur Schlacht von Kadesch in Abu Simbel. Fotos Erich Lessing AKG
88 Detail eines Reliefs aus Medinet Habu. Foto Werner Forman Archive
89 Eingangstor zum Totentempel von Medinet Habu. Foto Oriental Institute, Chicago
91 Ramses II. hält Gefangene fest. Relief auf einer Stele, Neues Reich, 19. Dynastie. Ägyptisches Museum, Kairo
92 Kriegsgefangene aus Kanaan. Relief aus dem Grab des Horemheb, Sakkara, um 1350 v. Chr. Rijksmuseum von Oudheden, Leiden. Foto Hirmer Fotoarchiv
93 Aphrodite. Relief vom Ludovisi-Thron,

477–450 v. Chr. Museo Nazionale, Rom. Foto Fototeca Unione
94–95 Fresko aus dem Grab der Schilde, Tarquinia, 350–340 v. Chr. Foto Scala
96 Odysseus. Detail einer griechischen Vasenmalerei aus Vulci. British Museum, London
97 Detail aus einem Relief auf einer Stele aus schwarzem Basalt über Schalmanassar III., 841 v. Chr. British Museum, London
98 Goldener Ohrring, Griechisch, um 330–300 v.Chr. Metropolitan Museum of Art, New York, Rogers Fund
100o. Luftansicht von Cadíz. Foto Editorial Escudo d'Oro
100u. Ansicht von Motya, Sizilien. Foto Fototeca Unione
101 Tonfigur aus Ibiza, 7. Jh. v. Chr., Museo Arcéologico, Palma de Mallorca
102 Malerei auf attischem rotfigurigem Krater des Talas-Malers, 5. Jh. v. Chr. Palazzo Jutta, Ruvo
103 Goldmünze aus Klazomenai, Kleinasien. The British Museum, London
104, 105 Seeschlacht; Detail des Arithonos-Kraters, Mitte 7. Jh. v. Chr. Palazzo di Conservatori, Rom
106 Kessel aus vergoldetem Silber, 7. Jh. v. Chr.,Villa Giulia, Rom. Foto Scala
107 Armband aus vergoldetem Silber, Süditalien, J. Paul Getty Museum, Los Angeles
107u. Duftfläschchen aus Theben, 650 v. Chr. The British Museum, London
108li. Anthropoider Sarkophag. Museo Arcéologico, Cadiz
108r. Sarkophag eines Ehepaars aus Cerveteri, 6. Jh. v. Chr., Villa Giulia, Rom. Foto Leonhard von Matt
109 Etruskischer Bronzethron. Louvre, Paris. Foto RMN
110 Halsband aus getriebener Bronze, Nationales Archäologiemuseum, Beirut, Libanon
111l. Bronzegewicht aus Cerveteri, 3. Jh. v. Chr. Villa Giulia, Rom
111r. Lakonischer Becher, um 550 v. Chr. Bibliothèque Nationale, Paris
112 Attische geometrische Vase, British Museum, London
113o. Korinthische Silbermünze, 4. Jh. v. Chr. Bibliothèque Nationale, Paris
114u. Bucchero Duftfläschchen, Museo Arceologico, Florenz
115 Goldmünze aus Pantikaion, Krim. Bibliothèque Nationale, Paris
116o. Detail aus der Inschrift von Pech Maho, 5. Jh. v. Chr., Musee des Corbieres, Sigean, Frankreich
116u. Vase aus Cerveteri mit Widmungsinschrift, 7. Jh. v. Chr., Villa Giulia, Rom
117o. Silbermünze aus Ägina, um 350 v. Chr. Bibliothèque Nationale, Paris
117u. Athenische Silbermünze, 530–520 v. Chr. British Museum, London
118–119 Tonrelief. Museo Civico, Viterbo. Foto Scala

119 Elfenbeinkelch aus dem Barberini-Grab in Palestrina, Villa Giulia, Rom
120 Bronzehelm, 5. Jh. v. Chr. British Museum, London
122/23 Detail des großen Silbertellers von Mildenhall. British Museum, London
124 Zeichnung aus der byzantinischen Sacra Parallela aus dem 9. Jh. Bibliothèque Nationale, Paris
125 Alexander der Große; Silbermedaille, 3. Jh. v. Chr. British Museum, London
126 Kopie eines hellenistischen Mosaiks. Museo della Civiltà Romana, Rom. Foto Scala
128 Phönikisches Relief, 2. Jh. n. Chr. Nationalmuseum Libanon, Beirut
129o. Silbermünze mit Bildnis Hannibals. British Museum, London
129u. Karthagisches Grab. Foto Werner Forman
130–131 Fresko aus der Casa die Vettii, Pompeji, vor 79 n. Chr. Museo Nazionale, Neapel
131 Römische Münze, 27 v. Chr. British Museum, Lonon
132o. Illustration aus der deutschen Ausgabe des Tratado de la artilleria von Diego Ufano, Frankfurt 1614.
132u. Foto Ligabue Archives, Venedig
133 Mosaik mit der Darstellung einer Frachtgaleere, Bardo Museum, Tunis
134 Nilszene. Fresko, 70 v. Chr. J. Paul Getty Museum, Los Angeles
135 Villa bei Castellamare, Wandgemälde, 70 n. Chr. Museo Nazionale, Neapel. Foto Scala
136o. Sommer, ornamentale Marmorplatte. Nationalmuseum für römische Kunst, Merida, Spanien
136u. Mosaik aus dem Hafen von Ostia, 1. Jh. n. Chr. Foto Fototeca Unione
137 Fresko aus einem Grab in Ostia, 1. Jh. n. Chr. Foto Fototeca Unione
138o. Mosaik aus Sousse, Bardo Museum, Tunis
138u. Unterwasserwrack eines aus Mittelitalien kommenden großen Segelschiffs, das vor dem Hafen von Madrague de Giens sank, um 75–60 v. Chr. Foto CNSR, Centre Camille Julian, A. Chéné
139o. Personifizierung einer der vier Winde; Detail einer dionysischen Szene, Fußbodenmosaik einer römischen Villa bei Merida; Nationalmuseum für römische Kunst, Merida, Spanien
140–141 Mosaik der Hafenanlagen von Puteoli. Vatikanische Museen, Vatikanstadt
141u. Gedenkmünze zu Ehren des großen Hafens von Ostia 66 n. Chr. British Museum, London
142li. Glaspokal, 1. Jh. n. Chr. Museum Kabul, Afghanistan. Foto Josephine Powell
142re. Mosaik darstellend die Stadt Alexandria als Braut des Meeres. Sie hält einen Mast und trägt eine Kopfbekleidung in Form eines Schiffbugs, 3.–2. Jh. v. Chr. Griechisch-römisches Museum, Alexandria. Foto De Luca

143 Luftbild des Hafens von Alexandria, Foto G. A. Rossi/Image Bank
144 Römischer Grabstein eines Schiffbauers, Galleria Cavour, Bologna
145 Detail eines Hafenreliefs. Museo Torlonia, Rom. Foto Fototeca Unione
147 Synagoge von Ostia. Foto Josephine Powell
148 Kloster Dochiariu, Berg Athos. Foto Werner Forman Archive
150–151 Hafen von Classe, Ravenna. Mosaik aus San Apollinare Nuovo, Ravenna. Foto Scala
152 Mosaik Christus-Helios, Petersdom, Rom. Foto Scala
153 Isis. Koptisches Fresko aus Karanis, Ägypten. Foto Kelsey Museum of Archaeology, Michigan
154 Justinian und sein Hof. Mosaik aus der Kirche San Vitale, Ravenna, 6. Jh. Foto Scala
156 Wandalischer Grundbesitzer. Mosaik aus Carthorpe, Tunesien. British Museum, London
157o. Westgotische Kapelle von Lillo. Foto Hugh Palmer
157re. Luca Signorelli (um 1450–1523), Fresko in Monte Oliveto Maggiore, Provinz Chiusure, Italien.
158–159 Platte aus dem Agilulf-Helm, 590–615. Bargello, Florenz. Foto Scala
159 Goldmünze des Abd al Malik. British Museum, London
160 Miniatur aus der Synopsis Historion des Johannes Skylitzes, Byzanz, 11. Jh. Die Miniatur stammt aus dem 12.–14. Jh. Nationalbibliothek, Madrid
161li. Illustration aus der byzantinischen Handschrift Sacra Parallela, 9. Jh. Bibliothèque Nationale, Paris
162 Der Ribat von Monastir, Tunesien. Foto Werner Forman
163 Der Ribat von Sousse, Tunesien. Foto Werner Forman
164 Arabischer Reiter. Österreichische Nationalbibliothek, Wien
165 Glasfenster der Kathedrale von Chartres. Foto Sonia Halliday
166 Miniatur aus der Synopsis Historion des Johannes Skylitzes. Foto Werner Forman
167li. u. re. Miniatur aus der Synopsis Historion des Johannes Skylitzes.
168 Der Fall Siziliens; aus der Synopsis Historion des Johannes Skylitzes. Foto Werner Forman
169 Ansicht von Dubrovnik. Foto Joan Mary Frank/Georgina Bruckner
170o. Fatimidische Schale, 10. Jh. Museum für Islamische Kunst, Kairo
170u. Fatimidische Zeichnung, 11. Jh. Museum für Islamische Kunst, Kairo
171 Belagerung Thessalonikis. Miniatur aus der Synopsis Skylitzes. Nationalbibliothek, Madrid
172 Belagerung Messinas. Miniatur aus der Synopsis Historion des Johannes Skylitzes. Nationalbibliothek, Madrid
175 Mihrab der Großen Moschee von Córdoba, 10. Jh. Foto Mas

176 Marmorrelief, Sevilla, 10. Jh.
177 Detail einer Holzdecke; Capella Palatina, Palermo, Mitte 12. Jh. Foto Maurice Babey
178–179 Sidon, Libanon. Foto G. A. Rossi/Image Bank
180 Aus dem Kommentar zur Apokalypse des Beatus von Liebana. Bibliothèque Nationale, Paris
182 Keramikplatte, Museum für Islamische Kunst, Kairo. Foto Philippe Maillard
184o. Foto O. Bohm
184u. Museo Nazionale, Pisa
185 Bau der Arche Noahs. Foto Scala
186 Bronzepferde der Markuskirche. Foto Italienisches Touristenamt
187 Detail der Bronzetür aus Canosa di Puglia. Foto Joan Mary Frank/Bruckner
188 Luftbild von Aigues-Mortes. Foto Französisches Tourisenamt
189 Herakleion, Kreta. Foto Joan Mary Frank/Bruckner
190 Einschiffung zum Kreuzzug. Französische Miniatur des 14. Jh. Bibliothèque Nationale, Paris
191 Detail eines Kerzenständers, gezeichnet al-Haji, Kairo. Museum für islamische Kunst. Foto Philippe Maillard
192 Pera, Konstantinople. Aus C. Buondelmonti, Beschreibung Konstantinopels 15. Jh. Bibliothèque Nationale, Paris
193 Tintoretto (1518–1594), Belagerung Konstantinopels. Dogenpalast, Venedig
194 Vittore Carpaccio (1455–1526), Detail aus dem Martyrium der hl. Ursula. Galleria della Accademia, Venedig. Foto Scala
195 Vittore Carpaccio (1435–1526), Detail aus dem Martyrium der hl. Ursula. Galleria della Accademia, Venedig. Foto Scala
196 Handelsgaleeren und Rundschiffe aus einer venezianischen Hs. British Library, London
197 "La Contarina", Pilgererzählung. Badische Landesbibliothek, Karlsruhe
198 Händler, florentinischer Stich, 15. Jh. British Museum, London
199 Fresko, Museum für katalanische Kunst, Barcelona. Foto Institut Amatler
200 Schwarzes Meer. Karte des Henry Martellus. Add ms 15760. British Library, London
202 Modell einer katalanischen Karracke. Schifffahrtsmuseum, Rotterdam
203li. u. re. Aus den Cantigas de Santa Maria, Escorial Bibliothek. Foto Institut Amatler
204–205 Venedig. Holzschnitt aus B. von Breydenbach, Peregrinatione, Mainz 1486.
205o. Majolikaplatte. Fitzwilliam Museum, Cambridge
205u. Das Arsenal aus Venedig. Detail aus dem Holzschnitt von Jacopo Barbari, 1500. Foto Erich Lessing/AKG, London
206 Getreidemarkt. Biblioteca Medicea-Laurenziana, Florenz
207 Detail aus einem anonymen Gemälde.

Galleria Nazionale, Palermo. Foto Werner Forman
208 Portolankarte. Museo Correr, Venedig
210–211 Genua. Museo Navale degli Pagli, Genua. Foto Scala
212 Stuckrelief aus der Transito-Synagoge, Toledo. Foto YAN
213 Relief (Detail) mit der Darstellung des Falls von Granada, Kathedrale von Granada. Foto YAN
214–215 Löwenhof in der Alhambra, Granada. Foto Werner Forman
216o. Keramikplatte mit dem Wappen von Isabella von Kastilien, Manises, 1469–79. Victoria and Albert Museum, London
216u. Vorratsgefäß. Victoria and Albert Museum, London
218 Weltkarte von Joan Oliva, 1599. Add MS 24943, British Library, London
220o. Mohammed der Eroberer. Osmanische Miniatur von Siblizade Ahmed, spätes 15. Jh., Topkapi Saray Library, Istanbul. Foto Sonia Halliday
220u. Aus dem Epos Schahnameh, geschr. von Logmon, illustriert von Nakkas Osman, 1592. Topkapi Saray Library, Istanbul. Foto Werner Forman
221 Rumeli Hisar. Foto Yann Bertrand-Arthus/Altitude
222o. Stich von F. Marchi, *Architettetura militare*, Bologna, 1599
222u. Aus dem Album des Piri Reis, um 1545. Topkapi Saray Library, Istanbul
223 *Die Belagerung Maltas*. Gemälde von Aleccio Matteo Perez. Vorentwürfe für die Fresken im Palast des Großmeisters von Malta. National Maritime Museum, Greenwich
224, 225 Details aus dem Gemälde *Die Schlacht von Lepanto* von Andrea Micheli, genannt Vicentino (1539–1614), Dogenpalast Venedig, Sala dello Scrutino. Foto AKG
226–227 Detail aus der Ansicht von Konstantinopel. Zeichnung von Melchior Lorich, 1559, Leiden, Universitätsbibliothek
227li. u. re. Händler in Konstantinopel, Frankreich, 16. Jh., Holzschnitte
228 Das Grüne Mausoleum, Bursa. Foto Sonia Halliday
229 Sinans Moschee in Edirne. Foto Sonia Halliday
230 Ansicht von Sarajewo in den 1950er-Jahren. Foto Joan Mary Frank/Georgina Bruckner
231 Osmanische Miniatur. Topkapi Saray Library

232 *Vertreibung der Morisken*. Zeichnung von Vicente Carducci, Prado, Madrid
233 Geburtskirche, Betlehem. Foto Sonia Hallyday
234 Ansicht von Algier. Kupferstich aus G. Braun & F. Hohenberg, *Civitate Orbis Terrarum*, Köln 1597
235 Piratenschiff. Stich von Pierre Dan, *Histoire de Barbarie*, Paris 1637
237 Ansicht von Valletta, Malta. Stich aus dem 17. Jh.
238 Büste vom Grabmal von G. L. Castellar, 17. Jh. Foto Malta Tourist Organization
239 Livorno. Marmoreinlegearbeit, Museo degli Argenti, Palazzo Pitti, Florenz. Foto Scala
240 Zeichnung aus dem Tagebuch des Ignazio Fabroni. Biblioteca Nazionale, Florenz
241 Maurenbildnis vom Denkmal des Ferdinand I., Livorno. Foto Scala
242–243 *Blick auf Smyrna mit dem Empfang des niederländischen Konsuls*, Türkische Schule, um 1720. Rijksmuseum, Amsterdam
245 *Händler aus Smyrna*. Stich aus Thevet, *Cosmographie*, Paris 1575
246–247 J. P. Hackert (1737–1807), Goethe besucht das Kolosseum in Rom, Museo di Goethe, Rom. Foto Bridgeman Art Library
248 Jüdische Frau aus Konstantinopel; aus einer Folge französischer Stiche aus *Die Frauen Konstantinopels*, nach G. la Chapelle, The British Library, London
250 Schiffsmodell. Musée de la Marine, Paris. Foto Robert Fonzani/FMR
252 *Porträt von Nelson* von J. F. Rigaud, National Maritime Museum, Greenwich
252u. Vignette aus L. F. Marsigli, *Stato, Militaire dell'impero Ottomano*, Den Haag 1732
253 Gemälde von J. F. Hackert für Zarin Katharina II. von Russland. Eremitage, St. Petersburg
254–255 Ansicht von Neapel. J. Paul Getty Museum, Los Angeles
255 Gemälde von J. B. Vanmour (1671–1737), Musée des Beaux-Arts, Bordeaux
256 Kartusche aus der Korsika-Karte von H. La Pegna (1706–1722). Schloss Versailles. Foto RMN/D. Arnaudet
257 Detail eines Aquarells von J. Pars, 1765. The British Museum, London
258o. Zeitgenössische französischer satirischer Druck
258u. Die Schlacht bei den Pyramiden. Zeitgenössischer französischer Druck

259 Gemälde von L. F. Lejeune, *Die Schlacht von Abukir*, 1799. Schloss Versailles. Foto RMN/G. Biot
260 Prado, Madrid
261 Hafenanlage von Valletta. Englische Lithographie, um 1840. The British Library, London
263 Foto von Roger Fenton
264li. Kricketspiel auf Korfu. Zeitgenössischer Stich. Foto Mary Evans Picture Library
265 Eröffnung des Suezkanals. Foto mit freundl. Genehmigung der Association de Souvenir de Ferdinand Lesseps, Paris
266 Zeitgenössischer Druck. Privatsammlung
267 Gemälde von L. Licata. Museo del Risorgimento, Rom. Foto Scala
268 zeitgenössischer Druck
270/71 *Hafen von Marseille*, Gemälde von Joseph Vernet (1713–1789). Musée de la Marine, Paris. Foto RMN
272 alle Fotos aus der Zeit um die Jahrhundertwende. Museo di Storia della Fotografia Fratelli Alinari, Florenz. Fotos Bridgeman Art Library
273 Salzpfannen bei Medinacelli (Soria), Spanien. Foto Lunwerg Editores
274/75 *Einweihung der Bahnlinie Neapel–Portici*. Gemälde von Fergola Salvatore (1799–1877). Neapel, Museo di S. Marino. Foto Scala
276 Zeitgenössische französische Lithographie
278 Henry Edmond Cross (1856–1910), *Der Strand von St. Clair*, Musée de la Annonciade, St. Tropez. Foto Scala
280 Sir Lawrence Alma-Tadema, Detail des Gemäldes *Frühling*, 1894. J. Paul Getty Museum, Los Angeles
281 Luftansicht der Akropolis, Athen. Foto G. A. Rossi/Image Bank
282 Poster anlässlich einer Flugschau in Nizza. Bibliothèque des Arts Decoratifs, Paris. Bridgeman Art Library
284o. Mustafa Kemal Atatürk. Foto Informationsbüro der türkischen Regierung
284u.l. Postkarte von Saloniki, um 1900. Bridgeman Art Library
284 u.re. Jüdische Familie aus Saloniki. Museum of the Jewish Diaspora, Jerusalem
285 General Allenby zieht in Jerusalem ein. The Middle East Centre, St. Anthon's College, Oxford
286 Kreuzritter-Zitadelle Crac des Chevaliers. Foto Syrisches Touristenamt

287 Straßenszene in Alexandria, 1900. Foto AKG, London
288 Italienischer irredentistischer Druck, um 1914. Foto Scala
289o. Mussolini in Abessinien. Foto aus LUCE newsreel
289u. Landung in Durazzo, Albanien, Foto AKG, London
290o. Propaganda-Postkarte, um 1930. Privatsammlung
290u. Ansicht von Triest. Foto AKG, London
291li. Ansicht von Algier, 1930er-Jahre. Foto AKG, London
292o. Italienische Propaganda-Postkarte. Privatsammlung
292u. Sardana-Tanz, 1950er-Jahre. Foto Institut Amatler
294li. U. re. Landung britischer und amerikanischer Truppen in Italien, 1943. Fotos Hulton Getty Archives
295 Marschall Tito und KP-Sekretär W. Gomulka, 1950er Jahre. Foto Camera Press
297 Nasser und Chruschtschow in Luxor, 1964. Foto Hulton Getty Archives
298 Traubenernte im Kibbutz. Foto Privatsammlung
298–299 Flüchtlingsschiff im Hafen von Haifa. Foto Camera Press
300 Erzbischof Makarios. Foto Camera Press
303 li. Sophia Schliemann. Foto Peter Clayton
303 re. Sir Arthur Evans. Ashmolean Museum, Oxford
304 Zeichnung von Edward Lear, Houghton Library, Harvard University
304o. Sardischer Krieger. Museo Nazionale, Cagliari
304u. Giacometti, Figur 1960. Privatsammlung
306o. Mosaik in Piazza Armerina. Scala
306u. Poster von Roger Broders, 1930. Privatsammlung
307li. Promenade des Anglais, um 1900. Foto Privatsammlung
307re. Juan-les-Pins, 1930er-Jahre, Bridgeman Art Library
308 Touristengruppe auf der Akropolis. Foto Martin Parr/Magnum Photo
309 Touristengruppe in Mailand. Foto C. Neri/Camera Press
310–311 Regatta in Porto Cervo, Costa Smeralda, Sardinien, Foto G. A. Rossi/Image Bank
311u. Touristen auf der Spanischen Treppe in Rom, Foto G. A. Rossi/ Image Bank

Register

Kursiv gedruckte Seitenzahlen auf Abbildungen

Abbasiden 162, 170f, 177, 184
Abd al Malik 159
Abd ar-Rahman I. 161f, 164, 175
Abd ar-Rahman III. 173
Abd el-Kader 262
Abdullah, jordan. König 300
Abu Simbel, Tempel 85
Abukir, Schlacht 251, 258, *259*
Achmad ibn Tulun 170
Adrianopel 229, *siehe auch* Edirne
Aghlab, Ibrahim ibn al-A. 163, 167
Aghlabiden (Sarazenen) 163
Agilulf, langobard. König 158
Ägypten 62–63, 131f, 132, 136, 159, 170, 228, 264, 299, 301
Ahhiyawa-Frage 81–83
Aigues-Mortes 188, *188*, 199, 212
Aistulf, langobard. König 165
Akropolis 281, *281*
Albanien 289, 296f, 304
Aleppo 231, 232
Alexander der Große, König 125f, *125*, 131, 136, 139
Alexandria 142, *143*, *143*, 286, 287
Alfons VI., kastil. König 177, 188
Algerien 222, 262, 291 298
Algier 232, *234*, *236*, 238, 252, 291, *291*
Al-Hakam I. 165
Al-Hakam II. 174, 176
Ali ibn Abi Talib 162f, 170
Al-Idris 13
Al-Kahina 159
Almansor (arabisch al-Mansur) 162, 176
Al-Mansur, Mohammed ibn Abi Amir 162 175, *siehe auch* Almansor
Alma-Tadema, Sir Lawrence 280, *281*
Almohaden, Dynastie 188, 200
Almoraviden, Dynastie 177, 187
Al-Mustansir 177
Al-Tabari, 171
Alt-Kairo 187
Amalfi 14, 175, 177, 181, 187
Amarnabriefe 72, 85, 88, 92
Anadolu Hisari 220
Anastasios II., Kaiser 161
Anchises 83
Andrić, Ivo 230
Äneas 83, 96
Antonius, Marcus 125, 131
Äolus 64
Aphrodite 93, *93*, 111, 112
Apuanische Alpen 38–39
Arianismus 150, 155
Arithonos-Krater 104, *105*
Arkesilas, König von Kyrene *111*
Assuan-Staudamm 302
Athanasios I., Kaiser 155
Athen 117, 120, 121, 124
Athene 124
Athos, Berg *148*
Athribis-Stele 86
Augustinus von Hippo, Theologe 153
Augustus, Kaiser 132, 139
Austerlitz, Schlacht 254, 257

Balfour-Deklaration 285
Barbarossa-Kreuzzug 188
Basileios I. 164, 169, 173, 177
Basileios II. Bulgaroktonos 174, 183
Bauffremont, Joseph de 252
Beatus von Liebana 157
Begin, Menachem 302
Belisar, Feldherr 155f
Bellini, Giovanni 60
Benedikt, Hl. 157
Betlehem 233
Bikini 306, 309
Bilderstreit 162
Bitonto, Schlacht 255
Blegen, Carl 82, 83
Bogazkale 72, *72*, *siehe auch* Hattusa
Bohemund von Tarent 187
Boris II., bulg. Khan 174
Boumedienne, Houari 299
Bourguiba, Habib 298
Braudel, Fernand 11f, 12, 16, 25, 67, 225, 291
Breschnew, Leonid I. 296
Bujiden, Dynastie 177, 184
Bulgaren 161, 167, 170, 173f
Buodelmonti, Cristoforo 13
Bursa 228f, *228*
Busta Gallorum, Schlacht 157
Byblos 93, 104, *110*
Byzanz 47, 153, 158f, 162, 164, 167–179, 171, 173, 177, 183, 189, 192, 206, 209, 212

Cádiz 100, 101, 103, 108
Calatafimi, Schlacht 267
Canosa di Puglia 187
Castelfidardo (Schlacht) 268
Castellamare 134
Centuriation 53
Cervantes, Miguel 225
Cerveteri 111, 116, *116*
Ceuta 173, 216f, 306
Chadwick, J. 76, 306
Chair üd-Din Barbarossa 221
Chanel, Coco 309
Charidschiten 163
Chartres 165
Chaudhuri, Kurti 17
Childerich, fränk. König 164
Christentum 147, 152f
Chruschtschow, Nikita 295, 297
Claudius, Kaiser 139–141
Córdoba 24, 136, 174, 175, 184
Corniglia 30
Cosimo II. de Medici 241
Cossa, Francesco del 54
Côte d'Azur 306
Crac des Chevaliers 286, *286*
Cross, Edouard Henri 278–279
Cumae 120, *120*

d'Annunzio, Gabriele 290
Dattelpalmenhain 50–51
Dendrochronologie 70
Desiderius, langobard. König 165
Dochiariu, Kloster 148
Don Juan d'Austria 225
Dozy, Reinhard 306

Dschebel Musa 41
Dschebel Tariq 160
Dubrovnik 169
Durazzo (Durrës) 289

Eden, Sir Anthony 301
Edirne (Adrianopel) 229, 230
Eisenbahn 274–275, 276, 280
El-Alamein 294
Emporion (heute Ampurias) 110, 117
Epidamnos 12, 112, *siehe auch* Durazzo
Estremadura 45
Etrusker 84, 94, 109, 124, 305
Europa-Mythos 72, 73, *73*
Eusebios von Cäsarea 75, 101
Evans, Sir Arthur 76, 303, 306

Fabroni, Ignazio 240
Fatimiden, Dynastie 170, 174f, 183f
Felsmalerei 68, *68*
Ferdinand I. de Medici 239
Ferdinand von Aragón 206, 213
Fernhandel 139, 145, 147, 217, 219, 228
Fleet, Kate 226f
Florenz 35, 206
Fossa Traiani 141
Fossae Marianae 140
Franco Bahamonde, Francisco 292f
Frankreich 235f, 251–277, 286, 291f
Friedrich Barbarossa, Kaiser 189
Friedrich II. Kaiser 189

Gaddhafi, Moamar al 302
Gades 108, 137, *siehe auch* Cádiz
Garibaldi, Guseppe 266, 267, *267*
Gaulle, Charles de 299
Gelidonya, Kap 78, 90
Genizah 25, 181, 187, 228
Genua 171, 177, 185, 198, 203, 206, 209, 210–211, 212, 222, 227, 239, 248
Getreidehandel 228
Giacometti, Alberto 305
Gianpaolo Lascaris Castellar 238
Gibraltar 40, 65, 160, 216, 304
Goethe, Johann Wolfgang von 246, 280
Goitein, Shlomo 25f, 220, 228
Gomulka, W. 295
Goya, Francisco de 260
Granada 188 214–215, 217
Gravisca 111, 116, 118, 121
Griechenland 262, 284, 296, 303
Griechisches Feuer 159–161, 168, 174, 185
Griechisch-orthodoxe Kirche 232f
Großbritannien 251–277, 283, 285

Hackert, Jacob Philipp 246–247
Hadrian, Kaiser 140, 142
Hagia Triada 79
Hakata, Hafen 17
Halid Hamid Pascha 277
Händler 227
Hannibal 129f, *129*
Hanse 18
Harpokrates 153
Harun ar-Raschid 162, 164
Hattusa 72
Hattusili III. 83

Heinrich der Seefahrer 217
Helios 152
Hellenismus 125, *125*
Hera 111
Heraklion (Iraklion) 189
Herodot 83, 96, 104 115f
Hess, Andrew 232
Hethiter 71f, 72, 81–83, 89, 93, 101
Hischam I. 164
Hischam II. 175
Hissarlik 71
Homer 76, 82f, 93, 96, 306
Horden, Peregrine 13–21, 25
Horta (Valencia) 19, *19*, 24, 217
Hoxha, Enver 296

Ibiza 101, *101*, 103
Ibn Chaldun 164
Ibn Kuradadbih 180
Ilias 81, 83, 103
Irving, Washington 307
Isabella von Kastilien 206, 213
Isidor von Sevilla 133
Isis 147, 153
Islam 22, 153, 217–245
Israel 299, 300
Istanbul 226, 227, *227*
Italien 287ff, 289, 291

Jakob I. 199, 199
Jarmuk, Schlacht 159
Jason 102
Jean de la Valette 223
Jerusalem 233
Jerusalem, Königreich von 178
Jesuiten 268f
Johannes I. Tsimiskes 174f
Johanniterorden 223, 236ff
Juan-les-Pins 307
Judaismus 152f
Juden 25f, *25*, 236, 294, 300
Jugoslawien 204f, 309
Justinian I. 149f, 155, 156

Kabotage 133f
Kadesch, Schlacht 86–88, *87*
Kaffeehandel 259
Kairo 170, 230, 258, 264
Kaperei 238, 241, 243
Karl der Große 164–167, *165*, 180
Karl V., Kaiser 49, 254
Karl X., franz. König 262
Karnak-Inschrift 86
Karracke 202, 203
Karthager 103, 108, 121, 124, 128f, 129, 131, 136
Kemal Atatürk, Mustafa 284, *284*
Keramik 42, 46, 47, 49, 64, 77, 78, 82, 83, 85, 114, *114*, 216, 217
Kerkyra 12, 264
Klazomenai 103 131
Koggen 201, 203
Komnenen, Dynastie 177, 189
Konstantinopel 16, 149, 151, 166f, 171, 189, 192, 193, 219
Korinth 12, 108, 112–114, 113, 121, 131
Korsaren 57, 235–238, 235

Kreta 33, 41, *58, 59*, 78, 80, 96, 168
Kretische Schriften 76, *76*
Kreuzfahrerstaaten 191, 198
Kreuzzüge 177f, 189–191, *193*
Kriegsführung 222f, *222*, 225
Krimkrieg 263, *263*
Krum, bulg. Khan 166, 167
Kykladen 66, 80
Kyme (Cumae) 103, 120

Langobarden 158, *158*, 165
Lascaux, Höhle 69
Lenzi, Domenico 206
Leo VI. 172
Leo von Tripoli 171, *171*, 172
Leon III., Kaiser 161f
Lepanto, Schlacht 222, 224, 225, *225*
Libyen 103, 290, 302
Lindos 57
Liutprand 162, 175
Livorno 206, 239f, *239*, 269
Luca Signorelli 157
Ludwig IX., König 188, 190, *193*, 195, 199
Ludwig von Aquitanien 164
Ludwig XIV., König 238

Macchia (Maquis) 43–45
Madīnat al-Zahra 184
Madrague de Giens 137, *138*
Magna Graecia 120f
Makarios, Erzbischof 301, *303*
Makedonien 125, 131
Mallorca 14, 199, 308
Malta 13, 26, 172, 222f, *237*, 261, 293
Mamelucken 199f, 221, 258
Manzoni, Alessandro 248
Mari 75f
Marokko 292, 305
Marseille 112, *117*, 269, *270–271*
Martell, Karl 161, 164
Mascagno, Alessandro *22–23*
Massentourismus 307–312, *308, 311*
Medici 209, 240
Medici, Gian Gastone de 256
Medinet Habu 86, 88, 89
Melendez 23
Melilla 217, 305
Michael VIII. Palaiologos, Kaiser 189
Migrationsbewegungen 198f, 212, 299f
Mildenhall 122
Minoer 49, 78
Minos 12, 72, 75
Mittelmeerküche 311f
Mittelmeerraum 34, 37, 38, 40, 42, 43, 44, 46, *46, 47*, 56, 57–59ff, *57, 58*, 60f, 136f, 137
Mittelmeerreisen 307–311
Moguer 34
Mohammed II., der Eroberer 220, *220*, 227
Monastir 162
Monophysiten 152f
Mons Lactarius, Schlacht 157
Monte Oliveto Maggiore 157
Montecassino 157, 172, 181
Morea 252f
Morisken 232, 249
Mosaiken *64*, 48, *126, 133, 134, 136, 137, 138, 139, 140, 152, 155, 156*
Motya 100, 102, 103
Murad IV. 234
Musa ibn Nusayr 160, 162
Mussolini 288–290, 293f
Myriokephalon, Schlacht 189

Napoleon 251, 256f, *258*, 259
Narses 157
Nasriden, Dynastie 188
Nasser, Gamal Abd el-N. 299, 300, 301, 302
Navarino (Schlacht) 261, *262*
Nazarener 280
Neapel 254
Nelson, Horatio 251, *252*
Nicäa 152, 155, 162
Nikephoros I. *166*, I. 167
Nikephoros II. Phokas 173–175
Nilszene 134
Nizza 166, *307*
Nutzpflanzen 22f, 48, *49*, 49, 69

Oasen 50–51
Octavianus 131f, *siehe auch* Augustus
Odoaker 148, 150
Odysseus 96, 124
Okeanos 122, *123*
Omaijaden, Dynastie 84, 159, 162, 173, 177
Orlow, Alexej 253
Osmanisches Reich 189, 206, 212, 219–245, 252, 257, 263ff, *276*, 277, 284
Ostia 131, 140f, 147, *147*
Otschakow-Krise 257

Palästina 159, 285f
Palermo 108, 168, *177*
Palestrina 119
Patrikios Himerios 172
Pech Maho 116, *116*
Pelagius (oder Pelayo) 160
Pelasger 76, 101
Periplus Maris Erythrei 144f
Pestepidemie 204, 206f, 248
Phaistos (Diskus) 76, *76*
Pharos 142
Philipp Augustus 190
Philipp II. 11, 222, 232
Philipp V. 130, 255
Philon von Alexandria *124*, 153
Phönker 14, 93, 105, 106, 107, 108, 128
Phrygana (Garrigue) 43, 44, 45, 58
Piazza Armerina 306
Piggot, Stuart 67
Pipin III., König 164
Piratenwesen 57, 131, 171, 173, 201
Pirenne, Henri 180, 219
Pisa 177, 185, 206
Pithekussai 100, 103, 110, 120
Pithos 76, 82
Plinius d. Ä. 115, 145
Polybios 111, 125, 130, 149
Pompeius Trogus 107
Pompeji 21, *64*, 64, 130
Portolankarten 201, 208
Portugal 16f, 17, 216f
Portus 142
Provence 54–55
Purcell, Nicholas 18–21, 25
Puteoli (heute Pozzuoli) 136, 147
Puy, Jean 11
Pylos 76, 93

Ragusa (heute Dubrovnik) 169, 181
Ramses II. *70*, 86, 88, 91
Ramses III. 86, 89, 89
Ravenna 132, 148, *150–151*, 155f, *155*, 158
Rhodos 44, 57, 80, 159
Ribat 162, *163*, 164

Roderich, König 160
Rom 134, 149, 157
Romanos I. Lekapenos 173f
Romulus Augustulus 148
Roncesvalles, Schlacht 164
Rørbye, Martinus 27
Rumeli Hisar 220, *221*
Russland 171, 174, 253
Sadat, Anwar al-S. 302
Saladin 189, 191
Salerno 165, 172, 174
Salzhandel 269
Salzpfannen *273*
Samos 113f, *118*
San Gimignano 25
San Miguel de Lillo 157
Santorin 21, *siehe auch* Thera
Sarajewo 230
Sarazenen 164, 168, 169, 172
Sardana-Tanz *292*, 293
Sardinien *13*, 26, 33, *33*, 56, 78, 80, 81, *0, 81*, 96
Savanne 58
Schechter, Solomon 25
Schifffahrt 73, *126*, 127, *128*, 128, 130, 136, 145, *276f*
Schiffs- und Bootstypen 69, 73f, 137f, *138*, 144, 156, 182, 184, 185, *185*, 193, 194, 195f, *195*, 196, 201, 203
Schiffwracks 78
Schliemann, Heinrich 306
Schliemann, Sophia 303
Schwarzes Meer 15f, 200, 227
Schwarzmeerhandel 227f
Seefahrt 73f, 139, 184ff, 196f, 201ff, 204
Seehandel 136f, 144, 185ff, 195–198, 201, 203f, 209, 212, 217, 222, 226f
Seerepubliken 190f, 192, 198, 235
Seevölker 84–86, 88–90, *88*, 92f, 101
Segovia 61
Seidenhandel 228f
Seldschuken 200
Selim I. 221
Seume, J. G. 280
Sevilla 166, 173, *176*, 188, 199, 212
Sewastopol 264
Seyh Bedrettin 232
Sidon 93, 104, 128, *178–179*
Sinan 229
Sizilien *13*, 80, 134, 168, 172, *294f, 294*
Skylitzes, Johannes *166, 171, 172*
Smyrna (heute Izmir) 239, *242–243*, 244f
Sostratos aus Knidos 142
Sousse 163
Sowjetunion 301
Spanien 217, 255, 292
Stawutschanach, Schlacht 252
Stefansorden *236*, 240f
Strabon 68, 112
Suano, Merlene 21
Sueton 132, 140
Suezkanal 14, 64, *264f*, 283, 301
Sufi-Orden 232, 234
Süleiman II. der Prächtige 230
Swjatoslaw, Fürst von Kiew 174
Symeon der Große, bulg. Khan 173
Symeon, bulg. Khan 170
Syrakus 103, 113, 120f, 172
Syrien 159, 286, 302

Tacca, Pietro 241
Talas-Maler 102

Tariq ibn Ziyad 160
Tarquinien 107
Tartessos 106
Tawagalawa-Brief 83
Teja, König 157
Téméricourt, Gabriel de 236
Terassenanbau 30, *31, 52*, 53
Tervel, bulg. Khan 161
Thalassokratien 12, 14, 75
Theben 62–63
Theodemir 161
Theoderich, Kaiser 155
Theodora 155
Theophanu 175
Thera (heute Santorin) 74, *74*, 76
Thessaloniki 171, *284*, 285
Thietmar von Merseburg 175
Thomas der Slawe 166, 168
Thukydides 12, 75, 96, 107, 112, 113, 114
Tintoretto *193*
Tischbein *246–247*
Tito *294f*, 295
Toledo 188, *212*
Tomislav, Fürst 173
Totila 156f
Tournefort, Pittin de 238
Trajan, Kaiser 139, 141f
Transhumanz 19, 20, *275f*
Transjordanien 285
Trebia 129
Trianda 81
Triest 290, *290*, 296
Troja 16, *71*, 71, 81f, 84
Trojanisches Pferd 82
Tschesme, Schlacht 253
Tuluniden, Dynastie 170
Tunesien 292, 298
Türkei 284, 285
Tuthalija-Annalen 82

Ugarit-Tafeln 93
Unterwasserarchäologie 132, *132*
Urban II., Papst 190

Valencia 19, 217
Valletta *237*, 238, *261*
Vasco da Gama 206
Venedig 25, 158, 167, 177, 184, 185, 186, 187, 192, 197, 203, *204–205, 205*, 209, 212, 225, 227, 239f, 248
Ventris, M. 76, 305
Vernet, Claude Joseph 270
Viktor Emmanuel II. 267f
Villen am Meer 133, *135*
Viterbo 118, *118*
Vulci 83, 111

Waldbrand 42, *43*
Wandalen 148f, 155f
Waräger 171, 183
Weinbau 54–55, 309
Weltkarte 218
Westgoten 153, 157f, 160
Wikinger 166, 175
Wiluša 81
Winckelmann, Johann Joachim 280
Winde 73, 139, 145
Wladimir, Großfürst 171

Zionismus 298, 299
Zuckerrohrplantagen 217
Zypern 71, 80, 84, 92f, 301, *301*, 302